THÉATRE
DE
CASIMIR DELAVIGNE

TOME DEUXIÈME.

> Marino Faliero.
> Louis XI.
> Les Enfants d'Édouard.
> Don Juan d'Autriche.

PARIS
CHARPENTIER, LIBRAIRE-ÉDITEUR,
19, RUE DE LILLE, FAUBOURG ST.-GERMAIN.

1852

THEATRE
DE
CASIMIR DELAVIGNE.

CORBEIL, typographie et stéréotypie de CRÉTÉ.

THÉATRE
DE
CASIMIR DELAVIGNE

NOUVELLE ÉDITION, REVUE ET CORRIGÉE.

DEUXIÈME SÉRIE.

Marino Faliero.
Louis XI.
Les Enfants d'Édouard.
Don Juan d'Autriche.

PARIS

CHARPENTIER, LIBRAIRE-ÉDITEUR,

19, RUE DE LILLE, FAUBOURG SAINT-GERMAIN.

1852

MARINO FALIERO,

TRAGÉDIE EN 5 ACTES,

REPRÉSENTÉE SUR LE THÉATRE DE LA PORTE-SAINT-MARTIN, LE 30 MAI 1829.

NOTE DE LA PREMIERE ÉDITION.

On a expliqué diversement les motifs qui m'ont déterminé à transporter cet ouvrage de la Comédie-Française au théâtre de la Porte-Saint-Martin. Il en est qui me sont personnels et dont je crois inutile d'entretenir le public : je ne traiterai ici qu'une question générale.

J'ai conçu l'espérance d'ouvrir une voie nouvelle, où les auteurs qui suivront mon exemple pourront désormais marcher avec plus de hardiesse et de liberté, où des acteurs, dont le talent n'avait pas l'occasion de se produire, pourront s'exercer dans un genre plus élevé. Le public a semblé comprendre les conséquences que devait avoir, dans l'intérêt de tous, cette tentative, et j'en attribue le succès à ses dispositions bienveillantes.

Deux systèmes partagent la littérature. Dans lequel des deux cet ouvrage a-t-il été composé ? c'est ce que je ne déciderai pas, et ce qui d'ailleurs me paraît être de peu d'importance. La raison la plus vulgaire veut aujourd'hui de la tolérance en tout ; pourquoi nos plaisirs seraient-ils seuls exclus de cette loi commune ? L'histoire contemporaine a été féconde en leçons ; le public y a puisé de nouveaux besoins : on doit beaucoup oser si l'on veut les satisfaire. L'audace ne me manquera point pour remplir autant qu'il est en moi cette tâche difficile. Plein de respect pour les maîtres qui ont illustré notre scène par tant de chefs d'œuvre, je regarde comme un dépôt sacré cette langue belle et flexible qu'ils nous ont léguée. Dans le reste, tous ont innové ; tous, selon les mœurs, les besoins et le mouvement de leur siècle, ont suivi des routes différentes qui les conduisaient au même but. C'est en quelque sorte les imiter encore que de chercher à ne pas leurs ressembler ; et peut-être la plus grande preuve, l'hommage le mieux senti de notre admiration pour de tels hommes, est ce désespoir même de faire aussi bien qui nous force à faire autrement.

J'ai toujours livré mes ouvrages au public sans les défendre : je n'ai pas pris parti contre mes juges. J'aurais mauvaise grâce à le faire aujourd'hui où une bienveillance presque générale est venue adoucir pour moi ce que la critique pouvait avoir de sévère. Je ne combattrai qu'une seule assertion. On a dit que mon ouvrage était une traduction

NOTE DE LA PREMIÈRE ÉDITION.

de la tragédie de lord Byron. Ce reproche est injuste. J'ai dû me rencontrer avec lui dans quelques scènes données par l'histoire; mais la marche de l'action, les ressorts qui la conduisent et la soutiennent, le développement des caractères et des passions qui la modifient et l'animent, tout est différent. Si je n'ai pas hésité à m'approprier plusieurs des inspirations d'un poëte que j'admire autant que personne, plus souvent aussi je me suis mis en opposition avec lui pour rester moi-même. Ai-je eu tort ou raison? Que le lecteur compare et prononce.

MARINO FALIERO.

PERSONNAGES.

MARINO FALIERO, doge.
LIONI, patricien, un des Dix.
FERNANDO, neveu du doge.
STENO, jeune patricien, un des Quarante.
ISRAEL BERTUCCIO, chef de l'Arsenal.
BERTRAM, sculpteur.
BENETINDE, chef des Dix.
PIETRO, gondolier.

STROZZI, condottiere.
VEREZZA, affidé du conseil des Dix.
VICENZO, officier du palais ducal.
ELENA, femme du doge.
LES DIX ; LA JUNTE.
LES SEIGNEURS DE LA NUIT.
GONDOLIERS ; CONDOTTIERI.
GARDES ; PERSONNAGES PARÉS ET MASQUÉS.

(La scène est à Venise, en 1355.)

ACTE PREMIER.

SCÈNE I.

(L'appartement du doge.)

ELENA. (*Elle est assise et brode une écharpe.*)

Une écharpe de deuil, sans chiffre, sans devise !
Hélas ! triste présent ! mais je l'avais promise,
Je devais l'achever... Vaincu par ses remords,
Du moins après ma faute, il a quitté nos bords ;
Il recevra ce prix de l'exil qu'il s'impose.
            (*Elle se lève et s'approche de la fenêtre.*)
Le beau jour ! que la mer où mon œil se repose,
Que le ciel radieux brillent d'un éclat pur,
Et que Venise est belle entre leur double azur!
Lui seul ne verra plus nos lagunes chéries :
Il n'est qu'une Venise ! on n'a pas deux patries !...
Je pleure... Oui, Fernando, sur mon crime et le tien
Pourquoi pleurer ? j'ai tort : les pleurs n'effacent rien.
Mon bon, mon noble époux aime à me voir sourire ;

Eh bien, soyons heureuse, il le faut...
  (Elle s'assied et ouvre un livre.)
                              Je veux lire.
Le Dante, mon poëte ! essayons... je ne puis.
Nous le lisions tous deux : je n'ai pas lu depuis.
  (Elle reprend le livre qu'elle avait fermé.)
Ses beaux vers calmeront le trouble qui m'agite.

« C'est par moi qu'on descend au séjour des douleurs ;
« C'est par moi qu'on descend dans la cité des pleurs ;
« C'est par moi qu'on descend chez la race proscrite.

« Le bras du Dieu vengeur posa mes fondements ;
« La seule éternité précéda ma naissance,
« Et comme elle à jamais je dois survivre au temps.
      « Entrez, maudits ! plus d'espérance ! »

Quel avenir, ô ciel, veux-tu me révéler ?
Je tremble : est-ce pour moi que ces vers font parler
La porte de l'abîme, où Dieu dans sa colère
Plonge l'amant coupable et l'épouse adultère ?
Où suis-je, et qu'ai-je vu ? Fernando !

SCÈNE II.

ELENA, FERNANDO.

FERNANDO.
                              Demeurez !
Le doge suit mes pas, c'est lui que vous fuirez.
Près de vous, Elena, son neveu doit l'attendre.

ELENA.
Vous ne me direz rien que je ne puisse entendre,
Fernando, je demeure.

FERNANDO.
                              Eh quoi ! vous détournez
Vos yeux qu'à me revoir j'ai trop tôt condamnés !
Qu'ils me laissent le soin d'abréger leur supplice.
Quelques jours, et je pars, et je me fais justice ;
Faut-il vous le jurer ?

ELENA.
      Ce serait vainement :

ACTE I, SCÈNE II.

Lorsqu'on doit le trahir, que m'importe un serment?
FERNANDO.
Quel prix d'un an d'absence où j'ai langui loin d'elle!
ELENA.
Cette absence d'un an devait être éternelle;
Mais j'ai donné l'exemple, et ce n'est plus de moi
Qu'un autre peut apprendre à respecter sa foi.
FERNANDO.
Ne vous accusez pas, quand je suis seul parjure.
ELENA.
Quelque reproche amer qui rouvre ma blessure,
Pourquoi me l'épargner? Le plus cruel de tous
N'est-il pas votre aspect, et me l'épargnez-vous?
Où fuir? comment me vaincre? où trouver du courage
Pour comprimer mon cœur, étouffer son langage,
Pour me taire en voyant s'asseoir entre nous deux
L'oncle par vous trahi, l'époux... Mais je le veux;
Je veux forcer mes traits à braver sa présence,
A sourire, à tromper, à feindre l'innocence;
Ils mentiront en vain : si ma voix, si mon front,
Si mes yeux sont muets, ces marbres parleront.
FERNANDO.
Ah! craignez seulement de vous trahir vous-même!
Vos remords sont les miens près d'un vieillard qui m'aime.
Je me contrains pour lui, que la douleur tuerait,
Pour vous, que son trépas au tombeau conduirait.
Mais tout à l'heure encor quelle angoisse mortelle
Me causait de ses bras l'étreinte paternelle!
Tout mon sang s'arrêtait, quand sa main a pressé
Ce cœur qui le chérit et l'a tant offensé!
Ses pleurs brûlaient mon front qui rougissait de honte.
ELENA.
Et le tourment qu'il souffre à plaisir il l'affronte,
Il le cherche, et pourquoi?
FERNANDO.
           Pour suspendre un moment,
En changeant de douleurs, un plus affreux tourment.
Ce n'est pas mon amour, n'en prenez point d'ombrage,
Restez, ce n'est pas lui qui dompta mon courage,

J'en aurais triomphé ! mais c'est ce désespoir
Que n'ont pu, dans l'exil, sentir ni concevoir
Tous ces heureux bannis de qui l'humeur légère
A fait des étrangers sur la rive étrangère ;
C'est ce dégoût d'un sol que voudraient fuir nos pas;
C'est ce vague besoin des lieux où l'on n'est pas,
Ce souvenir qui tue ; oui, cette fièvre lente,
Qui fait rêver le ciel de la patrie absente ;
C'est ce mal du pays dont rien ne peut guérir,
Dont tous les jours on meurt sans jamais en mourir.
Venise !...

ELENA.

Hélas !

FERNANDO.

O bien, qu'aucun bien ne peut rendre !
O patrie ! ô doux nom, que l'exil fait comprendre,
Que murmurait ma voix, qu'étouffaient mes sanglots,
Quand Venise en fuyant disparut sous les flots !
Pardonnez, Elena ; peut-on vivre loin d'elle ?
Si l'on a vu les feux dont son golfe étincelle,
Connu ses bords charmants, respiré son air doux,
Le ciel sur d'autres bords n'est plus le ciel pour nous.
Que la froide Allemagne et que ses noirs orages
Tristement sur ma tête abaissaient leurs nuages !
Que son pâle soleil irritait mes ennuis !
Ses beaux jours sont moins beaux que nos plus sombres nuits.
Je disais, tourmenté d'une pensée unique :
Soufflez encor pour moi, vents de l'Adriatique !
J'ai cédé, j'ai senti frémir dans mes cheveux
Leur brise qu'à ces mers redemandaient mes vœux.
Dieu ! quel air frais et pur inondait ma poitrine !
Je riais, je pleurais ; je voyais Palestrine,
Saint-Marc que j'appelais, s'approcher à ma voix,
Et tous mes sens émus s'enivraient à la fois
De la splendeur du jour, des murmures de l'onde,
Des trésors étalés dans ce bazar du monde,
Des jeux, des bruits du port, des chants du gondolier !...
Ah ! des fers dans ces murs qu'on ne peut oublier !
Un cachot, si l'on veut, sous leurs plombs redoutables ;
Plutôt qu'un trône ailleurs, un tombeau dans nos sables,
Un tombeau qui, parfois témoin de vos douleurs,

ACTE I, SCÈNE II.

Soit foulé par vos pieds et baigné de vos pleurs !
ELENA.
Que les vôtres déjà n'arrosent-ils ma cendre !
Mais... ce ne fut pas moi, je me plais à l'apprendre,
Qui ramenai vos pas vers votre sol natal.
Il n'est plus, cet amour qui me fut si fatal.
Quand sa chaîne est coupable, un noble cœur la brise ;
N'est-ce pas, Fernando ? Je voudrais fuir Venise,
Dont les bords désormais sont votre unique amour,
Et pour vous y laisser m'en bannir à mon tour.

FERNANDO.
Vous, Elena ?
ELENA.
Qu'importe où couleraient mes larmes ?
A ne plus les cacher je trouverais des charmes.
Oui, mon supplice, à moi, fut de les dévorer,
Lorsque, la mort dans l'âme, il fallait me parer,
Laisser là mes douleurs, en effacer l'empreinte,
Pour animer un bal de ma gaîté contrainte :
Heureuse, en leur parlant, d'échapper aux témoins.
Dans ces nuits de délire, où je pouvais du moins
Au profit de mes pleurs tourner un fol usage,
Et sous un masque enfin reposer mon visage.

FERNANDO.
Je ne plaignais que moi !
ELENA.
Mon malheur fut plus grand :
J'ai tenu sur mon sein mon époux expirant ;
Tremblante à son chevet, de remords poursuivie,
Je ranimais en vain les restes de sa vie ;
Je croyais, quand sur lui mes yeux voyaient peser
Un sommeil convulsif qui semblait m'accuser,
Qu'un avis du cercueil, qu'un rêve, que Dieu même
Lui dénonçait mon crime à son heure suprême ;
Et que de fois alors je pris pour mon arrêt
Les accents étouffés que sa voix murmurait !
Comment peindre le doute où flottaient mes pensées,
Quand ma main, en passant sur ses lèvres glacées,
Interrogeait leur souffle, et que, dans mon effroi,
Tout, jusqu'à son repos, était sa mort pour moi ?

Je fus coupable, ô Dieu ! mais tu m'as bien punie.
La nuit où, dans l'horreur d'une ardente insomnie,
Il se leva, sur moi pencha ses cheveux blancs,
Et pâle me bénit de ses bras défaillants,
Il me parla de vous !

FERNANDO.
De moi !

ELENA.
Nuit vengeresse !
Nuit horrible ! et pourtant j'ai tenu ma promesse.
Jusqu'au pied des autels j'ai gardé mon secret.
L'offrande qu'à nos saints ma terreur consacrait,
Je la portais dans l'ombre au fond des basiliques ;
Je priais, j'implorais de muettes reliques,
Et sans bruit sous les nefs je fuyais, en passant
Devant le tribunal d'où le pardon descend.

FERNANDO.
Mais le ciel accueillit votre ardente prière.

ELENA.
Celle des grands, du peuple et de Venise entière,
La mienne aussi peut-être ; et vous, vous qu'aujourd'hui
Je trouve à mes chagrins moins sensible que lui,
Celle qui vous toucha quand vous m'avez quittée,
Pour l'oublier sitôt, l'avez-vous écoutée ?

FERNANDO.
Si je l'entends encor, c'est la dernière fois :
Je pars. L'Adriatique a revu les Génois ;
Venise me rappelle, et sait que leur audace
A quelques beaux trépas va bientôt laisser place.
Vos vœux seront remplis, je reviens pour mourir.

ELENA.
Pour mourir !

FERNANDO.
Mais ce sang que le fer va tarir,
Avant de se répandre où Venise l'envoie,
A battu dans mon sein d'espérance et de joie.
Il palpite d'amour ! A quoi bon retenir
Ce tendre et dernier cri que la mort doit punir ?
Je vous trompais ; c'est vous, ce n'est pas la patrie,
Vous, qui rendez la force à cette âme flétrie ;

ACTE I, SCÈNE II.

Vous, vous que je cherchais sous ce climat si doux,
Sur ce rivage heureux qui ne m'est rien sans vous !
C'est votre souvenir qui charme et qui dévore ;
C'est ce mal dont je meurs, et je voulais encore
Parler de ma souffrance aux lieux où vous souffrez,
Respirer un seul jour l'air que vous respirez,
Parcourir le Lido, m'asseoir à cette place
Où les mers de nos pas ont effacé la trace,
Voir ces murs pleins de vous, ce balcon d'où mes yeux
En vous les renvoyant recevaient vos adieux...

ELENA.

Par pitié !...

FERNANDO.

Cette fois l'absence est éternelle :
On revient de l'exil, mais la tombe est fidèle.
Je pars... Je mourrai donc, sûr que mon souvenir
De mes tourments jamais ne vint l'entretenir.
Ce prix qui m'était dû, qu'en vain je lui rappelle,
Cette écharpe, jamais... Dieu ! qu'ai-je vu ? C'est elle !
La voilà ! je la tiens... Ah ! tu pensais à moi !
Elle est humide encore, et ces pleurs je les croi.
Tu me trompais aussi ; nos vœux étaient les mêmes :
Allons ! je puis mourir : tu m'as pleuré, tu m'aimes !

ELENA, qui veut reprendre l'écharpe.

Fernando !

FERNANDO.

Ton présent ne me doit plus quitter ;
C'est mon bien, c'est ma vie ! et pourquoi me l'ôter ?
Je le garderai peu ; ce deuil est un présage ;
Mais d'un autre que moi tu recevras ce gage,
Mais couvert de mon sang, pour toujours séparé
De ce cœur, comme lui sanglant et déchiré.
Qui, touché des remords où son amour te livre,
Pour cesser de t'aimer, aura cessé de vivre.

ELENA.

On vient !

FERNANDO, cachant l'écharpe dans son sein.

Veillez sur vous un jour, un seul moment,
Par pitié pour tous trois.

ELENA.

Il le faut ; mais comment

Contempler sans pâlir ces traits que je révère?
FERNANDO.
Quel nuage obscurcit leur majesté sévère!

SCÈNE III.

ELENA, FERNANDO, FALIERO.

FALIERO, absorbé dans sa rêverie.
Tous mes droits envahis! mon pouvoir méprisé!
Que n'ai-je pas souffert, que n'ont-ils point osé?
Mais, après tant d'affronts dévorés sans murmure,
Cette dernière insulte a comblé la mesure.
ELENA.
Qu'entends-je?
FERNANDO.
Que dit-il?
FALIERO, les apercevant.
Chère Elena, pardon!
Fernando, mes enfants, dans quel triste abandon,
Je languirais sans vous!... Tu nous restes, j'espère?
FERNANDO.
Mais Votre Altesse oublie...
FALIERO.
Appelle-moi ton père,
Ton ami.
FERNANDO.
Que l'État dispose de mon bras;
Qui peut prévoir mon sort?
FALIERO.
Qui? moi. Tu reviendras.
La mort, plus qu'on ne pense, épargne le courage.
Regarde-moi! j'ai vu plus d'un jour de carnage;
Sous le fanal de Gêne et les murs des Pisans,
Plus d'un jour de victoire, et j'ai quatre-vingts ans.
Tu reviendras. Ce sceptre, envié du vulgaire,
Moissonne, Fernando, plus de rois que la guerre.
FERNANDO.
Écartez vos ennuis!
FALIERO.
Pour en guérir, j'attends

ACTE I, SCÈNE III.

Ce terme de ma vie, attendu trop longtemps.
Tu portes sans te plaindre une part de ma chaîne,
Pauvre Elena ! Je crus mon heure plus prochaine,
Lorsqu'à mon vieil ami je demandai ta main.
C'est un jour à passer, me disais-je, et demain
Je lui laisse mon nom, de l'opulence, un titre ;
Mais un pouvoir plus grand de nos vœux est l'arbitre.
La faute en est à lui !

ELENA.

Qu'il prolonge vos jours,
Comme il les a sauvés !

FALIERO.

Sans toi, sans ton secours,
Je succombais naguère, et t'aurais affranchie.
Comme elle se courbait sous ma tête blanchie !
(A Fernando.)
Ah ! si tu l'avais vue ! ange compatissant,
Pour rajeunir le mien elle eût donné son sang !

FERNANDO.

Nous l'aurions fait tous deux.

ELENA.

Nous le devions.

FALIERO.

Je pense
Qu'avant peu mes enfants auront leur récompense.
Qu'il vous soit cher, ce don, bien qu'il vienne un peu tard.
Vivez, soyez heureux, et pensez au vieillard.

ELENA.

Hélas ! que dites-vous ?

FALIERO.

Elena, je t'afflige...
Pour bannir cette idée, allons, sors, je l'exige.
Je veux à Fernando confier mon chagrin ;
Mais toi, tu le connais. L'aspect d'un ciel serein
A pour des yeux en pleurs un charme qui console.

ELENA.

Souffrez...

FALIERO.

Crains la fatigue, et sors dans ma gondole.
Contre l'ardeur du jour prends un masque léger,

Qui, sans lasser ton front, puisse le protéger.
Va, ma fille.

ELENA.

O bonté!

(Elle sort.)

SCÈNE IV.

FALIERO, FERNANDO.

FALIERO.
C'est elle qu'on outrage!

FERNANDO.
Elena!

FALIERO
Moi; c'est moi.

FERNANDO.
Vous!

FALIERO.
Écoute, et partage
Un fardeau qu'à moi seul je ne puis supporter.
C'est mon nom, c'est le nôtre à qui vient d'insulter
Un de ceux dont nos lois sur les bancs des Quarante
Font siéger à vingt ans la jeunesse ignorante.
Lois sages!

FERNANDO.
Qu'a-t-il fait?

FALIERO.
Le dirai-je? Irrité
D'un reproche public, mais par lui mérité,
L'insolent sur mon trône eut l'audace d'écrire...
Je les ai lus comme elle et tout ont pu les lire,
Ces mots... mon souvenir ne m'en rappelle rien;
Mais ces mots flétrissaient mon honneur et le sien.

FERNANDO.
Le lâche, quel est-il?

FALIERO.
Cherche dans la jeunesse,
Qui profane le mieux dix siècles de noblesse,
Qui fait rougir le plus les aïeux dont il sort?
Tête folle, être nul, qu'un caprice du sort
Fit libre, mais en vain, car son âme est servile;

Courageux, on le dit ; courageux entre mille,
Dont un duel heureux marque le premier pas ;
Du courage ! à Venise, eh ! qui donc n'en a pas ?
Un Steno !

FERNANDO.

Lui, Steno !

FALIERO.

Bien que brisé par l'âge,
Je n'aurais pas, crois-moi, laissé vieillir l'outrage.
Près de Saint-Jean et Paul il est un lieu désert,
Où, pour lui rendre utile un de ces jours qu'il perd,
Mon bras avec la sienne eût croisé cette épée...

FERNANDO

Il vit !

FALIERO.

Pour peu de jours, ma vengeance est trompée.
Sans leur permission puis-je exposer mon sang ?
Privilége admirable ! il vit grâce à mon rang.

(Fernando fait un mouvement pour sortir.)

Où vas-tu ?

FERNANDO.

Vous venger.

FALIERO.

Bien ! ce courroux t'honore.
Bien ! c'est un Faliero ; je me retrouve encore.
C'est mon ardeur, c'est moi ; c'est ainsi que jadis
Mon père à son appel eût vu courir son fils.
Mais l'affront fut public, le châtiment doit l'être.
Les Quarante déjà l'ont condamné peut-être.

FERNANDO.

Eh quoi ! ce tribunal où lui-même...

FALIERO.

Tu vois
Comme Venise est juste et maintient tous les droits !
Nos fiers avogadors avaient reçu ma plainte.
Aux droits d'un des Quarante oser porter atteinte !
Quel crime ! l'eût-on fait ? mais leur prince outragé,
Qu'importe ? et par ses pairs Steno sera jugé.

FERNANDO.

S'ils l'épargnaient ?

FALIERO.

Qui ? lui ! l'épargner ! lui, ce traître !

2.

Oui, traître à son serment, à Venise, à son maître !
L'épargner ! qu'as-tu dit ? l'oseraient-ils ? sais-tu
Qu'il faut que je le voie à mes pieds abattu ?
Sais-tu que je le veux, que la hache est trop lente
A frapper cette main, cette tête insolente ?

FERNANDO.

O fureur !

FALIERO.

De mon nom, toi l'unique héritier,
Toi, mon neveu, mon fils, connais-moi tout entier.
Lis, mon âme est ouverte et montre sa faiblesse.
C'est peu de l'infamie où s'éteint ma vieillesse ;
Cet affront dans mon sein éveille des transports,
D'horribles mouvements inconnus jusqu'alors.
J'en ai honte et je crains de sonder ma blessure.
Devine par pitié, comprends, je t'en conjure,
Comprends ce qu'à mon âge un soldat tel que moi
Ne pourrait sans rougir confier, même à toi.
Elena !... se peut-il ? si ce qu'on ose écrire...
Mais sur ses traits en vain je cherche le sourire.
D'où vient que mon aspect lui fait baisser les yeux ?
Pourquoi loin des plaisirs se cacher dans ces lieux ?
Pourquoi fuir cet asile, où, par la pénitence,
Le crime racheté redevient l'innocence ?
Le sien est-il si grand, si terrible ?... Insensé !
Tout me devient suspect, le présent, le passé ;
J'interrroge la nuit, les yeux fixés sur elle,
Jusqu'aux pleurs, aux aveux d'un sommeil infidèle,
Et j'ai vu, réveillé par cet affreux soupçon,
Ses lèvres se mouvoir et murmurer un nom.

FERNANDO.

Grand Dieu !

FALIERO.

Ne me crois pas ; va, je lui fais injure,
Steno !... jamais, jamais ! Sa vie est encor pure ;
Jamais tant de vertu ne descendrait si bas ;
Je n'ai rien soupçonné, rien dit ; ne me crois pas !
Mais Steno, mais celui dont le mensonge infâme
De cette défiance a pu troubler mon âme,
La déchirer ainsi, la briser, la flétrir,
Qu'on l'épargne ! ah ! pour lui c'est trop peu de mourir !

ACTE I, SCÈNE V.

Il aurait, le cruel qui m'inspira ces doutes,
Plus d'une vie à perdre, elles me devraient toutes,
Oui toutes, sans suffire à mes ressentiments,
Leur sang, leur dernier souffle et leurs derniers tourments.
(Il tombe sur un siége.)
(Après une pause.)
Homme faible, où m'emporte une aveugle colère !
A Zara, quand j'appris la perte de mon frère,
Je domptai ma douleur et je livrai combat.
Prince, ferai-je moins que je n'ai fait soldat ?
(A Fernando.)
L'État doit m'occuper. Je vais dicter : prends place,
(Fernando s'assied près d'une table.)
« Moi, doge, aux Florentins. » Écris !

FERNANDO.
Ma main se glace.

FALIERO.
Allons ! calme ce trouble... Ils recueillaient les voix ;
Qu'ils sont lents !

FERNANDO.
Poursuivez.

FALIERO.
Qu'ai-je dit... aux Génois ?

FERNANDO.
Votre Altesse écrivait au sénat de Florence.

FALIERO.
Ah ! je voudrais en vain feindre l'indifférence !
Je ne le puis, je cède et me trouble à mon tour.
Mais on arrive enfin : je respire !

SCÈNE V.

FERNANDO, FALIERO, LE SECRÉTAIRE DES QUARANTE.

LE SECRÉTAIRE.
La cour
Dépose son respect aux pieds de Votre Altesse.

FALIERO.
Leur respect est profond : jugeons de leur sagesse.
La sentence ! donnez.

LE SECRÉTAIRE.
La voici.

FERNANDO, à son oncle.
Vous tremblez.

FALIERO.
Moi! non...je...non...pourquoi?...Lis, mes yeux sont troublés, Lis.

FERNANDO, lisant.
« Il est décrété d'une voix unanime
« Que Steno, convaincu...

FALIERO.
Passe, je sais son crime.
Le châtiment?

FERNANDO.
Un mois dans les prisons d'État.

FALIERO.
Après ?

FERNANDO.
C'est tout.

FALIERO, froidement.
Un mois !

FERNANDO.
Pour ce lâche attentat !

LE SECRÉTAIRE, au doge.
La cour de Votre Altesse attend la signature.

FERNANDO, à son oncle, qui s'approche de la table.
Et vous ?...

FALIERO.
C'est mon devoir.

FERNANDO.
Quoi ! d'approuver l'injure?

FALIERO. (Il laisse tomber la plume.)
Un mois ! Dieu !
(Au secrétaire, en lui remettant le papier.)
Laissez-nous.

LE SECRÉTAIRE.
L'arrêt n'est pas signé.

FALIERO.
Non ? j'ai cru...
(Il signe rapidement.)
Sortez donc.

SCÈNE VI.

FALIERO, FERNANDO.

FERNANDO.
Et, sans être indigné,
Vous consacrez vous-même une telle indulgence?

FALIERO, en souriant.
Tu le vois.

FERNANDO.
Quel sourire! il demande vengeance.

FALIERO.
Nos très-nobles seigneurs à l'affront qu'on m'a fait
N'ont-ils pas aujourd'hui pleinement satisfait?
Le châtiment railleur dont la faute est punie
Mêle à leur jugement le sel de l'ironie.
Ce soir chez un des Dix, où je suis invité,
Le vainqueur de Zara, par eux félicité,
Les verra s'applaudir d'avoir pu lui complaire.
Ils auront les honneurs d'un arrêt populaire.
Quoi! justice pour tous, hors pour le souverain,
C'est de l'égalité! Les gondoliers, demain,
Égayant de mon nom une octave à ma gloire,
Chanteront sur le port ma dernière victoire.
Eh bien, je ris comme eux.

FERNANDO.
Plus triste que les pleurs,
Cette joie est amère; elle aigrit vos douleurs.

FALIERO, qui se lève avec violence.
Où sont les Sarrasins? que je leur rende hommage!
Sur l'autel de saint Marc et devant son image,
Avec ce même bras qui leur fut si fatal,
Je leur veux à genoux jurer foi de vassal!

FERNANDO.
Est-ce vous qui parlez?

FALIERO.
Que les vaisseaux de Gênes,
Du port, forcé par eux, n'ont-ils rompu les chaînes!
Dans ses patriciens frappez Venise au cœur;

Venez : qu'au doigt sanglant d'un Génois, d'un vainqueur,
Je passe l'anneau d'or, ce pitoyable gage,
Cet emblème imposteur d'un pouvoir qu'on outrage.

FERNANDO.

Est-ce au duc de Venise à former de tels vœux ?

FALIERO.

Moi, duc ! le suis-je encor ? moi, le dernier d'entre eux !
Moi, prince en interdit ; moi, vieillard en tutelle ;
Moi, que la loi dédaigne et trouve au-dessous d'elle !

FERNANDO.

Son glaive était levé, quand le mien s'est offert ;
Il s'offre encore.

FALIERO.

   Attends !

FERNANDO.

    Vous avez trop souffert,
Punissez.

FALIERO.

  Et comment ?

FERNDNDO.

   Je reviens vous l'apprendre.

FALIERO.

Que pourrais-tu, toi seul ?

FERNANDO.

    Ce que peut entreprendre
Un homme contre un homme.

FALIERO.

    Et contre tous ?

FERNANDO.

     Plus bas !
Le courroux vous égare.

FALIERO.

    Il m'éclaire : à ton bras
Un coupable suffit ; mais, s'ils sont tous coupables,
Que me font et l'un d'eux et ses jours misérables ?
Me venger à demi, c'est ne me pas venger.
L'offenseur n'osa rien, osant tout sans danger.
Au-dessous de son crime un tel pardon le place,
Et de son insolence il n'avait pas l'audace.
Il n'outragea que moi : l'arrêt qu'ils ont rendu

Dans un commun outrage a seul tout confondu,
Un tribunal sacré qu'au mépris il condamne,
La loi qu'il fait mentir, le trône qu'il profane.
Si j'élève la voix, que d'autres se plaindront !
Ils ont, pour s'enhardir à m'attaquer de front,
Essayé sur le faible un pouvoir qui m'opprime,
Et monté jusqu'à moi de victime en victime.
Un peuple entier gémit. Doge, ce n'est plus toi,
C'est lui que tu défends ; c'est l'État, c'est la loi,
C'est ce peuple enchaîné, c'est Venise qui crie :
Arme-toi ; Dieu t'appelle à sauver la patrie !

FERNANDO.

Seigneur, au nom du ciel...

FALIERO.

Opprobre à ma maison,
Si de leurs oppresseurs je ne leur fais raison !
Quels moyens ?... je ne sais : les malheurs de nos armes
A Venise ulcérée ont coûté bien des larmes.
On s'en souvient : je veux... Si pour briser leurs fers
J'essayais... Il vaut mieux... Non, je puis... Je m'y perds.
Je cherche et ne vois rien qu'à travers des nuages.
Mille desseins confus, milles horribles images,
Se heurtent dans mon sein, passent devant mes yeux ;
Mais je sens qu'un projet vengeur, victorieux,
Au sortir du chaos où je l'enfante encore,
Pour les dévorer tous dans le sang doit éclore.

FERNANDO.

Ah ! que méditez-vous ? craignez...

FALIERO.

Tu m'écoutais !
J'ai parlé : qu'ai-je dit ? pense au trouble où j'étais ;
(A voix basse.)
C'est un rêve insensé. Ce que tu viens d'entendre,
Il faut...

FERNANDO.

Quoi ?

FALIERO.

L'oublier, ou ne le pas comprendre.
(A un officier du palais, qui entre.)
Que veut-on ?

SCÈNE VII.

FALIERO, FERNANDO, VICENZO.

VICENZO.

Là faveur d'un moment d'entretien ;
Et celui qui l'attend...

FALIERO.

Fût-ce un patricien,
Non; s'il est offensé, qu'il s'adresse aux Quarante.

VICENZO.

Sa demande à l'État doit être indifférente ;
C'est un homme du peuple, à ce que j'ai pu voir,
Un patron de galère.

FALIERO.

Un instant! mon devoir
Est d'écouter le peuple ; il a droit qu'on l'écoute,
Le peuple! il sert l'État. Allez, quoi qu'il m'en coûte,
Je recevrai cet homme.

(Vicenzo sort.)

Implorer mon secours,
C'est avoir à se plaindre. On peut par ses discours
Juger...

FERNANDO.

Je me retire.

FALIERO.

Oui, laisse-nous. Arrête !
Ne cherche pas Sténo ; réserve-moi sa tête ;
Il est sacré pour toi.

(Fernando sort.)

Cet homme a des amis,
Et par eux... Après tout, l'écouter m'est permis,
Je le dois ; mais il vient.

SCÈNE VIII.

FALIERO, ISRAEL BERTUCCIO.

FALIERO, assis.

Que voulez-vous ?

ISRAEL.

Justice !

ACTE I, SCÈNE VIII.

FALIERO.
Vain mot! pour l'obtenir l'instant n'est pas propice.

ISRAEL.
Il doit l'être toujours.

FALIERO.
Avez-vous un appui?

ISRAEL.
Plus d'un : mon droit d'abord, et le doge après lui.

FALIERO.
L'un sera méprisé ; pour l'autre, il vient de l'être.
Votre nom ?...

ISRAEL.
N'est pas noble, et c'est un tort.

FALIERO.
Peut-être.

ISRAEL.
Israël Bertuccio.

FALIERO.
Ce nom m'est inconnu.

ISRAEL.
Noble, jusqu'à mon prince il serait parvenu.

FALIERO.
Auriez-vous donc servi?

ISRAEL.
Dans plus d'une entreprise.

FALIERO.
Sur mer ?

ISRAEL.
Partout.

FALIERO.
En brave ?

ISRAEL.
En soldat de Venise.

FALIERO.
Sous plus d'un général ?

ISRAEL.
Un seul, qui les vaut tous.

FALIERO.
C'est trop dire d'un seul.

ISRAEL.
Non.

FALIERO.
Quel est-il ?
ISRAEL.
C'est vous.
FALIERO.
Israël !... Oui, ce nom revient à ma mémoire.
C'est vrai, brave Israël, tu servis avec gloire :
Tu combattis sous moi.
ISRAEL.
Mais dans des jours meilleurs.
On triomphait alors.
FALIERO, avec joie.
A Zara !
ISRAEL.
Comme ailleurs ;
Vous commandiez !
FALIERO.
Allons : dis-moi ce qui t'amène ;
(Il se lève et s'approche d'Israël.)
Parle à ton général, et conte-lui ta peine ;
Dis, mon vieux camarade !
ISRAEL.
Eh bien donc, je me plains...
M'insulter ! on l'a fait ! Par le ciel et les saints,
Israël sans vengeance, et réduit à se plaindre !...
Pardon, mon général, je ne puis me contraindre :
Qui souffre est excusé.
FALIERO.
Je t'excuse et le dois.
Rappeler son affront, c'est le subir deux fois.
ISRAEL.
Deux fois ! subir deux fois l'affront que je rappelle !
Que maudit soit le jour où, pour prix de mon zèle,
Votre prédécesseur, mais non pas votre égal,
Me fit patron du port, et chef de l'arsenal !
FALIERO.
C'était juste.
ISRAEL.
Et pourtant, sans cette récompense,
Viendrais-je en suppliant vous conter mon offense ?

ACTE I, SCÈNE VIII.

Chargé par le conseil de travaux importants...
Je tremble malgré moi, mais de fureur.

FALIERO.
J'entends.

ISRAEL.
Je veillais à mon poste : un noble vient, déclare
Qu'il faut quitter pour lui nos vaisseaux qu'on répare.
Il maltraite à mes yeux ceux qui me sont soumis ;
Je cours les excuser ; ils sont tous mes amis,
Tous libres, par saint Marc, gens de cœur, gens utiles.
Dois-je donc, pour un noble et ses travaux futiles,
Me priver d'un seul bras sur la flotte occupé ?
Le dois-je ? prononcez.

FALIERO.
Non, certe.

ISRAEL.
Il m'a frappé !...
Que n'est-ce avec le fer !

FALIERO.
Du moins tu vis encore.

ISRAEL.
Sans honneur : le fer tue, et la main déshonore.
Un soufflet ! Sur mon front, ce seul mot prononcé
Fait monter tout le sang que l'État m'a laissé.
Il a coulé, mon sang dont la source est flétrie,
Mais sous la main d'un noble et non pour la patrie ;
L'outrage est écrit là : sa bague en l'imprimant
A creusé sur ma joue un sillon infamant.
Montre donc maintenant, montre tes cicatrices,
Israël, la dernière a payé tes services.

FALIERO.
Et l'affront qu'on t'a fait...

ISRAEL.
Je ne l'ai pas rendu :
Je respecte mes chefs. A prix d'or j'aurais dû
Me défaire de lui sous le stylet d'un brave.
Mais j'ai dit : Je suis libre, on me traite en esclave ;
Pour mon vieux général tous les droits sont sacrés,
Il me rendra justice, et vous me la rendrez.

FALIERO.
On ne me la fait pas ; comment puis-je la rendre ?

ISRAEL.
On ne vous la fait pas? à vous! pourquoi l'attendre?
Si j'étais doge...

FALIERO.
Eh bien?

ISRAEL.
Je...

FALIERO, vivement.
Tu te vengerais!

ISRAEL.
Demain.

FALIERO.
Tu le peux donc?

ISRAEL.
Non... mais je le pourrais,
Si j'étais doge.

FALIERO.
Approche et parle sans mystère.

ISRAEL.
On risque à trop parler ce qu'on gagne à se taire.

FALIERO.
Tu sais qu'un mot de moi peut donner le trépas,
Tu le crains.

ISRAEL.
Je le sais, mais je ne le crains pas.

FALIERO.
Pourquoi?

ISRAEL.
Notre intérêt nous unit l'un à l'autre;
J'ai ma cause à venger, mais vous avez la vôtre.

FALIERO.
Ainsi donc, pour le faire, il existe un complot?
De quelle part viens-tu?

ISRAEL.
De la mienne. En un mot,
Pour soutenir nos droits voulez-vous les confondre?

FALIERO.
Je veux t'interroger avant de te répondre.

ISRAEL.
Qui m'interrogera, vous, ou le doge?

FALIERO.
Moi.

Pour le doge, il n'est plus.

ISRAEL.

C'est parler : je vous croi.

FALIERO.

Parle donc à ton tour.

ISRAEL.

Si le peuple murmure
Du joug dont on l'accable et des maux qu'il endure,
Est-ce moi qui l'opprime ?

FALIERO.

Il comprend donc ses droits ?

ISRAEL.

La solde que l'armée attend depuis deux mois,
Si d'autres, la payant, tentent par ce salaire
De nos condottieri la bande mercenaire,
Puis-je l'empêcher, moi ?

FALIERO.

Vous avez donc de l'or ?

ISRAEL.

Si de vrais citoyens, car il en est encor,
Des soldats du vieux temps, du vôtre, et qu'on méprise,
Par la foi du serment sont liés dans Venise ;
Aux glaives des tyrans, qu'ils veulent renverser,
Suis-je un patricien, moi, pour les dénoncer ?

FALIERO.

Achève.

ISRAEL.

J'ai tout dit.

FALIERO.

Ce sont là des indices.
Le reste, ton projet, tes amis, tes complices :

ISRAEL.

Mon projet ? c'est le vôtre.

FALIERO.

En ai-je un ?

ISRAEL.

Mes moyens ?
Mon courage, cette arme...

FALIERO.

Et les armes des tiens.
Tes complices ? leurs noms ?

ISRAEL.

Je n'ai pas un complice.

FALIERO.

Quoi ! pas un ?

ISRAEL.

En a-t-on pour rendre la justice ?

FALIERO.

Tes amis, si tu veux.

ISRAEL.

Quand vous serez le leur.

FALIERO.

Moi ! je...

ISRAEL.

Vous reculez !

FALIERO.

Agir avec chaleur,
Concevoir froidement, c'est le secret du maître.
Puis-je rien décider avant de tout connaître ?
Mais le sénat m'appelle ; un plus long entretien
Pourrait mettre au hasard mon secret et le tien.

ISRAEL.

Vous revoir au palais serait risquer ma tête...
Le seigneur Lioni vous attend à sa fête ;
J'irai.

FALIERO.

Te reçoit-il ?

ISRAEL.

Mon bras sauva ses jours ;
J'eus tort : c'est un de plus.

FALIERO.

Affable en ses discours,
Dans ses actes cruel, esprit fin, âme dure,
Assistant du même air au bal qu'à la torture,
Soupçonneux, mais plus vain, et dans sa vanité
Épris d'un fol amour de popularité,
Il doit te recevoir.

ISRAEL.

Il en a le courage.
Du marin parvenu le rude et fier langage
Le trompe en l'amusant ; et sans prendre un soupçon
Dans la bouche de fer il trouverait mon nom.

ACTE I, SCÈNE VIII.

FALIERO.
Mais la torture est prête aussitôt qu'il soupçonne.

ISRAEL.
Je la supporterais de l'air dont il la donne.

FALIERO.
Tu me gagnes le cœur.

ISRAEL.
Vos ordres, général ?

FALIERO.
J'irais à leurs regards m'exposer dans un bal,
Rendre en les acceptant leurs mépris légitimes,
Chercher mes ennemis !

ISRAEL.
Non, compter vos victimes.

FALIERO, vivement.
Je n'ai rien décidé.

ISRAEL.
Voulez-vous me revoir ?

FALIERO
Plus tard.

ISRAEL.
Jamais.
(Il fait un pas pour sortir.)

FALIERO.
Reviens.

ISRAEL.
À ce soir ?

FALIERO, après une pause.
A ce soir !
(Israël sort.)

ACTE DEUXIÈME.

SCÈNE I.

(Le palais de Lioni : salon très-riche, galerie au fond, une table où sont disposés des échecs.)

LIONI, VEREZZA, DEUX AUTRES AFFIDÉS DU CONSEIL DES DIX *sur le devant de la scène*; SERVITEURS *occupés des apprêts d'un bal*; BERTRAM, *au fond, dans un coin.*

LIONI, bas à Verezza.
On vous a de Steno renvoyé la sentence ;
Vous l'exécuterez, mais avec indulgence.
L'État veut le punir comme un noble est puni :
Des égards, du respect.

VEREZZA.
Le seigneur Lioni
Me parle au nom des Dix ?

LIONI.
Leur volonté suprême
Laisse-t-elle un d'entre eux parler d'après lui-même ?
Vous pouvez être doux, en voici l'ordre écrit.
(Le prenant à part.)
Cet autre ne l'est pas : il regarde un proscrit
Par jugement secret traité comme il doit l'être,
Le prisonnier des plombs : une gondole, un prêtre,
Au canal Orfano. Sortez.
(A ses valets.)
Partout des fleurs !
Que les feux suspendus et l'éclat des couleurs,
Que le parfum léger des roses de Byzance,
Les sons qui de la joie annoncent la présence,
Que cent plaisirs divers d'eux-mêmes renaissants
Amollissent les cœurs et charment tous les sens.
(A Bertram.)   (Aux valets.)
Approchez-vous, Bertram. Laissez-nous.

SCÈNE II.
LIONI, BERTRAM.

LIONI.

Ma colère
A cédé, quoique juste, aux pleurs de votre mère.
Le sein qui vous porta nous a nourris tous deux ;
Je m'en suis souvenu.

BERTRAM.

Monseigneur !...

LIONI.

Malheureux !
Quel orgueil fanatique ou quel mauvais génie
De censurer les grands t'inspira la manie ?

BERTRAM.

Je leur dois tous mes maux.

LIONI.

Bertram, sans mon appui,
Sur le pont des Soupirs tu passais aujourd'hui ;
On t'oubliait demain.

BERTRAM.

Je demeure immobile ;
Quoi ! le pont des Soupirs !

LIONI.

Sois un artiste habile,
Un sculpteur sans égal ; mais pense à tes travaux,
Et, quand tu veux blâmer, parle de tes rivaux.
L'État doit aux beaux-arts laisser ce privilége,
C'est ton droit ; plus hardi, tu deviens sacrilége.

BERTRAM.

On ne l'est qu'envers Dieu.

LIONI.

Mais ne comprends-tu pas
Que ceux qui peuvent tout sont les dieux d'ici-bas ?...
On t'aime à Rialto, dans le peuple on t'écoute.
Dis que je t'ai sauvé : tu le diras ?

BERTRAM.

Sans doute ;
De raconter le bien le ciel nous fait la loi.

LIONI.

Et d'oublier le mal ; mais tes pareils et toi,
Les mains jointes, courbés sur vos pieux symboles,
Des pontifes divins vous croyez les paroles :
Du pouvoir qu'ils n'ont pas ils sont toujours jaloux.
Et, vous ouvrant le ciel, ils le ferment pour nous.

BERTRAM.

Non pour vous, mais pour ceux que leur Dieu doit maudire.

LIONI.

Tu te crois saint, Bertram, et tu crains le martyre.
La torture...

BERTRAM.

    Ah ! pitié !

LIONI.

    Des grands parle à genoux.

BERTRAM.

De ma haine contre eux je vous excepte, vous.

LIONI.

Que leur reproches-tu ?

BERTRAM.

    Ma misère.

LIONI.

        Sois sage,
Travaille, tu vivras.

BERTRAM.

    Promettre est leur usage ;
Car l'ivoire ou l'ébène à leurs yeux est sans prix,
Quand il doit de mes mains passer sous leurs lambris.
Mais l'ont-ils, ce travail achevé pour leur plaire,
J'expire de besoin et j'attends mon salaire.

LIONI.

A-t-on des monceaux d'or pour satisfaire à tout ?
Je les verrai. Mais parle, on célèbre ton goût ;
Quels marbres, quels tableaux, aux miens sont comparables ?
Regarde ces apprêts : que t'en semble ?

BERTRAM.

        Admirables !

LIONI.

Voyons, j'aime les arts et prends tes intérêts :
  (A voix basse)
Les Dix, pour tout savoir, ont des agents secrets,

Et nous payons fort cher leurs utiles services ;
Tu nous pourrais comme eux rendre ces bons offices.
De nos patriciens plus d'un s'en fait honneur.

BERTRAM.

Je préfère pourtant...

LIONI.

Quoi ?

BERTRAM.

Mourir, monseigneur.

LIONI.

Insensé !

BERTRAM.

Mais comptez sur ma reconnaissance.

LIONI.

Me la prouver, je crois, n'est pas en ta puissance.

BERTRAM.

Le dernier peut un jour devenir le premier.

LIONI.

Comment ?

BERTRAM.

Dieu nous l'a dit.

LIONI.

Garde-toi d'oublier
Que des vertus ici l'humilité chrétienne
Est la plus nécessaire, et ce n'est pas la tienne.
Steno !... Sors.

SCÈNE III.

LIONI, BERTRAM, STENO.

(Il porte un domino ouvert qui laisse voir un costume très élégant; il a son masque à la main.)

STENO, à Bertram.

Gloire à toi, Phidias de nos jours.
J'ai reçu ton chef-d'œuvre, et te le dois toujours ;
Mais un mois de prison va régler mes dépenses ;
Je le paierai bientôt.

BERTRAM, à part, en s'inclinant.

Plutôt que tu ne penses.

SCÈNE IV.

LIONI, STENO.

LIONI.

Qui? vous, Steno, chez moi !

STENO.

C'est mal me recevoir.

LIONI.

Condamné le matin, venir au bal le soir !

STENO.

Ma journée est complète et la nuit la couronne.
Je veux prendre congé de ceux que j'abandonne.
Demain je suis captif; à votre prisonnier
Laissez du moins ce jour, ce jour est le dernier.

LIONI.

Le doge vient ici ; je reçois la duchesse,
Et...

STENO.

Sa beauté vaut mieux que son titre d'altesse.
Que ne m'est-il permis de choisir mes liens!
Les fers de son époux sont moins doux que les siens.

LIONI.

Il ne faut pas plus loin pousser ce badinage.
Même en vous punissant croyez qu'on vous ménage.

STENO.

J'aime votre clémence, et l'effort en est beau :
M'ensevelir vivant dans la nuit du tombeau !
Et pourquoi ? pour trois mots que j'eus le tort d'écrire.
Mais le doge irrité, jaloux jusqu'au délire,
Prouva que d'un guerrier mille fois triomphant
La vieillesse et l'hymen ne font plus qu'un enfant.
Au reste, il est ici l'idole qu'on encense,
Pour lui rendre en honneurs ce qu'il perd en puissance.

LIONI.

A ces honneurs, Steno, gardez-vous d'attenter.
Par égard pour nous tous, qu'il doit représenter
Au timon de l'État, dont nous tenons les rênes,
Il faut baiser ses mains en leur donnant des chaînes.

ACTE II, SCÈNE IV.

Ainsi donc pour ce soir, je le dis à regret,
Mais...

STENO.

Mon déguisement vous répond du secret.
Non, ne me privez pas du piquant avantage
D'entendre, à son insu, l'auguste personnage.
Autour de la duchesse heureux de voltiger,
C'est en la regardant que je veux me venger.
Je veux suivre ses pas, dans ses yeux je veux lire,
Tout voir sans être vu, tout juger sans rien dire,
Et de votre pouvoir invisible et présent
Offrir, au sein des jeux, l'image en m'amusant.

LIONI.

Veiller sur vous, Steno, n'est pas votre coutume.

STENO.

Qui peut me deviner, cacher sous mon costume?
Sous ce masque trompeur, le peut-on ? regardez :
Noir comme le manteau d'un de vos affidés.

LIONI.

Respectons les premiers ce qu'il faut qu'on redoute.

STENO.

Je ne ris plus de rien, je sais ce qu'il en coûte ;
Pas même des époux ! N'est-il pas décrété
Que c'est un crime ici de lèse-majesté ?

LIONI.

Incorrigible !

STENO.

Eh non ! un mot vous épouvante ;
Mais ne redoutez plus ma liberté mourante ;
C'est son dernier soupir ; il devait s'exhaler
Contre un vieillard chagrin qui vient de l'immoler.

LIONI.

Vous abusez de tout.

STENO.

Il le faut à notre âge :
Le seul abus d'un bien en fait aimer l'usage.
Quoi de plus ennuyeux que vos plaisirs sensés?
Ils rappellent aux cœurs, trop doucement bercés
Par un retour prévu d'émotions communes,
Ce fade mouvement qu'on sent sur les lagunes.
En ôtez-vous l'excès, le plaisir perd son goût.

Mais l'excès nous réveille, il donne un charme à tout.
Un amour vous suffit; moi, le mien se promène
De l'esclave de Smyrne à la noble Romaine,
Et de la courtisane il remonte aux beautés
Que votre bal promet à mes yeux enchantés.
Le jeu du casino me pique et m'intéresse ;
Mais j'y prodigue l'or, ou j'y meurs de tristesse.
Si la liqueur de Chypre est un heureux poison,
C'est alors qu'affranchi d'un reste de raison
Mon esprit pétillant, qui fermente comme elle,
Des éclairs qu'il lui doit dans l'ivresse étincelle.
Mes jours, je les dépense au hasard, sans compter :
Qu'en faire, on en a tant, peut-on les regretter ?
Pour les renouveler, cette vie où je puise
Est un trésor sans fond qui jamais ne s'épuise ;
Ils passent pour renaître, et mon plus cher désir
Serait d'en dire autant de l'or et du plaisir.
Je parle en philosophe.

LIONI.
Et je réponds en sage :
Vous ne pouvez rester.

STENO.
Quittez donc ce visage ;
Dans la salle des Dix il vous irait au mieux ;
Mais tout, excepté lui, me sourit en ces lieux.

LIONI.
Flatteur !

STENO.
Chaque ornement, simple avec opulence,
Prouve le goût du maître et sa magnificence.

(Plusieurs personnes parées ou masquées traversent la galerie du fond.)

LIONI.
Soyez donc raisonnable. On vient de tous côtés ;
J'aurais tort de permettre...

STENO.
Oui : mais vous permettez.
Vous, de qui la raison plane au-dessus des nôtres,
Ayez tort quelquefois par pitié pour les autres.
Mes adieux au plaisir seront cruels et doux :

C'est vouloir le pleurer que le quitter chez vous.
UN SERVITEUR DE LIONI, annonçant.
Le doge.
LIONI.
Fuyez donc : s'il vous voit...
STENO.
Impossible !
Je me perds dans la foule et deviens invisible.

SCÈNE V.

FALIERO, ELENA, FERNANDO, BENETINDE, LIONI,
ISRAEL, sénateurs, courtisans, etc.

LIONI, au doge.
Posséder Son Altesse est pour tous un bonheur ;
Mais elle sait quel prix j'attache à tant d'honneur.
FALIERO.
Je ne devais pas moins à ce respect fidèle
Dont chaque jour m'apporte une preuve nouvelle.
LIONI, à la duchesse.
Madame, puissiez-vous ne pas trop regretter
Le palais que pour moi vous voulez bien quitter !
ELENA.
Vous ne le craignez pas.
LIONI, à Fernando.
Quelle surprise aimable !
Fernando de retour !
FERNANDO.
Le sort m'est favorable,
Je reviens à propos.
LIONI, lui serrant la main.
Et pour faire un heureux,
(A Benetinde, qui cause avec le doge.)
Salut au chef des Dix ! Le plus cher de mes vœux
Est que de ses travaux ma fête le repose.
BENETINDE.
Occupé d'admirer, peut-on faire autre chose ?
(Au doge, en reprenant sa conversation.)
Vous penchez pour la paix ?

FERNANDO.

J'ai vu plus d'une cour,
Et pourtant rien d'égal à ce brillant séjour.

ELENA.

C'est un aveu flatteur après un long voyage.

LIONI.

(Aux nobles Vénitiens.) (A Israël.)
Soyez les bienvenus ! Je reçois ton hommage,
Mon brave !

ISRAEL, bas à Lioni.

Sous le duc j'ai servi vaillamment ;
Il peut me protéger, présentez-moi.

LIONI, le prenant par la main.

Comment !
Viens.

ELENA.

De qui ce tableau ?

LIONI, qui se retourne en présentant Israël.

D'un maître de Florence,
Du Giotto.

LE DOGE, à Israël.

Dès ce soir vous aurez audience.

BENETINDE, regardant le tableau tandis qu'Israël cause avec le doge.

Où se passe la scène ?

LIONI, qui se rapproche de lui.

Eh, mais! à Rimini.
La belle Francesca, dont l'amour est puni,
Voit tomber sous le bras d'un époux trop sévère
Le trop heureux rival que son cœur lui préfère.

ELENA, à part.

Je tremble.

LIONI.

Quel talent ! regardez : le jaloux
Menace encor son frère expirant sous ses coups.

BENETINDE.

Son frère ou son neveu ?

FERNANDO.

Dieu !

LIONI, à Benetinde.

Relisez le Dante

(A la duchesse.)
Son frère Paolo. Que la femme est touchante,
N'est-ce pas ?
ELENA.
Oui, sublime.
(Ici les premières mesures d'une danse vénitienne.)
LIONI.
Ah ! j'entends le signal.
(Au doge.)
Monseigneur passe-t-il dans le salon de bal ?
FALIERO.
Ces divertissements ne sont plus de mon âge.
LIONI, lui montrant les échecs.
On connaît votre goût : voici le jeu du sage.
FERNANDO, à Elena.
Pour le premier quadrille acceptez-vous ma main ?
ELENA.
On vous a devancé.
LIONI, offrant la main à Elena.
Je montre le chemin.
(A Israël, en montrant le doge.)
Fais ta cour.
BENETINDE, à Fernando.
Donnez-moi quelques détails sincères
Sur ce qu'on dit de nous dans les cours étrangères.
(Tout le monde sort, excepté le doge et Israël.)

SCÈNE VI.

FALIERO, ISRAEL.

FALIERO.
Enfin nous voilà seuls.
ISRAEL.
Décidons de leurs jours.
FALIERO.
Quels mépris dans leurs yeux !
ISRAEL.
Fermons-les pour toujours.
FALIERO.
Même en se parlant bas qu'ils montraient d'insolence !

ISRAEL.
Nous allons pour toujours les réduire au silence.

FALIERO.
De leur sourire amer j'aurais pu me lasser.

ISRAEL.
La bouche d'un mourant sourit sans offenser.

FALIERO.
Ne peut-on nous troubler ?

(La musique recommence.)

ISRAEL.
Le plaisir les enivre.
Ils pressentent leur sort et se hâtent de vivre.
De ce bruyant concert entendez-vous les sons ?

FALIERO.
Le temps vole pour eux.

ISRAEL.
Et pour nous : agissons.

FALIERO.
La liste de vos chefs ?

ISRAEL, qui lui remet un papier.
La voici.

FALIERO.
Tu m'étonnes.
Tu te crois sûr de moi, puisque tu me la donnes.

ISRAEL.
Je le puis.

FALIERO.
Pas de noms !

ISRAEL.
Mais des titres ! voyez !

FALIERO.
Qui sont peu rassurants.

ISRAEL.
Plus que vous ne croyez.

FALIERO.
Un pêcheur, un Dalmate, un artisan !

ISRAEL.
Qu'importe ?
Chacun a trente amis pour lui prêter main-forte.

FALIERO.
Un gondolier !
ISRAEL.
Trois cents ; car je lui dois l'appui
De tous ses compagnons non moins braves que lui.
FALIERO.
Que fais-tu d'un sculpteur ?
ISRAEL.
Le ciel, dit-on, l'inspire.
Homme utile ! avec nous c'est saint Marc qui conspire.
FALIERO.
Des esclaves !
ISRAEL.
Nombreux.
FALIERO.
Mais qui vous ont coûté
Beaucoup d'or ?
ISRAEL.
Un seul mot.
FALIERO.
Et lequel ?
ISRAEL.
Liberté.
FALIERO.
Mille condottieri vous coûtent davantage.
ISRAEL.
Rien.
FALIERO.
Dis vrai.
ISRAEL.
J'ai promis...
FALIERO.
Eh ! quoi donc ?
ISRAEL.
Le pillage.
FALIERO.
Je rachète Venise, et donne pour rançon...
ISRAEL.
Le trésor ?
FALIERO.
Tous mes biens.
ISRAEL.
Que j'accepte en leur nom.

FALIERO.

Deux mille ! avec ce nombre il faut tout entreprendre :
C'est peu pour attaquer !

ISRAEL.

C'est beaucoup pour surprendre.

FALIERO.

J'en conviens ; mais sans moi pourquoi n'agis-tu pas ?

ISRAEL.

C'est qu'il nous faut un chef, s'il vous faut des soldats.

FALIERO.

Et vous m'avez choisi ?

ISRAEL.

Pour vaincre.

FALIERO, écoutant.

Le bruit cesse ;
Occupons-nous tous deux.

ISRAEL.

Comment ?

FALIERO.

Le temps nous presse.
Des échecs !... c'est pour moi qu'on les a préparés.
  (Lui faisant signe de s'asseoir.)
Qu'ils servent nos projets.

ISRAEL, assis.

Ces nouveaux conjurés
Seront discrets du moins.

FALIERO.

Silence !

SCÈNE VII.

FALIERO, ISRAEL, LIONI.

(Plusieurs personnes, pendant cette scène et la suivante, traversent le salon, se promènent dans la galerie, s'arrêtent à des tables de jeu, jettent et ramassent de l'or ; enfin, tout le mouvement d'une fête.)

LIONI, à Faliero.

Votre Altesse
Dédaigne nos plaisirs.

FALIERO.
Non : mais j'en fuis l'ivresse.
LIONI.
Mon heureux protégé joue avec monseigneur !
FALIERO, posant la main sur l'épaule d'Israël.
J'honore un vieux soldat.
LIONI.
Digne d'un tel honneur.
ISRAEL.
C'est un beau jour pour moi.
LIONI, à Faliero.
Vous aurez l'avantage,
Puisque ce noble jeu de la guerre est l'image.
ISRAEL.
Je tente, je l'avoue, un combat inégal.
LIONI.
Voyons si le marin vaincra son amiral.
(Au doge.)
Vous commencez ?
FALIERO.
J'espère achever avec gloire.
LIONI.
Je ne puis décider où penche la victoire ;
Le salon me réclame, et vous m'excuserez.
FALIERO.
D'un maître de maison les devoirs sont sacrés ;
Remplissez-les.
LIONI, se retirant.
Pardon !

SCÈNE VIII.

FALIERO, ISRAEL.

(On circule dans le salon ; on joue dans la galerie ; de temps en temps on voit Steno, masqué, poursuivre la duchesse.)

ISRAEL.
(Haut.) (A voix basse.)
Au roi !... c'est un présage.
Voulez-vous être roi ?

FALIERO.
Pour sortir d'esclavage.

ISRAEL.
Pour nous en délivrer.

FALIERO.
Roi de sujets heureux.

ISRAEL.
Qu'ils soient libres par vous, et soyez roi par eux.

FALIERO.
Je veux voir tes amis.

ISRAEL.
Sur quel gage repose
Le salut incertain de leurs jours que j'expose?

FALIERO.
Ma parole en est un qu'ils doivent accepter.

ISRAEL.
Sur ce gage en leur nom je ne puis pas traiter.

FALIERO.
Il a suffi pour toi.

ISRAEL.
Mais j'en demande un autre
Pour garant de leur vie.

FALIERO.
Et quel est-il?

ISRAEL.
La vôtre.

FALIERO.
Tu veux que je me livre?

ISRAEL.
Et je dois l'exiger.

FALIERO.
Chez toi?

ISRAEL.
Non; sous le ciel. Quand je cours un danger,
J'aime les lieux ouverts pour s'y perdre dans l'ombre.

FALIERO.
Quelle nuit choisis-tu?

ISRAEL.
Cette nuit.

FALIERO.
Elle est sombre.

ISRAEL.
Belle d'obscurité pour un conspirateur,
Profonde, et dans le ciel pas un seul délateur.

FALIERO.
Mais sur la terre ?

ISRAEL.
Aucun. Comptez sur ma prudence.
N'admettez qu'un seul homme à cette confidence.

FALIERO.
Qui donc ?

ISRAEL.
Votre neveu.

FALIERO.
Non, j'irai seul.

ISRAEL.
Pourquoi ?

FALIERO.
Pour que ma race en lui vive encore après moi.
Le lieu ?

(La musique se fait entendre ; tout le monde rentre dans la salle de bal.)

ISRAEL.
Saint-Jean et Paul.

FALIERO.
Conspirer sur la cendre
De mes nobles aïeux ranimés pour m'entendre !

ISRAEL.
Ils seront du complot.

FALIERO.
Et le plus révéré,
Dont l'image est debout près du parvis sacré,
Me verra donc trahir ma gloire et mes ancêtres !

ISRAEL.
Trahir ! que dites-vous ?

FALIERO.
Oui, nous sommes des traîtres.

ISRAEL.
Si le sort est pour eux ; mais s'il nous tend la main,
Les traîtres d'aujourd'hui sont des héros demain.

FALIERO.
Je doute...

ISRAEL.
Il est trop tard.
FALIERO.
Avant que je prononce,
Je veux méditer ; sors : mais attends ma réponse.
ISRAEL.
C'est lui livrer des jours qu'elle peut m'arracher...
FALIERO.
Eh bien, l'attendras-tu ?
ISRAEL.
Je viendrai la chercher.

SCÈNE IX.

FALIERO.

Où tend le noir dessein dont je suis le ministre ?
A ces accents joyeux se mêle un bruit sinistre,
Pour eux... pour moi peut-être ! Ah ! le danger n'est rien.
L'acte lui seul m'occupe : est-ce un mal ? est-ce un bien ?
Je suis chef de l'État, j'en veux changer la face ;
Élu par la noblesse, et mon bras la menace ;
Les lois sont sous ma garde, et je détruis les lois.
De quel droit cependant ? Les abus font mes droits.
Si le sort me trahit, de qui suis-je complice ?
De qui suis-je l'égal, si le sort m'est propice ?
De ceux dont nous heurtons la rame ou les filets,
Quand ils dorment à l'ombre au seuil de nos palais.
De pêcheurs, d'artisans une troupe grossière
Va donc de ses lambeaux secouer la poussière,
Pour envahir nos bancs et gouverner l'État ?
Voilà mes conseilliers, ma cour et mon sénat !...
Mais de nos sénateurs les aïeux vénérables
Qui sont-ils ? des pêcheurs rassemblés sur des sables.
Mes obscurs conjurés sont-ils moins à mes yeux ?
Des nobles à venir j'en ferai les aïeux,
Et, si mon successeur reçoit d'eux un outrage,
Il suivra mon exemple en brisant mon ouvrage.
C'est donc moi que je venge ?... Objet sacré, c'est toi !
Elena, noble amie, as-tu reçu ma foi

Pour que ton protecteur te livre à qui t'offense?
Puisque leur lâcheté m'a remis ta défense,
Je punirai l'affront... Et s'il est mérité?
Qui l'a dit?... Au transport dont je suis agité
Je sens qu'elle devient ma première victime;
Elle expire : elle est morte... Ah! ce doute est un crime.
La voici! qu'elle parle et dispose à son gré
Du sort et des projets de ce cœur déchiré!

SCÈNE X.

FALIERO, ELENA.

ELENA.

Eh quoi! vous êtes seul? Venez : de cette fête
Si le vain bruit vous pèse, à le fuir je suis prête.

FALIERO.

Je dois rester pour toi.

ELENA.

Voudrais-je prolonger
Des plaisirs qu'avec vous je ne puis partager?
J'en sens peu la douceur. Ce devoir qui m'ordonne
D'entendre tout le monde en n'écoutant personne,
Ces flots de courtisans qui m'assiégent de soins,
Et croiraient m'offenser, s'ils m'importunaient moins,
D'un tel délassement me font un esclavage.
Avec la liberté qu'autorise l'usage,
Un d'eux, couvert d'un masque et ne se nommant pas,
Me lasse, me poursuit, s'attache à tous mes pas.

FALIERO, vivement.

Qu'a-t-il dit?

ELENA.

Rien, pourtant, rien qu'il n'ait pu me dire;
Mais je conçois l'ennui que ce bal vous inspire,
Et, prompte à le quitter, j'ai cependant, je crois,
Moins de pitié pour vous que je n'en ai pour moi.

FALIERO.

Ce dégoût des plaisirs et m'attriste et m'étonne.
A quelque noir chagrin ton âme s'abandonne.
Tu n'es donc plus heureuse, Elena?

ELENA.

Moi, seigneur !

FALIERO.

Parle.

ELENA.

Rien près de vous ne manque à mon bonheur.

FALIERO.

Dis-moi ce qui le trouble. Est-ce la calomnie ?
L'innocence la brave et n'en est pas ternie.
Doit-on s'en affliger quand on est sans remords ?

ELENA.

Je suis heureuse.

FALIERO.

Non : malgré tous vos efforts,
Vos pleurs mal étouffés démentent ce langage.
Vous me trompez.

ELENA, à part.

O ciel !

FALIERO.

A ma voix prends courage ;
Ne laisse pas ton cœur se trahir à demi ;
Sois bonne et confiante avec ton vieil ami.
Il va t'interroger.

ELENA, à part.

Je frémis !

FALIERO.

Ma tendresse
Eût voulu te cacher le doute qui m'oppresse ;
Mais pour m'en affranchir j'ai de puissants motifs.
Un instant quelquefois, un mot, sont décisifs.
Un mot peut disposer de mon sort, de ma vie...

ELENA.

Qu'entends-je ?

FALIERO.

En me rendant la paix qui m'est ravie.
N'as-tu pas, réponds-moi, par un discours léger,
Un abandon permis que tu crus sans danger,
Un sourire, un regard, par quelque préférence,
Enhardi de Steno la coupable espérance ?

ELENA, vivement.

Steno !

FALIERO.
Non, je le vois, ce dédain l'a prouvé ;
Non, pas même un regret par l'honneur réprouvé,
D'un penchant combattu pas même le murmure
Ne t'a parlé pour lui, non, jamais ?
ELENA.
Je le jure.
FALIERO.
Assez, ma fille, assez. Ah! ne va pas plus loin.
Un serment ! ton époux n'en avait pas besoin.
ELENA.
Je dois...
FALIERO.
Lui pardonner un soupçon qui t'accable.
Il fût mort de douleur en te trouvant coupable.
ELENA, à part.
Taisons-nous !
FALIERO.
Doux moment! mais je l'avais prévu,
Mon doute est éclairci.

SCÈNE XI.

FALIERO, ELENA, FERNANDO, ISRAEL.

ISRAEL, à Fernando.
Je vous dis qu'on l'a vu.
FERNANDO.
Ici ?
ISRAEL.
Lui-même.
FERNANDO.
En vain son masque le rassure.
FALIERO.
Qui donc ? parlez.
ISRAEL.
Steno.
FALIERO.
Steno !
ELENA, à part.
J'en étais sûre,
C'était lui.

FALIERO.
Voilà donc comme ils ont respecté
Ma présence et les droits de l'hospitalité !

FERNANDO.
C'en est trop.

FALIERO.
Se peut-il ? ton rapport est fidèle ?

ISRAEL.
J'affirme devant Dieu ce que je vous révèle.

FALIERO.
Lioni le savait ; c'était un jeu pour tous...
J'y pense : un inconnu vous suivait malgré vous.

ELENA.
J'ignore...

FALIERO.
C'est Steno.

FERNANDO.
Châtiez son audace.

FALIERO, faisant un pas vers le salon.
Je veux qu'avec opprobre à mes yeux on le chasse.

ELENA.
Arrêtez.

FALIERO, froidement.
Je vous crois : ne nous plaignons de rien ;
Ce serait vainement ; retirons-nous.

ISRAEL, bas au doge.
Eh bien ?

FALIERO, bas à Israël.
A minuit.

ISRAEL, en sortant.
J'y serai.

FALIERO.
Sortons : je sens renaître
Un courroux dont mon cœur ne pourrait rester maître.

ELENA.
Vous ne nous suivez pas, Fernando ?

FALIERO.
Non : plus tard.
Reste et donne un motif à mon brusque départ.
Que Lioni surtout en ignore la cause,
Il le faut ; d'un tel soin sur toi je me repose.
Point de vengeance ! adieu.

SCÈNE XII.

FERNANDO.

Que j'épargne son sang !
Mais je vous trahirais en vous obéissant !
Mais je dois le punir, mais il tarde à ma rage
Que son masque arraché, brisé sur son visage...
On vient. Dieu ! si c'était... Gardons de nous tromper ;
Observons en silence, il ne peut m'échapper.

SCÈNE XIII.

FERNANDO, STENO.

STENO, qui est entré avec précaution, en ôtant son masque.
Personne ! ah ! respirons... Que la duchesse est belle !
(Il s'assied.)
Je la suivais partout. Point de grâce pour elle.
(Regardant son masque.)
L'heureuse invention pour tromper un jaloux !
Nuit d'ivresse !... un tumulte ! Ah ! le désordre est doux !
Mais il a son excès : tant de plaisir m'accable.

FERNANDO, à voix basse.
Je vous cherche, Steno.

STENO.
Moi !

FERNANDO.
Je cherche un coupable.

STENO.
Dites un condamné, surpris par trahison.

FERNANDO.
Vous vous couvrez d'un masque, et vous avez raison.

STENO, qui se lève en souriant.
Je sais tout le respect qu'un doge a droit d'attendre.

FERNANDO.
Vous le savez si peu, que je veux vous l'apprendre.

STENO.
Mes juges, ce matin, l'ont fait impunément ;
Mais une autre leçon aurait son châtiment.

FERNANDO.
Ma justice pourtant vous en réserve une autre.
STENO.
C'est un duel ?
FERNANDO.
A mort : ou ma vie, ou la vôtre !
STENO.
Dernier des Faliero, je suis sûr de mes coups,
Et respecte un beau nom qui mourrait avec vous.
FERNANDO.
Insulter une femme est tout votre courage.
STENO.
Qui la défend trop bien l'insulte davantage.
FERNANDO.
Qu'avez-vous dit, Steno ?
STENO.
La vérité, je crois.
FERNANDO.
Vous aurez donc vécu sans la dire une fois.
STENO.
Ce mot-là veut du sang.
FERNANDO.
Mon injure en demande.
STENO.
Où se répandra-t-il ?
FERNANDO.
Pourvu qu'il se répande,
N'importe.
STENO.
Où d'ordinaire on se voit seul à seul,
Près de Saint-Jean et Paul ?
FERNANDO.
Oui, devant mon aïeul :
Je veux rendre à ses pieds votre chute exemplaire.
STENO.
Beaucoup me l'avaient dit, aucun n'a pu le faire.
FERNANDO.
Eh bien, ce qu'ils ont dit, j'ose le répéter,
Et ce qu'ils n'ont pas fait, je vais l'exécuter.

ACTE III, SCÈNE I.

STENO.

A minuit !

FERNANDO.

A l'instant !

STENO.

Le plaisir me rappelle ;
Mais l'honneur, à son tour, me trouvera fidèle.

FERNANDO.

Distrait par le plaisir, on s'oublie au besoin.

STENO.

Non : ma pitié pour vous ne s'étend pas si loin.

FERNANDO.

J'irai de cet oubli vous épargner la honte.

STENO.

C'est un soin généreux dont je vous tiendrai compte.
Nos témoins ?

FERNANDO.

Dieu pour moi.

STENO.

Pour tous deux.

FERNANDO.

Aujourd'hui
Un de nous deux, Steno, paraîtra devant lui.
(Fernando sort ; Steno rentre dans la salle du bal.)

ACTE TROISIÈME.

SCÈNE I.

(La place de Saint-Jean et Paul : l'église d'un côté, le canal de l'autre ; une statue au milieu du théâtre. Près du canal une madone éclairée par une lampe.)

PIETRO, BERTRAM; STROZZI, *aiguisant un stylet sur les degrés du piédestal.*

PIETRO.

Bertram, tu parles trop.

BERTRAM.
                    Quand mon zèle m'entraîne,
Je ne consulte pas votre prudence humaine.
            PIETRO.
J'ai droit d'en murmurer, puisqu'un de tes aveux
Peut m'envoyer au ciel plus tôt que je ne veux.
            BERTRAM.
Lioni...
            PIETRO.
        Je le crains, même lorsqu'il pardonne.
            BERTRAM.
Pietro le gondolier ne se fie à personne.
            PIETRO.
Pietro le gondolier ne prend pour confidents,
Quand il parle tout haut, que les flots et les vents.
            BERTRAM.
Muet comme un des Dix, hormis les jours d'ivresse.
            PIETRO.
C'est vrai, pieux Bertram, chacun a sa faiblesse ;
Mais par le Dieu vivant !...
            BERTRAM.
                    Tu profanes ce nom.
            PIETRO.
Je veux jusqu'au succès veiller sur ma raison.
            STROZZI.
Foi de condottiere ! si tu tiens ta parole,
A toi le collier d'or du premier que j'immole.
            PIETRO.
Que fait Strozzi ?
            STROZZI.
            J'apprête, aux pieds d'un oppresseur,
Le stylet qui tuera son dernier successeur.
            PIETRO.
Le doge !
            BERTRAM.
    Il insulta, dans un jour de colère,
Un pontife de Dieu durant le saint mystère ;
Qu'il meure !
            PIETRO.
        Je le plains.

ACTE III, SCÈNE I.

STROZZI.
      Moi, je ne le hais pas ;
Mais ses jours sont à prix : je frappe.
    BERTRAM.
         Ainsi ton bras
S'enrichit par le meurtre, et tu vends ton courage.
    STROZZI.
Comme Pietro ses chants en côtoyant la plage ;
Comme toi, les objets façonnés par ton art.
Ton ciseau te fait vivre, et moi c'est mon poignard.
L'intérêt est ma loi ; l'or, mon but ; ma patrie,
Celle où je suis payé ; la mort, mon industrie.
    BERTRAM.
Strozzi, ton jour viendra.
    PIETRO.
       Fais trêve à tes leçons,
Leurs palais sont à nous ; j'en veux un : choisissons.
    BERTRAM.
Il en est qu'on épargne.
    PIETRO.
      Aucun. Bertram, écoute :
Si je te croyais faible...
    BERTRAM.
       On ne l'est pas sans doute,
En jugeant comme Dieu qui sauve l'innocent.
    PIETRO.
Pas un seul d'épargné !
    STROZZI.
    Pas un !
    PIETRO.
       Guerre au puissant !
    STROZZI.
A son or !
    PIETRO.
   A ses vins de Grèce et d'Italie !
    STROZZI.
Respect aux lois !
    PIETRO.
     Respect au serment qui nous lie !
Plus de patriciens ! qu'ils tombent sans retour,

Et que dans mon palais on me serve à mon tour.
####### BERTRAM.
Qui donc, Piétro?
######## STROZZI.
Le peuple : il en faut un peut-être.
PIETRO.
Je veux un peuple aussi ; mais je n'en veux pas être.
####### BERTRAM.
Si, pour leur succéder, vous renversez les grands,
Sur les tyrans détruits mort aux nouveaux tyrans !
PIETRO, prenant son poignard.
Par ce fer !
####### BERTRAM, levant le sien.
Par le ciel !
######## STROZZI, qui se jette entre eux.
Bertram, sois le plus sage.
Vous battre ! A la bonne heure, au moment du partage.
Rejoignons notre chef, qui vous mettra d'accord.
####### PIETRO.
Plus bas ! j'entends marcher : là, debout, près du bord,
(Montrant le doge, couvert d'un manteau.)
Je vois quelqu'un.
######## STROZZI, à voix basse.
Veux-tu me payer son silence ?
Le canal est voisin.
####### BERTRAM.
Non, point de violence !
####### PIETRO.
Bertram a peur du sang.
####### BERTRAM, à Strozzi.
Viens.
####### STROZZI.
Soit : mais nous verrons,
Si je le trouve ici quand nous y reviendrons.
(Ils sortent.)

SCÈNE II.

FALIERO.

(Il s'avance à pas lents et s'arrête devant Saint-Jean et Paul.)
Minuit !... personne encor ! je croyais les surprendre ;

Mais mon rôle commence, et c'est à moi d'attendre.
Mes amis vont venir... oui, doge, tes amis.
Ils presseront ta main. Dans quels lieux ? j'en frémis.
Deux princes dont je sors dorment dans ces murailles ;
Ce qui n'est plus que cendre a gagné des batailles.
Ils m'entendront !... Eh bien, levez-vous à ma voix.
Regardez ces cheveux blanchis par tant d'exploits,
Et, de vos doigts glacés comptant mes cicatrices,
Aux crimes des ingrats, mesurez leurs supplices !
O toi, qu'on rapporta sur ton noble étendard,
Vaincu par la fortune où j'ai vaincu plus tard,
Vaillant Ordelafo, dont je vois la statue,
Tends cette main de marbre à ta race abattue ;
Et toi, qui succombas, rongé par les soucis,
D'un trône où sans honneur je suis encore assis ;
Mânes de mes aïeux, quand ma tombe royale
Entre vos deux tombeaux remplira l'intervalle,
J'aurai vengé le nom de ceux dont j'héritai,
Et le rendrai sans tache à leur postérité !

SCÈNE III.

FALIERO, ISRAEL, BERTRAM, PIETRO, STROZZI,
CONJURÉS.

ISRAEL.
Hâtons-nous : c'est ici ; l'heure est déjà passée.
STROZZI.
Pietro, Bertram et moi, nous l'avions devancée ;
Mais tu ne venais pas.
ISRAEL.
Tous sont présents ?
STROZZI.
Oui, tous,
Hors quelques-uns des miens qui veilleront sur nous ;
Braves dont je réponds.
PIETRO.
Et trois de mes fidèles,
Couchés, sur le canal, au fond de leurs nacelles ;
Leur voix doit au besoin m'avertir du danger.

ISRAEL.

(A Pietro) (Au doge, retiré dans un coin de la scène.
Bien !... Je comptais sur vous.

BERTRAM.

Quel est cet étranger ?

FALIERO.

Un protecteur du peuple.

ISRAEL.

Un soutien de sa cause,
Et celui que pour chef Israël vous propose.

PIETRO.

Qui peut te remplacer ?

ISRAEL.

Un plus digne.

STROZZI.

Son nom ?

FALIERO, s'avançant et se découvrant.

Faliero !

PIETRO.

C'est le doge.

TOUS.

Aux armes ! trahison !

STROZZI.

Frappons : meure avec lui le traître qui nous livre !

ISRAEL.

Qu'un de vous fasse un pas, il a cessé de vivre.

BERTRAM.

Attendons, pour frapper, le signal du beffroi.

FALIERO.

J'admire ce courage enfanté par l'effroi :
Tous, le glaive à la main, contre un vieillard sans armes !
Leur père !... Pour qu'un glaive excite ses alarmes,
Enfants, la mort et lui se sont vus de trop près,
Et tous deux l'un pour l'autre ils n'ont plus de secrets.
Elle aurait quelque peine à lui sembler nouvelle,
Depuis quatre-vingts ans qu'il se joue avec elle.
Je viens seul parmi vous, et c'est vous qui tremblez !
Ce sont là les grands cœurs par ton choix rassemblés,
Ces guerriers qui voulaient, dans leur zèle héroïque,
D'un ramas d'oppresseurs purger la république,

ACTE III, SCÈNE III.

Destructeurs du sénat, l'écraser, l'abolir ?
D'un vieux patricien le nom les fait pâlir.
Que tes braves amis cherchent qui leur commande.
Pour mon sang, le voilà ! qu'un de vous le répande !
Toi, qui le menaçais, toi, qui veux m'immoler,
Vous tous... Mais de terreur je les vois reculer.
Allons ! pas un d'entre eux, je leur rends cet hommage,
N'est assez lâche, au moins, pour avoir ce courage.

STROZZI.

Il nous fait honte, amis !

BERTRAM.

Nous l'avons mérité.
Avant qu'on le punisse il doit être écouté.

ISRAEL.

Vos soldats, Faliero, sont prêts à vous entendre.

FALIERO.

Eh bien, à leur parler je veux encor descendre.
Est-ce un tyran qu'en moi vous prétendez punir ?
Ma vie est, jour par jour, dans plus d'un souvenir.
Déroulez d'un seul coup cette vaste carrière.
Mes victoires, passons : je les laisse en arrière ;
Mon règne devant vous, pour vous imposer moins,
Récuse en sa faveur ces glorieux témoins.
Quand vous ai-je opprimés, qui de vous fut victime,
Qui peut me reprocher un acte illégitime ?
Il est juge à son tour, celui qui fut martyr ;
C'est avec son poignard qu'il doit me démentir.
Justes, puis-je vous craindre ? ingrats, je vous défie.
Vous l'êtes : c'est pour vous que l'on me sacrifie ;
C'est en vous défendant que sur moi j'amassai
Ce fardeau de douleur dont le poids m'a lassé ;
Pour vous faire innocents, je me suis fait coupable,
Et le plus grand de vous est le plus misérable. —
Jugez-moi : le passé fut mon seul défenseur.
Êtes-vous des ingrats, ou suis-je un oppresseur ?

BERTRAM.

Si Dieu vous couronnait, vous le seriez peut-être.

FALIERO.

Vous savez qui je fus, voici qui je veux être :

Votre vengeur d'abord. Vous exposez vos jours ;
Le succès à ce prix ne s'obtient pas toujours ;
Toujours la liberté : qui périt avec gloire
S'affranchit par la mort comme par la victoire.
Mais le succès suivra vos desseins généreux,
Si je veux les servir : compagnons, je le veux.
La cloche de Saint-Marc à mon ordre est soumise :
Trois coups, et tout un peuple est debout dans Venise.
Ces trois coups sonneront. Mes clients sont nombreux,
Mes vassaux plus encor ; je m'engage pour eux.
Frappez donc ! dans son sang noyez la tyrannie ;
Venise en sortira, mais libre et rajeunie.
Votre vengeur alors redevient votre égal.
Des débris d'un corps faible à lui-même fatal,
D'un État incertain, république ou royaume,
Qui n'a ni roi ni peuple, et n'est plus qu'un fantôme,
Formons un État libre où régneront les lois,
Où les rangs mérités s'appuieront sur les droits,
Où les travaux, eux seuls, donneront la richesse ;
Les talents, le pouvoir ; les vertus, la noblesse.
Ne soupçonnez donc pas que, dans la royauté,
L'attrait du despotisme aujourd'hui m'ait tenté.
Se charge qui voudra de ce poids incommode !
Mes vœux tendent plus haut : oui, je fus prince à Rhode,
Général à Zara, doge à Venise ; eh bien,
Je ne veux pas descendre, et me fais citoyen.

      PIETRO, en frappant sur l'épaule du doge.

C'est parler dignement !
    (Le doge se recule avec un mouvement involontaire de dédain.)
                     D'où vient cette surprise ?
Entre égaux !...

                ISRAEL.

           De ce titre en vain on s'autorise,
Pour sortir du respect qu'on doit à la vertu.
Vous, égaux ! à quel siége as-tu donc combattu ?
Sur quels bords ? dans quels rangs ? S'il met bas sa naissance,
Sa gloire au moins lui reste, et maintient la distance.
Il reste grand pour nous, et doit l'être, en effet,
Moins du nom qu'il reçut que du nom qu'il s'est fait.
Sers soixante ans Venise ainsi qu'il l'a servie ;

ACTE III, SCÈNE III.

Risque vingt fois pour elle et ton sang et ta vie ;
Mets vingt fois sous ses pieds un pavillon rival,
Et tu pourras alors te nommer son égal !
PIETRO.
Si par ma liberté j'excite sa colère,
Il est trop noble encor pour un chef populaire.
FALIERO.
Moi, t'en vouloir ! Pourquoi ? Tu n'avais aucun tort,
Aucun. Ta main, mon brave, et soyons tous d'accord !
Je me dépouille aussi de ce nom qui vous gêne :
Pour l'emporter sur vous, mon titre c'est ma haine.
Si ce titre par toi m'est encor disputé,
Dis-moi qui de nous deux fut le plus insulté.
Compare nos affronts : autour du Bucentaure,
Quand vos cris saluaient mon règne à son aurore,
Je marchais sur des fleurs, je respirais l'encens ;
Ces fiers patriciens à mes pieds fléchissants,
Ils semblaient mes amis... Hélas ! j'étais leur maître.
Leur politique alors fut de me méconnaître.
Captif de mes sujets, sur mon trône enchaîné,
Flétri, j'osai me plaindre et je fus condamné.
Je condamne à mon tour : mourant, je me relève,
Et sans pitié comme eux, terrible, armé du glaive.
Un pied dans le cercueil, je m'arrête, et j'en sors
Pour envoyer les Dix m'annoncer chez les morts.
Mais prince ou plébéien, que je règne ou conspire,
Je ne puis échapper aux soupçons que j'inspire.
Les vôtres m'ont blessé. Terminons ce débat.
Qui me craignait pour chef me veut-il pour soldat ?
Je courbe devant lui ma tête octogénaire,
Et je viens dans vos rangs servir en volontaire.
Faites un meilleur choix, il me sera sacré.
Quel est celui de vous à qui j'obéirai ?
ISRAEL.
C'est à nous d'obéir.
BERTRAM.
Je donnerai l'exemple.
Un attentat pour vous fut commis dans le temple ;
Expiez votre faute en vengeant les autels.
FALIERO.
Je serai l'instrument des décrets éternels.

STROZZI.

Aux soldats étrangers on a fait des promesses ;
Les tiendrez-vous ?

FALIERO, lui jetant une bourse.

Voici mes premières largesses.

PIETRO

Mes gondoliers mourront pour leur libérateur.

FALIERO.

Tel qui fut gondolier deviendra sénateur.

TOUS.

Honneur à Faliero !

ISRAEL.

Jurez-vous de le suivre ?

TOUS.

Nous le jurons !

ISRAEL.

Eh bien, [que son bras nous délivre !

(Au doge.)

Quand voulez-vous agir ?

FALIERO.

Au lever du soleil.

BERTRAM.

Si tôt !

FALIERO.

Toujours trop tard dans un projet pareil.
Bien choisir l'heure est tout pour le succès des hommes.
Le hasard devient maître au point où nous en sommes.
Qui sait s'il veut nous perdre ou s'il doit nous servir ?
Otez donc au hasard ce qu'on peut lui ravir.

BERTRAM.

Mais tous périront-ils ?

PIETRO.

Sous leurs palais en cendre.

ISRAEL.

Il faut achever l'œuvre ou ne pas l'entreprendre.
Bertram, qu'un d'eux survive au désastre commun,
En lui tous revivront ; ainsi tous, ou pas un :
Le père avec l'époux, le frère avec le frère,
Tous, et jusqu'à l'enfant sur le corps de son père !

BERTRAM.

Faliero seul commande et doit seul décider.

ACTE III, SCÈNE III.

ISRAEL, au doge.

Prononcez !

FALIERO, après un moment de silence.

Ah ! cruels, qu'osez-vous demander ?
Mes mains se résignaient à leur sanglant office ;
Mais prendre sur moi seul l'horreur du sacrifice !...
(A Israël.)
Tu peux l'ordonner, toi ! tu ne fus qu'opprimé ;
Mais moi, s'ils m'ont trahi, jadis ils m'ont aimé.
Nous avons confondu notre joie et nos larmes ;
Les anciens du conseil sont mes compagnons d'armes,
Mes compagnons d'enfance. Au sortir de nos jeux,
J'ai couché sous leur tente, et j'ai dit avec eux,
A la table où pour moi leur coupe s'est remplie,
Ces paroles du cœur que jamais on n'oublie.
Adieu, vivants récits de nos premiers combats !
Je ne verrai donc plus, en lui tendant les bras,
Sur le front d'un vieillard rajeuni par ma vue,
Un siècle d'amitié m'offrir la bienvenue.
Je tue, en les frappant, le passé, l'avenir,
Et reste sans espoir comme sans souvenir.

ISRAEL, avec impatience.

Eh quoi ! vous balancez ?

UN GONDOLIER.

« Gondolier, la mer t'appelle ;
« Pars et n'attends pas le jour.

PIETRO.

C'est un avis : silence !

LE GONDOLIER.

« Adieu, Venise la belle ;
« Adieu, pays, mon amour !

ISRAEL.

Un importun s'approche ; évitons sa présence.

LE GONDOLIER.

« Quand le devoir l'ordonne,
« Venise, on t'abandonne,
« Mais c'est sans t'oublier.

FALIERO.

Que chacun à ma voix revienne au rendez-vous,
Et sans nous éloigner, amis, séparons-nous.

LE GONDOLIER.
« Que saint Marc et la Madone
« Soient en aide au gondolier ! »
(Les conjurés sortent d'un côté : une gondole s'arrête sur le canal, Fernando et Steno en descendent.)

SCÈNE IV.

FERNANDO, STENO.

FERNANDO, (Il tire son épée.)
L'instant est favorable et la place est déserte !

STENO.
Du sang-froid, Fernando ; vous cherchez votre perte.

FERNANDO.
Défends-toi.

STENO.
Calmez-vous : je prévois votre sort.

FERNANDO.
Le tien.

STENO.
Je dois...

FERNANDO.
Mourir ou me donner la mort.
En garde !

STENO, tirant son épée.
Il le faut donc ; mais c'est pour ma défense.

FERNANDO.
Enfin ta calomnie aura sa récompense.
(Ils combattent.)

STENO.
Vous êtes blessé.

FERNANDO.
Non.

STENO.
Votre sang coule.

FERNANDO.
Eh bien !
Celui que j'ai perdu va se mêler au tien.
Meurs, lâche !

STENO.
Vaine atteinte ! et la mienne...

ACTE III, SCÈNE V.

FERNANDO.

Ah ! j'expire.

(Il chancelle et tombe sur les degrés du piédestal de la statue.)
La fortune est pour vous.

STENO.

Mais je dois la maudire,
Et je veux...

FERNANDO.

Laissez-moi ; non ; j'aurai des secours.
(Avec force.)
On vient. Non : rien de vous ! Fuyez, sauvez vos jours.
(Steno s'éloigne, tandis que les conjurés accourent.)

SCÈNE V.

FERNANDO, FALIERO, ISRAEL, BERTRAM, PIETRO, STROZZI, conjurés.

ISRAEL.

Un des deux est tombé.

FALIERO.

Jusqu'à nous parvenue,
Cette voix... ah ! courons ! cette voix m'est connue.
C'est Fernando, c'est lui !

FERNANDO.

Le doge !

FALIERO.

O désespoir !
O mon fils ! qu'as-tu fait ? mon fils !

FERNANDO.

Moi, vous revoir,
Expirer à vos pieds !... Dieu juste !

FALIERO.

Je devine
Par quel bras fut porté le coup qui t'assassine :
Par eux, toujours par eux ! Ils m'auront tout ravi.
Du trépas de Steno le tien sera suivi.

FERNANDO.

Il s'est conduit en brave.

FALIERO.

O trop chère victime,

Que de ce cœur brisé la chaleur te ranime !
N'écarte pas la main qui veut te secourir...
Mon fils ! si près de toi, je t'ai laissé périr !
Mon espoir ! mon orgueil !... je n'ai pu le défendre.
Au cercueil, avant moi, c'est lui qui va descendre,
Et ma race avec lui !

FERNANDO.

C'en est fait, je le sens...
Ne me prodiguez plus des secours impuissants.
Une sueur glacée inonde mon visage...

FALIERO.

Que fais-tu ?

FERNANDO, essayant de se soulever.

Je voudrais... Donnez-m'en le courage,
O Dieu !

FALIERO.

D'où naît l'horreur qui semble te troubler ?

FERNANDO.

Je veux... c'est à genoux que je veux vous parler.
Je ne puis...

FALIERO, le serrant dans ses bras.

Sur mon cœur ! sur mon cœur !

FERNANDO.

Ah ! mon père !
Grâce ! pardonnez-moi.

FALIERO.

Quoi ! ta juste colère ?
C'est celle d'un bon fils !

FERNANDO.

Grâce ! Dieu vous entend.
Désarmez le courroux de ce Dieu qui m'attend.

FALIERO.

Comment punirait-il ta désobéissance ?
L'arrêt qui doit t'absoudre est prononcé d'avance.
Je te bénis. En paix de mon sein paternel
Va déposer ton âme au sein de l'Éternel.
Ne crains pas son courroux ; fût-il inexorable,
Il ne trouverait plus où frapper le coupable ;
Je t'ai couvert, mon fils, de pardons et de pleurs.

ACTE III, SCÈNE V.

FERNANDO.

Mon père, embrassez-moi... Venise... et toi... je meurs!

ISRAEL, à Faliero après un moment de silence.

Balancez-vous encor?

FALIERO, qui se relève en ramassant l'épée de Fernando.

L'arme qui fut la sienne
De sa main défaillante a passé dans la mienne.
Juge donc si ce fer, témoin de son trépas,
Au moment décisif doit reculer d'un pas.
Vengeance!... au point du jour!... Pour quitter sa demeure,
Que chacun soit debout dès la quatrième heure.
Au portail de Saint-Marc, par différents chemins,
Vous marcherez, le fer et le feu dans les mains,
En criant : Trahison! Sauvons la république!
Aux armes! Les Génois sont dans l'Adriatique!
Le beffroi sur la tour s'ébranle à ce signal ;
Les nobles, convoqués par cet appel fatal,
Pour voler au conseil, en foule se répandent
Dans la place où déjà vos poignards les attendent.
A l'œuvre! ils sont à nous! Courez, moissonnez-les!
Qu'ils tombent par milliers sur le seuil du palais.

(A Strozzi.)

Toi, si quelqu'un d'entre eux échappait au carnage,
Du pont de Rialto ferme-lui le passage ;

(A Bertram.) (A Pietro.)

Toi, surprends l'arsenal ; toi, veille sur le port ;
Israël, à Saint-Marc ; moi, partout où la mort
Demande un bras plus ferme et des coups plus terribles.
Relevez de mon fils les restes insensibles :
Mais, par ces tristes jours dont il était l'appui,
Par ces pleurs menaçants, jurez-moi, jurez-lui
Qu'au prochain rendez-vous où les attend son ombre,
Pas un ne manquera, si grand que soit leur nombre ;
Qu'ils iront à sa suite unir en périssant
Le dernier de leur race au dernier de mon sang.
Par vos maux, par les miens, par votre délivrance,
Jurez tous avec moi : vengeance, amis!

TOUS, excepté Bertram, en étendant leurs épées sur le cadavre de Fernando.

Vengeance!

ACTE QUATRIÈME.

SCÈNE I.
(Le palais du doge.)

ELENA, FALIERO.
(Elena est assise, le coude appuyé sur une table : elle dort.)

FALIERO, qui entre par le fond.
Qu'ils ramaient lentement dans ces canaux déserts !
Le vent du midi règne ; il pèse sur les airs,
Il m'oppresse, il m'accable... Expirer avant l'âge,
Lui, que je vis hier s'élancer sur la plage,
Franchir d'un pas léger le seuil de ce séjour !
Il arrivait joyeux : aujourd'hui quel retour !
(Apercevant la duchesse.)
Elena m'attendait dans ses habits de fête :
Sa parure de bal couronne encor sa tête.
Le deuil est là, près d'elle ; et, le front sous des fleurs,
Elle a fermé ses yeux sans prévoir de malheurs.
Laissons-les du sommeil goûter en paix les charmes ;
Ils ne se rouvriraient que pour verser des larmes.

ELENA, endormie.
Hélas !

FALIERO.
D'un rêve affreux son cœur est agité ;
Moins affreux cependant que la réalité :
Bientôt...

ELENA, de même.
Mort de douleur... en te trouvant... coupable.

FALIERO.
D'un soupçon qui l'outrage, ô suite inévitable !
Jusque dans son repos, dont le calme est détruit,
De mon funeste aveu le souvenir la suit.
Chère Elena !

ELENA, s'éveillant.
Qu'entends-je ? où suis-je ? qui m'appelle ?

ACTE IV, SCÈNE I.

FALIERO.

Ton ami.

ELENA.

Vous ! c'est vous !

FALIERO.

A mes désirs rebelle,
Par tendresse, il est vrai, pourquoi m'attendre ainsi ?

ELENA.

Que vous avez tardé !

FALIERO.

Je l'ai dû.

ELENA.

Vous voici !
C'est vous !... Dieu ! quels tourments m'a causés votre absence !
Je marchais, j'écoutais : dans mon impatience,
Quand le bruit d'une rame éveillait mon espoir,
J'allais sur ce balcon me pencher pour vous voir.
La gondole en passant m'y laissait immobile ;
Tout, excepté mon cœur, redevenait tranquille.
J'ai vu les astres fuir et la nuit s'avancer,
Et des palais voisins les formes s'effacer,
Et leurs feux qui du ciel perçaient le voile sombre,
Éteints jusqu'au dernier, disparaître dans l'ombre.
Que l'attente et la nuit allongent les moments !
Je ne pouvais bannir mes noirs pressentiments.
Je tressaillais de crainte, et pourquoi ? je l'ignore.

FALIERO.

Tu trembles sur mon sein.

ELENA.

Quand donc viendra l'aurore ?
Oh ! qu'un rayon du jour serait doux pour mes yeux !
Funeste vision !... quelle nuit ! quels adieux !
Il m'a semblé... j'ai cru... l'abîme était horrible,
Et mes bras, que poussait une force invincible,
Vous traînaient, vous plongeaient dans cet abîme ouvert,
Malgré moi, mais toujours, toujours !... Que j'ai souffert !
J'entends encor ce cri qui du tombeau s'élève,
Qui m'accuse... O bonheur ! je vous vois, c'est un rêve !

FALIERO.

Ne crains plus.

ELENA.
Loin de moi quel soin vous appelait?
FALIERO.
Tu le sauras.
ELENA.
Si tard, dans l'ombre!...
FALIERO.
Il le fallait.
ELENA.
Pour vous accompagner, pas un ami?
FALIERO.
Personne.
ELENA.
Pas même Fernando?
FALIERO.
Lui, grand Dieu!
ELENA.
Je frissonne.
Vous cachez dans vos mains votre front abattu.
O ciel! du sang!
FALIERO.
Déjà?
ELENA.
Le vôtre?
FALIERO.
Que dis-tu?
Que n'est-il vrai!
ELENA.
Parlez!
FALIERO.
Un autre...
ELENA.
Osez m'instruire.
Qui? j'aurai du courage et vous pouvez tout dire:
Qui donc?
FALIERO.
Il n'est plus temps de te cacher son sort;
Sous mes yeux Fernando...
ELENA.
Vous pleurez: il est mort.

ACTE IV, SCÈNE I.

FALIERO.
Digne de ses aïeux, pour une juste cause :
La tienne !

ELENA.
C'est pour moi !

FALIERO.
Près de nous il repose.
Mais froid comme ce marbre, où, penché tristement,
Je pleurais, j'embrassais son corps sans mouvement ;
Pleurs qu'il ne sentait plus, douce et cruelle étreinte
Qui n'a pu ranimer une existence éteinte !
J'ai trouvé sur son cœur réchauffé par ma main
Ce tissu malheureux qui le couvrait en vain :
Quelque gage d'amour !

ELENA, qui reconnaît son écharpe.
La force m'abandonne.
Objet funeste, affreux !

FALIERO.
Ah ! qu'ai-je fait ? pardonne.
J'aurais dû t'épargner...

ELENA.
Non ! c'est mon châtiment.
Ne m'accusait-il pas à son dernier moment ?
Lui qui mourait pour moi !... Fernando !...

FALIERO.
Je l'atteste
Par son sang répandu, par celui qui me reste,
Ceux qui causent nos maux gémiront à leur tour.

ELENA.
Nuit d'horreur !

FALIERO.
Que doit suivre un plus horrible jour.

ELENA.
Le deuil, à son lever, couvrira ces murailles.

FALIERO.
Ce jour se lèvera sur d'autres funérailles.

ELENA.
Quoi !...

FALIERO.
La mort est ici, mais elle en va sortir.

ELENA.
Quel projet formez-vous ?

FALIERO.
Prête à les engloutir,
Du sénat et des Dix la tombe est entr'ouverte.

ELENA.
Par vous?

FALIERO.
Pour te venger.

ELENA.
Vous conspirez?

FALIERO.
Leur perte.

ELENA.
Vous !

FALIERO.
Des bras généreux qui s'unissent au mien
Sont armés pour punir mes affronts et le tien.

ELENA
Ciel! une trahison, et vous l'avez conçue !
Abjurez un dessein dont je prévois l'issue.
N'immolez pas Venise à vos ressentiments.
Venise, qui du doge a reçu les serments,
Est votre épouse aussi, mais fidèle, mais pure,
Mais digne encor de vous...

FALIERO.
Moins que toi ! Leur injure
Rend tes droits plus sacrés.

ELENA.
Eh bien, si c'est pour moi
Que vos jours en péril, que votre honneur...

FALIERO.
Tais-toi !

ELENA, à part.
Qu'allais-je faire, ô ciel !

FALIERO.
Tais-toi : quelqu'un s'avance.

SCÈNE II.
FALIERO, ELENA, VICENZO.

VICENZO.
Le seigneur Lioni demande avec instance
Une prompte entrevue...

ACTE IV, SCÈNE III.

FALIERO.
A cette heure ?
VICENZO.
A l'instant,
Pour révéler au doge un secret important.
FALIERO.
Lioni !
VICENZO.
Devant vous faut-il qu'on l'introduise ?
Il y va, m'a-t-il dit, du salut de Venise.
FALIERO.
Attendez : est-il seul ?
VICENZO.
Les seigneurs de la nuit
Entourent un captif que vers vous il conduit.
FALIERO.
L'a-t-on nommé ?
VICENZO.
Bertram.
FALIERO, bas.
Bertram !
ELENA, bas au doge.
Ce nom vous trouble.
FALIERO.
(A Elena.)   (A Vicenzo.)
Moi ! Qu'ils viennent tous deux.

SCÈNE III.

ELENA, FALIERO.

FALIERO, à Elena.
Sors !
ELENA.
Ma frayeur redouble.
Ce Bertram !...
FALIERO.
Ne crains rien.
ELENA.
C'est un des conjurés.
FALIERO.
Calme-toi.

ELENA.

Je ne puis.

FALIERO.

Mais vous me trahirez !

Sortez !

ELENA.

Non, je suis calme.

SCÈNE IV.

FALIERO, ELENA, LIONI, BERTRAM.

LIONI, s'avançant vers le doge.

Un complot nous menace :
De ce noir attentat j'ai découvert la trace,
Et j'accours...
(Il aperçoit Elena.)
Mais, pardon !

FALIERO.

Madame, laissez-nous.

ELENA.

Affreuse incertitude !

SCÈNE V.

FALIERO, LIONI, BERTRAM.

FALIERO, froidement à Lioni.

Eh bien, que savez-vous ?
J'écoute.

LIONI.

J'étais seul, en proie à la tristesse
Qui suit parfois d'un bal le tumulte et l'ivresse,
De je ne sais quel trouble agité sans raison.
Un homme, c'était lui, client de ma maison,
Que j'honorai longtemps d'une utile assistance,
Et qui m'a dû tantôt quelque reconnaissance,
Réclame la faveur de me voir en secret.
Écarté par mes gens, il insiste : on l'admet.
« Devant Dieu, me dit-il, voulez-vous trouver grâce ?
« Ne sortez pas demain. » Je m'étonne ; à voix basse,

L'œil humide, il ajoute en me serrant la main :
« Je suis quitte avec vous ; ne sortez pas demain. »
Et pourquoi ?... Les regards inclinés vers la terre,
Immobile, interdit, il s'obstine à se taire.
J'épiais sa pâleur de cet œil pénétrant
Dont je cherche un aveu sur le front d'un mourant.
Je le presse ; il reprend d'une voix solennelle :
« Si la cloche d'alarme à Saint-Marc vous appelle,
« N'y courez pas, adieu ! » Je le retiens alors :
On l'entoure à ma voix, on l'arrête ; je sors.
Quatre rameurs choisis sautent dans ma gondole,
Il y monte avec moi : je fais un signe, on vole,
Et je l'amène ici, pour qu'au chef de l'État
Un aveu sans détour dénonce l'attentat.

FALIERO.

Il n'a rien dit de plus ?

LIONI.

Mais il doit tout vous dire.
Je ne suis pas le seul contre qui l'on conspire.
Si j'en crois mes soupçons, Venise est en danger.
Qu'il s'explique, il le faut.

FALIERO.

Je vais l'interroger.

(Il s'assied entre Bertram et Lioni qui est appuyé sur le dos de son
fauteuil.)

(A Bertram.)

Approchez : votre nom ?

BERTRAM.

Bertram.

LIONI, bas au doge.

On le révère ;
On cite à Rialto sa piété sévère :
Parlez-lui du ciel.

FALIERO.

(A Lioni.)

Oui. Bertram, regardez-moi.

BERTRAM.

Seigneur....

LIONI.

Lève les yeux.

FALIERO.

N'ayez aucun effroi.

7.

LIONI.

Si tu ne caches rien, ta grâce est assurée.

FALIERO.

Je sauverai vos jours, ma parole est sacrée ;
Vous savez à quel prix ?

BERTRAM.

Je le sais.

FALIERO.

Descendez
Au fond de votre cœur, Bertram, et répondez,
Quand vous aurez senti si votre conscience
Vous fait ou non la loi de rompre le silence...

LIONI.

Quels sont les intérêts dont tu vas disposer.

FALIERO.

Et quels jours précieux vous pouvez exposer.

BERTRAM.

J'ai parlé, mon devoir m'ordonnait de le faire.

LIONI.

Achève.

FALIERO.

Et maintenant il vous force à vous taire,
Si je vous comprends bien ?

BERTRAM.

Il est vrai.

LIONI.

L'Éternel
Te défend de cacher un projet criminel.

FALIERO.

Ce projet, quel est-il ?

BERTRAM.

Je n'ai rien à répondre.

LIONI.

Mais ton premier aveu suffit pour te confondre.

BERTRAM.

Une voix m'avait dit : Sauve ton bienfaiteur.

LIONI.

Je suis donc menacé ?

FALIERO.

Lui seul ?

ACTE IV, SCÈNE V.

LIONI.

Quel est l'auteur,
Le chef de ce complot ?

FALIERO.
Parlez.

BERTRAM.

Qu'il me pardonne ;
J'ai voulu vous sauver, mais sans trahir personne.

LIONI.
Serais-tu son complice ?

FALIERO.
Ou seulement un bruit,
Quelque vague rapport vous aurait-il instruit ?

BERTRAM.
Je ne mentirai pas.

LIONI.
Alors, que dois-je craindre ?
Quel poignard me poursuit ? où, quand doit-il m'atteindre,
Comment ?

BERTRAM.
De ce péril j'ai dû vous avertir ;
C'est à vous désormais de vous en garantir.
Ma tâche est accomplie.

LIONI.
Et la nôtre commence :
Les douleurs vont bientôt...

BERTRAM, faisant un pas vers le doge.
Quoi ! vous ?...

FALIERO.
Notre clémence
Suspend encor l'emploi de ce dernier moyen.
(Bas à Lioni.)
Réduit au désespoir, il ne vous dirait rien.

LIONI.
(Bas au doge.) (A Bertram.)
Il faiblit. Tu l'entends, nous voulons tout connaître.
Songe que Dieu t'écoute.

FALIERO.
Et qu'il punit le traître.

BERTRAM.
Malheureux !

LIONI.
Que tu peux mourir dans les tourments,
Sans qu'on te donne un prêtre à tes derniers moments.

BERTRAM.
Dieu ! qu'entends-je ?

FALIERO.
Oui, demain.

LIONI.
N'accordons pas une heure,
Non, pas même un instant ; qu'il s'explique ou qu'il meure.

BERTRAM.
Je ne résiste plus.

LIONI.
Parle-donc.

BERTRAM.
Eh bien !...

FALIERO, se levant.
Quoi ?

BERTRAM.
Je vais tout dire.

LIONI.
Enfin !

BERTRAM, au doge.
A vous seul.

FALIERO.
Suivez-moi.

(Faisant un signe à Lioni.)
Je reviens.

SCÈNE VI.

LIONI.

Il me sauve, et c'est moi qu'il redoute !
Le doge l'épargnait, mais par bonté sans doute.
Ses longs ménagements me semblaient superflus :
Pour un patricien qu'aurait-il fait de plus ?
Il interrogeait mal ; point d'art ! aucune étude !
Mais a-t-il, comme nous, cette froide habitude
De marcher droit au but, sans pitié, sans courroux,
Et, si la mort d'un seul importe au bien de tous,
De voir dans la torture, à nos yeux familière,
Le chemin le plus court qui mène à la lumière ?

C'est étrange : Bertram frémit en l'abordant,
Et ne veut à la fin que lui pour confident.
On eût dit qu'en secret leurs yeux d'intelligence...
Voilà de mes soupçons ! J'ai tort : de l'indulgence !
Par l'âge et les travaux le doge est affaibli...
Mais au dernier moment d'où vient qu'il a pâli ?
Réfléchissons : j'arrive, et, contre mon attente,
Il est debout ; pourquoi ? point d'affaire importante.
Quel soin l'occupait donc ? Mon aspect l'a troublé :
Il s'est remis soudain, mais il avait tremblé.
Il nourrit contre nous une implacable haine.
S'il osait... Lui ? jamais !... Chancelante, incertaine,
La duchesse en partant semblait craindre mes yeux.
Son effroi la ramène ; il faut l'observer mieux :
Je lirai dans son cœur.

SCÈNE VII.

LIONI, ELENA.

LIONI.
            Votre Altesse, j'espère,
D'une grave entrevue excusé le mystère.

ELENA.
Il ne m'appartient pas d'en sonder les secrets.
Mais le doge est absent ?...

LIONI.
                Pour de grands intérêts.
Puis-je sans trop d'orgueil penser qu'une soirée
Où d'hommages si vrais je vous vis entourée
Vous a laissé, madame, un heureux souvenir ?

ELENA.
                (A part.)
Charmant : j'y pense encor. Qui peut le retenir ?
    (A Lioni.)
Ce prisonnier, sans doute, occupe Son Altesse ?

LIONI.
Lui-même. Qu'avez-vous ?

ELENA.
            Rien.

LIONI.
Il vous intéresse !
ELENA.
Moi !... mais c'est la pitié qui m'intéresse à lui :
Je plains un malheureux. Et son sort aujourd'hui ?...

LIONI, avec indifférence.
Sera celui de tous.

ELENA, à part.
Que dit-il ?

LIONI, à part.
Elle tremble.

ELENA.
D'autres sont accusés ?

LIONI, froidement.
Tous périront ensemble.
Il a fait tant d'aveux !

ELENA, vivement.
A vous, seigneur ?

LIONI.
Du moins
Au doge qui l'écoute.

ELENA.
Au doge, et sans témoins ?

LIONI.
Sans témoins.

ELENA, à part.
O bonheur !

LIONI, à part.
Ce mot l'a rassurée.
(A Elena.)
Mais Votre Altesse hier s'est trop tôt retirée.
Ce bal semblait lui plaire, et le doge pourtant
Ne l'a de sa présence honoré qu'un instant.

ELENA.
Ses travaux lui rendaient le repos nécessaire.

LIONI.
Il veille encor.

ELENA, vivement.
C'est moi, je dois être sincère,
C'est moi qui, fatiguée...

LIONI.
Et vous veillez aussi...
Pour ne le pas quitter ?

ELENA.
Seule, inquiète ici,
J'attendais...

LIONI, vivement.
Qu'il revînt ? Une affaire soudaine
L'a contraint de sortir ?

ELENA.
Non ; mais sans quelque peine
Je ne pouvais penser que, chez lui de retour,
Un travail assidu l'occupât jusqu'au jour ;
Et vous partagerez la crainte que m'inspire
Un tel excès de zèle.

LIONI.
En effet.

ELENA, à part.
Je respire.

LIONI, à part.
J'avais raison.

ELENA.
Il vient.

SCÈNE VIII.

ELENA, LIONI, FALIERO.

FALIERO, qui prend Lioni à part.
Le coupable a parlé.

LIONI.
Eh bien, seigneur ?

FALIERO.
Plus tard le conseil assemblé
Apprendra par mes soins tout ce qu'il doit apprendre.
Sous le pont des Soupirs Bertram vient de descendre.
Reposez-vous sur moi, sans vous troubler de rien ;
Je ferai mon devoir.

LIONI, à part.
Je vais faire le mien.

SCÈNE IX.

ELENA, FALIERO.

FALIERO.
La victoire me reste !

ELENA.
A quoi tient votre vie !

FALIERO.
Qu'importe ? elle est sauvée.

ELENA.
Un mot vous l'eût ravie.

FALIERO.
Du cachot de Bertram ce mot ne peut sortir :
Renais à l'espérance.

ELENA.
Et comment la sentir ?
Mon cœur s'est épuisé dans cette angoisse affreuse.
Plaignez-moi : je n'ai pas la force d'être heureuse.

FALIERO.
Une heure encor d'attente !

ELENA.
Un siècle de douleurs,
Quand je crains pour vos jours !

FALIERO.
Qu'ils tremblent pour les leurs !
Adieu.

ELENA.
Vous persistez ?

FALIERO.
Mourir, ou qu'ils succombent !

ELENA.
Vous mourrez !... C'est sur vous que vos projets retombent !
Ma terreur me le dit. C'est Dieu, mon cœur le sent,
C'est Dieu qui m'a parlé, la mort, la voix du sang.
C'est Fernando, c'est lui dont le sort vous menace,
Qui du doigt au cercueil m'a montré votre place.
Voulez-vous me laisser seule entre deux tombeaux ?
Grâce ! J'ai tant pleuré ! ne comblez pas mes maux.
Cédez; vous n'irez pas ! non : grâce ! il faut me croire,
Grâce pour moi, pour vous, pour soixante ans de gloire !

ACTE IV, SCÈNE IX.

FALIERO.

Mais ma gloire, c'est toi : ton époux, ton soutien
Perdra-t-il son honneur en mourant pour le tien ?
Je ne venge que lui.

ELENA.

Que lui !

FALIERO.

Pour le défendre,
Ma confiance en toi m'a fait tout entreprendre.
Sur ton pieux respect, sur ta jeune raison
Si je me reposais avec moins d'abandon ;
Pour lui faire un tourment de ma terreur jalouse,
Avili par mon choix, si j'aimais une épouse,
Qui, chargée à regret du fardeau de mes ans,
Pourrait à leurs dédains livrer mes cheveux blancs ;
Non, non, je n'irais pas, combattu par mes doutes,
Affronter les périls que pour moi tu redoutes.

ELENA.

Grand Dieu !

FALIERO.

Je n'irais pas, follement irrité,
Pour venger de son nom l'opprobre mérité,
Pour elle, pour sa cause et ses jours méprisables,
Ternir un siècle entier de jours irréprochables.
Non, courbé sous sa honte et cachant ma douleur,
Je n'aurais accusé que moi de mon malheur.

ELENA.

Qu'avez-vous dit?

FALIERO.

Mais toi, toi qu'ils ont soupçonnée,
Digne appui du vieillard à qui tu t'es donnée,
Modèle de vertu dans ce triste lien,
Ange consolateur, mon orgueil, mon seul bien...

ELENA.

O tourment !

FALIERO.

Tu verrais de ta vie exemplaire
L'outrage impunément devenir le salaire !
Ah ! je cours...

ELENA.

Arrêtez !

FALIERO.

Ne te souviens-tu pas
De l'heure où ton vieux père expira dans nos bras ?
A son dernier soupir il reçut ta promesse
De m'aimer, d'embellir, d'honorer ma vieillesse :
Tu l'as fait.

ELENA.

C'en est trop !

FALIERO.

Je promis, à mon tour,
De veiller sur ton sort jusqu'à mon dernier jour.
Ton père me l'ordonne.

ELENA.

Écartez cette image.

FALIERO.

C'est lui...

ELENA.

Je parlerais !

FALIERO.

C'est lui qui m'encourage
A remplir mon devoir, à tenir mon serment,
A défendre sa fille.

ELENA.

A la punir.

FALIERO.

Comment ?

ELENA.

Vengez-vous, punissez. Le sang qu'il vous demande,
C'est le mien. Punissez ; votre honneur le commande ;
Mais n'immolez que moi, moi seule : cet honneur
Pour qui vous exposez repos, gloire, bonheur,
Je l'ai perdu !

FALIERO.

Qu'entends-je ? où suis-je ? que dit-elle ?
Qui, vous ?

ELENA.

Fille parjure, épouse criminelle,
Mon père au lit de mort, vos bienfaits et ma foi,
Tout, oui, j'ai tout trahi.

FALIERO.

Point de pitié pour toi !

Mais il est un secret qu'il faut que tu déclares :
Ton complice ?
ELENA.
Il n'est plus.
FALIERO.
Elena, tu t'égares.
Comprends-tu bien les mots qui te sont échappés ?
Sais-tu que, s'il est vrai, tu vas mourir ?
ELENA.
Frappez !
FALIERO, levant son poignard.
Reçois ton châtiment !... Mais non ! qu'allais-je faire ?
Tu tremblais pour ma vie, et ta frayeur m'éclaire.
Non, non ; en t'accusant tu voulais me sauver.
(Le poignard tombe de ses mains.)
A ce sublime aveu qui pouvait s'élever
De cette trahison ne fut jamais capable.
Dis que tu m'abusais, que tu n'es pas coupable,
Parle, et dans mon dessein je ne persiste pas,
J'y renonce, Elena, parle... ou viens dans mes bras,
Viens, et c'en est assez !
ELENA.
Hélas ! j'en suis indigne.
J'ai mérité la mort : frappez, je m'y résigne.
Ah ! frappez !
FALIERO.
Et le fer de mes mains est tombé !
A sa honte, à mes maux, je n'ai pas succombé !
D'un tel excès d'amour redescendre pour elle
Au mépris !... non, la haine eût été moins cruelle.
Mais on vient ; mon devoir m'impose un dernier soin :
Le danger me ranime... Ah ! j'en avais besoin.
J'entends mes conjurés, ce sont eux ; voici l'heure.
Redevenons moi-même : il faut agir.

SCÈNE X.

FALIERO, ELENA, VEREZZA, SEIGNEURS DE LA NUIT, GARDES.

VEREZZA.
Demeure.

Envoyé par les Dix, je t'arrête en leur nom,
Doge, comme accusé de haute trahison.

ELENA.

Plus d'espoir !

FALIERO.

M'arrêter, moi, ton prince !

VEREZZA.

Toi-même.
Voici l'ordre émané de leur conseil suprême.
Obéis.

(Quatre heures sonnent.)

FALIERO.

Je commande, et votre heure a sonné.
Juge des factieux qui m'auraient condamné,
J'attends que le beffroi les livre à ma justice.
Écoute : il va donner le signal du supplice.
Je brave ton sénat, tes maîtres, leurs bourreaux,
Et l'ordre qu'à tes pieds ma main jette en lambeaux.

VEREZZA.

Ton espérance est vaine.

ELENA.

Aucun bruit !

FALIERO.

Quel silence !

VEREZZA.

Tu n'as pas su des Dix tromper la vigilance ;
Les cachots ont parlé : ne nous résiste pas.

FALIERO.

C'en est donc fait ; marchons.

ELENA.

Je m'attache à vos pas.

FALIERO, à voix basse.

Vous !... et quels sont les droits de celle qui m'implore ?
Son titre ? Que veut-elle ? ai-je une épouse encore ?
Je ne vous connais pas ; je ne veux plus vous voir.
Contre un arrêt mortel, qu'il m'est doux de prévoir,
Ma vie à son déclin sera peu défendue.
Pour que la liberté vous soit enfin rendue,
Elena, je mourrai ; c'est tout ce que je puis.
Vous pardonner, jamais !

(A Elena, qui le suit, les mains jointes.)
Non, restez !
(A Verezza.)
Je vous suis.

ACTE CINQUIÈME.

(Une salle voisine de celle où les Dix sont entrés pour délibérer. Autour de la salle, les portraits des doges ; au fond, une galerie ouverte qui donne sur la place ; à la porte deux soldats en sentinelle.)

SCÈNE I.

FALIERO, ISRAEL.

ISRAEL. (Il est assis.)
Un plan si bien conduit ! O fortune cruelle,
Attendre ce moment pour nous être infidèle !
Quand je voyais crouler leur pouvoir chancelant,
Quand nous touchions au but !... mais j'oublie en parlant
Que mon prince est debout.

FALIERO, à Israël, qui fait un effort pour se lever.
Demeure : la souffrance
Vient de briser ton corps sans lasser ta constance.
Je voudrais par mes soins adoucir tes douleurs.
Que puis-je ?

ISRAEL.
Dans vos yeux je vois rouler des pleurs.

FALIERO.
Je pleure un brave.

ISRAEL.
Et moi, tandis qu'on délibère,
Je fais des vœux pour vous, qui me traitez en frère.

FALIERO.
Comme autrefois.

ISRAEL.
Toujours le frère du soldat,
Consolant le blessé qui survit au combat.

8.

FALIERO.
Ces temps-là ne sont plus.
ISRAEL.
Mais alors quelle joie
Quand nous fendions les mers pour saisir notre proie !
FALIERO.
En maître sur les flots du golfe ensanglanté,
Que mon Lion vainqueur voguait avec fierté !
Tu t'en souviens?
ISRAEL.
O jours d'éternelle mémoire !
Que Venise était belle après une victoire !
FALIERO.
Et nous ne mourrons pas sous notre pavillon !
ISRAEL.
Misérable Bertram ! parler dans sa prison,
Nous trahir, comme un lâche, à l'aspect des tortures !
Comptez donc sur la foi de ces âmes si pures,
Sur leur sainte ferveur ! Et tremblant, indigné,
Le tenant seul à seul vous l'avez épargné?
FALIERO.
Il pleurait.
ISRAEL.
D'un seul coup j'aurais séché ses larmes.
FALIERO.
Peut-être.
ISRAEL.
Dans mes bras, si j'eusse été sans armes,
J'aurais, en l'étouffant, voulu m'en délivrer.
Mon général sait vaincre, et je sais conspirer.
FALIERO.
Pourquoi tous tes amis n'ont-ils pas ton courage ?
ISRAEL.
Ils viennent de partir pour leur dernier voyage.
Strozzi vend nos secrets, qu'on lui paye à prix d'or ;
Il vivra. Mais Pietro, je crois le voir encor :
L'œil fier, d'une main sûre et sans reprendre haleine,
Il vide, en votre honneur, sa coupe trois fois pleine,
S'avance, et répétant son refrain familier :
« Que saint Marc soit, dit-il, en aide au gondolier ! »
Il s'agenouille alors, il chante, et le fer tombe.

FALIERO.
Nous le suivrons tous deux.

ISRAEL.
Non : pour vous sur ma tombe
Le soleil de Zara doit encor se lever.

FALIERO.
Qu'espères-tu ? jamais !

ISRAEL.
Trop lâches pour braver
Le peuple furieux rassemblé dans la place,
De condamner leur père ils n'auront pas l'audace.
Moi, pendant tout un jour qu'ont rempli ces débats,
J'ai su me résigner. Que ferais-je ici-bas ?
Je n'ai point de famille et n'ai plus de patrie.
Mais vous, votre Elena, votre épouse chérie...

FALIERO, avec douleur.
Israël !...

ISRAEL.
Ah ! pardon ! ce nom doit vous troubler.
Un marin tel que moi ne sait pas consoler ;
Son bon cœur qui l'entraîne a besoin d'indulgence.

FALIERO, après lui avoir serré la main.
Ils reviennent.

ISRAEL, se relevant.
Debout j'entendrai ma sentence.

SCÈNE II.

FALIERO, ISRAEL, BENETINDE, LIONI, STENO, LES DIX, LES MEMBRES DE LA JUNTE, GARDES.

BENETINDE.
Le crime reconnu, les témoins écoutés,
Tel est l'arrêt des Dix par la Junte assistés :
Israël Bertuccio, sois puni du supplice
Qu'on réserve au forfait dont tu fus le complice.
Meurs : c'est le châtiment contre toi prononcé.
Sur le balcon de marbre où le doge est placé,
Quand des jeux solennels il contemple la fête,
Le glaive de la loi fera rouler ta tête.

ISRAEL.

Est-il prêt? je le suis.

LIONI.

Tu n'as plus qu'un moment.
Un aveu peut encor changer ton châtiment.
Que cherches-tu ?

ISRAEL.

Ces mots ont droit de me confondre;
Je cherchais si Bertram était là pour répondre.

LIONI.

Fidèle à son devoir, il a su le remplir.

ISRAEL.

Oui, comme délateur. Quand doit-on l'anoblir ?

BENETINDE.

Ainsi, tu ne veux pas nommer d'autres coupables ?

ISRAEL.

Et si je dénonçais les traîtres véritables,
Périraient-ils ?

BENETINDE.

Ce soir.

ISRAEL.

Je vous dénonce tous.
Finissons. Vos bourreaux m'ont lassé moins que vous.

(Il retombe assis.)

BENETINDE, à Faliero.

Le doge en sa faveur n'a-t-il plus rien à dire ?

FALIERO.

Chef des Dix, quel que soit l'arrêt que tu vas lire,
J'en appelle.

BENETINDE.

A qui donc ?

FALIERO.

A mon peuple ici-bas,
Et dans le ciel à Dieu.

BENETINDE.

Que Dieu t'ouvre ses bras,
C'est ton juge. Après nous, tu n'en auras pas d'autre.

FALIERO.

Son tribunal, un jour, me vengera du vôtre;

(Montrant Steno.)

Il le doit. Parmi vous je vois un assassin.

ACTE V, SCÈNE II.

BENETINDE.

En vertu de sa charge admis dans notre sein,
A siéger malgré lui Steno dut se résoudre.

STENO.

Doge, un seul vœu dans l'urne est tombé pour t'absoudre.

FALIERO.

Lisez, j'attends.

BENETINDE, d'une voix émue.

Puissé-je étouffer la pitié
Que réveille en mon cœur une ancienne amitié !
(A Faliero.)
« Toi, noble, ambassadeur général de Venise,
« Et gouverneur de Rhode à tes armes soumise.
« Duc de Vald-Marino, prince, chef du sénat,
« Toi doge, convaincu d'avoir trahi l'État...
(Passant la sentence à Lioni.)
Achevez, je ne puis.

LIONI.

« Tu mourras comme traître.
« Maudit sera le jour où tu fus notre maître.
« Tes palais et tes fiefs grossiront le trésor ;
« Ton nom disparaîtra, rayé du livre d'or
« Tu mourras où ton front ceignit le diadème.
« L'escalier des Géants, à ton heure suprême,
« Verra le criminel, par ses pairs condamné,
« Périr où le héros fut par eux couronné.
(Montrant les portraits des doges.)
« Entre nos souverains, contre l'antique usage,
« Tu ne revivras pas dans ta royale image.
« A la place où ton peuple aurait dû te revoir,
« Le tableau sera vide, et sur le voile noir
« Dont la main des bourreaux recouvre leurs victimes,
« On y lira ces mots : Mis à mort pour ses crimes ! »

FALIERO.

Bords sacrés, ciel natal, palais que j'élevai,
Flots rougis de mon sang, où mon bras a sauvé
Ces fiers patriciens qui, sans moi, dans les chaînes,
Rameraient aujourd'hui sur les flottes de Gênes,
De ma voix qui s'éteint recueillez les accents.
Si je fus criminel, sont-ils donc innocents ?

Je ne les maudis pas : Dieu lui seul peut maudire.
Mais voici les destins que je dois leur prédire :
Faites pour quelques-uns, les lois sont des fléaux ;
Point d'appui dans un peuple où l'on n'a point d'égaux.
Seuls héritiers par vous des libertés publiques,
Vos fils succomberont sous vos lois despotiques.
Esclaves éternels de tous les conquérants,
Ces tyrans détrônés flatteront des tyrans.
Leurs trésors passeront, et les vices du père
Aux vices des enfants légueront la misère.
Nobles déhonorés, un jour on les verra,
Pour quelques pièces d'or qu'un Juif leur jettera,
Prostituer leur titre, et vendre les décombres
De ces palais déserts où dormiront vos ombres.
D'un peuple sans vigueur mère sans dignité,
Stérile en citoyens dans sa fécondité,
Lorsque Venise enfin de débauche affaiblie,
Ivre de sang royal, opprimée, avilie,
Morte, n'offrira plus que deuil, que désespoir,
Qu'opprobre aux étrangers étonnés de la voir ;
En sondant ses cachots, en comptant ses victimes,
Ils diront : « Elle aussi, mise à mort pour ses crimes ! »

BENETINDE.

Par respect pour ton rang nous t'avons écouté,
Et tant que tu vivras tu seras respecté.
Tu nous braves encor : le peuple te rassure ;
Mais autour du palais vainement il murmure.
N'attends rien que de nous. D'une part de tes biens
Tu pourras disposer pour ta veuve et les tiens.
Dis-nous quels sont tes vœux ; car ton heure est prochaine.
Parle.

FALIERO.

Laissez-moi seul.

BENETINDE, montrant Israël.

Qu'au supplice on l'entraîne !

ISRAEL. (Il s'avance et tombe à genoux devant le doge.)

Soldat, je veux mourir béni par cette main
Qui de l'honneur jadis m'a montré le chemin.

FALIERO.

A revoir dans le ciel, mon vieux compagnon d'armes !

Jusqu'à ton dernier jour, toi, qui fus sans alarmes,
Sois sans remords !
(Il le relève.)
Avant de subir ton arrêt,
Embrasse ton ami...

ISRAEL.
Mon prince daignerait...

FALIERO.
Titre vain ! entre nous il n'est plus de distance.
Quand la mort est si près, l'égalité commence.
(Israël se jette dans les bras du doge.)

BENETINDE, aux soldats qui entourent Israël.
Allez !
(Aux membres de la Junte.)
Retirons-nous.

SCÈNE III.

FALIERO.
Qui l'eût pensé jamais ?
J'expire abandonné par tous ceux que j'aimais :
Lui seul ne me doit rien, il m'est resté fidèle.
Mais quoi ! de tant d'amis, qui me vantaient leur zèle,
Dont j'ai par mes bienfaits mérité les adieux,
Pas un qui devant moi ne dût baisser les yeux !
Et même dans la tombe où je m'en vais descendre,
Celui qui fut mon fils... Ne troublons pas sa cendre :
Je l'ai béni !... Des biens me sont laissés par eux ;
Donnons-les. A qui donc ? Pourquoi faire un heureux ?
Puis-je y trouver encore une douceur secrète ?
Je n'ai pas dans le monde un cœur qui me regrette.
(Il s'assied près de la table et écrit.)
Qu'importe ?

SCÈNE IV.

ELENA, FALIERO.

ELENA.
J'ai voulu vous parler sans témoins ;
Enfin on l'a permis. Puis-je approcher ?

(Le doge ne tourne pas la tête, et reste immobile sans lui répondre.)
　　　　　　　　　　　　　　　　　　　　Du moins
Répondez.
　　　　　　　　　(Le doge continue de garder le silence.)
　　　　　　Par pitié, daignez me le défendre ;
J'entendrai votre voix.
　　　　　　　　　　　(Même silence du doge.)
　　　　　　　　　　　　　M'éloigner sans l'entendre,
Il le faut donc !
(Elle fait un pas pour sortir, revient, se traîne jusqu'auprès de Faliero, saisit une de ses mains, et la baise avec transport.)
FALIERO. (Il se retourne, la prend dans ses bras, la couvre de baisers, et lui dit :)
　　　　　　　Ma fille a tardé bien longtemps !
　　　　　　　　　　　　ELENA.
O ciel ! c'est mon arrêt qu'à vos genoux j'attends.
Celle que vous voyez sous sa faute abattue,
Elle a causé vos maux, c'est elle qui vous tue,
Et vous lui pardonnez !
　　　　　　　　　　FALIERO, la relevant.
　　　　　　　　Qui ? moi ! je ne sais rien.
　　　　　　　　　　　　ELENA.
Quoi ! vous oubliez tout !
　　　　　　　　　　　　FALIERO.
　　　　　　　　　　　Non. car je me souvien
Que tu m'as fait aimer une vie importune ;
Tes soins l'ont prolongée, et, dans mon infortune,
Tu m'adoucis la mort, je le sens.
　　　　　　　　　　　　ELENA.
　　　　　　　　　Espérez !
Partout de vos vengeurs ces murs sont entourés.
　　　　　　　　　　　　FALIERO.
Ils ne feront pourtant que hâter mon supplice.
　　　　　　　　　　　　ELENA.
On n'accomplira pas cet affreux sacrifice.
Ils vont vous délivrer ; entendez-vous leurs cris ?
　　　　　　　　　　　　FALIERO.
Je voudrais te laisser l'espoir que tu nourris ;
Mais la nuit qui s'approche est pour moi la dernière.
Ne repousse donc pas mon unique prière.

ACTE V, SCÈNE IV.

ELENA.

Ordonnez : quels devoirs voulez-vous m'imposer?
Je m'y soumets.

FALIERO, lui remettant un papier.

Tiens, prends! tu ne peux refuser :
C'est le présent d'adieu d'un ami qui s'absente,
Mais que tu reverras.

ELENA.

C'en est trop !... Innocente,
J'aurais pu l'accepter ; coupable...

FALIERO.

Que dis-tu ?
Si c'est un sacrifice, accepte par vertu :
Supporter un bienfait peut avoir sa noblesse.
Sois fière encor du nom qu'un condamné te laisse.
Des monuments humains que sert de le bannir ?
De mes travaux passés l'éternel souvenir,
Sur les mers, dans les vents, planera d'âge en âge ;
Et jamais nos neveux ne verront du rivage
Les vaisseaux sarrasins blanchir à l'horizon,
Sans parler de ma vie et murmurer mon nom.
Sois fière de tous deux.

ELENA.

Qu'avec vous je succombe :
Je n'ai plus d'autre espoir.

FALIERO.

Et demain sur ma tombe
Qui donc, si tu n'es plus, jettera quelques fleurs?
Car tu viendras, ma fille, y répandre des pleurs,
N'est-ce pas ?

ELENA.

Moi ! grand Dieu !

FALIERO.

Toi, que j'ai tant aimée,
Que j'aime !

ELENA.

Sans espoir, de remords consumée,
Je vivrai, si je puis, je vivrai pour souffrir.

FALIERO.

Songe à ces malheureux qui viennent de périr ;
Veille sur leurs enfants dont je plains la misère.

ELENA.

Je prodiguerai l'or.

FALIERO.

Qu'ils te nomment leur mère.
Fais-moi chérir encor par quelque infortuné.

ELENA.

Mais je pourrai mourir quand j'aurai tout donné?...

FALIERO.

Digne de ton époux; et ton juge suprême,
Indulgent comme lui, pardonnera de même.

(La lueur et le passage des torches qu'on voit à travers les vitraux du fond indiquent un mouvement dans la galerie. Verezza paraît accompgné de deux affidés qui portent le manteau et la couronne du doge. Faliero leur fait signe qu'il va les suivre, et se place entre eux et Elena, de manière qu'elle ne puisse les apercevoir.)

J'ai besoin de courage, et j'en attends de toi.
Épargne un cœur brisé.

ELENA.

C'est un devoir pour moi.
Quand le moment viendra, je serai sans faiblesse.

FALIERO.

Eh bien!... il est venu.

ELENA, avec désespoir.

Déjà!

FALIERO, la serrant contre son sein.

Tiens ta promesse...
Adieu!

ELENA.

Jamais! jamais! Non, ne me quittez pas!
Non, non! je veux... j'irai... j'expire dans vos bras.

FALIERO.

Elle ne m'entend plus : elle pâlit, chancelle.
L'abandonner ainsi!... Grand Dieu, veillez sur elle!

(Il la place dans un fauteuil.)

Cette mort passagère a suspendu tes maux.
Adieu, mon Elena! Froid comme les tombeaux,
Mon cœur ne battra plus quand le tien va renaître;
Mais il meurt en t'aimant.

(Il lui donne un dernier baiser; on le couvre du manteau ducal; il place la couronne sur sa tête, et suit Verezza. Le tumulte s'accroît; on entend retentir avec plus de force ces cris : Faliero! Faliero! Grâce! grâce!)

SCÈNE V.

ELENA, *qui se ranime par degrés.*

Je l'obtiendrai peut-être...
Votre grâce... oui... marchons... Ciel ! par eux immolé,
Il va périr... Mais non... les cris ont redoublé ;
Le peuple au coup mortel peut l'arracher encore.
Dieu clément ! c'est leur père ! O mon Dieu, je t'implore !
Les portes vont s'ouvrir. Frappez tous, brisez-les !...
La foule a pénétré dans la cour du palais ;
On les force à laisser leur vengeance imparfaite !
Il est sauvé, sauvé ! courons...

LIONI, suivi des Dix ; il paraît dans la galerie du fond, un glaive d'une main et la couronne ducale de l'autre, et crie au peuple :

Justice est faite !

(Elena tombe privée de sentiment.)

FIN DE MARINO FALIERO.

LOUIS XI,

TRAGÉDIE EN 5 ACTES,

REPRÉSENTÉE SUR LE THÉATRE FRANÇAIS, LE 11 FÉVRIER 1832.

« ...... Il y a quatre ou cinq jours que passant devant la maison
« d'un de mes compagnons, je le voulus visiter : et après avoir faict
« quelques tours dans sa sale, je demande de voir son estude. Soudain
« que nous y sommes entrés, je trouve sur son pulpitre un vieux livre
« ouvert Je m'enquiers de luy de quoi il traitoit; il me respond que
« c'estoit l'histoire du roy Louys onzième, que l'on appeloit la mes-
« disante. Je la luy demande d'emprunt, comme celle que je cherchois,
« il y avoit longtemps, sans la pouvoir recouvrer. Il me la preste. Hé !
« vrayment (dy-je lors), je suis amplement satisfaict de la visitation
« que j'ai faicte de vous. Ainsi fusse-je promptement payé de tous ceux
« qui me doivent. J'emporte le livre en ma maison, je le lis et digère
« avec telle diligence que je fais les autres. En un mot, je trouve que
« c'estoit une histoire, en forme de papier journal, faicte d'une main
« peu industrieuse, mais diligente et non partiale, qui n'oublioit rien
« de tout ce qui estoit remarquable de son temps. Tellement qu'il me
« sembla qu'il n'y avoit que les mesdisants qui la puissent appeler mes-
« disante. Appelez-vous mesdisance en un historiographe, quand il
« vous estale sur son papier la vérité toute nüe ? Nul n'est blessé que
« par soy-mesme. Le premier scandale provient de celuy qui faict le
« mal, et non de celuy qui le raconte.

« Je trouve en ce roy un esprit prompt, remuant et versatil, fin et
« feint en ses entreprises, léger à faire des fautes, qu'il réparoit tout
« à loisir au poix de l'or, prince qui savoit par belle promesse donner
« la muse à ses ennemis, et rompre tout d'une suite et leurs cholères,
« et leurs desseins : impatient de repos, ambitieux le possible, qui se
« joüoit de la justice selon que ses opinions luy commandoyent, et qui
« pour parvenir à son but n'espargnoit rien ny du sang, ny de la
« bource de ses sujets; et ores qu'il fit contenance d'estre plein de
« religion et de piété, si en usoit-il tantost selon la commodité de ses
« affaires, tantost par une superstition admirable; estimant luy estre
« toutes choses permises, quand il s'estoit acquitté de quelque pelle-
« rinage. Brief plein de volontés absoliies, par le moyen desquelles,
« sans cognoissance de cause, il appointoit et des-appointoit tels offi-
« ciers qu'il luy plaisoit : et sur ce mesme moule se formoit quelque-
« fois des fadaises et sottises dont il ne vouloit estre dédit.

« A manière que se trouvant tous ces mélanges de bien et mal en un
« sujet, ce n'est point sans occasion que ce roy ayt esté extollé par
« quelques-uns, et par les autres vituperé. Voylà ce que j'ay pu re-
« cueillir en brief de toutes ses actions.

« Je voy au bout de tout cela un jugement de Dieu, qui courut mira-
« culeusement dessus luy, car tout ainsi que cinq ou six ans auparavant
« son advènement à la couronne, il avoit affligé le roy son père, et
« qu'il se bannit de la présence de luy, ayant choisi pour sa retraite
« le duc de Bourgogne, qui estoit en mauvais mesnage avec nous,
« aussi sur son vieil âge fut-il affligé, non par son fils, ains par soy-
« mesmes, en la personne de son fils, qui n'estoit encores capables
« pour sa grande jeunesse de rien attenter contre l'estat de son père.
« Tellement que pour le rendre moins habile aux affaires, il ne voulut
« qu'en son bas âge il fust institué aux nobles exercices de l'esprit : et
« encores le confina au chasteau d'Amboise, l'esloignant en ce qui luy
« estoit possible de la vue de sa cour. Davantage ayant excessive-
« ment affligé son peuple en tailles, aydes et subsides extraordinaires,
« et tenu princes et seigneurs en grandes craintes de leurs vies, ainsi
« que l'oiseau sur la branche.'(Car nul ne se pouvoit dire assuré, ayant
« affaire avec un prince infiniment diversifié)

« Aussi sur le déclin de son âge, commença-t-il à se desfier de tous
« ses principaux sujets, et n'y avoit rien qui l'affligeast tant que la
« crainte de la mort ; fai ant ès recommandations de l'Église plus prier
« pour la conservation de sa vie que de son âme. C'est la plus belle phi-
« losophie que je rapporte de son histoire. Je dirois volontiers que les
« historiographes se donnent la loy de faire le procès aux princes : mais
« il faut que je passe plus outre et ajoute, que les princes se le font à
« eux-mesmes. Dieu les martelle de mille tintoins qui sont autant de
« bourreaux en leurs consciences. Ce roy qui avoit faict mourir tant de
« gens, ainsi que sa passion luy en dictoit les mémoires, par l'entremise
« de Tristan l'hermite, luy-mesme estoit son triste prévost, mourant
« d'une infinité de morts le jour avant que de pouvoir mourir, estant
« entré en une générale desfiance de tout le monde. Ceste-cy est une
« belle leçon que je souhaite estre empreinte aux cœurs des roys, à
« fin de leur enseigner de mettre frain et modestie en leurs actions.
« Commines fera son profit de la vie de ce roy pour montrer avec
« quelle dextérité il sut avoir le dessus de ses ennemis : et de moy
« toute l'utilité que j'en veux rapporter sera, pour faire entendre
« comme Dieu sçait avoir le dessus des roys quand il veut les chas-
« tier. Adieu. »

LETTRE D'ESTIENNE PASQUIER A M. DE TIARD, SEIGNEUR DE BISSY.

LOUIS XI.

PERSONNAGES.

LOUIS XI.
LE DAUPHIN.
LE DUC DE NEMOURS.
COMMINE.
COITIER, médecin du roi.
FRANÇOIS DE PAULE.
OLIVIER LE DAIM.
TRISTAN, grand prévôt.
MARIE, fille de Commine.
LE COMTE DE LUDE.
LE CARDINAL D'ALBY.
LE COMTE DE DREUX.
LE DUC DE CRAON.

MARCEL, paysan.
MARTHE, sa femme.
RICHARD, }
DIDIER, } paysans.
CRAWFORD.
CLERGÉ.
CHATELAINES.
CHEVALIERS.
DEUX ÉCOSSAIS.
UN MARCHAND.
UN HÉRAUT.
UN OFFICIER DE LA CHAMBRE.
UN OFFICIER DU CHATEAU.

ACTE PREMIER.

(Une campagne; le château du Plessis au fond sur le côté; quelques cabanes éparses. Il fait nuit.)

SCÈNE I.

TRISTAN, RICHARD, GARDES.

TRISTAN, à Richard.

Ton nom ?

RICHARD.

Richard, le pâtre.

TRISTAN.

Arrête ; et ta demeure ?

RICHARD, montrant sa cabane.

J'en sors.

TRISTAN.

Le roi défend de sortir à cette heure.

RICHARD.

J'allais, pour assister un malade aux abois,
Chercher le desservant de Saint-Martin-des-Bois.

TRISTAN.

Rentre, ou les tiens verront avant la nuit prochaine
La justice du roi suspendue à ce chêne.

RICHARD.

Mon fils...

TRISTAN.

Rentre !

RICHARD.

Il se meurt.

TRISTAN.

Tu résistes, je croi !
Obéis, ou Tristan...

RICHARD, avec terreur en regagnant sa cabane.

Dieu conserve le roi !

SCÈNE II.

TRISTAN, GARDES.

UNE VOIX DE L'INTÉRIEUR.

Qui vive ?

TRISTAN.

Grand prévôt !

LA MÊME VOIX.

Garde à vous, sentinelle !
Et vous, archers, à moi !

UN OFFICIER, qui sort du château à la tête de plusieurs soldats.

Le mot d'ordre ?

TRISTAN, à voix basse.

Fidèle !

L'OFFICIER, de même.

France !

(Ils entrent dans le château.)

SCÈNE III.

COMMINE. (*Il tient un rouleau de parchemin.*)

(Il s'assied au pied d'un chêne. Le jour commence.)

Reposons-nous sous cet ombrage épais ;
Ce travail a besoin de mystère et de paix.
Calme heureux ! aucun bruit ne frappe mon oreille,

Hors le chant des oiseaux que la lumière éveille,
Et le cri vigilant du soldat écossais
Qui défend ces créneaux et garde un roi français.
Je suis seul, relisons : du jour qui vient de naître
Cette heure m'appartient ; le reste est à mon maître.
(Il ouvre le manuscrit.)
Mémoires de Commine !... Ah ! si les mains du roi
Déroulaient cet écrit, qui doit vivre après moi,
Où chacun de ses jours, recueilli pour l'histoire,
Laisse un tribut durable et de honte et de gloire,
Tremblant, on le verrait, par le titre arrêté,
Pâlir devant son règne à ses yeux présenté.
De vices, de vertus quel étrange assemblage !
(Il lit ; le médecin Coitier passe au fond de la scène, le regarde et entre dans la cabane de Richard.)
(Interrompant sa lecture.)
Là, quel effroi honteux ! là, quel brillant courage !
Que de clémence alors, plus tard que de bourreaux !
Humble et fier, doux au peuple et dur aux grands vassaux,
Crédule et défiant, généreux et barbare,
Autant il fut prodigue, autant il fut avare.
(Il passe à la fin du manuscrit.)
Aujourd'hui quel tableau ! Je tremble en décrivant
Ce château du Plessis, tombeau d'un roi vivant,
Comme si je craignais qu'un vélin infidèle
Ne trahît les secrets que ma main lui révèle.
Captif sous les barreaux dont il charge ces tours,
Il dispute à la mort un reste de vieux jours ;
Usé par ses terreurs, il se détruit lui-même,
S'obstine à porter seul un pesant diadème,
S'en accable, et, jaloux de son jeune héritier,
Ne vivant qu'à demi, règne encor tout entier.
Oui, le voilà : c'est lui.
(Il reste absorbé dans sa lecture.)

SCÈNE IV.

COMMINE, COITIER.

COITIER, *sortant d'une cabane, à Richard et à quelques paysans.*

Rentrez, prenez courage ;
Des fleurs que je prescris composez son breuvage :

Par vos mains exprimés, leurs sucs adoucissants
Rafraîchiront sa plaie et calmeront ses sens.
COMMINE, sans voir Coitier.
Effrayé du portrait, je le vois en silence
Chercher un châtiment pour tant de ressemblance.
COITIER, lui frappant sur l'épaule.
Ah ! seigneur d'Argenton, salut !
COMMINE.
Qui m'a parlé ?

Vous ! pardon !... je rêvais.
COITIER.
Et je vous ai troublé ?

COMMINE.
D'un règne à son déclin l'avenir est sinistre.
COITIER.
Sans doute, un roi qui meurt fait rêver un ministre.
COMMINE.
Mais vous, maître Coitier, dont les doctes secrets
Ont des maux de ce roi ralenti les progrès,
Cette heure à son lever chaque jour vous rappelle :
Qui peut d'un tel devoir détourner votre zèle ?
COITIER.
Le roi ! toujours le roi ! Qu'il attende.
COMMINE.
Du moins,
Autant qu'à ses sujets vous lui devez vos soins.
COITIER.
A qui souffre par lui je dois plus qu'à lui-même.
COMMINE.
Vous l'accusez toujours.
COITIER.
Vous le flattez.
COMMINE.
Je l'aime.
Qui vous irrite ?
COITIER.
Un crime. Hier, sur ces remparts,
Un pâtre, que je quitte, arrêta ses regards ;
Des archers du Plessis l'adresse meurtrière
Faillit, en se jouant, lui ravir la lumière.

ACTE I, SCÈNE IV.

COMMINE.
Qu'il se plaigne : le roi deviendra son appui.
COITIER.
Qu'il se taise : Tristan pourrait penser à lui.
COMMINE.
Sur ce vil instrument jetez votre colère.
COITIER.
J'impute au souverain les excès qu'il tolère.
COMMINE.
La crainte est son excuse.
COITIER.
     Il craint un assassin,
Et la mort qu'il veut fuir, il la porte en son sein.
La terreur qu'il répand sur son cœur se rejette :
Il tourne contre lui sa justice inquiète ;
Lui-même est le bourreau de ses nuits, de ses jours ;
Lui, dont l'ordre inhumain... Ah ! malheureux Nemours !
COMMINE.
Nemours était coupable.
COITIER.
     Et je le crois victime.
Je rends à sa mémoire un culte légitime.
Moi, serviteur obscur, nourri dans sa maison,
Je l'ai vu cultiver ma précoce raison.
Ses dons m'ont soutenu dans une étude ingrate.
Quand Montpellier m'admit sur les bancs d'Hippocrate,
L'hermine des docteurs conquise lentement
Para ma pauvreté d'un stérile ornement.
Je crus Nemours : j'osai, séduit par ses paroles,
Secouer, pour la cour, la poudre des écoles.
Ma rudesse étonna ; ma brusque liberté
Heurta ce vieux respect par la foule adopté.
On me vit singulier et l'on me crut habile.
La stupeur à mes pieds mit cette cour servile,
Quand j'osai gouverner, sans prendre un front plus doux,
La santé de celui qui vous gouvernait tous.
Nemours fit ma fortune ; et moi, moi, son ouvrage,
Je n'ai pu de son roi fléchir l'aveugle rage !
Brillant de force alors, Louis, plein d'avenir,
Méprisa cette voix qui devait l'en punir,

Frappa mon bienfaiteur, et jeta sa famille
Dans la nuit des cachots creusés sous la Bastille.
Un de ses fils, un seul, voit la clarté des cieux;
J'ai soustrait avec vous ce dépôt précieux,
Je vous l'ai confié. Soit pitié, soit justice,
De ce pieux larcin Commine fut complice,
Oui, vous!

COMMINE
Coitier!

COITIER.
Vous-même!

COMMINE.
Au nom du ciel, plus bas!

COITIER.
Eh bien, plaignez Nemours, et ne l'accablez pas.
Mon cœur saigne, je souffre, et ne puis me contraindre
Lorsque, seul avec moi, je vous surprends à feindre,
Et que sur un ami vos yeux n'osent verser
Quelques pleurs généreux qu'on pourrait dénoncer.

COMMINE.
Peu jaloux d'étaler une douleur stérile,
Je tais la vérité qui nuit sans être utile;
Notre intérêt commun exige cet effort.

COITIER
Vous la tairez toujours, à moins qu'après la mort,
Affranchi des terreurs qu'un trône vous inspire,
Vos mânes du tombeau ne sortent pour la dire.

COMMINE.
Peut-être... Mais, Coitier, quand de mon dévouement
Un gage trop certain vous parle à tout moment,
Qu'importe si des cours un long apprentissage
Fait mentir à dessein mes yeux et mon visage?
A Nemours, comme vous, uni par l'amitié,
N'ai-je montré pour lui qu'une oisive pitié?
Ses fils ne craignaient plus : leur père était sans vie,
La vengeance du roi vous semblait assouvie :
Quelle voix dissipa votre commune erreur?
La mienne; de leur sort j'avais prévu l'horreur.
Un seul voulut nous croire, et, préparant sa fuite,
A des amis zélés j'en remis la conduite.

ACTE I, SCÈNE IV.

Quel refuge assuré s'ouvrit devant ses pas?
C'est ma famille encor qui lui tendit les bras.
Le duc Charle, à Péronne, instruit avec prudence,
Reçut de ses malheurs l'entière confidence,
Le vit, et l'accueillit comme un hôte fatal
Dont il pourrait un jour s'armer contre un rival.
Si la fortune alors lui devint moins sévère,
Plus j'ai fait pour le fils, plus j'ai blâmé le père.
Courageux sans danger, vous régnez sur le roi;
Mais un sort différent m'impose une autre loi,
Et quand, près de Louis, le devoir nous rassemble,
Il tremble devant vous, et devant lui je tremble.

COITIER.

Et c'est par crainte encor que, forcé d'accepter,
D'un fief des Armagnacs on vous vit hériter :
Apanage sanglant que leur bourreau vous donne,
Et dont les échafauds ont doté la couronne.

COMMINE.

Ma fille, en épousant Nemours que j'ai sauvé,
Lui rendra ce dépôt sous mon nom conservé.
Elle était dans l'exil sa compagne chérie :
Ils s'aimaient, je le sus; et, rappelant Marie,
J'approuvai qu'un hymen, aujourd'hui dangereux,
Les unît par mes mains dans des temps plus heureux.

COITIER.

Quand il ne sera plus?

COMMINE.

Eh! qui donc?

COITIER, *montrant les tours du Plessis.*

Lui!

COMMINE.

Silence!
Eh bien, m'accusez-vous d'un excès d'indulgence?
Blâmez-vous cet hymen?

COITIER.

J'admire, en y songeant,
Le politique adroit dans le père indulgent.
Qui sait? des Armagnacs la grandeur peut renaître.
Admis dans les secrets de votre premier maître,
Nemours est cher au duc, adoré du soldat;
Ce gendre tout-puissant ne sera point ingrat,

Et, si votre fortune essuyait quelque orage,
Vous prépare en Bourgogne un port dans le naufrage.
                    COMMINE.
C'est chercher, je l'avoue, un but trop généreux
Au soin tout paternel qui m'a touché pour eux.
A la cour sous ces traits que n'allez-vous me peindre ?
                    COITIER.
Vous n'eussiez point parlé si vous pouviez le craindre ?
Mes amis les plus chers sont par moi peu flattés,
Mais je garde pour eux ces dures vérités.
                    COMMINE.
Épargnez-les du moins à Louis qui succombe.
                    COITIER.
Quand les entendrait-il ? serait-ce dans la tombe ?
                    COMMINE.
Vous, son persécuteur, devenez son soutien.
                    COITIER.
Il serait mon tyran, si je n'étais le sien.
Vrai Dieu ! ne l'est-il pas ? sait-on ce qu'on m'envie ?
Du médecin d'un roi sait-on quelle est la vie ?
Cet esclave absolu, qui parle en souverain,
Ment lorsqu'il se dit libre, et porte un joug d'airain.
Je ne m'appartiens pas ; un autre me possède :
Absent, il me maudit, et présent, il m'obsède ;
Il me laisse à regret la santé qu'il n'a pas ;
S'il reste, il faut rester ; s'il part, suivre ses pas,
Sous un plus dur fardeau baissant ma tête altière
Que les obscurs varlets courbés sous sa litière.
Confiné près de lui dans ce triste séjour,
Quand je vois sa raison décroître avec le jour,
Quand de ce triple pont, qui le rassure à peine,
J'entends crier la herse et retomber la chaîne,
C'est moi, qu'il fait asseoir au pied du lit royal
Où l'insomnie ardente irrite encor son mal ;
Moi, que d'un faux aveu sa voix flatteuse abuse
S'il craint qu'en sommeillant un rêve ne l'accuse ;
Moi, que dans ses fureurs il chasse avec dédain ;
Moi, que dans ses tourments il rappelle soudain ;
Toujours moi, dont le nom s'échappe de sa bouche,
Lorsqu'un remords vengeur vient secouer sa couche.

ACTE I, SCÈNE V.

Mais, s'il charge mes jours du poids de ses ennuis,
Du cri de ses douleurs s'il fatigue mes nuits,
Quand ce spectre imposteur, maître de sa souffrance,
De la vie en mourant affecte l'apparence,
Je raille sans pitié ses efforts superflus
Pour jouer à mes yeux la force qu'il n'a plus.
Misérable par lui, je le fais misérable ;
Je lui rends en terreur l'ennui dont il m'accable ;
Et pour souffrir tous deux nous vivrons réunis,
L'un de l'autre tyrans, l'un par l'autre punis,
Toujours prêts à briser le nœud qui nous rassemble,
Et toujours condamnés au malheur d'être ensemble,
Jusqu'à ce que la mort, qui rompra nos liens,
Lui reprenant mes jours dont il a fait les siens,
Se lève entre nous deux, nous désunisse, et vienne
S'emparer de sa vie et me rendre la mienne.

COMMINE.

On s'avance vers nous : veillez sur vos discours !

COITIER.

Craignez-vous votre fille ?

SCÈNE V.

COMMINE, COITIER, MARIE.

COMMINE.

Ah ! viens, approche, accours.
Tu ne nous troubles point.

MARIE.

Je vous revois, mon père !
(A Coitier.)
Salut, maître ; du roi que faut-il qu'on espère ?

COITIER.

Son âme le soutient ; sa sombre activité
Nous tourmente des maux dont il est tourmenté.

MARIE.

Croyez-vous que sur eux votre savoir l'emporte ?

COITIER.

Que peut notre savoir où la nature est morte ?
Il s'agite, il se plaint, il accuse mon art,
Commine, vous...

MARIE.

Lui-même a permis mon départ.

COMMINE.

Il n'a pu résister à ton ardente envie
De voir l'homme de Dieu dont il attend la vie ;
Puis, il s'est plaint de toi.

COITIER.

Voilà les souverains.

COMMINE.

Ton enjouement naïf amuse ses chagrins,
Et le corps souffre moins quand l'esprit est tranquille.
Il est seul dans la tour où sa terreur l'exile ;
La dame de Beaujeu n'est plus auprès de lui.

COITIER.

Elle eût mieux supporté le poids de son ennui,
Si Louis d'Orléans, chevalier plus fidèle,
Eût voulu l'alléger en s'enchaînant près d'elle.

COMMINE.

Que dites-vous, Coitier?

COITIER.

Mais ce qu'on dit partout,
Commine.

COMMINE.

Je l'ignore.

COITIER.

Ah ! vous ignorez tout.

(A Marie.)

Eh bien, vous l'avez vu, ce pieux solitaire !
François de Paule arrive ; et chaque monastère,
Chaque hameau voisin, qui le fête à son tour,
Fait résonner pour lui les clochers d'alentour.
A grand'peine arraché de sa retraite obscure,
Lui seul peut rétablir, du moins Rome l'assure,
La royale santé que nous, pauvres humains,
Nous voyons par lambeaux s'échapper de nos mains.
Qu'il fasse mieux que nous, ce médecin de l'âme ;
C'est mon maître, et pour tel ma bouche le proclame,
S'il ranime un fantôme, et si de ce vieux corps
Son art miraculeux raffermit les ressorts.

ACTE I, SCÈNE V.

MARIE.

Osez-vous en douter ? Le bruit de ses merveilles
Est-il comme un vain son perdu pour vos oreilles?
Un vieillard, qu'à Fondi le saint avait touché,
Vit refleurir les chairs de son bras desséché.
Il rencontra dans Rome une femme insensée,
Et chassa le démon qui troublait sa pensée.
Il veut, et pour l'aveugle un nouveau jour a lui ;
Le muet lui répond, l'infirme court vers lui ;
Et s'il parle aux tombeaux, ils s'ouvrent pour nous rendre
Les morts qu'il ressuscite en soufflant sur leur cendre.

COITIER.

Je vous crois.

MARIE.

Et pourtant que de simplicité !
Le saint n'empruntait pas sa douce majesté
Au sceptre pastoral dont la magnificence
Des princes du conclave atteste la puissance,
A la mitre éclatante, aux ornements pieux
Que le nonce de Rome étale à tous les yeux.
Point de robe à longs plis dont la pourpre chrétienne
Réclame le secours d'un bras qui la soutienne.
Pauvre, et pour crosse d'or un rameau dans les mains,
Pour robe un lin grossier traînant sur les chemins,
C'est lui, plus humble encor qu'au fond de sa retraite.

COITIER.

Et que disait tout bas cet humble anachorète,
En voyant la litière où le faste des cours
Prodiguait sa mollesse au vieux prélat de Tours,
Et ce cheval de prix, dont l'amble doux et sage
Pour monseigneur de Vienne abrégeait le voyage ?

MARIE.

Tous les deux descendus marchaient à ses côtés ;
Le dauphin le guidait vers ces murs redoutés.
Puis venaient en chantant les pasteurs des villages ;
Les seigneurs suzerains, appuyés sur leurs pages,
Les rênes dans les mains, devançaient leurs coursiers.
J'ai vu les écussons de nos preux chevaliers,
J'ai vu les voiles blancs des jeunes châtelaines
Confondre leurs couleurs sur les monts, dans les plaines.

10.

La croix étincelait aux rayons d'un ciel pur ;
Des bannières du roi, l'or, les lis et l'azur,
Que paraient de nos bois les dépouilles fleuries,
Courbaient autour du saint leurs nobles armoiries.
Des enfants devant lui faisaient fumer l'encens ;
Le peuple s'inclinait sous ses bras bénissants.
Ainsi des murs d'Amboise au pied de ces tourelles
Il traînait sur ses pas la foule des fidèles.
Longtemps j'ai contemplé cet imposant tableau...
Et quand le chemin tourne au penchant du coteau,
Reprenant avec Berthe un sentier qui l'abrége,
J'ai sur mon palefroi devancé le cortége.

COMMINE.

Viens donc, viens faire au roi ce récit qu'il attend.

MARIE, à Commine.

Un mot, mon père !

COITIER.

Adieu ; j'y cours en vous quittant.

COMMINE.

C'est prendre trop de soin.

COITIER.

Le maître s'inquiète ;
Il est là, sur le seuil de la porte secrète,
Qui s'ouvre dans sa tour pour lui seul et pour moi,
Et depuis trop longtemps se souvient qu'il est roi.

COMMINE.

Il apprendra de vous ce qu'il eût su par elle.

COITIER.

J'entends... Si quelques dons récompensaient mon zèle,
Votre fille aurait part, Commine, à ses bontés.

COMMINE.

Je ne réclamais rien.

COITIER.

Non, mais vous acceptez ?

(Lui serrant la main)

Adieu donc !

SCÈNE VI.

COMMINE, MARIE.

MARIE.

Que je hais sa raillerie amère !

ACTE I, SCÈNE VI.

COMMINE.
Il faut souffrir de lui ce que le roi tolère.
Dans sa soif de connaître il crut pénétrer tout :
Le doute, en l'irritant, l'a conduit au dégoût ;
Nous mesurons autrui sur ce peu que nous sommes,
Et le dégoût de soi mène au mépris des hommes.
Mais quel fut ton motif pour craindre un indiscret ?
Nous voilà seuls, réponds et dis-moi ton secret.

MARIE.
Ma joie à vos regards d'avance le révèle ;
Devinez !...

COMMINE.
Quelle est donc cette heureuse nouvelle ?

MARIE.
Heureuse pour vous-même !

COMMINE.
Et plus encor pour toi.

MARIE.
L'envoyé de Bourgogne attendu par le roi...
De son nombreux cortége il remplit le village ;
Ses armes, son héraut, son brillant équipage,
J'ai tout vu.

COMMINE.
Quel est-il ?

MARIE.
Le comte de Réthel.
Berthe, dont je le tiens, l'a su du damoisel
Qui portait la bannière, où, vassal de la France,
Sous la fleur de nos rois le lion d'or s'élance.

COMMINE.
Le comte de Réthel ! Cette antique maison
N'avait plus d'héritier qui soutînt son grand nom ;
A Péronne du moins je n'en vis point paraître,
Et je suis étonné de ne le pas connaître.

MARIE.
Il a laissé, dit-on, sous les murs de Nanci
Le duc, ses chevaliers, son camp...

COMMINE.
Nemours aussi,
N'est-ce pas, chère enfant ?

MARIE.
Une lettre, j'espère,
Sur le sort d'un proscrit va rassurer mon père.
COMMINE.
Et quelques mots pour toi te diront que Nemours
Regrette son pays bien moins que ses amours.
MARIE.
Le croyez-vous? qui sait? dans l'absence on oublie.
COMMINE.
Oui, quand on est heureux ; mais sa mélancolie
De te garder sa foi lui laissera l'honneur ;
Il n'a qu'un souvenir pour rêver le bonheur,
C'est le tien.
MARIE.
J'aime plus que je ne suis aimée.
Sans guérir de son cœur la plaie envenimée,
Que de fois j'essayai, dans un doux entretien,
De lui rendre son père en lui parlant du mien !
Il souriait alors, mais avec amertume.
Contre un chagrin cuisant, dont l'ardeur le consume,
Dans ma pitié naïve il cherchait un appui,
Et m'aimait de l'amour que je montrais pour lui.
Toujours morne, il fuyait au fond des basiliques
La cour, ses vains plaisirs et ses jeux héroïques.
Vengeance ! disait-il, dans la sombre ferveur
Qui fixait son regard sur la croix du Sauveur.
Parlait-on de Louis, à ce nom qu'il abhorre,
Il rêvait la vengeance, et, plus terrible encore,
La main sur son poignard, il menaçait tout bas
Celui...
COMMINE.
Par tes discours tu le calmais?
MARIE.
Hélas !
Tremblante, je pleurais, et, lui, trouvait des charmes
A me nommer sa sœur, en essuyant mes larmes.
COMMINE.
Ah ! qu'il laisse à la mort le soin de le venger !
Sous un règne nouveau son destin peut changer.

ACTE I., SCÈNE VI.

MARIE.

Oui, je n'en doute pas, pour peu que je l'en prie,
Monseigneur le dauphin...

COMMINE.

Écoute-moi, Marie.
Le dauphin, je le sais, ne se plaît qu'avec toi,
Il s'attache à tes pas, trop peut-être.

MARIE.

Pourquoi?
Un enfant!

COMMINE.

Cet enfant sera le roi de France.

MARIE.

Faut-il donc l'éviter, quand dans son ignorance,
La rougeur sur le front et les pleurs dans les yeux,
Il vient me demander les noms de ses aïeux?

COMMINE.

Les leçons d'une femme ont un danger qu'on aime;
Un si noble disciple est dangereux lui-même;
Ton amour te défend, mais crains ta vanité :
Sois plus prudente. Agnès, la dame de beauté,
En donnant à son roi des leçons de courage,
Crut n'aimer que la gloire ; et quel fut son partage?
Un brillant déshonneur suivit ses jours heureux.
Quand ses mains enlaçaient des chiffres amoureux,
Que de pleurs sont tombés sur ces trames légères,
D'un fortuné lien images mensongères !
Un bras puissant contre elle arma la trahison ;
Agnès, l'aimable Agnès, mourut par le poison.

MARIE.

O crime ! quel est donc celui qu'on en soupçonne?
Qui doit-on accuser?

COMMINE.

Qui?... personne, personne.
Rentrons : viens consoler le captif du Plessis ;
Il sent moins ses douleurs quand tu les adoucis.

MARIE.

Entendez-vous ces chants dans la forêt voisine?
Le cortége s'avance et descend la colline.

COMMINE.

Viens, rentrons.

(Ils sortent.)

SCÈNE VII.

FRANÇOIS DE PAULE, LE DAUPHIN, NEMOURS, RICHARD, MARCEL, MARTHE, DIDIER, clergé, chatelaines, chevaliers, peuple.

PAYSANS, qui chantent un cantique.
Des affligés divin recours,
Notre-Dame de délivrance,
Louis réclame vos secours ;
Vierge, prêtez votre assistance
   Aux lis de France !
Dieu, qui récompensez la foi,
   Sauvez le roi !

FRANÇOIS DE PAULE, à Nemours, qui s'est approché de lui.
Oui, mon fils, je veux vous écouter.
(Au dauphin.)
Prince, de ce devoir laissez-moi m'acquitter.
Mes soins, comme au monarque, appartiennent encore
Au plus humble de ceux dont la voix les implore.

LE DAUPHIN.
Faites selon vos vœux, mon père, demeurez :
Nous devançons vos pas, et, quand vous nous joindrez,
Louis viendra lui-même, au seuil de cette enceinte,
Courber son front royal sous la majesté sainte.
(Aux chevaliers.)
Suivez-moi.

SCÈNE VIII.

LES PRÉCÉDENTS, *excepté* LE DAUPHIN *et sa suite*.
(Les paysans sont aux pieds de saint François de Paule.)

UNE PAYSANNE.
De ma sœur apaisez les tourments,
Mon père !
   MARCEL.
Laissez-moi toucher vos vêtements.
   DIDIER.
La santé !
   MARTHE.
De longs jours !

ACTE I, SCÈNE IX.

RICHARD.
             Entrez dans ma chaumière,
Homme de Dieu, mon fils reverra la lumière.

FRANÇOIS DE PAULE.
C'est Dieu seul, mes enfants, qu'on implore à genoux ;
Moi, je ne suis qu'un homme et mortel comme vous.
Regardez, j'ai besoin qu'un appui me soulage :
Infirme, comme vous, je cède au poids de l'âge ;
Il a courbé mon corps et blanchi mes cheveux.
Voyant ce que je suis, jugez ce que je peux.
Homme, je compatis à la souffrance humaine ;
Vieillard, je plains les maux que la vieillesse amène.
Le remède contre eux est de savoir souffrir ;
Je peux prier pour vous, Dieu seul peut vous guérir.
Ne vous aveuglez point par trop de confiance :
Consoler et bénir c'est toute ma science.

RICHARD, à Marcel.
Si j'étais comte ou duc, il eût guéri mon fils.

MARCEL.
Il l'eût ressuscité.

FRANÇOIS DE PAULE.
            Laissez-moi, mes amis ;
Plus tard j'irai mêler mes prières aux vôtres.

MARCEL, à Richard.
Il guérira le roi.

RICHARD.
      Dès demain.

MARCEL.
                    Mais nous autres,
Valons nous un miracle ?

(Les paysans s'éloignent.)

SCÈNE IX.

FRANÇOIS DE PAULE, NEMOURS.

FRANÇOIS DE PAULE.
       Approchez.

NEMOURS.
                    Dans ce lieu
Nul ne peut m'écouter ?

FRANÇOIS DE PAULE.
    Hors moi, mon fils, et Dieu.
NEMOURS.
Le Dieu qui nous exauce est avec vous, mon père.
FRANÇOIS DE PAULE.
Comme avec tous les cœurs dont le zèle est sincère.
NEMOURS.
Eh bien, priez pour moi.
FRANÇOIS DE PAULE.
    Je le dois.
NEMOURS.
       Aujourd'hui
Que je repose en paix, si Dieu m'appelle à lui !
FRANÇOIS DE PAULE.
Qui ? vous, mon fils ?
NEMOURS.
   Priez !
FRANÇOIS DE PAULE.
    Pour vos jours ?
NEMOURS.
       Pour mon âme.
FRANÇOIS DE PAULE.
J'ai tant vécu, la tombe avant vous me réclame.
NEMOURS.
Peut-être.
FRANÇOIS DE PAULE.
  D'un combat redoutez-vous le sort ?
NEMOURS.
Chaque pas dans la vie est un pas vers la mort.
FRANÇOIS DE PAULE.
Jeune, on la croit si loin !
NEMOURS
    Elle frappe à tout âge.
FRANÇOIS DE PAULE.
Mais au vôtre, on espère.
NEMOURS.
    On ose davantage,
On doit plus craindre aussi.
FRANÇOIS DE PAULE.
    Que voulez-vous tenter ?

ACTE I, SCÈNE IX.

NEMOURS.

Ce que par le martyre il faut exécuter.

FRANÇOIS DE PAULE.

Un vieillard peut donner un avis salutaire :
Parlez.

NEMOURS.

Je ne le puis.

FRANÇOIS DE PAULE.

Qui vous force à vous taire ?

NEMOURS.

Celui qui m'envoya m'en impose la loi.

FRANÇOIS DE PAULE.

Qui donc ?

NEMOURS.

C'est un secret entre son ombre et moi.

FRANÇOIS DE PAULE.

Vous allez accomplir quelques projets funestes.

NEMOURS.

J'obéis.

FRANÇOIS DE PAULE.

A quel ordre ?

NEMOURS.

Aux vengeances célestes.
Quand le sang crie...

FRANÇOIS DE PAULE.

Eh bien ?

NEMOURS.

Ne veut-il pas du sang ?

FRANÇOIS DE PAULE.

Laissez Dieu le verser : n'est-il pas tout-puissant ?

NEMOURS.

D'un forfait impuni peut-il rester complice ?
S'il attendait toujours, où serait sa justice ?

FRANÇOIS DE PAULE.

Pour attendre et punir il a l'éternité ;
S'il n'était patient, où serait sa bonté ?

NEMOURS.

Un prêtre, confident d'un prince de la terre,
Dans le lieu d'où je viens a connu ce mystère.

FRANÇOIS DE PAULE.

Un prêtre !

NEMOURS.

Et quand l'hostie a passé dans mon sein,
Lui-même a dit tout bas : Accomplis ton dessein.

FRANÇOIS DE PAULE.

Il est donc juste ?

NEMOURS, qui s'agenouille.

Oui, juste, et le ciel l'autorise ;
Consacrez par vos vœux ma pieuse entreprise.

FRANÇOIS DE PAULE.

L'Éternel, ô mon fils ! te voit à mes genoux ;
Que son esprit t'éclaire et descende entre nous !

NEMOURS.

Maudissez l'assassin pour qu'il me l'abandonne.

FRANÇOIS DE PAULE.

Serviteur de celui qui meurt et qui pardonne,
Je ne sais pas maudire.

NEMOURS.

Alors bénissez-moi.

FRANÇOIS DE PAULE.

J'y consens, sois béni ; mais que puis-je pour toi ?
Si ton cœur veut le mal, à ton heure dernière
De quoi te serviront mes vœux et ma prière ?
Et si tu fais le bien, tes œuvres parleront :
Mieux que moi, dans les cieux, elles te béniront.
Adieu !

NEMOURS, se relevant.

Qu'il soit ainsi : je m'y soumets d'avance.

FRANÇOIS DE PAULE.

Vous reverrai-je encor ?

NEMOURS.

C'est ma seule espérance.

FRANÇOIS DE PAULE.

Dans ce lieu même ?

NEMOURS.

Ailleurs.

FRANÇOIS DE PAULE.

Près du roi ?

NEMOURS.

Devant Dieu.

FRANÇOIS DE PAULE.
Mais j'irai vous attendre.

NEMOURS.
Ou me rejoindre. Adieu.

ACTE DEUXIÈME.

(La salle du trône au Plessis-lez-Tours.)

SCÈNE I.

MARIE.
(Elle est près d'une table et arrange des fleurs qu'elle prend dans une corbeille.)

D'abord les buis sacrés, puis les feuilles de chêne ;
Là, ces roses des champs ; bien : qu'un nœud les enchaîne.
Plaçons entre des lis et des épis nouveaux
Ce lierre qui, plus sombre... il croît sur les tombeaux ;
Un malade y verrait quelque funèbre image :
Non ; près du lis royal, la fleur d'heureux présage,
Celle qui ne meurt pas !...

SCÈNE II.

MARIE, LE DAUPHIN.

LE DAUPHIN, après s'être approché doucement.
Comme on flatte les rois !

MARIE, se retournant.
Monseigneur m'écoutait ?

LE DAUPHIN.
Enfin je vous revois !

MARIE, qui veut se retirer.
Pardon !...

LE DAUPHIN.
Vous me quittez ?

MARIE.

          Un soin pieux m'appelle ;
Notre-Dame-des-Bois m'attend dans sa chapelle.
Je lui porte une offrande ; on la fête aujourd'hui,
Et le roi va lui-même implorer son appui.

LE DAUPHIN.

Voyez comme en ses vœux son âme est incertaine !
Il devait ce matin fatiguer dans la plaine
Ces lévriers nouveaux qu'il nourrit de sa main ;
Il voudra se distraire en essayant demain
Cet alezan doré que l'Angleterre envoie,
Ce faucon sans rival quand il fond sur sa proie,
Ou récréer ses yeux d'une chasse aux flambeaux
Contre l'oiseau des nuits caché sous ses créneaux.
Pour tromper ses dégoûts, hélas ! peine inutile !
Je le plains : le bonheur me paraît si facile.
Il est partout pour moi : dans mes rêves, la nuit,
Dans le son qui m'éveille et le jour qui me luit,
Dans l'aspect de ces champs, dans l'air que je respire,
Marie, et dans vos yeux, quand je vous vois sourire.

MARIE

Tout plaît à dix-sept ans, monseigneur, et plus tard
L'avenir, qui vous charme, épouvante un vieillard.
Mais un beau jour, des fleurs, les danses du village,
Vont égayer pour lui ce saint pèlerinage.
Il faut que je me hâte.

LE DAUPHIN.

          Achevons à nous deux.

MARIE.

Seule, j'irai plus vite.

LE DAUPHIN.

          Arrêtez, je le veux.

MARIE, en souriant.

Le roi dit : Nous voulons.

LE DAUPHIN.

          Eh bien, je vous en prie,
Restez.

MARIE.

Pour un moment.

LE DAUPHIN.

          J'ai du chagrin, Marie.

MARIE.

Vous ! se peut-il ?

LE DAUPHIN.

Sans doute, et j'ai droit d'en avoir.
Mon amour pour mon père est sur lui sans pouvoir.
Lorsqu'à son grand lever j'attends avec tristesse
Une douce parole, un regard de tendresse,
Vers moi, pour me parler, fait-il jamais un pas ?
Me voit-il seulement ? Il ne m'aime donc pas !

MARIE.

Quel penser !

LE DAUPHIN.

Je le crains. Pourquoi, depuis l'enfance,
Me laisser, loin de lui, languir dans l'ignorance ?
Ce noir château d'Amboise, où j'étais confiné,
M'a vu grandir, Marie, aux jeux abandonné,
Sans qu'on m'ait rien appris, sans que jamais l'histoire
Fît palpiter mon cœur à des récits de gloire.
Que sais-je ? à peine lire, et chacun en sourit.
Mais comment à l'étude appliquer mon esprit ?
Je n'avais sous les yeux que le Rosier des guerres.

MARIE.

Le roi l'a fait pour vous.

LE DAUPHIN.

Des maximes sévères,
De beaux préceptes, oui ; mais...

MARIE.

Quoi ?

LE DAUPHIN.

C'est ennuyeux.

MARIE, effrayée.

Un ouvrage du roi !

LE DAUPHIN.

Près de lui, dans ces lieux,
Je ne suis pas plus libre ; et dès que je m'éveille,
D'un regard inquiet je vois qu'on me surveille.
Me craint-on ? qu'ai-je fait ? pourquoi me confier
Aux soins avilissants de ce maître Olivier ?

MARIE.

Depuis qu'il est ministre on l'appelle messire.

LE DAUPHIN.

Il me laisse ignorer ce qu'il devrait me dire :

Mon oncle d'Orléans ne lui ressemble pas.

MARIE.

C'est un nom qu'à la cour on prononce tout bas.

LE DAUPHIN.

Des leçons de tous deux voyez la différence :
Olivier dit toujours que le roi c'est la France ;
Et lui : Mon beau neveu, me disait-il ici,
La France c'est le roi, mais c'est le peuple aussi.
Je crois qu'il a raison.

MARIE.

C'est mon avis.

LE DAUPHIN.

Je l'aime.

Mais moins que vous, amie !

MARIE.

Il vous chérit lui-même.

LE DAUPHIN.

Le jour de son départ il m'a fait un présent ;
(Il tire un livre de son sein.)
Regardez.

MARIE.

Juste ciel ! c'est un livre...

LE DAUPHIN.

Amusant ;

Qui parle de combats, de faits d'armes.

MARIE.

Je tremble.

Si le roi le savait !

LE DAUPHIN.

Voulez-vous lire ensemble ?

MARIE.

Non, non.

LE DAUPHIN.

Pourquoi ?

MARIE.

J'ai peur.

LE DAUPHIN.

Nous sommes sans témoins.

MARIE, s'en allant.

Non.

LE DAUPHIN.

Je lirai donc seul ?

MARIE, revenant et regardant par-dessus l'épaule du dauphin.
Voyons le titre au moins.
LE DAUPHIN.
Curieuse !
MARIE.
Lisez.
LE DAUPHIN.
Il faudra me reprendre
Si je dis mal.
MARIE.
D'accord.
LE DAUPHIN.
Ah ! qu'il est doux d'apprendre !
Je le sens près de vous.
MARIE, allant s'asseoir près de la table.
Commençons.
LE DAUPHIN, posant le livre sur les genoux de Marie.
M'y voici.
MARIE.
Levez-vous, monseigneur.
LE DAUPHIN.
Je suis bien.
MARIE, le relevant.
Mieux ainsi.
LE DAUPHIN, lisant, tandis que Marie tient le doigt sur la page.
« La Chronique de France écrite en l'an de grâce... »
MARIE.
En l'an de grâce... eh bien ?
LE DAUPHIN.
Des chiffres, je les passe.
MARIE, en riant.
Et pour cause.
LE DAUPHIN.
Méchante !
(Il lit.)
« Ou récit des tournois,
« Prouesses et hauts faits des comtes de Dunois,
« Lahire... »
MARIE.
Après ?
LE DAUPHIN.
« Lahire et... »

MARIE.
Courage !
LE DAUPHIN.
« Et...
MARIE.
« Xaintrailles. »
LE DAUPHIN.
C'est un nom difficile.
MARIE.
Un beau nom.
LE DAUPHIN, lisant.
« Des batailles,
« Où l'on vit comme quoi la fille d'un berger
« Sauva ledit royaume et chassa l'étranger. »
MARIE.
Sous votre aïeul.
LE DAUPHIN.
C'est Jeanne !
MARIE.
On vous a parlé d'elle ?
LE DAUPHIN.
Et puis d'une autre encor.
MARIE.
Qui donc ?
LE DAUPHIN.
Elle était belle.
Oh ! belle... comme vous.
MARIE.
Reprenons.
LE DAUPHIN.
Du feu roi,
Qui l'aimait d'amour tendre, elle reçut la foi.
MARIE.
Qui vous a dit cela ?
LE DAUPHIN.
Tout le monde et personne.
On raconte, j'écoute ; et, sans qu'on le soupçonne,
Je répète à part moi chaque mot que j'entends ;
Mais dès qu'on parle d'elle, inquiet, palpitant,
Un trouble qui m'étonne à ce doux nom m'agite :
Je sens mon front rougir et mon cœur bat plus vite.

ACTE II, SCÈNE II.

Je sais que pour lui plaire il défit les Anglais,
Qu'il lui donna des fiefs, des joyaux, des palais :
Car un roi peut donner tout ce que bon lui semble,
Tout, son cœur, sa couronne et son royaume ensemble.
Moi, pauvre enfant de France à qui rien n'est permis,
Sans pouvoir dans le monde et presque sans amis,
Qui ne possède rien, ni joyaux, ni couronne,
Je n'ai que cette bague, eh bien ! je vous la donne.

MARIE.

Que faites-vous ?

LE DAUPHIN.

Prenez.

MARIE.

Monseigneur !

LE DAUPHIN.

La voilà.
Elle a peu de valeur : n'importe, acceptez-la ;
Et si je règne un jour...

MARIE, avec effroi.

Paix !

LE DAUPHIN.

Montrez-moi ce gage :
Ma parole royale, ici, je vous l'engage ;
Ma foi de chevalier, je vous l'engage encor,
Qu'il n'est titre si noble ou si riche trésor,
Ni faveur, ni merci, ni grâce en ma puissance,
Qui vous soient refusés par ma reconnaissance.

MARIE.

Votre Altesse le jure : en lui rendant ce don,
Même d'un exilé j'obtiendrai le pardon ?

LE DAUPHIN, vivement.

Quel est-il ?

MARIE.

Un Français qui pleure sa patrie.

LE DAUPHIN.

Vous l'aimez ?

MARIE.

Pourquoi non ?

LE DAUPHIN.

Vous l'aimez, vous, Marie !
Rendez-moi cet anneau.
MARIE.
J'obéis, monseigneur.
LE DAUPHIN.
Non : trahir un serment, c'est forfaire à l'honneur.
Le mal que je ressens, je ne puis le comprendre ;
Mais ce qu'on a donné ne saurait se reprendre.
Gardez : de mon bonheur advienne que pourra ;
Le dauphin a promis, le roi s'en souviendra.
MARIE.
On vient.

SCÈNE III.

MARIE, LE DAUPHIN, COMMINE.

COMMINE.
Sa Majesté fait chercher Votre Altesse.
LE DAUPHIN.
Elle a parlé de moi ! comment ! avec tendresse ?
Dites, mon bon Commine, est-ce un juge en courroux,
Un père qui m'attend ?
COMMINE.
Prince, rassurez-vous.
Précédé des hérauts de Bourgogne et de Flandre,
L'envoyé du duc Charle au Plessis doit se rendre :
Jaloux de l'honorer, le roi veut aujourd'hui
Qu'il soit par Votre Altesse amené devant lui.
LE DAUPHIN.
Surpris, j'ai malgré moi tremblé comme un coupable.
Grand Dieu ! que pour son fils un père est redoutable !
Quand j'aborde le mien, immobile, sans voix,
Je me soutiens à peine, et lorsque je le vois
Fixer sur mon visage, en serrant la paupière,
Ses yeux demi-fermés, d'où jaillit la lumière,
Pour dompter mon effroi tout mon amour est vain.
Je l'aime, et je frissonne en lui baisant la main.
COMMINE.
Cher prince !

LE DAUPHIN.
Mais je cours...
(Revenant prendre son livre sur la table.)
O ciel ! quelle imprudence !
COMMINE.
Qu'avez-vous donc ?
LE DAUPHIN.
Marie est dans ma confidence :
(A Marie.)
J'ai mon ministre aussi. Vous ne direz rien ?
MARIE.
Non.
LE DAUPHIN.
C'est un secret d'État, messire d'Argenton.
Adieu !
(Il sort.)

SCÈNE IV.

COMMINE, MARIE.

COMMINE.
Laissez-moi seul.
MARIE.
Pourquoi ce front sévère ?
COMMINE.
Vous oubliez trop tôt ce que dit votre père.
Souvenez-vous du moins que Louis veut plus tard
Vous revoir au Plessis avant votre départ.
MARIE, d'un air caressant.
Pas un mot d'amitié, quoi ! pas même un sourire ?
Plus de courroux !... pardon.
COMMINE, lui donnant un baiser.
J'ai tort.
MARIE.
Je me retire.
Et, quant à monseigneur, je saurai l'éviter :
Oui, je vous le promets, dussé-je l'irriter.
COMMINE, vivement.
L'irriter ! non pas, non ; tout pousser à l'extrême,
C'est nuire à vous, ma fille, et peut-être... à moi-même ;
Quand le présent finit, ménageons l'avenir :
Du roi qu'on a vu prince on peut tout obtenir.

Oubli ! c'est le grand mot d'un règne qui commence,
Et pour un exilé j'ai besoin de clémence.
Pensez-y quelquefois.
MARIE.
Ah ! j'y pense toujours,
Et je porte à mon doigt la grâce de Nemours.

SCÈNE V.

COMMINE.

Le comte de Réthel devant moi va paraître :
Achetons son secours ; j'en ai l'ordre : mon maître
A, d'un seul trait de plume au bas d'un parchemin,
Conquis plus de duchés que le glaive à la main.
Aussi, bien convaincu du néant de la gloire,
Il sait qu'un bon traité vaut mieux qu'une victoire.
L'or est un grand ministre, il agira pour nous.
UN OFFICIER DU CHATEAU.
Le comte de Réthel !

SCÈNE VI.

COMMINE, NEMOURS.

COMMINE.
Dieu ! qu'ai-je vu ? c'est vous,
Vous, Nemours !
NEMOURS.
Voilà donc le tombeau qu'il habite !
C'est ici !
COMMINE.
Cachez mieux l'horreur qui vous agite.
Ici l'écho dénonce et les murs ont des yeux.
NEMOURS.
Digne séjour d'un roi ! J'ai vu, près de ces lieux,
Des œuvres de Tristan la trace encor sanglante :
L'eau du Cher, où flottait sa justice effrayante ;
Ces piéges, qui des tours défendent les abords ;
Ces rameaux qui pliaient sous les restes des morts.
COMMINE.
Et vous avez franchi le seuil de cet asile !

ACTE II, SCÈNE VI.

NEMOURS.

Je l'ai fait.

COMMINE.

Malheureux !

NEMOURS.

Qui, moi ? je suis tranquille.
Hormis vous et Coitier, nul ne sait mon secret.
Commine, de vous deux quel sera l'indiscret ?

COMMINE.

Aucun.

NEMOURS.

Comment le roi peut-il donc reconnaître
Celui qu'en sa présence il n'a fait comparaître
Qu'une fois, que le jour où, conduits par la main,
Mes deux frères et moi... Des enfants !... l'inhumain !
Sous leur père expirant !...

COMMINE.

Calmez-vous.

NEMOURS.

Je frissonne.
Vous lui pardonnerez, grand Dieu ! comme il pardonne.

COMMINE.

Pourquoi chercher celui qui vous fut si fatal ?

NEMOURS.

Pour lui parler en maître au nom de son vassal.

COMMINE.

Tout autre eût pu le faire.

NEMOURS.

Il eût séduit tout autre.

COMMINE.

Il est mon souverain, Nemours ; il fut le vôtre.

NEMOURS.

Oui ; quand j'ai tant pleuré. Mon Dieu ! qu'aurai-je fait ?
Au deuil d'un faible enfant des pleurs ont satisfait :
Je suis consolé.

COMMINE.

Vous !

NEMOURS.

Je vais le voir en face ;
Je vais le voir mourant.

COMMINE.
Mais ferme.
NEMOURS.
La menace
Pour en troubler la paix dans son cœur descendra :
Je le connais.
COMMINE.
Tremblez !
NEMOURS.
C'est lui qui tremblera.
COMMINE.
Peut-être.
NEMOURS, avec emportement.
Il tremblera. N'eût-il que ce supplice,
Je veux que devant moi son front royal pâlisse.
(Avec douleur.)
Il m'a vu pâlir, lui !
COMMINE.
De braver votre roi,
Charle, en vous choisissant, vous a-t-il fait la loi ?
NEMOURS.
Charle, en me choisissant, a cru venir lui-même :
C'est lui qui vient dicter sa volonté suprême ;
C'est lui, mais survivant à toute sa maison ;
C'est lui, mais sans parents, sans patrie et sans nom ;
C'est lui, mais orphelin par le meurtre !
COMMINE.
De grâce,
Écoutez la raison qui vous parle à voix basse.
Tout l'or d'un ennemi ne vous eût pas tenté :
J'approuve vos refus ; mais, par vous accepté,
Le don d'un vieil ami, d'un sauveur et d'un père
Ne peut-il désarmer votre juste colère ?
Marie...
NEMOURS.
Ah ! ce doux nom fait tressaillir mon cœur.
Elle ! mon dernier bien, ma compagne, ma sœur !
Pour embellir mes jours le ciel l'avait formée ;
Mais c'est un rêve. Heureux, que je l'aurais aimée !
COMMINE.
Heureux, vous pouvez l'être : après tant de combats,
D'un effroi mutuel affranchir deux États,

Rapprocher deux rivaux divisés par la haine,
Qu'un intérêt commun l'un vers l'autre ramène,
Non, ce n'est point trahir le plus saint des serments ;
C'est immoler à Dieu vos longs ressentiments ;
C'est remplir un devoir. Cette union chérie,
Qui vous rend à la fois biens, dignités, patrie,
Avec votre devoir peut se concilier.
Cédez : le roi pardonne, et va tout oublier.

NEMOURS.

Oublier ! lui ! qu'entends-je ? Oublier ! quoi ? son crime,
Ce supplice inconnu, l'échafaud, la victime ?
Quoi ! trois fils à genoux sous l'instrument mortel,
Vêtus de blanc tous trois comme au pied de l'autel ?
On nous avait parés pour cette horrible fête.
Soudain le bruit des pas retentit sur ma tête :
Tous mes membres alors se prirent à trembler ;
Je l'entendis passer, s'arrêter, puis parler.
Il murmura tout bas ses oraisons dernières ;
Puis, prononçant mon nom et ceux de mes deux frères :
Pauvres enfants ! dit-il, après qu'il eut prié ;
Puis... plus rien. O moment d'éternelle pitié !
Tendant vers lui mes mains, pour l'embrasser sans doute,
Je crus sentir des pleurs y tomber goutte à goutte ;
Les siens... Non, non : ses yeux, éteints dans les douleurs,
Ses yeux n'en versaient plus, ce n'étaient pas des pleurs !...

COMMINE.

Nemours !

NEMOURS.

C'était du sang, du sang, celui d'un père.
Oublier ! il le peut, ce roi dont la colère
A pu voir sur mon front jusqu'au dernier moment
Le sang dont je suis né s'épuiser lentement :
Moi ! jamais. C'est folie, ou Dieu le veut, Commine :
Mais soit folie enfin, soit volonté divine,
Je touche de mes mains, je vois ce qui n'est pas ;
Rien ne se meut dans l'ombre, et moi, j'entends ses pas.
Je me soulève encor vers sa mourante image ;
Une rosée affreuse inonde mon visage.
Le jour m'éclaire en vain : sur ce vêtement blanc,
Sur mon sein, sur mes bras, du sang ! partout du sang !

Dieu le veut, Dieu le veut : non, ce n'est pas folie ;
Dieu ne peut oublier, et défend que j'oublie ;
Dieu me dit qu'à venger mon père assassiné
Ce baptême de sang m'avait prédestiné.
Ah ! mon père ! mon père !

COMMINE.
On vient : de la prudence !
Le dauphin vous attend ; fuyez.

NEMOURS, se remettant par degrés.
En leur présence
Vous verrez qu'au besoin je suis maître de moi.

COMMINE, tandis que Nemours sort par une porte latérale.
Si je parle, il est mort ; si je me tais...

UN OFFICIER DU CHATEAU, annonçant.
Le roi !

SCÈNE VII.

LOUIS, COMMINE, COITIER, OLIVIER LE DAIM, LE COMTE DE DREUX, BOURGEOIS, CHEVALIERS.

LOUIS, au comte de Dreux.
Ne vous y jouez pas, comte ; par la croix sainte !
Qu'il me revienne encore un murmure, une plainte,
Je mets la main sur vous, et, mon doute éclairci,
Je vous envoie à Dieu pour obtenir merci.
Le salut de votre âme est le point nécessaire :
Dieu la prenne en pitié ! le corps, c'est mon affaire :
J'y pourvoirai.

LE COMTE DE DREUX
Du moins je demande humblement
Que Votre Majesté m'écoute un seul moment.

LOUIS.
Ah ! mon peuple est à vous ! et roi sans diadème
Vous exigez de lui plus que le roi lui-même !
Mais mon peuple, c'est moi ; mais le dernier d'entre eux,
C'est moi ; mais je suis tout ; mais quand j'ai dit : Je veux,
On ne peut rien vouloir passé ce que j'ordonne,
Et qui touche à mon peuple attente à ma personne.
Vous l'avez fait.

ACTE V, SCÈNE VII.

LE COMTE DE DREUX.
Croyez...

LOUIS.
Ne me dites pas non.
Enrichi des impôts qu'on perçoit en mon nom,
Pour cinq cents écus d'or vous en levez deux mille
Sur d'honnêtes bourgeois, et de ma bonne ville,
(En les montrant.)
Gens que j'estime fort, pensant bien, payant bien.
Regardez ce feu roi que vous comptez pour rien ;
Est-il mort ou vivant ? Regardez-moi donc !

LE COMTE DE DREUX, en tremblant.
Sire...

LOUIS.
Je ne suis pas si mal qu'on se plaît à le dire :
Quelque feu brille encor dans mon œil en courroux ;
Je vis, et le malade est moins pâle que vous.
Quoique vieux, je suis homme à lasser votre attente,
Beau sire ; et, moi régnant, le bon plaisir vous tente.
Qui s'en passe l'envie affronte un tel danger
Que le cœur doit faillir seulement d'y songer.
A moi de droit divin, à moi par héritage,
Il n'appartient qu'à moi de fait et sans partage.
Pour y porter la main c'est un mets trop royal :
A de plus grands que vous il fut jadis fatal.
J'ai réduit au devoir les vassaux indociles ;
Olivier, tu m'as vu dans ces temps difficiles ?

OLIVIER.
Oui, sire, et tel encor je vous vois aujourd'hui.

LOUIS.
Plus nombreux, ils levaient le front plus haut que lui.
La moisson fut sanglante et de noble origine ;
Mais j'ai fauché l'épi si près de la racine,
Chaque fois qu'un d'entre eux contre moi s'est dressé,
Qu'on cherche en vain la place où la faux a passé.
Elle abattit Nemours : trop rigoureux peut-être,
Je le fus pour l'exemple et je puis encor l'être.
Avez-vous des enfants ?

LE COMTE DE DREUX, bas à Coitier.
De grâce...

COITIER.

Eh! chassez-nous,
Chassez-moi le premier, sire, ou ménagez-vous ;
La colère fait mal.

LOUIS.

Il est vrai, je m'emporte ;
Je le peux : je suis bien, très-bien ; j'ai la voix forte.
L'aspect de ce saint homme a ranimé mon sang.

COITIER.

N'ayez donc foi qu'en lui ; mais cet œil menaçant,
Et de tous ces éclats l'inutile bravade,
Ne vont pas mieux, je pense, au chrétien qu'au malade.

LOUIS.

Coitier!

COITIER.

N'espérez pas m'imposer par ce ton ;
Vous avez tort.

LOUIS, avec plus de violence.

Coitier!

COITIER.

Oui, tort, et j'ai raison.
Tenez, le mal est fait, vous changez de visage.

LOUIS.

Comment! tu crois?

COITIER.

Sans doute.

LOUIS, avec douceur.

Eh bien, je me ménage.

COITIER.

Non pas ; souffrez, mourez, si c'est votre désir.

LOUIS.

Allons !...

COITIER.

Dites : Je veux ; tranchez du bon plaisir.

LOUIS.

La paix !

COITIER.

Vous êtes roi : pourquoi donc vous contraindre?
Mais après, jour de Dieu! ne venez pas vous plaindre.

LOUIS, à Coitier, en lui prenant la main.

La paix !

(Au comte froidement.)

Pour vous, rendez ce que vous avez pris :

ACTE II, SCÈNE VII.

Rachetez sous trois jours votre tête à ce prix.
Autrement, convaincu que vous n'y tenez guère,
Je la ferai tomber, et cela sans colère.
(A Coitier.)
La colère fait mal.

LE COMTE DE DREUX.
Je me soumets.

LOUIS, aux bourgeois.
Eh bien,
De mon peuple opprimé suis-je un ferme soutien ?
Sur ce qu'on vous rendra récompensez le zèle
De messire Olivier, mon serviteur fidèle :
Cinq cents écus pour lui qui m'a tout dénoncé !

OLIVIER, avec humilité.
Sire !

LOUIS.
N'en veux-tu pas ?

OLIVIER.
Votre arrêt prononcé,
Que justice ait son cours.

LOUIS, à Coitier.
Et si ton roi t'en presse,
N'accepteras-tu rien, toi qui grondes sans cesse ?

COITIER, avec un reste d'humeur.
Je n'en ai guère envie, à moins d'être assuré
Que mon malade enfin se gouverne à mon gré.

LOUIS, à Coitier.
D'accord.
(Aux bourgeois.)
Deux mille écus ne sont pas une affaire,
Et c'est pour des sujets une bonne œuvre à faire.
Vous les lui compterez, n'est-ce pas, mes enfants ?
Il veille jour et nuit sur moi, qui vous défends,
Qui vous rends votre bien, qui vous venge et vous aime.
Quelque vingt ans encor je compte agir de même.
Je me sens rajeunir, qu'on le sache à Paris ;
Et portant ma santé, dites que je guéris,
Et que vers les Rameaux, vienne un jour favorable,
Chez un de mes bourgeois j'irai m'asseoir à table.
Le ciel vous soit en aide !

(Au comte qui se retire avec eux.)
Un mot!

(A Coitier.)
Je n'en dis qu'un.

(Au comte.)
Pareil jeu coûta cher au seigneur de Melun.
Il était comte aussi ; partant, prenez-y garde ;
Votre salaire est prêt, et Tristan vous regarde.
Même orgueil, même sort. J'ai dit, retirez-vous.
(Aux chevaliers et aux courtisans.)
Ce que j'ai dit pour un, je le ferai pour tous.

SCÈNE VIII.

LOUIS, COMMINE, COITIER, OLIVIER LE DAIM,
CHEVALIERS, COURTISANS.

OLIVIER.
Sire, les envoyés des cantons helvétiques...

LOUIS.
Qu'ils partent!

OLIVIER.
Sans vous voir?

LOUIS.
Je hais les républiques.

COMMINE.
Leurs droits sont reconnus par Votre Majesté,
Et libres....

LOUIS.
Je le sais : Liberté! liberté!
Vieux mot qui sonne mal, que je suis las d'entendre ;
Il veut dire révolte à qui le sait comprendre.
Libres! des paysans, des chasseurs de chamois!
Leur pays ne vaut pas mes revenus d'un mois.

COMMINE.
Ils n'en savent pas moins le défendre avec gloire,
Et le duc de Bourgogne.....

LOUIS.
On devait, à les croire,
Pour ménager leur temps, m'éveiller ce matin.
Montagnards sans respect! et sur leur front hautain,

Brûlé des vents du nord, dans leurs glaciers stériles,
Une santé!...

OLIVIER.

Mon Dieu! sire, les plus débiles
Sont celles qui souvent tiennent le plus longtemps:
Sans m'en porter moins bien je meurs depuis vingt ans.

LOUIS.

Pauvre Olivier! mais va, reçois-les; fais en sorte
Que ces pâtres armés n'assiégent plus ma porte.
Libres! soit; mais ailleurs. Qu'ils partent, je le veux.
Contre mon beau cousin prendre parti pour eux,
Moi! j'en suis incapable, et je prétends le dire
Au comte de Réthel, pour peu qu'il le désire.
  (Bas à Olivier.)
Traite avec eux.

OLIVIER, de même.

Comment?

LOUIS.

A ton gré; mais sois prompt.
Donne ce qu'il faudra, promets ce qu'ils voudront.

OLIVIER.

Il suffit.

LOUIS, haut.

Des égards, et fais-leur bon visage:
Qu'un splendide banquet les dispose au voyage.
Mes Écossais et toi, chargez-vous de ce soin.
  (A voix basse.)
Avec nos vins de France on peut les mener loin;
Des Suisses, c'est tout dire.
  (A Coitier.)
Où vas-tu?

COITIER.

De la fête
Je veux prendre ma part.

LOUIS.

Va donc leur tenir tête;
Mais de par tous les saints, Coitier, veille sur toi.

COITIER.

Répondez-moi de vous, je vous réponds de moi.

LOUIS, pendant que Coitier s'éloigne.
Indulgents pour leurs goûts, sans pitié pour les nôtres,
Voilà les médecins.

COITIER, revenant.
Oui, sire, eux et bien d'autres,
Dont Votre Majesté cependant fait grand cas,
Qui prêchent l'abstinence et ne l'observent pas.

LOUIS.
Va, railleur !

SCÈNE IX.

LES PRÉCÉDENTS, *excepté* COITIER *et* OLIVIER LE DAIM.
MARIE *entre vers le milieu de cette scène.*

LOUIS, s'approchant de Commine.
Eh bien donc ! ce comte ?

COMMINE.
Incorruptible.

LOUIS.
Erreur !

COMMINE.
J'affirme...

LOUIS.
Eh non !

COMMINE.
Sire...

LOUIS.
C'est impossible.

COMMINE.
Il repoussait vos dons.

LOUIS.
Refus intéressés.

COMMINE.
Pour qu'il les acceptât, que faire ?

LOUIS.
Offrir assez.
Je traiterai moi-même et serai plus habile.
Qu'il vienne.

COMMINE.
Croyez-moi, le voir est inutile.
Ne le recevez pas, sire.

ACTE II, SCÈNE X.

LOUIS.
J'aurais grand tort.
Vrai Dieu ! mon bon parent me croirait déjà mort.
Allez chercher le comte.

SCÈNE X.

LES PRÉCÉDENTS, *excepté* COMMINE.

LOUIS.
Ah ! te voilà Marie !
As-tu fait dans les champs une moisson fleurie ?
MARIE.
J'en puis prendre à témoin les buissons d'alentour ;
S'il y reste une fleur !...
LOUIS.
J'attendais ton retour.
Parle-moi du saint homme : a-t-il en ta présence
De quelque moribond ranimé l'existence ?
Quel miracle as-tu vu ?
MARIE.
Pas un, sire.
LOUIS.
On m'a dit
Qu'il voulait pour moi seul réserver son crédit.
En fait de guérisons, qu'il n'en demande qu'une,
La mienne ; Dieu ni roi ne veut qu'on l'importune.
Mais va, ma belle enfant, offrir un nouveau don
A la Vierge des Bois dont tu portes le nom ;
Je te joindrai bientôt dans son humble chapelle.
MARIE.
Je pars, sire.
LOUIS, lui donnant une chaîne d'or.
Ah ! tiens, prends ; c'est mon présent.
MARIE.
Pour elle ?
LOUIS.
Pour toi.
MARIE.
Grand merci !
(Nemours entre avec le dauphin, Commine, Toison-d'Or et sa suite.)

MARIE, apercevant Nemours.
Ciel!
LOUIS, qui l'observe.
Qu'a-t-elle donc?
(A Marie.)
Sortez.

Sur vos gardes, Tristan; messieurs, à mes côtés.
(Il va s'asseoir.)

SCÈNE XI.

LOUIS, le DAUPHIN, NEMOURS, COMMINE, TOISON-D'OR, CHEVALIERS FRANÇAIS ET BOURGUIGNONS.

NEMOURS, sur le devant de la scène.
Je sens mon corps trembler d'une horreur convulsive.
C'est lui, c'est lui, mon père! et Dieu souffre qu'il vive!
LOUIS, après avoir parcouru les lettres de créance que le héraut lui présente à genoux.
Largesse à Toison-d'Or!... Interdit devant nous,
Vous paraissez troublé, comte, rassurez-vous.
NEMOURS.
On pâlit de colère aussi bien que de crainte;
Et tels sont les griefs dont je viens porter plainte,
Sire, que sur mon front, où vous voyez l'effroi,
La fureur qui m'agite a passé malgré moi.
LOUIS.
Ces griefs, quels sont-ils?
NEMOURS.
Vous allez les connaître :
Pour très-puissant seigneur le duc Charles, mon maître,
Premier pair du royaume, et prince souverain...
LOUIS.
Je connais les États dont je suis suzerain;
Comte, passons aux faits.
NEMOURS.
A vous donc, roi de France,
Son frère par le sang, comme par l'alliance,
Moi, venu par son ordre et parlant en son nom,
J'expose ici les faits pour en avoir raison.

ACTE II, SCÈNE XI.

Je me plains qu'au mépris de la foi mutuelle
Vous avez des cantons embrassé la querelle.
Prêtant aide et secours à leurs déloyautés,
Vous les protégez, sire ; et quand ces révoltés
Nous jettent fièrement le gage des batailles,
Vous recevez leurs chefs, présents dans ces murailles.

LOUIS, vivement.

Je ne les ai pas vus, et ne les verrai pas.
Poursuivez.

NEMOURS.

Je me plains que Chabane et Brancas,
Comme à la paix jurée, à l'honneur infidèles,
Ont, la lance à la main, surpris nos citadelles,
Et malgré les serments que Louis de Valois,
Que le roi très-chrétien a prêtés sur la croix,
Ont, en lâches qu'ils sont, par force et félonie
Fait prévaloir des droits qu'un traité lui dénie.

LOUIS.

S'ils l'ont fait, que le tort leur en soit imputé ;
Ils ont agi tous deux contre ma volonté.

NEMOURS.

J'en demande une preuve.

LOUIS.

Et vous l'aurez.

NEMOURS.

Mais prompte,
Mais décisive.

LOUIS.

Enfin ?

NEMOURS.
Leur châtiment.

LOUIS.

Vous, comte !
Quels que soient vos pouvoirs, c'est par trop exiger ;
Car je dois les entendre avant de les juger.

NEMOURS, avec emportement.

Eh ! sire, dans vos mains la hache toujours prête
A frappé pour bien moins une plus noble tête.

LOUIS, se levant.

Laquelle?

NEMOURS.
Dieu le sait! quand il vous jugera,
Dieu qui condamne aussi vous la présentera.
LOUIS.
La vôtre est dans mes mains.
NEMOURS.
Et vous la prendrez, sire ;
Mais écoutez d'abord ce qui me reste à dire.
COMMINE.
Comte !...
LOUIS, qui s'assied.
Le Téméraire est bien représenté :
Jamais ce nom par lui ne fut mieux mérité,
Convenez-en, messieurs !
(A Nemours.)
Mais achevez.
NEMOURS.
Je l'ose,
Quoi qu'il puisse advenir pour mes jours ou ma cause.
Soyez donc attentifs, vous, leur maître après Dieu ;
Vous, féaux chevaliers ; vous, seigneurs de haut lieu,
Dont jamais l'écusson, terni par une injure,
Lui vînt-elle du roi, n'en garda la souillure.
Charles, sur les griefs dont cet écrit fait foi,
Attend et veut justice, ou déclare par moi
Qu'au nom du bien public et de la France entière,
Des lions de Bourgogne il reprend la bannière.
Pour tout duché, comté, fief ou droit féodal,
Qu'il tient de la couronne à titre de vassal,
De l'hommage envers vous lui-même il se relève,
Et sa foi qu'il renie, il la rompt par le glaive.
Il s'érige en vengeur du présent, du passé,
Du sang des nobles pairs traîtreusement versé ;
Devant Dieu contre vous et vos arrêts injustes
Se fait le champion de leurs ombres augustes,
Les évoque à son aide ; et comme chevalier,
Comme pair, comme prince, en combat singulier,
Au jugement du ciel pour ses droits se confie :
(Jetant son gant.)
Sur quoi, voici son gage, et ce gant vous défie !
Qui le relève ?

ACTE II, SCÈNE XI.

LE DAUPHIN, qui s'élance et le ramasse.
Moi, pour Valois et les lis!
TOUS LES CHEVALIERS.
Moi, moi, sire!
LOUIS, qui s'est levé.
Vous tous! lui le premier, mon fils!
Mon fils, si jeune encore, et son bras les devance!
Bien, Charles!... Pâque-Dieu! c'est un enfant de France!
LE DAUPHIN, attendri.
Mon père!...
LOUIS, froidement.
Assez! assez!
(Au héraut.)
Prends ce gant, Toison-d'Or:
(Montrant le dauphin.)
Froissé par cette main, il est plus noble encor.
(A Nemours.)
Vous à qui je le rends, bénissez ma clémence.
Si je ne pardonnais un acte de démence,
Quand ce gage en tombant m'insultait aujourd'hui,
Votre tête à mes pieds fût tombée avec lui.
J'estime la valeur, et j'excuse l'audace.
(Aux chevaliers.)
Que nul de vous, messieurs, ne soit juste à ma place!
C'est le roi qu'on outrage, et je laisse à juger
Si je me venge en roi de qui m'ose outrager.
(A Nemours.)
Je garde cet écrit; nous le lirons ensemble,
Comte; ce jour permet qu'un lieu saint nous rassemble;
Nous nous y reverrons en amis, en chrétiens,
Et j'oublierai vos torts pour m'occuper des miens.
NEMOURS, en sortant.
J'ai fait mon devoir, sire, et j'aurai le courage,
Fût-ce au prix de mes jours, d'achever mon ouvrage.
LOUIS, qui fait signe à tout le monde de se retirer et à Tristan
d'attendre au fond.
Commine, demeurez!

SCÈNE XII.

LOUIS, COMMINE, TRISTAN, *au fond.*

COMMINE.
Que ne m'avez-vous cru,
Sire ! devant vos yeux il n'aurait point paru.
LOUIS.
Je ne hais pas les gens que la colère enflamme :
On sait mieux et plus tôt tout ce qu'ils ont dans l'âme.
Il faut rassurer Charle en signant ce traité ;
J'entrevois qu'il se perd par sa témérité.
Son digne lieutenant, Campo-Basso, qu'il aime,
Se vendrait au besoin, et le vendrait lui-même.
Pour trahir à propos il n'a pas son égal.
L'orgueil de mon cousin doit le mener à mal ;
Et si, comme à Morat, le ciel veut qu'il l'expie,
L'arrêter en chemin serait une œuvre impie.
(Après une pause.)
Mais mon fils !...
COMMINE.
Que d'espoir dans sa jeune valeur !
Digne appui de son père, avec quelle chaleur
Il s'armait pour venger une cause si belle !
LOUIS.
Il serait dangereux s'il devenait rebelle.
COMMINE.
Quoi, sire...
LOUIS.
Je m'entends ; et, par moi-même enfin,
Je sais contre son roi ce que peut un dauphin.
Mais, dites-moi, ce comte, il connaît votre fille?
COMMINE, étonné.
Lui ?
LOUIS, vivement.
Répondez.
COMMINE, avec embarras.
J'ai su qu'admis dans ma famille...
J'étais en France.
LOUIS.
Après ?

COMMINE.

J'ai su confusément
Qu'il la vit.

LOUIS.

Qu'il l'aima? Parlez-moi franchement.

COMMINE.

Le comte à sa beauté ne fut pas insensible.

LOUIS.

Il l'aime, et vous croyez qu'il est incorruptible!...
Renfermez-vous chez moi ; sur ma table en partant
J'ai préparé pour vous un travail important.

COMMINE.

Ne vous suivrai-je pas ?

LOUIS.

Non : montrez-moi du zèle,
Mais ici même; allez !
(Pendant que Commine s'éloigne.)
J'en saurai plus par elle.

SCÈNE XII.

LOUIS, TRISTAN.

LOUIS.

Viens !

TRISTAN.

Me voici !

LOUIS.

Plus près.

TRISTAN.

Là, sire ?

LOUIS.

Encore un pas.

TRISTAN.

J'écouterai des yeux, vous pouvez parler bas.

LOUIS.

Eh bien, de ce vassal j'ai pardonné l'outrage.

TRISTAN.

Vous l'avez dit.

LOUIS.

C'est vrai.

TRISTAN.

J'en conclus que c'est sage.

13.

LOUIS.

Je traite avec lui.

TRISTAN.

Vous!

LOUIS.

Ce mot te surprend?

TRISTAN.

Non :
Quoi que fasse mon maître, il a toujours raison.

LOUIS.

Pourtant à mon cousin si l'avenir réserve
Un revers décisif... que le ciel l'en préserve!

TRISTAN.

Moi, le vœu que je fais, c'est qu'il n'y manque rien.

LOUIS.

Tu n'es pas bon, Tristan ; ton vœu n'est pas chrétien.
Mais, si Dieu l'accomplit, tout change alors.

TRISTAN.

Sans doute.

LOUIS.

Laisser aux mains du comte un traité qui me coûte,
Est-ce prudent?

TRISTAN.

Tous deux sont à votre merci.

LOUIS.

Respect au droit des gens! Non pas ; non, rien ici.

TRISTAN.

Comment anéantir un acte qu'il emporte?

LOUIS.

Je lui donne au départ une brillante escorte.

TRISTAN.

Pour lui faire honneur?

LOUIS.

Oui, moi, son hôte et seigneur,
Comme tu dis, Tristan, je veux lui faire honneur.

TRISTAN.

Qui doit la commander?

LOUIS.

Toi, jusqu'à la frontière.

TRISTAN.

Ah! moi.

ACTE II, SCÈNE XIII.

LOUIS.
Compose-la.

TRISTAN.
Comment ?

LOUIS.
A ta manière.

TRISTAN.
D'hommes que je connais ?

LOUIS.
D'accord.

TRISTAN.
Intelligents ?

LOUIS.
D'hommes à toi.

TRISTAN.
Nombreux ?

LOUIS.
Plus nombreux que ses gens :
Pour lui faire honneur.

TRISTAN.
Certe.

LOUIS.
Et qui sait ?... Mais écoute :
C'est l'Angelus ?

TRISTAN.
Oui, sire.

(Louis retire son chapeau pour faire une prière et Tristan l'imite.)

LOUIS, se rapprochant de Tristan après avoir prié.
Et qui sait ? sur la route...
Il est fier.

TRISTAN.
Arrogant.

LOUIS.
Dans un bois écarté,
Par les siens ou par lui tu peux être insulté ?

TRISTAN.
Je le suis.

LOUIS.
Défends-toi.

TRISTAN.
Comptez sur moi.

LOUIS.
J'y compte.
Tu reprends le traité.
TRISTAN
C'est fait.
LOUIS.
Bien.

TRISTAN.
Mais le comte?...
LOUIS.
Tu ne me comprends pas?
TRISTAN.
Il faut donc..
LOUIS.
Tu souris.
Adieu, compère, adieu ; tu comprends.
TRISTAN.
J'ai compris.

ACTE TROISIÈME.

(Une forêt : d'un côté la chapelle de Notre-Dame-des-Bois, dont le portail rustique s'avance, élevé de quelques degrés ; de l'autre, un banc au pied d'un arbre.
Au lever du rideau, le tableau animé d'une fête de village : on danse en rond sur le devant de la scène.)

SCÈNE I.

MARCEL, RICHARD, DIDIER, MARTHE, PAYSANS, SOLDATS, MARCHANDS.

MARCEL, chantant.

Quel plaisir !... Jusqu'à demain
Sautons au bruit du tambourin ;
Pour étourdir le chagrin,
    Fillettes,
    Musettes,
Répétez mon refrain !

ACTE III, SCÈNE I.

A la gaieté ce beau jour nous convie.
L'esprit libre et le cœur content,
Demandons tous bonheur et longue vie
Pour le roi que nous aimons tant...

MARTHE, qui s'approche de Marcel.

Va t-il mieux ?

MARCEL.

Je le crois ; mais qui le sait ? personne.

MARTHE.

Qu'un roi traîne longtemps, Marcel !

MARCEL.

La place est bonne ;
On y tient tant qu'on peut.

RICHARD.

La santé vaut de l'or,
Et la sienne, dit-on, coûte cher au trésor.

DIDIER.

Témoin les collecteurs dont nous sommes la proie.

MARCEL.

Oui ; des impôts sur tout, même sur notre joie !
J'aime à me divertir ; mais doit-on m'y forcer ?

MARTHE.

Quand on danse pour soi, c'est plaisir de danser ;
Mais pour autrui !

DIDIER

Par ordre !

RICHARD.

Et quand la peur vous glace,
La corvée est moins rude.

MARCEL.

On peut venir : en place !

Quel plaisir !... Jusqu'à demain
Sautons au bruit du tambourin ;
Pour étourdir le chagrin,
Fillettes,
Musettes,
Répétez mon refrain !

Lorsqu'à bien rire ici l'on nous invite,
Que nos seigneurs sont indulgents !

Chantons en chœur ce bon Tristan l'Ermite,
Qui fait danser les pauvres gens.

DIDIER, à Marcel.

Voici des Écossais !

UN MARCHAND.

Mon bon seigneur, de grâce,
Payez.

MARCEL.

Sur quelque objet un d'eux a fait main basse.

PREMIER ÉCOSSAIS, au marchand.

Non, de par saint Dunstan !

LE MARCHAND.

Le quart !

L'ÉCOSSAIS.

Pas un denier.
Si je payais un juif, que dirait l'aumônier ?
Hors d'ici, mécréant !

DEUXIÈME ÉCOSSAIS, à Marthe.

Un mot, la belle fille !

MARCEL.

Mais c'est ma femme !

L'ÉCOSSAIS.

Eh bien, je suis de la famille,
Et je l'embrasserai.

MARCEL, ôtant son chapeau.

C'est grand honneur pour moi.

DEUXIÈME ÉCOSSAIS.

Tu dois sur sa beauté la dîme aux gens du roi;
Je la prends : dès demain nous te rendrons visite.

(Ils s'éloignent.)

MARCEL.

Puissent-ils m'épargner leur présence maudite !

MARTHE, s'essuyant la joue.

Rien n'est sacré pour eux.

DIDIER.

Ils nous font plus de mal
Que le vent, que la grêle et le gibier royal.

RICHARD.

Travaillez donc ! Rentrez vos récoltes nouvelles,
Pour que, fondant sur vous de leurs nids d'hirondelles,

Ils viennent, par volée, apporter la terreur,
La honte et la disette où s'abat leur fureur.

MARTHE.

Ils ont du pauvre Hubert séduit la fiancée.

RICHARD.

De mon unique enfant la vie est menacée.

DIDIER.

Quand les verrons-nous donc mourir jusqu'au dernier,
Eux, et quelqu'un encor ?

MARCEL.

   Chut ! messire Olivier !
En place : le voici !
   Quel plaisir !... Jusqu'à demain
  Sautons au bruit du tambourin ;
   Pour étourdir le chagrin,
    Fillettes,
    Musettes,
   Répétez mon refrain !

SCÈNE II.

LES PRÉCÉDENTS, OLIVIER.

OLIVIER.

   Bien ! mes amis, courage !
C'est signe de bonheur quand on chante au village.

MARCEL.

Vous voyez, monseigneur, si nous sommes joyeux.

OLIVIER.

Je venais ici même en juger par mes yeux.
J'aime le peuple, moi.

MARCEL.

  Grand merci !

OLIVIER.

     Je l'estime.

MARCEL, bas à Marthe.

Il en était.

MARTHE.

  Tais-toi.

OLIVIER.

  Que la fête s'anime !

Allons! riez, dansez! le roi le veut ainsi;
Il fait de vos plaisirs son unique souci.
MARTHE.
Au frais, sous la feuillée, on s'est mis en cadence;
Nous n'avions garde au moins de manquer à la danse,
Vu que le grand prévôt nous a fait avertir
D'avoir, midi sonnant, à nous bien divertir.
RICHARD.
Et sous peine sévère!
MARCEL.
Il n'admet pas d'excuse,
Le bon seigneur Tristan, quand il veut qu'on s'amuse.
Aussi vous concevez qu'on est venu gaiement,
Et nous nous amusons de premier mouvement.
OLIVIER.
C'est bien fait.
MARCEL.
De tout cœur.
OLIVIER.
Je vous en félicite.
Il se peut que le roi de ce beau jour profite.
DIDIER.
Le roi!
OLIVIER.
Qu'il vienne ici.
MARCEL.
Parmi nous?
OLIVIER.
Oui, vraiment.
Qu'as-tu donc?
MARCEL.
C'est la joie et... le saisissement.
Le roi!
OLIVIER.
Que direz-vous à cet excellent maître?
Vous allez lui parler, mais sans le reconnaître.
MARCEL.
Je ne l'ai jamais vu qu'à travers les barreaux,
Un soir que nous dansions là-bas, sous les créneaux.
Quand je dis : Je l'ai vu, j'explique mal la chose :
J'ai voulu regarder ; mais un roi vous impose.

ACTE III, SCÈNE II.

OLIVIER.

Avais-tu peur ?

MARCEL.

Moi, peur ! non, mais en y pensant
J'avais comme un respect qui me glaçait le sang.
Richard, tu vas parler.

RICHARD, à Didier.

Toi !

MARTHE.

J'en fais mon affaire ;
Moi, si l'on veut.

OLIVIER.

Vous tous. Il faudra le distraire,
Lui réjouir le cœur par quelque vieux refrain,
Par quelque bon propos.

MARCEL.

Il a donc du chagrin ?

OLIVIER.

Non pas ! lui répéter qu'il se porte à merveille.

MARTHE.

Il va donc mal ?

OLIVIER.

Eh non ! lui conter à l'oreille
Tout ce que vous pensez.

MARCEL.

Comment ! tout ?

OLIVIER.

Pourquoi non ?

MARCEL.

Bien ! moi, je me plaindrai des gens de sa maison.

MARTHE.

Moi, de ses Écossais.

DIDIER.

Moi, de la vénerie.

RICHARD.

Moi, de la taille.

UN PAYSAN.

Et moi...

OLIVIER.

Halte-là, je vous prie.
D'où vous vient cette audace ?

MARCEL.
Excusez, monseigneur.
Nous pensons...
OLIVIER.
Vous pensez qu'il fait votre bonheur.
MARCEL.
C'est vrai.
OLIVIER.
Que vous l'aimez.
MARCEL.
C'est juste.
OLIVIER.
Comme un père.
MARCEL.
Sans doute.
OLIVIER.
Il m'est prouvé par cet aveu sincère
Que vous pensez ainsi ?
MARCEL.
D'accord.
MARTHE.
Pas autrement.
OLIVIER.
Eh bien, dites-le donc, et parlez franchement.
MARCEL.
Sans détour.
OLIVIER.
Le voilà qui sort de l'ermitage.
MARCEL.
Ah! ce vieillard si pâle !
OLIVIER.
Il a très-bon visage.
MARCEL.
Oui, monseigneur.
OLIVIER.
Chantez !
MARCEL, d'une voix éteinte.
Quel plaisir, jusqu'à demain...
Sautons...
OLIVIER, avec colère.
Ferme ! soutiens ta voix ;
De la gaieté, morbleu ! Chantez tous à la fois.

MARCEL ET LE CHOEUR.

Quel plaisir !... Jusqu'à demain
Sautons au bruit du tambourin !
Pour étourdir le chagrin,
Fillettes,
Musettes,
Répétez mon refrain !

SCÈNE III.

LES PRÉCÉDENTS, LOUIS, QUELQUES ÉCOSSAIS *qui restent dans le fond.*

(Tristan est dans le fond et semble veiller sur le roi.)

LOUIS, qui arrive à pas lents, et tombe épuisé sur le banc.

Le soleil m'éblouit, et sa chaleur m'oppresse.
L'air était moins pesant, plus pur dans ma jeunesse ;
Les climats ont changé.

OLIVIER, lui montrant les paysans.

Mêlez-vous à leurs jeux :
Vous êtes inconnu ; parlez-leur.

LOUIS.

Tu le veux ?

OLIVIER, aux paysans.

Ce seigneur de la cour a deux mots à vous dire ;
Venez.
(Les paysans se rapprochent du roi.)

LOUIS, à Marthe.

Vous, la fermière.

MARTHE.

A vos ordres, messire.

LOUIS.

Comment faites-vous donc pour vous porter si bien ?

MARTHE.

Comment ?

LOUIS.

Dites-le-moi.

MARTHE.

Pour cela fait-on rien ?
On y perdrait son temps ; aussi, mauvaise ou bonne,
Nous prenons la santé comme Dieu nous la donne.

C'est chose naturelle, et qui vient, que je crois,
Ni plus ni moins que l'herbe et le gland dans les bois.
Pour m'en troubler la tête ai-je un instant de reste?
Que nenni ! le coq chante, et chacun, d'un pas leste,
Court s'acquitter des soins qu'exige la saison :
Le mari fait ses blés ; la femme, à la maison,
Gouverne de son mieux la grange et le ménage.
L'appétit, qui s'éveille et qu'on gagne à l'ouvrage,
Change en morceau de roi le mets le plus frugal.
Jamais un lit n'est dur quand on fut matinal ;
Le somme commencé, jusqu'au jour on l'achève :
Qui n'a pas fait de mal n'a pas de mauvais rêve.
Puis revient le dimanche, et, pour se ranimer,
On a par-ci par-là quelque saint à chômer.
Travail, bon appétit, et bonne conscience,
Sommeil à l'avenant, voilà notre science
Pour avoir l'âme en paix et le corps en santé ;
L'année arrive au bout, et l'on s'est bien porté.

LOUIS.

Quoi ! jamais de chagrins ?

MARCEL.

Dame ! la vie humaine
N'a qu'un beau jour sur trois, c'est comme la semaine :
La pluie et le beau temps, la peine et le plaisir ;
C'est à prendre ou laisser ; on ne peut pas choisir.

LOUIS.

Pour vous est le plaisir, pour nous la peine.

MARTHE.

A d'autres !
Pensez à nos soucis, vous oublierez les vôtres.
Quand le pain se vend cher, vous vous en troublez peu ;
Tout en filant mon lin, j'y rêve au coin du feu.
Pourtant je chante encor : bonne humeur vaut richesse,
Et qui souffre gaiement a de moins la tristesse.
Quel que soit notre lot, nous nous en plaignons tous ;
Mais le plus mécontent fait encor des jaloux.
Il n'est pauvre ici-bas qu'un plus pauvre n'envie;
Et, quand j'ai par malheur des chagrins dans la vie,
Le sort d'un moins heureux me console du mien :
J'en vois qui sont si mal, que je me trouve bien.

ACTE III, SCÈNE III.

MARCEL.
Maillard, notre cousin, doit un an sur sa ferme ;
Donc je bénis le ciel, moi qui ne dois qu'un terme.
LOUIS, à Olivier.
Ces misérables-là font du bonheur de tout !
OLIVIER, au roi.
Bonheur qui sent le peuple.
MARTHE.
Il est de notre goût,
Qui nous dit qu'un plus grand nous plairait davantage.
OLIVIER, qui fait signe à Marthe.
Mais chacun, dans ce monde, a ses maux en partage ;
Vous aussi.
LOUIS.
Répondez : n'avez-vous pas vos maux,
Partant des médecins ?
MARCEL.
Oui-da ! pour nos troupeaux ;
Mais pour nous, que non pas !
LOUIS.
La raison ?
MARCEL.
Elle est claire :
Ils prennent votre argent souvent sans vous rien faire.
Leur bailler mes écus, pas si simple ! il vaut mieux
Acheter au voisin un quartaut de vin vieux,
Et, pour m'administrer ce remède que j'aime,
N'avoir de médecin que le chantre et moi-même.
Vu qu'on paye à grands frais tous ces donneurs d'espoir,
On croit en revenir, et puis crac ! un beau soir
Plus personne !
LOUIS.
Je souffre.
MARCEL.
Au jour de l'échéance
Force est bien, malgré soi, d'acquitter sa créance.
Quel homme avec la mort a gagné son procès ?
LOUIS, se levant.
Tu ne la crains donc pas, la mort ?
MARCEL.
Si j'y pensais,

J'aurais peur comme un autre, encor plus, j'imagine ;
Mais pourquoi donc penser à ce qui vous chagrine?
Pour peu que le curé nous en parle au sermon,
Moi, je pense vignoble et je rêve moisson ;
Ou je me dis tout bas ceci qui me console :
Notre petit Marcel est beau que j'en raffole.
Tous les ans il grandit : moi, mon temps ; lui, le sien.
Amassons pour qu'un jour il ne manque de rien ;
Que l'enfant nous regrette. Aussi bien, quoi qu'on fasse,
Il faut que tôt ou tard votre fils vous remplace.

LOUIS.

Mais le plus tard possible.

MARCEL.

Ah ! c'est mieux.

OLIVIER.

Ignorant !

MARCEL.

J'ai tort.

OLIVIER.

Des médecins le savoir est si grand !

MARCEL.

Je parle du barbier de notre voisinage,
Et l'on sait ce que c'est qu'un barbier de village.

LOUIS, qui frappe sur l'épaule d'Olivier en riant.

Par Dieu ! voici quelqu'un qui le sait mieux que toi,
Tout ministre qu'il est.

OLIVIER, à Marcel.

Pourquoi ris-tu ?

MARCEL.

Qui, moi ?

Ce seigneur dit un mot qui me semble agréable :
J'en ris.

LOUIS.

Vous l'appelez maître Olivier le Diable,
Conviens-en.

MARCEL, vivement.

Non.

LOUIS.

Si fait.

MARTHE, à Marcel.

Trop jaser nuit souvent :

Bouche close !

ACTE III, SCÈNE III.

LOUIS.
Entre amis.

MARTHE.
Qu'on maudisse le vent,
Quand il abat les fruits ou découvre la grange ;
L'orage, quand trop d'eau fait couler la vendange :
L'orage ni le vent ne s'en fâcheront pas ;
Les grands, c'est autre chose : on a beau parler bas,
Tout ce qu'on dit sur eux leur revient à l'oreille,
Et l'on pleure le jour d'avoir trop ri la veille.

OLIVIER, à Marthe.
Pourtant si quelqu'un d'eux disait du mal du roi,
Vous le dénonceriez ?

MARCEL.
C'est bien chanceux...

LOUIS.
Pourquoi ?

MARCEL.
L'argent qu'on gagne ainsi nous porte préjudice.

OLIVIER.
Rêves-tu ?

MARCEL.
Vos moutons meurent par maléfice :
Vos blés sèchent sur pied. Tenez, l'autre matin,
Le fermier du couvent dénonça son voisin ;
La grêle à ses vergers fit payer sa sottise,
Tout périt, et pourtant c'était du bien d'église.

OLIVIER.
Maître fou !

MARCEL.
Je l'ai vu : demandez à Richard.

RICHARD.
C'est sûr.

LOUIS, sévèrement.
Dieu l'a puni d'avoir parlé trop tard.

MARCEL.
Je vous crois ; après tout, Dieu veuille avoir son âme !
Que vous sert votre argent si l'enfer vous réclame !
Aussi mon cœur s'en va quand je vois sur le soir
Le convoi d'un défunt, les cierges, le drap noir,
Et l'office des morts avec les chants funèbres.
Je me dis : Les démons sont là, dans les ténèbres,

Ils vont le prendre, et l'or, qu'il aimait à compter,
Des griffes de Satan ne peut le racheter.
LOUIS.
Je me sens mal.
OLIVIER, à Marcel.
Poltron !
MARCEL.
J'en conviens, je frissonne ;
Pourtant j'ai bon espoir, je n'ai tué personne.
LOUIS, avec violence.
Va-t'en !
MARCEL.
Je l'ai fâché, mais si je sais comment...
OLIVIER.
Rustre !
LOUIS, à lui-même.
La mort, l'enfer, un éternel tourment !
Notre-Dame d'Embrun, soyez-moi secourable !
(A Marcel.)   (Lui secouant le bras.)
Va-t'en... Non, viens, réponds. Qui t'a dit, misérable,
De me parler ainsi ?
MARCEL, tombant à genoux.
Personne.
LOUIS.
On t'a payé ;
Qui l'a fait ?
MARCEL.
Si c'est vrai, que je sois foudroyé !
MARTHE.
Allez, méchant propos chez lui n'est pas malice,
C'est candeur.
MARCEL.
C'est bêtise ; elle me rend justice.
Demandez-leur à tous, je suis connu.
LOUIS.
J'ai ri.
(A Marthe.)
Bien te prend d'être un sot. C'est donc là ton mari ?
MARTHE.
Brave homme au demeurant et que j'aime.
LOUIS.
Eh bien, passe :

Je lui pardonnerai ; mais ne lui fais pas grâce,
Nomme tes amoureux.
MARTHE.
Chez nous rien de pareil !
LOUIS.
Avec ces traits piquants, ces yeux, ce teint vermeil !
Quoi ! pas un ? réfléchis, car cela le regarde.
MARCEL.
Marthe, nomme-les tous ; je n'y prendrai pas garde.
MARTHE, en souriant.
Je n'en ai qu'un.
LOUIS.
Et c'est ?
MARTHE.
Vous.
LOUIS, la prenant à bras-le-corps.
Vraiment !
MARTHE.
Finissez.
LOUIS.
Que crains-tu d'un vieillard ?
MARTHE.
Pas si vieux !
LOUIS.
Mais assez
Pour se fier à lui.
MARTHE.
Je ne m'y fierais guère ;
Vous avez l'œil vif.
OLIVIER, bas à Marthe.
Bien !
MARTHE.
L'air d'un joyeux compère.
LOUIS.
Oui-da ?
MARTHE.
Fille avec vous pourrait courir gros jeu.
OLIVIER, de même à Marthe.
A merveille !
LOUIS.
Tu crois ?

MARTHE.

Et si je forme un vœu,
C'est que, vous ressemblant d'humeur et de visage,
Le roi qui se fait vieux porte aussi bien son âge.

LOUIS.

D'où vient ?

MARTHE.

Nous et nos fils nous aurions du bon temps ;
Car vous êtes robuste, et vous vivrez cent ans.

LOUIS.

Cent ans ! tu l'aimes donc, le roi ?

MARTHE, à qui Olivier glisse dans la main une bourse qu'elle
montre par derrière aux autres paysans.

Quelle demande !
Ne l'aimons-nous pas tous ?

LES PAYSANS.

Oui, tous.

MARTHE.

La France est grande,
Et chacun, comme nous, y bénit sa bonté.

LOUIS, attendri.

Tu l'entends?

OLIVIER.

Et par eux vous n'êtes pas flatté !

LOUIS, à Marthe.

Pâque-Dieu ! mon enfant, c'est le roi qui t'embrasse !

MARTHE.

Le roi !

LES PAYSANS.

Vive le roi !

MARCEL.

Lui, son fils et sa race
A toute éternité !

LOUIS.

Braves gens que voilà !
Leurs vœux me vont au cœur.

OLIVIER.

C'est qu'ils partent de là.

LOUIS.

Pour la France et pour moi je vous en remercie.
(A Marthe.)
Ah ! je vivrai cent ans ! eh bien, la prophétie

Te vaudra des joyaux : prends ce ci, prends encor.
(Aux paysans.)
Allez vous réjouir avec ces écus d'or ;
Buvez à mes cent ans.

MARCEL
Et plutôt dix fois qu'une.
Je veux à tous venants montrer notre fortune,
La compter devant eux.

MARTHE.
Et je leur dirai, moi,
Que j'ai reçu de plus deux gros baisers du roi.

SCÈNE IV.

LOUIS, OLIVIER.

LOUIS, avec émotion.
Il est doux d'être aimé !

OLIVIER.
C'est vrai.
LOUIS.
Je suis robuste.
OLIVIER.
Et ces femmes du peuple ont souvent prédit juste.
LOUIS.
Tu ris.
OLIVIER.
Non pas.
LOUIS.
Cent ans ! m'en flatter ; j'aurais tort !
Pourtant mon astrologue avec elle est d'accord.
OLIVIER.
Se peut-il ?
LOUIS.
Chose étrange !
OLIVIER.
Et pour moi décisive ;
De plus, c'est au moment où le saint homme arrive.
LOUIS.
Comme envoyé du ciel !
OLIVIER.
Sire, je la croirais.
LOUIS
Oh ! non... mais c'est possible, à cinq ou six ans près ;

Et fussé-je un cadavre usé par la souffrance,
Vivant, je voudrais voir ces tyrans de la France,
Ces vassaux souverains, réduits à leurs fleurons
De ducs sans apanage et d'impuissants barons,
N'offrir de leur grandeur que le noble fantôme ;
Je voudrais voir leurs fiefs, démembrés du royaume,
S'y joindre, et ne former sous une même loi
Qu'un corps où tout fût peuple, oui, tout... excepté moi.

OLIVIER.

Plût au ciel !

LOUIS.

Mon cousin m'a fait plus d'une injure ;
Qu'un bon cercueil de plomb m'en réponde, et je jure
Que les ducs bourguignons, mes sujets bien-aimés,
Seront dans son linceul pour jamais renfermés :
Et qu'avec eux jamais mon royal héritage
N'aura maille à partir pour la foi ni l'hommage.
Mais il vit ; parlons bas. Ce comte de Réthel,
Cet homme incorruptible, ou qu'on a jugé tel,
On l'entoure, on l'amuse, il n'a pas vu Marie.

OLIVIER, lui montrant la chapelle ouverte.

Elle est là.

LOUIS.

Je la vois.

OLIVIER.

C'est pour vous qu'elle prie.

LOUIS.

Avec cette ferveur et ce recueillement ?
Mon royaume, Olivier, que c'est pour un amant !

OLIVIER.

L'enjeu, si je le gagne, est difficile à prendre ;
Vos ennemis vaincus sont là pour me l'apprendre.

LOUIS, regardant toujours du côté de la chapelle.

Secret de jeune fille est parfois important ;
Je connaîtrai le sien ; qu'elle vienne !

OLIVIER, qui fait un pas pour sortir.

A l'instant.

LOUIS.

Prends soin que rien ne manque à la cérémonie.

OLIVIER.

La cour au monastère est déjà réunie,

Et doit se rendre ici quand Votre Majesté
Devant l'homme de Dieu va jurer le traité.

LOUIS.

Je veux qu'il sache bien, pour prolonger ma vie,
Que maintenir la paix est ma pieuse envie,
Que je commande en maître à mes ressentiments.

OLIVIER.

Les reliques des saints recevront vos serments ?

LOUIS, plus bas.

Non, la châsse d'argent suffit sans les reliques.

OLIVIER.

J'y pensais.

LOUIS.

Ce scrupule, aisément tu l'expliques.
Connaissant mon cousin, j'ai droit de soupçonner
Qu'un faux serment de lui pourrait les profaner.

(On entend retentir les cris de Vive le dauphin !)

Quel bruit !

OLIVIER.

Dans le hameau c'est le dauphin qui passe ;
Ce peuple qui vous aime...

(Les mêmes cris se répètent.)

LOUIS.

Encor ! ce bruit me lasse.
Ils aiment tout le monde : à quoi bon ces transports ?
Le dauphin ! qu'on attende : il n'est pas roi. Va, sors,
Il vient.

(Olivier entre dans la chapelle.

SCÈNE V.

LOUIS, LE DAUPHIN.

LOUIS.

Qu'avez-vous donc ? vous pleurez de tendresse.

LE DAUPHIN.

Pour la première fois je goûte cette ivresse :
Qui n'en serait ému ? Partout sur mon chemin,
Partout les mêmes cris !

LOUIS.

Vous partirez demain.

LE DAUPHIN.

Sitôt!

LOUIS.

C'est un poison, prince, que la louange.
Un jeune orgueil qu'on flatte aisément prend le change ;
On se croit quelque chose, on n'est rien.

LE DAUPHIN.

Je le sais.

LOUIS.

Beau sujet d'être heureux : des cris quand vous passez !
Le peuple, en ramassant un écu qu'on lui jette,
Fatigue de ses cris quiconque les achète.
Jugez mieux de l'accueil qu'on vous a fait ici :
J'ai parlé, j'ai payé pour qu'il en fût ainsi.

LE DAUPHIN.

Quoi ! sire, cette joie, elle était commandée ?

LOUIS.

Par moi ?

LE DAUPHIN.

Mon cœur se serre à cette triste idée.

LOUIS.

Que la leçon vous serve : afin d'en profiter,
Sous les créneaux d'Amboise allez la méditer.

LE DAUPHIN.

Qu'ai-je donc fait ?

LOUIS.

Vous ? rien ; et qu'oseriez-vous faire ?

Que pouvez-vous ?

LE DAUPHIN.

Hélas ! pas même vous complaire.
C'est mon unique espoir, c'est mon vœu le plus doux ;
Mais...

LOUIS.

Parlez !

LE DAUPHIN.

Je ne puis.

LOUIS.

Pourquoi trembler?

LE DAUPHIN.

Moi ?

LOUIS.

Vous.

ACTE III, SCÈNE V.

LE DAUPHIN.

Du moins quand d'un vassal l'envoyé vous offense,
Je ne tremble pas.

LOUIS.

Non ; mais prendre ma défense,
La prendre sans mon ordre est aussi m'offenser.

LE DAUPHIN.

Dieu ! j'ai cru que vos bras s'ouvraient pour me presser,
Que j'en allais sentir l'étreinte paternelle.

LOUIS.

Vision !

LE DAUPHIN.

Qu'à ce prix la mort m'eût semblé belle !
Si vous m'aimiez...

LOUIS.

Ainsi je ne vous aime pas ?

LE DAUPHIN.

Pardonnez !

LOUIS.

Je vous hais ?... Les enfants sont ingrats !
Je suis un homme dur ?

LE DAUPHIN.

Sire !...

LOUIS.

Presque barbare ?
Voilà comme on vous parle et comme on vous égare.

LE DAUPHIN.

Jamais.

LOUIS.

En s'y risquant on met sa vie au jeu ;
On l'ose cependant.

LE DAUPHIN.

Jamais.

LOUIS.

Qui donc ? Beaujeu ?
Votre oncle d'Orléans ? d'autres que je soupçonne ?...
(Avec bonhomie)
Charles, mon fils, sois franc : sans dénoncer personne,
Nomme-les-moi tout bas ; je ne veux pas punir,
Je veux savoir.

LE DAUPHIN

Mon oncle aime à m'entretenir.

LOUIS.

Il te dit?...

LE DAUPHIN.

Que la France un jour m'aura pour maître ;
Que m'en faire chérir est mon devoir.

LOUIS, à part.

Le traître !

(Haut.)

Et ne vous dit-il pas qu'affaibli par mes maux
Je dois, oui... qu'avant peu je... s'il le dit, c'est faux ;
Qu'enfin vous n'avez plus qu'à ceindre un diadème,
Qui dans vos jeunes mains va tomber de soi-même ?

LE DAUPHIN.

Dieu !

LOUIS.

C'est faux : mon fardeau me fait-il chanceler ?
Le poids d'un diadème est loin de m'accabler.
Deux, trois autres encor, devenant ma conquête,
Ne m'accableraient pas, et, sur ma vieille tête
Accumulés tous trois, lui seraient moins pesans
Qu'une toque d'azur pour ce front de seize ans.

LE DAUPHIN.

Ah ! vivez ; c'est mon vœu quand j'ouvre la paupière ;
En refermant les yeux, le soir, c'est ma prière.
Quand je vois sur vos traits refleurir la santé,
Tout bas je bénis Dieu de m'avoir écouté ;
Vivez : sous votre loi que la France prospère,
Je le demande au ciel ; qu'il m'exauce ! Ah ! mon père,
Pour ajouter aux jours qui vous sont réservés,
S'il faut encor les miens, qu'il les prenne, et vivez !

LOUIS, en retirant sa main que le dauphin veut baiser.

Non, non, je serais faible, et je ne veux pas l'être.
Allez.

(Le dauphin qui, a fait un pas pour sortir, revient, et baise la main du roi en la mouillant de pleurs.)

LOUIS, ému.

C'est un bon fils !... qui me trompe peut-être.

SCÈNE VI.

LOUIS, *sur le devant de la scène,* LE DAUPHIN, MARIE.

LE DAUPHIN, bas à Marie qui sort de la chapelle.
Adieu ! pensez à moi !
MARIE.
Vous partez, monseigneur ?
LE DAUPHIN.
Demain.
(Il lui baise la main.)
Vous voulez bien, vous !

SCÈNE VII.

LOUIS, MARIE.

LOUIS, tandis que Marie fait un signe de pitié au dauphin qui sort.
Il est plein d'honneur.
Je l'étais, et pourtant...
MARIE.
Pardon, sire !
LOUIS, à part.
Ah ! c'est elle.
(Haut.)
Approche, mon enfant ; comme te voilà belle !
MARIE.
Chacun vient en parure à la fête du lieu.
LOUIS.
C'est agir saintement que se parer pour Dieu.
MARIE.
Je l'ai fait.
LOUIS.
Pour Dieu seul?
MARIE.
Pour qui donc ?
LOUIS.
Je l'ignore.
A quelqu'un en secret tu voudrais plaire encore ;
Pourquoi pas ?
MARIE.
A vous, sire.

15.

LOUIS.
A moi ! je t'en sais gré ;
Mais supposons qu'ici, par ta grâce attiré,
Quelque autre que ton roi...
MARIE.
Comment?
LOUIS.
Je le suppose.
MARIE.
Je ne vous comprends pas.
LOUIS.
Non ? parlons d'autre chose ;
J'ai tort de supposer.
(Il s'assied au pied de l'arbre.)
Viens t'asseoir près de moi ;
Là, bien ; ne rougis pas : ton malade avec toi,
Pour oublier ses maux, sans te fâcher peut rire,
Et tu sais qu'un vieillard a le droit de tout dire.
MARIE.
Un monarque surtout.
LOUIS.
On me fait bien méchant :
Je suis bon homme au fond ; j'eus toujours du penchant
A prendre le parti des filles de ton âge ;
Aussi, plus d'un hymen fut mon royal ouvrage.
MARIE.
Vous êtes un grand roi.
LOUIS.
Les jeunes mariés
Quelquefois me l'ont dit, j'en conviens.
MARIE.
Vous riez.
LOUIS.
Je songeais à t'offrir l'appui de la couronne ;
Nous aurions réussi, mais tu n'aimes personne.
MARIE.
Moi, sire !
LOUIS.
Je le sais.
MARIE.
Pourtant vous m'accusiez.
LOUIS.
Je me trompais.

MARIE.
Enfin, ce que vous supposiez,
Qu'est-ce donc ?
LOUIS.
Sans détour faut-il que je te parle ?
Je pensais, faussement, qu'à la cour du duc Charle,
Ton cœur... à dix-huit ans quoi de plus naturel !
S'était laissé toucher aux vœux d'un damoisel,
Brave, de haut lignage et d'antique noblesse.
Oh ! j'avais, mon enfant, bien placé ta tendresse !
MARIE, vivement.
Poursuivez.
LOUIS.
Ce récit te semble intéressant.
MARIE.
Comme un conte.
LOUIS.
En effet, c'en est un. Quoique absent,
Ton chevalier de loin occupait ta pensée,
Et lui, jaloux de voir sa belle fiancée,
En ambassade...
MARIE, à part.
O ciel !
LOUIS.
Arrivé d'aujourd'hui,
Il venait de mes soins me demander l'appui
Pour conclure...
MARIE.
Un traité ?
LOUIS.
Non pas : un mariage.
MARIE.
Et vous ?...
LOUIS.
J'y consentais ; mais c'est faux ; quel dommage !
MARIE.
Quoi ! sire, vous savez ?...
LOUIS.
Moi ; rien !
MARIE.
Grand Dieu ! comment ?
Par qui donc ?

LOUIS.
C'est un conte, et tu n'as point d'amant;
Non : parlons d'autre chose.

MARIE.
Excusez un mystère
Que j'ai dû respecter.

LOUIS.
Ah ! tu n'es pas sincère,
Tu te caches de moi ; je m'en vengerai !

MARIE, effrayée.
Vous !
Grâce ! pitié pour lui ! je tombe à vos genoux !
Qui l'a trahi ?

LOUIS, qui lui prend les mains en riant, tandis qu'elle est à ses pieds.
Le traître est ton père lui-même.

MARIE.
Il vous a dit ?...

LOUIS.
Le nom du coupable qui t'aime.

MARIE.
Il l'a nommé ?

LOUIS.
Mais oui.

MARIE.
Vous épargnez ses jours !
Vous pardonnez...

LOUIS.
Sans doute.

MARIE, avec un transport de joie.
A Nemours !

LOUIS, à part, en se levant.
C'est Nemours !

MARIE.
Que mon père attendri vous jugeait bien d'avance,
Lorsque d'un orphelin il protégea l'enfance !

LOUIS.
Bon Commine ! en effet, c'est lui...

MARIE.
Qui l'a sauvé.
En exil par ses soins Nemours fut élevé.

ACTE III, SCÈNE VII.

LOUIS.

Excellent homme !

MARIE.

Alors, je l'aimai comme un frère ;
D'un avenir plus doux je flattai sa misère.

LOUIS.

Et Commine, pour toi, fier d'un tel avenir,
Au sang des Armagnacs un jour voulait t'unir ;
C'était d'un tendre père.

MARIE.

O moment plein de charmes !
Je vais donc lui parler, le voir, tarir ses larmes,
Partager son bonheur !

LOUIS.

Tu ne le verras pas.

MARIE.

Pourquoi ? si le hasard portait ici ses pas...

LOUIS.

Le hasard ?

MARIE.

Eh bien, non ; je dois tout vous apprendre.
Sur un mot de sa main j'ai promis de l'attendre.
On soupçonne aisément quand on n'est pas heureux.
Surpris de mon absence et trompé dans ses vœux,
Que dira-t-il ?

LOUIS.

J'y songe, et me fais conscience
D'éveiller dans son cœur la moindre défiance ;
Pauvre Nemours !... Écoute : il se croit inconnu ;
De le désabuser l'instant n'est pas venu.
Par d'importants motifs, qui nous font violence,
Ton père, ainsi que moi, nous gardons le silence ;
En l'instruisant trop tôt, tu le perds pour jamais.

MARIE.

Je me tairai.

LOUIS.

J'y compte, et tu me le promets
Devant la Vierge sainte, objet de tes hommages,
Qui bénit sur l'autel les heureux mariages.
Tu m'entends : ne va pas t'oublier un moment,
Elle me le dirait.

MARIE.
Non ; j'en fais le serment.

LOUIS.
(A part.)
C'est bien : Dieu l'a reçu. Nemours !... pour qu'il expire,
Un mot de moi suffit, un mot... dois-je le dire?
J'y vais penser. Tristan !
(A Marie.)
Je te laisse en ce lieu ;
(Il la baise sur le front.)
Mais la Vierge t'écoute. Adieu, ma fille, adieu !

SCÈNE VIII.

MARIE.

Qu'il m'est doux, ce baiser, gage de sa clémence !
Mais, hélas ! cette joie inespérée, immense,
Qui m'attendrit, m'oppresse et voudrait s'épancher,
Elle inonde mon cœur, il faut la lui cacher.
Je le dois : en parlant je deviens sacrilége.
Sainte mère de Dieu, dont le nom me protége,
O vous, dans mes chagrins mon céleste recours,
Dans ma joie aujourd'hui venez à mon secours ;
Rendez mes yeux muets et faites violence
A l'aveu qui déjà sur mes lèvres s'élance ;
Prêt à s'en échapper, qu'il meure avec ma voix.
Je tremble, je souris et je pleure à la fois.
Dieu ! que je suis heureuse ! il vient.

SCÈNE IX.

MARIE, NEMOURS.

MARIE.
Nemours!

NEMOURS.
Marie !
Je vous retrouve enfin !

MARIE.
Et dans votre patrie,
Sous ce beau ciel de France !

NEMOURS.
            Il m'a tant vu souffrir !
              MARIE.
Espérez !
              NEMOURS.
Près de vous me verra-t-il mourir ?
              MARIE.
Mourir ! ne craignez plus ; je sais, j'ai l'assurance
Que... Non, je ne sais rien ; cependant l'espérance,
Comme un songe, à mes yeux sourit confusément,
Et d'un bonheur prochain j'ai le pressentiment.
              NEMOURS.
Tendre sœur, pour mes maux toujours compatissante,
Mais plus belle !
              MARIE.
         Est-il vrai ?
              NEMOURS.
                Plus belle encore !
              MARIE.
                              Absente,
Vous me regrettiez-donc, mon noble chevalier ?
Car vous l'êtes toujours.
              NEMOURS.
               Qui ? moi, vous oublier !
Le puis-je ?
              MARIE.
            Quand mes mains cueillaient dans la rosée
L'offrande qu'à l'autel tantôt j'ai déposée,
La fleur que feuille à feuille interrogeaient mes doigts
M'a dit que vous m'aimiez, Nemours, et je la crois.
              NEMOURS.
Ému par vos discours, je me comprends à peine :
Ce sentiment profond suspend jusqu'à ma haine.
              MARIE.
Pourquoi haïr, Nemours ? il est si doux d'aimer !
              NEMOURS.
Pourquoi, grand Dieu ?
              MARIE.
               Celui que vous allez nommer
Peut-être à la pitié n'est pas inaccessible.
Demain, dès ce jour même...

NEMOURS.
Eh bien?

MARIE.
Tout est possible;
Heureuse, je crois tout. Je ne puis rien prévoir,
Rien sentir, rien penser, sans m'enivrer d'espoir;
Et, soit que Dieu m'éclaire, ou que l'amour m'inspire,
Je n'ai que du bonheur, Nemours, à vous prédire.

NEMOURS.
Hélas !

MARIE.
Vous souvient-il, ami, de ce beau jour
Où votre aveu m'apprit que vous m'aimiez d'amour?
C'était le soir.

NEMOURS.
Au pied d'une croix solitaire.

MARIE.
Mes yeux baissés comptaient les grains de mon rosaire,
Et j'écoutais pourtant.

NEMOURS.
Sur le bord du chemin,
Un vieillard qui pleurait vint nous tendre la main.

MARIE.
Il reçut notre aumône, et sa voix attendrie
Me dit... que je serais...

NEMOURS.
Ma compagne chérie,
Ma femme.

MARIE.
Il s'en souvient !

NEMOURS.
Ces biens que j'ai perdus,
J'espérais que, pour vous, ils me seraient rendus.
Je reviens ; mais l'exil est toujours mon partage.
Des biens, je n'en ai plus, et dans mon héritage,
Sous le toit paternel, par la force envahis,
Je suis un étranger comme dans mon pays.

MARIE.
Votre exil peut finir.

NEMOURS.
En traversant la France,

Je visitai ces murs, berceau de mon enfance ;
Morne et le cœur navré, j'entendis les roseaux
Murmurer tristement au pied de leurs créneaux.
Que de fois à ce bruit j'ai rêvé sous les hêtres,
Dont l'antique avenue ombragea mes ancêtres !
Le fer les a détruits, ces témoins de mes jeux ;
Mon vieux manoir désert tombe et périt comme eux.
L'herbe croît dans ses cours ; les ronces et le lierre
Ferment aux pèlerins sa porte hospitalière.
Le portrait de mon père, arraché du lambris,
Était là, dans un coin, gisant sur des débris.
Pas un des serviteurs dont il reçut l'hommage,
Et qui heurtent du pied sa vénérable image,
N'a de l'ancien seigneur reconnu l'héritier,
Hors le chien du logis, couché sous le foyer,
Qui, regardant son maître avec un air de fête,
Pour me lécher les mains a relevé la tête.

MARIE.

Pourtant, si ce vieillard, par nos dons assisté,
Avait en nous parlant prédit la vérité ;
Si vous deviez un jour, dans votre ancien domaine,
Voir vos nombreux vassaux bénir leur châtelaine,
Baiser son voile blanc, se partager entre eux
Le bouquet nuptial tombé de ses cheveux ;
Si tous deux à genoux, là, dans cette chapelle,
Nous devions être unis par la Vierge immortelle !

NEMOURS.

O mon unique amie, ô vous que je revois,
Que peut-être j'entends pour la dernière fois.
Nous unis !....Sous ces nefs puisse ma fiancée
Ne pas suivre en pleurant ma dépouille glacée !
Une voix, dont mon cœur reconnaît les accents,
M'annonce mon destin : c'est la mort, je le sens.
Oui, je mourrai : je dois reposer avant l'âge
Dans le funèbre enclos voisin de ce village.

MARIE.

Que dites-vous ?

NEMOURS.

Heureux si, debout sur le seuil,
Un prêtre n'y vient pas arrêter mon cercueil ;

Et, comme à l'assassin banni de cette enceinte,
Ne m'y refuse pas et la terre et l'eau sainte !
MARIE.
A vous, Nemours, à vous ! jamais ce ciel natal,
Jamais ce doux pays ne vous sera fatal.
Apprenez que vos droits, vos biens... Vierge divine,
Pardonnez, je me tais. Moi causer sa ruine,
Moi qui mourrais pour lui !
NEMOURS.
Marie, expliquez-vous,
Parlez.
MARIE.
Je ne le puis : non, non, séparons-nous.
Par pitié pour vous-même, il faut que je vous quitte.
Ami, laissez-moi fuir : le trouble qui m'agite
Peut m'arracher un mot à ma bouche interdit.
Espérez, espérez !... On vient :
(Se retournant vers la chapelle).
Je n'ai rien dit.

SCÈNE X.

LOUIS, NEMOURS, FRANÇOIS DE PAULE, OLIVIER, TRISTAN, LE CARDINAL D'ALBY, DAMMARTIN, PRÊTRES, CHEVALIERS FRANÇAIS ET BOURGUIGNONS.

NEMOURS, sur le devant de la scène.
Comme on croit aisément au bonheur qu'on désire !
Mais que son cœur s'abuse !
LOUIS, qui tient à la main le papier que Nemours lui a remis.
Ici, la haine expire :
Un roi devient clément, mon père, à vos genoux ;
Et, sous la croix du Dieu qui s'immola pour nous,
Quel pardon peut coûter après son sacrifice ?
Le comte de Réthel m'a demandé justice :
Bien que de son message il se soit acquitté
Moins en sujet soumis qu'en vassal révolté,
Je préfère mon peuple au soin de ma vengeance.
J'approuve, j'ai signé ce traité d'alliance,
Et je vous le remets pour qu'il soit plus sacré
Au sortir de vos mains où nous l'aurons juré.

FRANÇOIS DE PAULE, sur les degrés de la chapelle, entre deux prêtres dont l'un tient une châsse d'argent, l'autre une croix.

O mon fils, je suis simple et j'ai peu de lumières,
Je vis loin des palais ; mais souvent les chaumières
M'apprennent par leur deuil que le plus beau succès
Rapporte moins aux rois qu'il ne coûte aux sujets.
Dieu l'inspire celui, qui, dépouillé de haine,
Rapproche les enfants de la famille humaine,
Ne veut voir qu'un lien dans son pouvoir sur eux,
Et dans l'humanité qu'un peuple à rendre heureux.
Rois, c'est votre devoir, et prêtres, nous le sommes
Non pas pour diviser, mais pour unir les hommes.
Par le double serment que mes mains vont bénir,
De la bouche et du cœur venez donc vous unir.
Des pactes d'ici-bas les arbitres suprêmes
En trahissant leur foi se trahissent eux-mêmes,
Et dans le livre ouvert au jour du jugement
Ils liront leur parjure écrit sous leur serment.

NEMOURS.

Le ciel qui voit mon cœur comprendra mon langage :
Je parle au nom d'un autre, et c'est lui qui s'engage,
Se tient pour satisfait dans son honneur blessé,
Et devant l'Éternel jure oubli du passé.

LOUIS.

Le comte de Réthel pouvait sans se commettre
Prononcer le serment qu'il se borne à transmettre ;
Je le reçois pourtant, et j'engage ma foi
A Charles de Bourgogne, ici présent pour moi.
C'est de lui que j'entends oublier toute injure,
Et devant l'Éternel c'est à lui que je jure...

SCÈNE XI.

LES PRÉCÉDENTS, LE DAUPHIN, DUNOIS, TORCY.

LE DAUPHIN, s'élançant vers le roi.

Mon père !

LOUIS.

Eh quoi ! sans ordre ?

LE DAUPHIN.

Un message important...

Pardonnez ! mais la joie... il arrive à l'instant.
Charles, votre ennemi...

LOUIS.

Mon ennemi ! Qu'entends-je ?
Qui ? lui, mon allié, mon frère !

LE DAUPHIN.

Dieu vous venge :
Il est vaincu.

LOUIS.

Comment ?

LE DAUPHIN.

Vaincu devant Nancy.

NEMOURS.

Charles !

LOUIS.

En êtes-vous sûr ?

LE DAUPHIN.

Les seigneurs de Torcy,
De Dunois et de Lude en ont eu la nouvelle.
Un de ses lieutenants a trahi sa querelle,
Il a causé sa perte.

LOUIS.

Ah ! le lâche !

NEMOURS.

Faux bruit,
Qu'un triomphe éclatant aura bientôt détruit !
Le duc Charles...

LE DAUPHIN.

Il est mort.

LOUIS.

La preuve ?

LE DAUPHIN, lui remettant des dépêches.

Lisez, sire :
La voici.

NEMOURS.

Vaincu, mort ! non : quoi qu'on puisse écrire,
Moi, comte de Réthel, au péril de mes jours,
Je maintiens que c'est faux !

LOUIS.

C'est vrai, duc de Nemours.

LE DAUPHIN.

Nemours !

NEMOURS.
Je suis connu.
LOUIS.
C'est aussi vrai, parjure,
Qu'il l'est qu'envers ton Dieu coupable d'imposture,
Coupable envers ton roi de haute trahison,
Tu mentais à tous deux par ton titre et ton nom.
Le ciel dans sa justice a trompé ton attente.
Qu'on s'assure de lui.
NEMOURS, tirant son épée.
Malheur à qui le tente !
(Aux chevaliers de sa suite.)
Qu'on l'ose ! A moi, Bourgogne !
LOUIS.
A moi, France !
FRANÇOIS DE PAULE, saisissant la croix dans les mains d'un prêtre et s'élançant entre les deux partis.
Arrêtez,
Au nom du Dieu sauveur à qui vous insultez !
NEMOURS, baissant son épée comme les autres chevaliers.
Ma fureur m'égarait, et ces preux que j'expose,
Vaincus sans me sauver, périraient pour ma cause.
Arrière, chevaliers ! si Charle est triomphant,
La terreur de son nom mieux que vous me défend ;
S'il n'est plus, mourant seul, je mourrai sans me plaindre.
(Jetant son épée aux pieds du roi.)
Pour venir jusqu'à toi, comme toi j'ai dû feindre ;
Je l'ai dû, je l'ai fait. Quel que fût mon dessein,
J'en rendrai compte à Dieu qui l'a mis dans mon sein.
Jette encore une proie aux bourreaux de mon père !
Il te manque un plaisir : je n'ai ni fils, ni frère,
Je n'ai pas un ami que tu puisses forcer
A recevoir vivant mon sang qu'ils vont verser.
LOUIS, faisant signe à Tristan d'emmener Nemours.
Aujourd'hui, grand prévôt, son procès, sa sentence ;
Demain le reste.
(Nemours sort entouré de gardes et suivi des Bourguignons.)

SCÈNE XII.

les précédents, *excepté* NEMOURS *et* TRISTAN.

FRANÇOIS DE PAULE.
O roi ! j'implore ta clémence.
LOUIS.
A m'outrager ici que ne s'est-il borné !
Je pardonnerais tout ; mais moi, le fils aîné,
Le soutien de l'Église, absoudre un sacrilége
Qui brave des autels le divin privilége,
Qui sans respect pour vous... Ah ! je vous vengerai,
Ou le roi très-chrétien n'aurait rien de sacré !
FRANÇOIS DE PAULE.
Qu'au moins je le console !
LOUIS, vivement.
Oui, plus il est coupable,
Et plus vous lui devez votre appui charitable ;
Oui, pour sauver son âme, allez, suivez ses pas.
FRANÇOIS DE PAULE.
Et la vôtre, mon fils, n'y penserez-vous pas ?

SCÈNE XIII.

les précédents, *excepté* FRANÇOIS DE PAULE.

LOUIS. (Il regarde sortir François de Paule, puis avec un transport de joie, mais à voix basse.)
Montjoie et Saint-Denis ! Dunois, à nous les chances !
Sur Péronne, au galop, cours avec six cents lances.
En Bourgogne, Torcy ! Que le pays d'Artois,
Par ton fait, Baudricourt, soit France avant un mois !
A cheval, Dammartin ! main basse sur la Flandre !
Guerre au brave ! un pont d'or à qui voudra se vendre !
(Au cardinal d'Alby.)
Dans la nuit, cardinal, deux messages d'État :
Avec six mille écus, une lettre au légat ;
Une autre, avec vingt mille, au pontife en personne.
(Aux chevaliers.)
Vous, prenez l'héritage avant qu'il me le donne :

En consacrant mes droits, il fera son devoir ;
Mais prenons : ce qu'on tient, on est sûr de l'avoir.
La dépouille à nous tous, chevaliers ; en campagne !
Et, par la Pâque-Dieu, des fiefs pour qui les gagne !
(Haut et se tournant vers l'assemblée.)
En brave qu'il était, le noble duc est mort,
Messieurs ; ce fut hasard quand on nous vit d'accord.
Il m'a voulu du mal, et m'a fait à Péronne
Passer trois de ces nuits qu'avec peine on pardonne ;
Mais tout ressentiment s'éteint sur un cercueil.
Il était mon cousin : la cour prendra le deuil.

ACTE QUATRIÈME.

(La chambre à coucher du roi : deux portes latérales ; un prie-Dieu, et au-dessus une croix. Une fenêtre grillée ; des rideaux à demi fermés qui cachent un lit placé dans un enfoncement. Une cheminée et du feu.)

SCÈNE I.

NEMOURS, COITIER.

COITIER.
Entrez : j'avais besoin d'épancher ma tendresse.
Qu'enfin sur sa poitrine un vieil ami vous presse !
NEMOURS.
Bon Coitier !
COITIER.
De trois fils lui seul est donc resté ;
Lui, l'enfant de mon cœur, qu'au berceau j'ai porté,
Que mes bras ont reçu des flancs qui l'ont fait naître !
Oui, voilà bien les traits, le regard de mon maître !
NEMOURS.
Je lui ressemble en tout, Coitier ; j'aurai son sort.
COITIER.
Par le ciel tu vivras !... Excusez ce transport :

D'un ancien serviteur j'ai l'âme et le langage,
Monseigneur.
     NEMOURS, lui serrant la main.
 Digne ami!
    COITIER.
      Ne perdez pas courage.
  NEMOURS, promenant ses regards autour de lui.
Des verrous, des barreaux, encore une prison!
     COITIER.
C'est la chambre du roi.
      NEMOURS.
    Quoi! ce triste donjon!
     COITIER.
Voyez : un crucifix, un missel, des reliques,
Qu'ont usés dans ses mains ses baisers frénétiques;
  (Lui montrant un poignard.)
Une arme qu'il veut voir et qu'il n'ose toucher;
Des rideaux où la peur vient encor le chercher.
Sous leurs plis redoublés en vain il se retire;
Le remords l'y poursuit; un bras hideux les tire,
S'applique sur son cœur, et ce lit douloureux,
Nemours, est le vengeur de bien des malheureux.
Il doit vous voir ici.
     NEMOURS.
   Qu'entends-je?
     COITIER.
      Avant une heure
Il nous y rejoindra.
     NEMOURS.
    Comment! seul?
     COITIER.
       Que je meure,
S'il n'amène avec lui, pour veiller sur ses jours,
La meute d'Écossais qu'en laisse il tient toujours!
Il pouvait cependant s'épargner les alarmes;
Tristan n'était pas homme à vous laisser des armes.
Comme il suivait de l'œil vos moindres mouvements,
Quand ses doigts exercés touchaient vos vêtements!
Comme il lisait du roi l'ordre et la signature!
Il est geôlier dans l'âme et bourreau par nature.

ACTE IV, SCÈNE I.

NEMOURS.

L'infâme !

COITIER.

Quel courroux dans son regard altier,
Lorsqu'il vit avec moi sortir son prisonnier !
Sa figure a pâli, par la rage altérée.
On eût dit un limier, les yeux sur la curée,
Quand un piqueur du roi, le coutelas en main,
Vient ravir sous ses dents un lambeau du festin.

NEMOURS.

Me voir, moi, dans ce lieu !

COITIER.

C'est celui qu'il préfère
Pour peu qu'un entretien exige du mystère.
Votre prison, d'ailleurs, ne l'aurait pas tenté.
Le frisson dévorant dont il est agité
S'accommoderait mal de l'horreur qu'elle inspire
Et des froides vapeurs qu'un malade y respire.

NEMOURS.

Que me veut-il ?

COITIER.

Avant de vous le déclarer,
C'est moi qu'il a choisi pour vous y préparer.

NEMOURS.

Mais qui m'a pu trahir ? l'a-t-il dit ?

COITIER.

Je l'ignore.
Commine est innocent, sa disgrâce l'honore.
Le maître, à son retour, ne l'a pas ménagé.
Vrai Dieu, quelle fureur !

NEMOURS, vivement.

Sur lui s'est-il vengé ?

COITIER.

En paroles. La paix sera facile à faire :
On est bientôt absous quand on est nécessaire.
Soyez-le donc.

NEMOURS.

Qui, moi !

COITIER.

Vous le rendrez clément :
S'il condamne sans peine, il pardonne aisément.

NEMOURS.

Lui !

COITIER.

La douleur dit vrai : je dois donc le connaître.
Peu d'hommes sont méchants pour le plaisir de l'être ;
Pas un, hormis Tristan. L'intérêt ici-bas,
Et non l'instinct du mal, fait les grands scélérats.
Instruit de votre sort, j'ai couru vous défendre.
D'abord votre ennemi ne voulait pas m'entendre ;
Mais la douleur l'abat, et j'en ai profité ;
Car vous étiez perdu, s'il se fût bien porté.
J'ai l'art d'apprivoiser son humeur irascible ;
Nemours, j'ai mis le doigt sur la fibre sensible,
La Bourgogne est son rêve ; il la veut en vieillard ;
Désir de moribond n'admet point de retard.
J'ai dit que vous pouviez hâter cette conquête.

NEMOURS.

Vous, Coitier !

COITIER.

Médecin, je n'agis qu'à ma tête.
Le peuple croit en vous ; cher à ses magistrats,
Vous avez leur estime et l'amour des soldats ;
Vos amis dans leurs mains tiennent les forteresses :
Vous pouvez donc beaucoup par l'or ou les promesses,
Soit pour gagner les cœurs aux états assemblés,
Soit au pied d'un château pour en avoir les clefs.
Agissez ; c'est un mal, j'y répugne moi-même ;
Mais l'extrême péril veut un remède extrême.
Vous vivez, en un mot, si vous obéissez.
Sinon, vous êtes mort ; j'ai tout dit : choisissez.

NEMOURS.

Moi, de mon protecteur dépouiller l'héritière,
Pour qui ? pour le bourreau de ma famille entière !

COITIER.

Nemours, mon noble maître, accepte par pitié !
Si c'est un tort, eh bien, j'en prendrai la moitié,
Comme autrefois ma part dans cette coupe amère
Que je t'ai vu, mourant, refuser de ta mère.
Ta bouche, après la mienne, osa s'en approcher ;
La vie était au fond et tu vins l'y chercher.
Nemours, je te sauvai : que je te sauve encore !

ACTE IV, SCÈNE I.

Ce sont tes droits, tes jours, ta grâce que j'implore.
Moi, ton vieux serviteur, moi qui venais jadis
Me pencher sur ta couche en te nommant mon fils !
Oui, mon fils, oui, c'est moi qui demande ta grâce,
La mienne, et je l'attends à tes pieds que j'embrasse.

NEMOURS.

Jamais : plutôt mourir !

COITIER.

Tu le veux ?

NEMOURS.

Je le doi.

COITIER, qui va ouvrir la porte de son appartement.

Regarde : ce cachot, c'est mon asile à moi ;
Mais tout l'or que prodigue un tyran qui succombe
M'eût-il à son cadavre attaché dans sa tombe ?
Non, si pour m'y résoudre il ne m'eût assuré
Le droit qu'il avait seul d'en sortir à son gré.
Mon malade céda ; mes soins, c'était sa vie.
Tiens, reçois-la de moi, cette clef qu'on m'envie :
Quand j'obtins ce trésor, il me sembla moins doux,
C'était ma liberté ; c'est la tienne.

NEMOURS.

Mais vous,
Coitier, je vous expose.

COITIER.

Il souffre.

NEMOURS.

Sa colère...

COITIER.

Il souffre ; ne crains rien. Que ce flambeau t'éclaire ;
Prends cette arme, descends : un passage voûté,
Une porte, et le ciel, les champs, la liberté !
La liberté, mon fils !

NEMOURS, qui a saisi le poignard.

Oui, cette arme... j'espère...
J'accepte.

COITIER, lui tendant les bras.

Encor, Nemours, encor !... ton digne père
M'a donc laissé des pleurs !... Je crains le roi, va, fuis ;
Je cours en l'abordant l'arrêter si je puis.

SCÈNE II.

NEMOURS, *qui revient sur le devant de la scène, après avoir fermé la porte de l'appartement de Coitier.*
Non pas la liberté, Coitier, mais la vengeance!
(Élevant le poignard.)
La voilà, je la tiens ; il est en ma puissance.
Aucun autre que toi ne m'a vu dans ce lieu ;
Tu m'en crois déjà loin ; mais j'y reste avec Dieu,
L'inexorable Dieu, qui veut que je demeure
Pour qu'il tombe à mes pieds, qu'il s'y roule, qu'il meure.
(Faisant un pas vers le lit.)
Là, mon père, oui, c'est là ! mes deux frères et toi,
Vous ouvrez ces rideaux pour les fermer sur moi.
Faites qu'à ses regards votre vengeur échappe ;
Je serai patient, pourvu que je le frappe.
Qu'il soit seul, et mon bras, là, dans son lit royal,
Va consommer d'un coup ce meurtre filial.
(Il va écouter à la porte.)
Aucun bruit ! mon cœur bat... C'est une horrible joie
Que celle d'un bourreau qui va saisir sa proie !
Horrible !... C'est la mienne : elle oppresse mon sein.
Que de courage il faut pour être un assassin !
(Il tombe dans un fauteuil, et se relevant tout à coup :)
Mais ne le fut-il pas ? Supplices pour supplices !
De tes douleurs, mon père, il a fait ses délices ;
Ton sang, j'en suis couvert ; il coule ; c'est ton sang
Qui tombe sur mon front et s'y glace en passant.
Allons ! mourant qu'il est, il faut que je l'achève.
Ce sommeil qui le fuit, il va l'avoir sans rêve,
Sans terreur, sans remords, mais sous le coup mortel,
Et pour ne s'éveiller que devant l'Éternel.
On vient.
(Il s'élance derrière les rideaux.)

SCÈNE III.

LOUIS, COITIER, COMMINE, MARIE, TRISTAN,
ÉCOSSAIS, SUITE DU ROI.

COITIER.

Pourquoi rentrer, sire? Il fallait me croire :
L'air vous eût soulagé.

LOUIS.

Triste nuit, qu'elle est noire !
Qu'elle est froide! je tremble.
(Bas à Coitier, en lui montrant sa chambre.)

Il est là, ce Nemours ?

COITIER.

Vous souffrez donc?

LOUIS.

Partout.

COITIER.

Depuis longtemps?

LOUIS.

Toujours.
Je n'ai plus de repos ; l'air me glace ou me pèse.
Quelle angoisse !..... et toujours ! et rien, rien ne l'apaise !
(Bas.)
Mais Nemours, qu'a-t-il dit ?

COITIER, le conduisant vers la cheminée.

Tenez, ranimez-vous.

LOUIS, avec joie.

Du feu !

MARIE, qui le fait asseoir.

Placez-vous là.

LOUIS, se chauffant

Le soleil est moins doux.
Ah ! le feu, c'est la vie !

MARIE.

On doit au monastère
Veiller, prier pour vous, et par un jeûne austère
Obtenir que ce mal ne vous tourmente plus,
Et que ce vent du nord tombe avant l'Angelus.

LOUIS, la regardant.

Tu réjouis mes yeux : que cette fleur de l'âge,

Que la jeunesse est belle !... Allons, souris.

COMMINE, bas à sa fille.

Courage ! Souris, ma fille !

MARIE, en pleurant.

Hélas ! je le voudrais.

LOUIS.

Des pleurs !
Tu m'attristes ; va-t'en, ou calme tes douleurs ;
Je puis tout réparer.

MARIE.

Se peut-il ?

LOUIS.

Oui, ma fille,
Si Nemours...

COITIER, au roi.

Regardez comme ce feu petille !

LOUIS.

Jusqu'au fond de mes os je le sens pénétrer.
Mes pauvres doigts roidis ont peine à l'endurer ;
Que je l'aime ! il me brûle, et pourtant je frissonne.

COITIER.

Suivez donc une fois les conseils qu'on vous donne.
(S'avançant vers le lit.)
Venez vous reposer.

LOUIS.

Non, Coitier, je veux voir
Le saint qui doit ici m'entretenir ce soir ;
(A Tristan.)
Nemours, surtout Nemours. Va le chercher, qu'il vienne.

TRISTAN.

Il n'est plus sous ma garde.

LOUIS, à Coitier.

Il était sous la tienne.

TRISTAN.

A mon grand désespoir : son arrêt prononcé,
Je tenais à finir ce que j'ai commencé.

MARIE, à son père.

Dieu !

COMMINE, bas.

Tais-toi !

LOUIS, à Coitier.

Dans ce lieu tu devais le conduire.

ACTE IV, SCÈNE III.

COITIER.
Et je ne l'ai pas fait, n'ayant pu le séduire.

LOUIS.
Je l'aurais pu, moi.

COITIER.
Non.

LOUIS.
Non ?

COITIER.
Il vous eût bravé,
Vous l'auriez mis à mort...

LOUIS.
Eh bien ?

COITIER.
Je l'ai sauvé.

MARIE.
Sauvé !

LOUIS, à Coitier.
Toi !

COITIER.
Le captif est hors de votre atteinte.
Lorsque ses chevaliers ont quitté cette enceinte,
Il était dans leurs rangs, et je l'ai vu passer
Le pont que devant eux votre ordre a fait baisser.

LOUIS.
Misérable ! et tu peux affronter ma vengeance !
(A Tristan.)
Mais il a donc aussi trompé ta vigilance ?
Vous me trahissez tous. Quel chemin a-t-il pris ?
Où le chercher ? Va, cours ; je mets sa tête à prix ;
Cours, Tristan !

TRISTAN.
Dans la nuit, sans indices !

LOUIS.
Qu'importe ?
Il faut qu'on me l'amène ou qu'on me le rapporte.

MARIE.
Non, par pitié pour moi, qui livrai son secret,
Pour moi, qui l'ai perdu ! non : Dieu vous punirait.
Pardon ! Dieu vous entend : qu'à votre heure dernière
Il accueille vos vœux comme vous ma prière ;
Pardon !...

LOUIS, à Commine.

Emmenez-la.

COMMINE, entraînant Marie.

Viens, ma fille !

LOUIS, en montrant Coitier.

Pour lui,
Ce traître, dès demain...

COITIER.

Frappez dès aujourd'hui ;
Mais de vos maux, après, cherchez qui vous délivre,
Je ne vous donne pas une semaine à vivre.

LOUIS.

Eh bien !... je mourrai donc ; mais j'entends, mais je veux,
(A sa suite.)
Je... Sortez.
(A Coitier.)
Reste ici.
(Il se jette sur un siège.)
Je suis bien malheureux !
(Tout le monde sort, excepté Coitier.)

SCÈNE IV.

LOUIS, COITIER.

LOUIS,

Ne crois pas éviter le sort que tu mérites ;
Tu l'auras ; mes tourments, c'est toi qui les irrites.
A braver ma fureur leur excès t'enhardit ;
Mais je t'écraserai.

COITIER, froidement.

Vous l'avez déjà dit,
Sire ; faites-le donc.

LOUIS.

Certes, je vais le faire.
Ton faux savoir n'est bon qu'à tromper le vulgaire.
Ton art ! j'en ris ; tes soins ! que me font-ils, tes soins ?
Rien : je m'en passerai, je n'en vivrai pas moins.
Je veux : ma volonté suffit pour que je vive ;
Je le sens, j'en suis sûr.

ACTE IV, SCÈNE IV.

COITIER.
Alors, quoi qu'il arrive,
Essayez-en.
LOUIS.
Oui, traître, oui, le saint que j'attends
Peut réparer d'un mot les ravages du temps.
Il va ressusciter cette force abattue ;
Son souffle emportera la douleur qui me tue.
COITIER.
Qu'il se hâte.
LOUIS.
Pour toi, privé de jour et d'air,
Captif, le corps plié sous un réseau de fer,
Tu verras, à travers les barreaux de ta cage,
Ma jeunesse nouvelle insulter à ta rage.
COITIER.
D'accord.
LOUIS.
Tu le verras.
COITIER.
Sans doute.
LOUIS, avec émotion.
Faux ami,
M'as-tu trouvé pour toi généreux à demi ?
Va, tu n'es qu'un ingrat !
COITIER.
Ce fut pour ne pas l'être
Que je sauvai Nemours.
LOUIS.
L'assassin de ton maître ;
Lui, qui voulait sa perte !
COITIER.
En chevalier : son bras
Combat, quand il se venge, et n'assassine pas.
Je devais tout au père, et me tiendrais infâme,
Si ses bienfaits passés ne vivaient dans mon âme.
LOUIS.
Mais les miens sont présents, et tu trahis les miens ;
Tu le trompes, ce roi qui t'a comblé de biens.
De quel prix n'ai-je pas récompensé tes peines ?
De l'or, je t'en accable et tes mains en sont pleines.

Je donne sans compter, comme un autre promet.
Nemours, pour être aimé, fit-il plus ?

COITIER.
Il m'aimait.
Vous, quels sont-ils vos droits à ma reconnaissance ?
Dieu merci ! nous traitons de puissance à puissance ;
L'un pour l'autre une fois n'ayons point de secret :
Vous donnez par terreur, je prends par intérêt.
En consumant ma vie à prolonger la vôtre,
J'en cède une moitié, pour mieux jouir de l'autre.
Je vends et vous payez ; ce n'est plus qu'un contrat.
Où le cœur n'est pour rien, personne n'est ingrat.
Les rois avec de l'or pensent que tout s'achète ;
Mais un don qu'on vous doit, un bienfait qu'on vous jette,
Laissent votre âme à l'aise avec le bienfaiteur.
On paye un courtisan, on paye un serviteur ;
Un ami, sire, on l'aime ; et n'eût-il pour salaire
Qu'un regard attendri quand il a pu vous plaire,
Qu'un mot sorti du cœur quand il vous tend les bras,
Il aime, il est à vous, mais il ne se vend pas.
Comme on se donne à lui, sans partage il se donne,
Et, parjure à l'honneur lorsqu'il vous abandonne,
S'il vous regarde en face après avoir failli,
On a droit de lui dire : Ingrat, tu m'as trahi !

LOUIS, *d'une voix caressante.*
Eh bien, mon bon Coitier, je t'aimerai, je t'aime.

COITIER.
Pour vous.

LOUIS.
Sans intérêt. Ma souffrance est extrême,
J'en conviens ; mais le saint peut me guérir demain.
C'est donc par amitié que je te tends la main.
De tels nœuds sont trop doux pour que rien les détruise.

SCÈNE V.

LOUIS, COITIER, OLIVIER, *puis* FRANÇOIS DE PAULE.

OLIVIER.
Sire, François de Paule attend qu'on l'introduise

ACTE IV, SCÈNE VI.

LOUIS.
(Montrant Coitier.)
Entrez. Voyez, mon père, il a bravé son roi,
Et je lui pardonnais. Coitier, rentre chez toi.
(En le conduisant jusqu'à son appartement.)
Sur la foi d'un ami, dors d'un sommeil tranquille.
(Après avoir fermé la porte sur lui.)
Ah ! traître, si jamais tu deviens inutile !...
(Il fait signe à Olivier de sortir.)

SCÈNE VI.

LOUIS, FRANÇOIS DE PAULE.

LOUIS.
Nous voilà sans témoins.
FRANÇOIS DE PAULE.
Que voulez-vous de moi ?
LOUIS, prosterné.
Je tremble à vos genoux d'espérance et d'effroi.
FRANÇOIS DE PAULE.
Relevez-vous, mon fils !
LOUIS.
J'y reste pour attendre
La faveur qui sur moi de vos mains va descendre,
Et veux, courbant mon front à la terre attaché,
Baiser jusqu'à la place où vos pas ont touché.
FRANÇOIS DE PAULE.
Devant sa créature, en me rendant hommage,
Ne prosternez pas Dieu dans sa royale image ;
Prince, relevez-vous.
LOUIS, debout.
J'espère un bien si grand !
Comment m'abaisser trop, saint homme, en l'implorant !
FRANÇOIS DE PAULE.
Que puis-je ?
LOUIS.
Tout, mon père ; oui, tout vous est possible :
Vous réchauffez d'un souffle une chair insensible.
FRANÇOIS DE PAULE.
Moi !

LOUIS.

Vous dites aux morts : Sortez de vos tombeaux !
Ils en sortent.

FRANÇOIS DE PAULE.

Qui, moi !

LOUIS.

Vous dites à nos maux :
Guérissez !...

FRANÇOIS DE PAULE.

Moi, mon fils !

LOUIS

Soudain nos maux guérissent.
Que votre voix l'ordonne, et les cieux s'éclaircissent ;
Le vent gronde ou s'apaise à son commandement ;
La foudre qui tombait remonte au firmament.
O vous, qui dans les airs retenez la rosée,
Ou versez sa fraîcheur à la plante épuisée,
Faites d'un corps vieilli reverdir la vigueur.
Voyez, je suis mourant, ranimez ma langueur ;
Tendez vers moi les bras, touchez ces traits livides,
Et vos mains, en passant, vont effacer mes rides.

FRANÇOIS DE PAULE.

Que me demandez-vous, mon fils ? vous m'étonnez.
Suis-je l'égal de Dieu ? C'est vous qui m'apprenez
Que je vais par le monde en rendant des oracles,
Et qu'en ouvrant mes mains je sème les miracles.

LOUIS.

Au moins dix ans, mon père ! accordez-moi dix ans,
Et je vous comblerai d'honneurs et de présents.
Tenez, de tous les saints je porte ici les restes ;
Si j'obtiens ces... vingt ans par vos secours célestes,
Rome, qui peut presser les rangs des bienheureux,
Près d'eux vous placera, que dis-je ? au-dessus d'eux.
Je veux sous votre nom fonder des basiliques,
Je veux de jaspe et d'or surcharger vos reliques.
Mais vingt ans, c'est trop peu pour tant d'or et d'encens,
Non : un miracle entier ! De mes jours renaissants
Que la clarté sitôt ne me soit pas ravie :
Un miracle ! la vie ! ah ! prolongez ma vie !

ACTE IV, SCÈNE IV.

FRANÇOIS DE PAULE.

Dieu n'a pas mis son œuvre au pouvoir d'un mortel.
Vous seul, quand tout périt, vous seriez éternel !
Roi, Dieu ne le veut pas. Sa faible créature
Ne peut changer pour vous l'ordre de la nature.
Ce qui grandit décroît, ce qui naît se détruit,
L'homme avec son ouvrage, et l'arbre avec son fruit.
Tout produit pour le temps ; c'est la loi de ce monde,
Et pour l'éternité la mort seule est féconde.

LOUIS.

Je me lasse à la fin : moine, fais ton devoir,
Exerce en ma faveur ton merveilleux pouvoir,
Ou j'aurai, s'il le faut, recours à la contrainte.
Je suis roi : sur mon front j'ai reçu l'huile sainte...
Ah ! pardon ! mais aux rois, mais aux fronts couronnés
Ne devez-vous pas plus qu'à ces infortunés,
Ces affligés obscurs que, sans votre prière,
Dieu n'eût pas de si haut cherchés dans leur poussière ?

FRANÇOIS DE PAULE.

Les rois et les sujets sont égaux devant lui :
Comme à tous ses enfants il vous doit son appui ;
Mais ces secours divins que votre voix réclame,
Plus juste envers vous-même, invoquez-les pour l'âme.

LOUIS, vivement.

Non, c'est trop à la fois : demandons pour le corps ;
L'âme, j'y songerai.

FRANÇOIS DE PAULE.

Roi, ce sont vos remords,
C'est cette plaie ardente et par le crime ouverte
Qui traîne lentement votre corps à sa perte.

LOUIS.

Les prêtres m'ont absous.

FRANÇOIS DE PAULE.

Vain espoir ! vous sentez
Peser sur vos douleurs trente ans d'iniquités.
Confessez votre honte, exposez vos blessures ;
Qu'un repentir sincère en lave les souillures.

LOUIS.

Je guérirai ?

FRANÇOIS DE PAULE.
Peut-être.

LOUIS.
Oui, vous le promettez :
Je vais tout dire.

FRANÇOIS DE PAULE.
A moi ?

LOUIS.
Je le veux : écoutez.

FRANÇOIS DE PAULE, qui s'assied, tandis que le roi reste debout les mains jointes.
Pécheur, qui m'appelez à ce saint ministère,
Parlez donc.

LOUIS, après avoir dit mentalement son *Confiteor*.
Je ne puis, et je n'ose me taire.

FRANÇOIS DE PAULE.
Qu'avez-vous fait ?

LOUIS.
L'effroi qu'il conçut du dauphin
Fit mourir le feu roi de langueur et de faim.

FRANÇOIS DE PAULE.
Un fils a de son père abrégé la vieillesse ?

LOUIS.
Le dauphin, c'était moi.

FRANÇOIS DE PAULE.
Vous !

LOUIS.
Mais tant de faiblesse
Perdait tout, livrait tout aux mains d'un favori :
La France périssait, si le roi n'eût péri.
Les intérêts d'État sont des raisons si hautes...

FRANÇOIS DE PAULE.
Confessez, mauvais fils, n'excusez pas vos fautes !

LOUIS.
J'avais un frère.

FRANÇOIS DE PAULE.
Eh bien ?

LOUIS.
Qui fut... empoisonné.

ACTE IV, SCÈNE VI.

FRANÇOIS DE PAULE.

Le fut-il par votre ordre ?

LOUIS.

Ils l'ont tous soupçonné.

FRANÇOIS DE PAULE.

Dieu !

LOUIS.

Si ceux qui l'ont dit tombaient en ma puissance !...

FRANÇOIS DE PAULE.

Est-ce vrai ?

LOUIS.

Du cercueil son spectre qui s'élance
Peut seul m'en accuser avec impunité.

FRANÇOIS DE PAULE.

C'est donc vrai ?

LOUIS.

Mais le traître, il l'avait mérité.

FRANÇOIS DE PAULE, *se levant.*

Et contre ses remords ton cœur cherche un refuge !
Tremble ! j'étais ton frère et je deviens ton juge.
Écrasé sous ta faute au pied du tribunal,
Baisse donc maintenant, courbe ton front royal.
Rentre dans le néant, majesté périssable !
Je ne vois plus le roi, j'écoute le coupable :
Fratricide, à genoux !

LOUIS, *tombant à genoux.*

Je frémis !

FRANÇOIS DE PAULE.

Repens-toi.

LOUIS, *se traînant jusqu'à lui et s'attachant à ses habits.*

C'est ma faute, ma faute, ayez pitié de moi !
En frappant ma poitrine, à genoux je déplore,
Sans y chercher d'excuse, un autre crime encore.

FRANÇOIS DE PAULE, *qui retombe assis.*

Ce n'est pas tout ?

LOUIS.

Nemours !... Il avait conspiré ;
Mais sa mort... Son forfait du moins est avéré ;
Mais sous son échafaud ses enfants dont les larmes...
Trois fois contre son maître il avait pris les armes.

Sa vie, en s'échappant, a rejailli sur eux.
C'était juste.
FRANÇOIS DE PAULE.
Ah ! cruel !
LOUIS.
Juste, mais rigoureux,
J'en conviens : j'ai puni... non, j'ai commis des crimes.
Dans l'air le nœud fatal étouffa mes victimes ;
L'acier les déchira dans un puits meurtrier ;
L'onde fut mon bourreau, la terre mon geôlier :
Des captifs que ces tours couvrent de leurs murailles
Gémissent oubliés au fond de ses entrailles.
FRANÇOIS DE PAULE.
Ah ! puisqu'il est des maux que tu peux réparer,
Viens !
LOUIS, debout.
Où donc ?
FRANÇOIS DE PAULE.
Ces captifs, allons les délivrer.
LOUIS.
L'intérêt le défend.
FRANÇOIS DE PAULE, aux pieds du roi.
La charité l'ordonne :
Viens, viens sauver ton âme.
LOUIS.
En risquant ma couronne :
Roi, je ne le peux pas.
FRANÇOIS DE PAULE.
Mais tu le dois, chrétien.
LOUIS.
Je me suis repenti, c'est assez.
FRANÇOIS DE PAULE, se relevant.
Ce n'est rien.
LOUIS.
N'ai-je pas de mes torts fait un aveu sincère ?
FRANÇOIS DE PAULE.
Ils ne s'effacent pas tant qu'on y persévère.
LOUIS.
L'Église a des pardons qu'un roi peut acheter.

FRANÇOIS DE PAULE.

Dieu ne vend pas les siens : il faut les mériter.

LOUIS, avec désespoir.

Ils me sont dévolus, et par droit de misère !
Ah ! si dans mes tourments vous descendiez, mon père,
Je vous arracherais des larmes de pitié !
Les angoisses du corps n'en sont qu'une moitié,
Poignante, intolérable, et la moindre peut-être.
Je ne me plais qu'aux lieux où je ne puis pas être.
En vain je sors de moi : fils rebelle jadis,
Je me vois dans mon père et me crains dans mon fils.
Je n'ai pas un ami : je hais ou je méprise ;
L'effroi me tord le cœur sans jamais lâcher prise.
Il n'est point de retraite où j'échappe aux remords ;
Je veux fuir les vivants, je suis avec les morts.
Ce sont des jours affreux ; j'ai des nuits plus terribles.
L'ombre pour m'abuser prend des formes visibles ;
Le silence me parle, et mon Sauveur me dit,
Quand je viens le prier : Que me veux-tu, maudit ?
Un démon, si je dors, s'assied sur ma poitrine :
Je l'écarte ; un fer nu s'y plonge et m'assassine.
Je me lève éperdu ; des flots de sang humain
Viennent battre ma couche, elle y nage, et ma main,
Que penche sur leur gouffre une main qui la glace,
Sent des lambeaux hideux monter à leur surface...

FRANÇOIS DE PAULE.

Malheureux, que dis-tu ?

LOUIS.

Vous frémissez : eh bien,
Mes veilles, les voilà ! ce sommeil, c'est le mien ;
C'est ma vie ; et mourant, j'en ai soif, je veux vivre ;
Et ce calice amer, dont le poison m'enivre,
De toutes mes douleurs cet horrible aliment,
La peur de l'épuiser est mon plus grand tourment !

FRANÇOIS DE PAULE.

Viens donc, en essayant du pardon des injures,
Viens de ton agonie apaiser les tortures.
Un acte de bonté te rendra le sommeil,
Et quelques voix du moins béniront ton réveil.
N'hésite pas.

LOUIS.
Plus tard !
FRANÇOIS DE PAULE.
Dieu voudra-t-il attendre ?
LOUIS.
Demain !
FRANÇOIS DE PAULE.
Mais dès demain la mort peut te surprendre,
Ce soir, dans un instant.
LOUIS.
Je suis bien enfermé,
Bien défendu.
FRANÇOIS DE PAULE.
L'est-on quand on n'est pas aimé ?
(En l'entraînant.)
Ah ! viens.
LOUIS, qui le repousse.
Non, laisse-moi du temps pour m'y résoudre.
FRANÇOIS DE PAULE.
Adieu donc, meurtrier, je ne saurais t'absoudre.
LOUIS, avec terreur.
Quoi ! me condamnez-vous ?
FRANÇOIS DE PAULE.
Dieu peut tout pardonner.
Lorsqu'il hésite encor, dois-je te condamner ?
Mais profite, ô mon fils, du répit qu'il t'accorde :
Pleure, conjure, obtiens de sa miséricorde
Qu'enfin ton cœur brisé s'ouvre à ces malheureux.
Pardonne, et que le jour recommence pour eux.
Quand tu voulais fléchir la céleste vengeance,
Du sein de leurs cachots, du fond de leur souffrance,
A ta voix qu'ils couvraient leurs cris ont répondu ;
Fais-les taire, et de Dieu tu seras entendu.

SCÈNE VII.

LOUIS, pendant que François de Paule s'éloigne.
Mon père !... il m'abandonne et se croit charitable.
Cédons : non, c'est faiblesse... O doute insupportable !
Qui me tendra la main dans l'abîme où je suis ?
Prions, puisqu'il le veut, et pleurons, si je puis.

(Il s'agenouille sur son prie-Dieu, place son chapeau devant lui, et s'adressant à une des Vierges de plomb qui y sont attachées.)
Notre-Dame d'Embrun, tu sais, Vierge adorable,
Qu'à bonne intention je reste inexorable.
 A Dieu fais comprendre aujourd'hui
 Que, pour son plus grand avantage,
 Je dois conserver sans partage
 Un pouvoir qui me vient de lui.
La justice des rois veut être satisfaite ;
Ils ont, en punissant, droit à votre merci.
 Que votre volonté soit faite,
 Dieu clément, et la mienne aussi !

SCÈNE VIII.

LOUIS, NEMOURS.

NEMOURS, le poignard à la main, entr'ouvre les rideaux.
Mon père, il vous laissa finir votre prière !
(Ici le hautbois fait entendre au loin une ronde champêtre.)
LOUIS, se levant, après avoir fait le signe de la croix.
Qu'entends-je ? Après la danse, au fond de sa chaumière
Le plus pauvre d'entre eux va rentrer en chantant.
Ah ! l'heureux misérable ! un doux sommeil l'attend :
Il va dormir, et moi...
(Le roi se retourne, et se trouve vis-à-vis de Nemours, qui s'élance sur lui.)
  Que vois-je, ô ciel !

NEMOURS.
   Silence !
LOUIS.
Je me tais.
NEMOURS.
  Pas un cri !
LOUIS.
  Non.
NEMOURS.
   Par leur vigilance
Es-tu bien défendu ?
LOUIS.
 Nemours, je t'appartiens.
NEMOURS.
Qui veut risquer ses jours est donc maître des tiens ?

LOUIS.
Que veux-tu ?

NEMOURS.
Te punir.

LOUIS.
Juge-moi sans colère.

NEMOURS.
Je ne suis pas ton juge.

LOUIS.
Eh! qui l'est donc ?

NEMOURS.
Mon père.

LOUIS.
Toi.

NEMOURS.
Mon père.

LOUIS.
Toi seul.

NEMOURS.
Mon père.

LOUIS.
Il me tuerait.

NEMOURS.
Tu viens de te juger.

LOUIS.
N'accomplis pas l'arrêt ;
Sois clément.

NEMOURS.
Je suis juste.

LOUIS.
Écoute ma prière.

NEMOURS.
Rappelle-toi la sienne et sa lettre dernière.

LOUIS.
Je n'en ai pas reçu.

NEMOURS.
Cet écrit déchirant
Que tu lui renvoyas...

LOUIS.
Moi, Nemours !

NEMOURS.
Qu'en mourant
Il portait sur son cœur, c'est tout mon héritage ;
Le voilà : contre toi qu'il rende témoignage.
Imposteur, le voilà : regarde, lis.

ACTE IV, SCÈNE VIII.

LOUIS.
Pitié !
NEMOURS.
Lis, lis sous ce poignard, si tu l'as oublié.
LOUIS.
Je ne puis.
NEMOURS.
Sous le glaive il pouvait bien écrire :
Lis comme il écrivait.
LOUIS.
Non : je ne puis, j'expire.
Ce poignard, que j'écarte et dont tu me poursuis,
Il m'éblouit, m'aveugle ; oh ! non, non, je ne puis.
NEMOURS.
Il faut l'entendre au moins.
LOUIS.
Miséricorde !
NEMOURS.
Écoute :
Tu répondras.
(Il lit.)
« * Mon très-redouté et souverain seigneur, tant et si
« humblement que faire je peux, me recommande à votre
« grâce et miséricorde. »
Eh bien ?
LOUIS.
Je fus cruel, sans doute ;
Mais je veux à ton père, à toi, Nemours, aux tiens
Faire amende honorable en te rendant tes biens.
Je veux tout expier ; mets mon cœur à l'épreuve,
Et de mon repentir mes dons seront la preuve.
NEMOURS.
Écoute :
« Je vous servirai si bien et si loyalement, que vous con-
« naîtrez que je suis vrai repentant, et qu'à force de bien
« faire je veux amender mes défauts. »
Eh bien ?
LOUIS.
Mon fils ! il a besoin d'appui :
Ah ! laisse-lui son père.

---

* Dernière lettre de Jacques d'Armagnac, duc de Nemours, à Louis XI.

NEMOURS.

Écoute :

« Faites-moi grâce et à mes pauvres enfants ! Ne souffrez
« pas que pour mes péchés je meure à honte et à confusion,
« et qu'ils vivent en déshonneur et à quérir leur pain. Pour
« Dieu, sire, ayez pitié de moi et de mes pauvres enfants ! »

Réponds-lui :

Qu'as-tu fait pour ses fils ?

LOUIS.

Sur l'honneur je m'engage
A te livrer Tristan dont vos maux sont l'ouvrage.

NEMOURS, lisant.

« Écrit en la cage de la Bastille le dernier de janvier. »
Et lorsqu'il en sortit...

LOUIS.

Oh ! ne t'en souviens pas !

NEMOURS.

Le puis-je ? vois toi-même.

LOUIS, égaré.

Où donc, Nemours ?

NEMOURS, lui montrant la lettre avec la pointe du
poignard.

Plus bas ;

Lis cette fois.

LOUIS, lisant.

« Votre pauvre Jacques d'Armagnac. »

NEMOURS.

Le nom de ton ami d'enfance,
Et là... son sang !

LOUIS.

Nemours, tu pleures.

NEMOURS.

Ma vengeance
Te vendra cher ces pleurs.

LOUIS.

Grand Dieu ! c'en est donc fait ?

NEMOURS.

Pour que le châtiment soit égal au forfait,
Par quel supplice affreux peut-elle être assouvie ?

LOUIS, se traînant à ses pieds.

Grâce !

NEMOURS.
Il n'en est qu'un seul.
LOUIS, qui se renverse frappé de terreur.
C'est ma mort !
NEMOURS, après avoir levé le poignard, qu'il jette loin de lui.
C'est ta vie.
Qui, moi, t'en délivrer! je t'ai vu trop souffrir.
Achève-donc de vivre ou plutôt de mourir.
Meurs encor, meurs longtemps, pour que tes sacrifices,
Pour que tes cruautés t'amassent des supplices ;
Pour qu'à tes tristes jours chaque jour ajouté
Soit un avant-coureur de ton éternité.
Attends-la : que plus juste et plus impitoyable,
Elle vienne, à pas lents, te saisir plus coupable.
Dieu, je connais ses maux, j'ai reçu ses aveux ;
Pour me venger de lui, je m'unis à ses vœux.
Satisfaites, mon Dieu, son effroyable envie :
Un miracle! la vie! ah! prolongez sa vie!
(Il s'élance par la porte de l'appartement de Coitier.)

SCÈNE IX.

LOUIS, puis TRISTAN, écossais, chevaliers, suite du roi.

LOUIS. (Il pousse quelques sons inarticulés, et revenant à lui :)
A l'aide !... à moi, Tristan ! au meurtre !... du secours!
Des flambeaux! accourez... il en veut à mes jours;
Il lève son poignard : de ses mains qu'on l'arrache !
Lui, qu'on le tue !... il fuit ; mais c'est là qu'il se cache.
(Montrant l'appartement de Coitier, où Tristan court avec ses gardes.)
Un assassin ! là, là !... partout! j'en vois partout.
(Aux Écossais.)
Entourez-moi. Non, non . je vous crains, je crains tout.
Au pied de cette croix quelle est l'ombre qui passe?
Cherchez sous ces rideaux : on s'y parle à voix basse.
Je vous dis qu'une voix a prononcé mon nom.
Un d'eux s'est sous mon lit glissé par trahison.

Quoi! pour les découvrir votre recherche est vaine !
Je les vois cependant ; cette chambre en est pleine :
Je ne puis, si j'y reste, échapper au trépas...
Place! faites-moi place, et ne me quittez pas.
(Il s'élance hors de la chambre, et tout le monde se précipite en désordre après lui.)

ACTE CINQUIÈME.

(Une salle du château : trois portes au fond. Sur un des côtés, un lit de repos près duquel est une table.
Au lever du rideau, les courtisans causent à voix basse, comme dans l'attente d'un grand événement ; quelques-uns marchent ; d'autres, assis ou debout, forment des groupes ; le plus nombreux entoure le dauphin qui pleure.)

SCÈNE I.

LE DAUPHIN, LE COMTE DE LUDE, TRISTAN, LE DUC DE CRAON, CRAWFORD, COURTISANS.

LE COMTE DE LUDE, au duc de Craon.
Complice, lui, Coitier !
LE DUC DE CRAON.
Lui-même.
LE COMTE DE LUDE.
Est-il possible !
LE DUC DE CRAON.
C'est vrai.
LE COMTE DE LUDE, à Tristan, qui se promène avec Crawford.
Seigneur Tristan !
TRISTAN, en s'approchant.
Comte !
LE COMTE DE LUDE.
Quelle crime horrible !
Quoi! Nemours et Coitier ?...

TRISTAN.

Ils mourront aujourd'hui,
Si le maître l'ordonne en revenant à lui :
Tous deux sont dans les fers.

LE DUC DE CRAON.

Mais on dit qu'il expire,
Le roi ?

TRISTAN, en se retournant pour rejoindre Crawford.

Je crois, monsieur, qu'on a tort de le dire.

LE DUC DE CRAON.

Il est bien insolent; le roi va mieux.

LE COMTE DE LUDE.

Ici
Les pairs sont convoqués, le parlement aussi.
Tout cela sent la mort, et je vois en présence
Le règne qui finit et celui qui commence.

UN OFFICIER DE LA CHAMBRE.

Sa Majesté reçoit les derniers sacrements :
Debout, messieurs !

LE DAUPHIN, s'agenouillant.

Mon père !... encor quelques moments,
Et je l'aurai perdu !

UN COURTISAN, de manière à être entendu du dauphin.

L'excellent fils !
(Tout le monde est levé ; silence de quelques instants.)

SCÈNE II.

LES PRÉCÉDENTS, COMMINE.

COMMINE, deux lettres à la main.

Un page !
(A un de ceux qui se présentent.)
Pour le duc d'Orléans ! partez.

(A un autre.)
Que ce message
Soit rendu dans le jour au comte de Beaujeu :
Hâtez-vous !

LE COMTE DE LUDE, au duc de Craon.

Deux courriers qui vont tout mettre en feu !

LE DUC DE CRAON

La comtesse, je crois, va faire diligence.

LE COMTE DE LUDE.

Pensez-vous que le duc lui cède la régence?

UN COURTISAN.

Pour qui vous rangez-vous, messieurs, dans ce débat?

LE COMTE DE LUDE.

Moi pour lui.

LE DUC DE CRAON.

Moi pour elle.

COMMINE, qui réfléchit en les écoutant.

Et qui donc pour l'État.

UN COURTISAN, se détachant du groupe où se trouve le dauphin.

Plus bas! de monseigneur respectez la tristesse.

CRAWFORD, qui se promène avec Tristan.

Comme autour du dauphin toute la cour s'empresse!
Le roi s'en va.

TRISTAN.

Que Dieu le tire de danger,
Et je lui dirai tout.

LE COMTE DE LUDE, qui s'est rapproché du dauphin.

C'est trop vous affliger,
Mon prince; un peuple entier vous parle par ma bouche.

COMMINE.

Du malheureux Nemours que le destin vous touche!

LE DAUPHIN.

Que puis-je?

COMMINE.

En votre nom laissez-moi dire un mot,
Vous serez entendu.

LE DAUPHIN.

J'y consens.

COMMINE, à Tristan.

Grand prévôt!
Au sort des deux captifs monseigneur s'intéresse;
Ne précipitez rien.

TRISTAN, vivement.

Les vœux de Son Altesse
Sont des ordres pour moi.

LE DUC DE CRAON.

Voici le cardinal.

SCÈNE III.

LES PRÉCÉDENTS, LE CARDINAL D'ALBY ; *qui sort de la chambre du roi.*

LE DAUPHIN, au cardinal.
Le roi, comment va-t-il ? parlez.
LE CARDINAL.
Toujours bien mal,
Toujours inanimé, sans voix, sans connaissance ;
Mais nos pieux pardons l'avaient absous d'avance.
Ce qui doit consoler, prince, dans ce revers,
C'est que par ses bienfaits les cieux lui sont ouverts.
Il a beaucoup donné : quelle âme que la sienne !
Souhaitons pour nous tous une fin si chrétienne.
LE DAUPHIN.
C'en est fait ! plus d'espoir !
LE COMTE DE LUDE.
Il faut vous résigner
Au chagrin de survivre.
LE CARDINAL.
Au malheur de régner.
Comptez sur notre appui.
LE DAUPHIN.
Dieu voudra-t-il qu'il meure
Sans m'avoir embrassé même à sa dernière heure ?
COMMINE.
Prince, que je vous plains !
LE COMTE DE LUDE.
C'est de la cruauté :
Mais il vous a toujours si durement traité.
LE DAUPHIN.
Non, non, quoi qu'il ait fait, messieurs, je le révère.
LE CARDINAL.
C'est à nous qu'il convient de le trouver sévère ;
Il l'était.
COMMINE.
Au hasard de perdre mon crédit,
Que de fois à lui-même en secret je l'ai dit !

LE DAUPHIN.
Commine, vos conseils me sont bien nécessaires.
LE CARDINAL, bas au duc de Craon.
Le seigneur d'Argenton veut rester aux affaires.
LE DUC DE CRAON.
Il sait changer de maître.

SCÈNE IV.

LES PRÉCÉDENTS, OLIVIER.

OLIVIER.
Enfin, il est sauvé !
Le roi respire.
LE DAUPHIN.
O Dieu !
OLIVIER.
Nos soins l'ont conservé.
LE DAUPHIN.
Se peut-il ?
LE COMTE DE LUDE.
O bonheur !
LE CARDINAL.
Le ciel a vu nos larmes.
LE DUC DE CRAON.
Cher messire Olivier.
OLIVIER.
Oui, messieurs, plus d'alarmes :
Il a repris ses sens ; appuyé sur mon bras,
Il vient de se lever, il a fait quelques pas.
On espère beaucoup ; mais l'ennui le tourmente.
Il veut, pour essayer sa force qui s'augmente,
Changer de lieu lui-même, et passer sans appui
Sur ce lit que nos mains ont préparé pour lui.
Prince, qu'on se retire ; il l'exige, il l'ordonne.
Hors Commine et Tristan, il ne verra personne,
LE DAUPHIN.
Quoi ! pas même son fils ?
OLIVIER.
Par mes soins, monseigneur,
De l'embrasser bientôt vous aurez le bonheur.

ACTE V, SCÈNE V.

LE DAUPHIN.
Quels droits n'avez-vous pas à ma reconnaissance !
COMMINE.
A la mienne !
PLUSIEURS COURTISANS.
A la nôtre !
LE CARDINAL.
A celle de la France !
UN OFFICIER DU CHATEAU.
Messieurs du parlement !
LE DAUPHIN.
Allons les recevoir.
LE CARDINAL, qui suit le dauphin.
Des sacrements, mon prince, admirons le pouvoir.
LE DAUPHIN.
Jamais je n'éprouvai d'ivresse plus profonde.
LE COMTE DE LUDE, qui sort avec le duc de Craon.
Un roi qui flotte ainsi compromet tout le monde.

SCÈNE V.

COMMINE, OLIVIER, TRISTAN.

OLIVIER.
Nous voilà seuls.
COMMINE.
Eh bien ?
TRISTAN.
Il vivra ?
OLIVIER.
Devant eux
J'ai cru devoir le dire.
TRISTAN.
Est-ce faux ?
OLIVIER.
C'est douteux.
S'il retombe, il n'est plus : son existence éteinte
Ne pourra supporter une seconde atteinte.
Il demande Coitier.
TRISTAN.
Lorsque je l'arrêtai,
L'ordre qu'il m'en donna fut trois fois répété.

COMMINE.

Que dit-il de Nemours?

OLIVIER.

Rien.

COMMINE.

Ah! que la mort vienne
Lui ravir le pouvoir avant qu'il s'en souvienne!

OLIVIER.

Mais il veut voir Coitier.

TRISTAN.

Qu'avez-vous répondu ?

OLIVIER.

Pour sortir d'embarras je n'ai pas entendu.
Sa pensée est changeante et sa tête affaiblie ;
Il parle et se dément; se souvient, puis oublie.
Pour se prouver qu'il règne il veut tenir conseil.
Il croit tromper la mort à force d'appareil :
La couronne du sacre et le manteau d'hermine
Chargent son front qui tremble et son corps qui s'incline.
Pâle, l'œil sans regard, et, d'un pas inégal,
Se traînant sous les plis de son linceul royal,
Il prétend marcher seul ; mais il l'essaye à peine,
Qu'épuisé par l'effort, sans chaleur, sans haleine,
Il succombe, et murmure en refermant les yeux :
« Jamais depuis vingt ans je ne me portai mieux. »

TRISTAN.

Il faut penser à nous.

OLIVIER.

Faisons cause commune.

COMMINE.

Faites, messieurs ; pour moi, je plains votre infortune :
La cour va vous juger avec sévérité.

OLIVIER, à Tristan.

Le seigneur d'Argenton vous dit la vérité.

TRISTAN.

Mais comme à vous, je crois.

OLIVIER.

Votre main fut trop prompte;
De bien du sang versé vous allez rendre compte.

TRISTAN.
A cette œuvre de sang d'autres ont travaillé.

OLIVIER.
Je n'exécutais rien.

TRISTAN.
Je n'ai rien conseillé.

OLIVIER.
Tous mes actes à moi me semblent légitimes.

TRISTAN.
Mais le sont-ils ?

OLIVIER.
Du moins ce ne sont pas des crimes.

TRISTAN.
Des crimes !

COMMINE.
Eh ! messieurs !

TRISTAN.
Un complaisant !

COMMINE.
Plus bas !

OLIVIER.
Un bourreau !

COMMINE.
Par prudence, ajournez ces débats.

TRISTAN.
Au reste, c'est le roi qu'on doit charger du blâme.
Le roi seul a tout fait.

COMMINE.
Tristan !

OLIVIER.
Je le proclame.

COMMINE.
Olivier !

TRISTAN.
Je serais bien fou de le cacher.

COMMINE.
Attendez qu'il soit mort pour le lui reprocher.
Regardez, le voici.

TRISTAN.
Ce n'est plus qu'un fantôme.

OLIVIER.
Que le ciel nous le rende, et sauve le royaume !

SCÈNE VI.

LES PRÉCÉDENTS, LOUIS, *appuyé sur plusieurs domestiques.*

LOUIS. (Il s'avance lentement et s'arrête tout à coup.)
Ces hommes, qui sont-ils ?

OLIVIER, au roi.
Votre Olivier.

LOUIS.
C'est toi,
Mon fidèle !

OLIVIER.
Commine et Tristan.

LOUIS.
Je les voi,
Je les reconnais bien ; on dirait à l'entendre
Que mes yeux affaiblis auraient pu s'y méprendre.
Bonjour, messieurs.
(Il s'appuie sur le dos d'un fauteuil.)
(Aux serviteurs qui l'entourent.)
Laissez : ne me soutenez pas ;
Laissez-moi donc : sans vous ne puis-je faire un pas ?
(Il leur fait signe de sortir.)

OLIVIER.
Reposez-vous.

LOUIS, qui s'assied.
Pourquoi ? suis-je faible ?

OLIVIER.
Au contraire.

LOUIS.
Ce que j'ai déjà fait, je puis encor le faire.

OLIVIER.
Et plus, si vous voulez.

LOUIS.
Je le crois.

COMMINE.
Cependant
Abuser de sa force est toujours imprudent.

LOUIS.
Je n'en abuse pas.

ACTE V, SCÈNE VI.

(Jetant les yeux sur Tristan.)
Immobile à sa place,
D'où vient que d'un air sombre il me regarde en face?
Me trouve-t-il changé? vous l'a-t-il dit?

TRISTAN.
Qui, moi?
Je vous trouve à merveille.

LOUIS.
Autrement, sur ma foi,
Tu t'abuserais fort, mon vieux compère.

TRISTAN.
Oui, sire.

LOUIS, qui s'assoupit par degrés.
Je me sens bien ici; c'est plus vaste : on respire.

OLIVIER, à voix basse.
Il sommeille.

COMMINE, de même.
Tous trois, nous avons fait serment
De l'avertir, messieurs, à son dernier moment.

TRISTAN.
L'avertir ! à quoi bon ?

COMMINE.
Sa volonté débile
Peut encore exercer une influence utile.

OLIVIER.
Laisser à quelque ami des gages de bonté.

TRISTAN.
Je veux bien : disons-lui la triste vérité.

LOUIS, toujours assoupi.
Tristan veille sur moi.

TRISTAN.
Sire, soyez tranquille.

OLIVIER.
Qui la dira, messieurs ?

TRISTAN.
Il faut un homme habile,
Un homme qui lui plaise, et qui sache amortir
Le coup que le malade en pourrait ressentir.
(A Olivier.)
Vous.

OLIVIER.
Mon Dieu !... je suis prêt.

COMMINE.
Parlez-lui.
OLIVIER.
Mais je l'aime,
Je l'aime tendrement ; me trahissant moi-même,
A tant d'émotion je commanderais mal,
Et mon attachement lui deviendrait fatal.
Il faut un homme ferme : aussi, plus j'examine,
Plus je crois qu'un tel soin vous regarde, Commine.
COMMINE.
Volontiers .. mais pourquoi prolonger son tourment?
Mieux vaut aller au fait, même par dévouement.
Tristan, brusquez la chose.
OLIVIER.
Et que Dieu vous inspire.
TRISTAN.
Tenez, convenons-en, c'est difficile à dire.
LOUIS.
Pourquoi parlez-vous bas ?
OLIVIER.
Nous causions entre nous
De votre santé, sire.
LOUIS.
Oui, félicitez-vous.
Coitier devrait ici partager votre joie.
Que fait-il ? je l'attends. Il faut que je le voie :
Allez le prévenir.
TRISTAN.
Mais vous savez...
LOUIS.
Je sais
Qu'il tarde trop longtemps.
TRISTAN.
Mais, sire...
LOUIS.
Obéissez.
(Tristan sort.)

SCÈNE VII.

LOUIS, COMMINE, OLIVIER.

LOUIS, qui marche appuyé sur Commine.
L'exercice aujourd'hui me sera salutaire.
L'alezan que Richard m'envoya d'Angleterre,
Je me sens ce matin de force à l'essayer.
Cours l'annoncer sur l'heure à mon grand écuyer.
OLIVIER.
Vous voulez...
LOUIS.
D'un chevreuil je veux suivre la trace.
Dis bien haut que le roi va partir pour la chasse.
OLIVIER.
Il faudrait...
LOUIS.
Sors.
OLIVIER.
Avant de prendre ce parti
Demander à Coitier...
LOUIS.
Vous n'êtes pas sorti !
OLIVIER, à Commine.
Sa volonté revient.

SCÈNE VIII.

LOUIS, COMMINE.

LOUIS, après avoir fait quelques pas, s'assied sur le lit et prend un papier sur la table.
Ils paraîtront vulgaires,
Ces conseils que j'ajoute à mon Rosier des Guerres ;
Ils sont sages pourtant.
COMMINE.
Vous les avez écrits.
LOUIS, lui passant le papier.
Lisez.
COMMINE.
« Quand les rois n'ont point égard à la loi, ils ôtent au
« peuple ce qu'ils doivent lui laisser, et ne lui donnent pas
« ce qu'il doit avoir. Ce faisant, ils rendent leur peuple

« esclave, et perdent le nom de roi : car nul ne doit être
« appelé roi, hors celui qui règne sur des hommes
« libres *... »

LOUIS.

Force à la loi ! Si j'en ai fait mépris,
C'est que pour renverser on ne peut rien par elle.
La royauté sans moi fût restée en tutelle.
La voilà grande dame, et la hache à la main ;
Bien osé qui voudra lui barrer le chemin !
Son écueil à venir, c'est son pouvoir suprême :
Tout pouvoir excessif meurt par son excès même.
La loi, monsieur, la loi !

COMMINE.

Ce précepte important,
Votre fils le suivra.

LOUIS.

Ne nous pressons pas tant :
Qu'il le lise, et qu'un jour il soit sa politique.
La mienne est de régner sans la mettre en pratique,
Et tout seul, et longtemps.

COMMINE.

Une haute raison
Peut remplacer la loi.

LOUIS, écartant le manteau dont il est couvert.

Cette pompe, à quoi bon ?
D'où vient que pour me nuire on a pris tant de peine ?
Qui les en a priés ? Ma couronne me gêne :
Posez-la près de moi, plus près, plus près encor !
Sous mes yeux, sous ma main.

COMMINE.

Je crois qu'à ce trésor
Nul n'oserait toucher.

LOUIS, montrant la couronne.

Non : mort à qui la touche !
Ils le savent.

(*) Rosiers des Guerres.

SCÈNE IX.

LOUIS, COMMINE, COITIER, TRISTAN.

COITIER, en entrant, à Tristan.
Le roi l'apprendra de ma bouche ;
Je le lui dirai, moi.

LOUIS.
C'est Coitier ; d'où viens-tu ?

COITIER.
D'où je viens ? Sur mon âme, il faut de la vertu
Pour répondre avec calme à cette raillerie.
D'où je viens !

LOUIS.
Parle donc.

COITIER.
Mais cette main meurtrie
Par les durs traitements qu'aujourd'hui j'ai soufferts.
Cette main porte encor l'empreinte de mes fers ;
Elle parle pour moi.

LOUIS.
Je ne puis te comprendre.

COITIER.
D'où je viens ? du cachot.

LOUIS.
Toi !

COITIER.
Faut-il vous l'apprendre ?

LOUIS.
Qui donna l'ordre ?

COITIER.
Vous.

LOUIS.
J'affirme...

COITIER.
Devant moi ;
C'est vous, vrai Dieu ! vous-même.

LOUIS.
En quel lieu ? quand ? pourquoi ?

COITIER.
Me croire de moitié dans un projet semblable !

De cette trahison si j'eusse été capable,
Qui me gênait? quel bras se fût mis entre nous?
Qui m'aurait empêché d'en finir avec vous?
Je le pouvais sans arme et sans laisser d'indice.
Mais moi, sous vos rideaux introduire un complice!...

LOUIS, en se levant.

Attends!...

COITIER.

Moi, l'y cacher!

LOUIS.

Attends!... Quel rêve affreux!
La nuit, sous mes rideaux, un homme...

COITIER.

Un malheureux...

COMMINE, à voix basse.

Coitier!

COITIER.

Qui n'a commis que la moitié du crime;
Qui, le poignard levé, fit grâce à la victime.

LOUIS.

Un poignard, un poignard! Nemours! point de pitié!
Nemours!

COMMINE, à Coitier.

Qu'avez-vous fait? Il l'avait oublié.

COITIER.

Qu'entends-je?

LOUIS.

Ah! c'est agir en ami véritable
Que de me rappeler le crime et le coupable.
(A Tristan.)
Est-il mort?

TRISTAN.

J'attendais...

LOUIS.

Quoi! traître, il n'est pas mort!

TRISTAN.

Sire, c'est le dauphin qui, touché de son sort,
M'a prié de suspendre...

LOUIS.

Un ordre qui me venge!
Un ordre de son roi!... Votre excuse est étrange.
Que s'est-il donc passé? L'ai-je bien entendu?

ACTE V, SCÈNE X.

Sous ma tombe à Cléry me croit-on descendu ?
Mon fils !... pour son malheur faut-il que je le craigne ?
S'il a régné trop tôt, il est douteux qu'il règne.

COITIER.

Eh ! sire, laissez là le soin de vous venger.
C'est à Dieu maintenant, à Dieu qu'il faut songer :
Car votre heure est venue.

LOUIS, retombant sur le lit.

Hein ! que dis-tu ?

COITIER.

J'atteste
Que ce jour où je parle est le seul qui vous reste,
C'est le dernier pour vous.

LOUIS.

Et pour mon prisonnier,
Quoi qu'il m'arrive à moi, c'est aussi le dernier.
Mais tu n'as pas dit vrai.

COITIER.

Par le ciel qui m'éclaire !
J'ai dit vrai ; pesez bien ce que vous devez faire :
Vous allez en répondre.

LOUIS.
(Au grand prévôt.)

Il n'importe ! Va-t'en.
Qu'il meure, ou tu mourras. Me comprends-tu ?

COMMINE, s'approchant de Tristan et à voix basse.

Tristan !...

TRISTAN, à Commine.

S'il y va de la vie !...

(Il sort.)

SCÈNE X.

LOUIS, COMMINE, COITIER.

LOUIS, à Coitier.

Oh ! non, c'est impossible :
Tu voulais m'effrayer ; l'instant, l'instant terrible,
Il est loin, conviens-en.

COITIER.

J'ai dit la vérité.

LOUIS.

Je ne suis pas encore à toute extrémité.
Dieu ! quel mal tu m'as fait !... mon sang glacé s'arrête ;
Il laisse un vide affreux dans mon cœur, dans ma tête...
Qu'on cherche le dauphin.

COMMINE.

J'y cours.

LOUIS.

Restez ici.

Il me croirait perdu s'il me voyait ainsi.
Je me sens défaillir sous un poids qui m'oppresse ;
Il m'étouffe : ô douleur !... ce n'est qu'une faiblesse,
Mais ce n'est pas la mort. Sauve-moi, bon Coitier !...
De l'air ! ah ! pour de l'air mon trésor tout entier !
Prends, prends, mais sauve-moi. Le dauphin, qu'on l'appelle !
Non, ce n'est pas la mort... ô Dieu ! mon Dieu !...

(Il se renverse sur le lit et tombe sans mouvement.)

COITIER.

C'est elle.

COMMINE.

Essayez, s'il se peut, de retarder sa fin,
Je cours vers monseigneur.

SCÈNE XI.

LOUIS, COITIER.

COITIER, après l'avoir regardé un moment en silence.

Me voilà libre enfin !

(Il passe la main sur le visage du roi, et soulève les paupières.)

Ses lèvres, son œil terne où la vie est éteinte,
De la destruction portent déjà l'empreinte !

(Prenant le bras qui retombe.)

C'est du marbre ; il n'est plus, et Nemours... Le cœur bat.
Il peut sortir vivant de ce nouveau combat ;
Oui, si je le ranime... Et dans quelle espérance ?
En prolongeant ses jours d'une heure de souffrance,
J'ajoute un crime horrible à ses crimes passés,
Le meurtre de Nemours ! oh ! non, non, c'est assez.
Nature, agis sans moi ; mon art te l'abandonne.
Ce roi, par mon secours, ne tuera plus personne.

Tu peux, pour ce forfait, disputer un instant,
Si tel est ton plaisir, sa dépouille au néant ;
Mais qu'à ta honte au moins ton œuvre s'accomplisse :
Je suis trop las de lui pour être ton complice.

SCÈNE XII.

LOUIS, LE DAUPHIN, COITIER, COMMINE, OLIVIER, PLUSIEURS COURTISANS.

LE DAUPHIN.

Lui ! mon père ! il m'appelle, il veut m'ouvrir ses bras !...
(A Coitier.)
Dieu ! serait-il trop tard ?... Vous ne répondez pas :
Ce silence m'éclaire ; il a cessé de vivre.
Sortez, qu'à ma douleur sans témoins je me livre.

COMMINE.

Monseigneur...

LE DAUPHIN.

Laissez-moi, je vous l'ordonne à tous.

SCÈNE XIII.

LOUIS, LE DAUPHIN.

LE DAUPHIN, à genoux auprès du lit.

O mon père, ô mon roi, me voici devant vous.
Recueillez dans les cieux, d'où vous pouvez m'entendre,
Les regrets de ce cœur qui pour vous fut si tendre.
Respectant vos rigueurs, votre fils méconnu
Jamais, pour les blâmer, ne s'en est souvenu.
Loin, bien loin d'accuser votre sagesse auguste,
Je me cherchais des torts pour vous trouver plus juste.
Je n'ai pu vous fléchir, et cette froide main,
Que je couvre de pleurs, qui je réchauffe en vain,
Hélas ! c'est donc la mort et non votre tendresse
Qui permet aujourd'hui que ma bouche la presse,
Et, pour que votre fils ne fût pas repoussé,
Mon père, il a fallu que ce bras fût glacé !
(Se relevant.)
Moi ! sur la royauté lever un œil avide !
Elle seule a flétri ce visage livide ;

Comme un présent fatal de vous je la reçois.
(Il prend la couronne.)
Puissé-je la porter sans fléchir sous son poids !
Que j'en sois digne un jour !

SCÈNE XIV.

LOUIS, LE DAUPHIN, MARIE.

MARIE, se jetant au pied du dauphin, et lui présentant l'anneau qu'elle a reçu de lui.

Sire ! pitié, clémence !
Tristan l'a condamné ; révoquez sa sentence.
Sire, vous pouvez tout : reconnaissez ce don ;
Ah ! qu'il soit pour Nemours un gage de pardon !
Nemours ! il va périr, et sa vie est la mienne.
Le dauphin a promis ; que le roi s'en souvienne !

LE DAUPHIN.

Rassure-toi, Marie ! il s'en souvient, va, cours ;
(Plaçant la couronne sur sa tête.)
Le roi tient sa parole et pardonne à Nemours.
(A la fin de la scène précédente et pendant celle-ci, Louis, qui se ranime par degrés, fait quelques mouvements. Il allonge son bras pour chercher la couronne ; puis il se soulève et promène ses regards autour de lui. Appuyé sur la table, il se traîne jusqu'au dauphin et lui pose la main sur l'épaule : celui-ci jette un cri et tombe à genoux à côté de Marie.)

LOUIS, au dauphin, qui veut lui rendre la couronne.

Gardez-la, gardez-la ; mon heure est arrivée.
J'accepte la douleur qui m'était réservée ;
Je l'offre à Dieu : mon père est vengé par mon fils !

SCÈNE XV.

LOUIS, LE DAUPHIN, MARIE, FRANÇOIS DE PAULE, COMMINE, OLIVIER, LE CARDINAL D'ALBY, LE DUC DE CRAON, LE COMTE DE LUDE, LE CLERGÉ, LA COUR, LE PARLEMENT.

LOUIS.

Approchez tous : à lui le royaume des lis !
A moi celui du ciel ! c'est le seul où j'aspire.

(Au dauphin.)
Vous, écoutez ma voix au moment qu'elle expire *.
Faites ce que je dis, et non ce que j'ai fait.
J'ai voulu m'agrandir, je me suis satisfait.
La France a payé cher cette gloire onéreuse :
Vous la trouvez puissante, il faut la rendre heureuse.
Ne séparez jamais votre intérêt du sien ;
(Bas.)
Honorez beaucoup Rome, et ne lui cédez rien.
Si fort que vous soyez, si grand qu'on vous proclame,
Aimez qui vous résiste et croyez qui vous blâme.
Quand vous devez punir, laissez agir la loi ;
Quand on peut pardonner, faites parler le roi.

MARIE, avec désespoir.

Qu'il parle pour Nemours !

FRANÇOIS DE PAULE.

Sire, Dieu vous contemple.
Donnez donc une fois le précepte et l'exemple.

LE DAUPHIN.

Laissez-vous attendrir.

LOUIS, à François de Paule.

Et si je suis clément
Ce Dieu m'en tiendra compte au jour du jugement?

FRANÇOIS DE PAULE.

Mais vous lui répondrez de chaque instant qui passe.

LOUIS.

Je pardonne.

MARIE.

C'est moi qui lui porte sa grâce ;
Moi, moi, j'y cours... Tristan !

SCÈNE XVI.

LES PRÉCÉDENTS, TRISTAN.

TRISTAN.

L'ordre est exécuté.

MARIE, tombant sur un siége.

Il est mort !

* Dernières instructions du roi Louis XI à son fils.

LOUIS.
Ce bourreau s'est toujours trop hâté.
(Montrant Olivier.)
Qu'il en porte la peine, ainsi que cet infâme
Dont les mauvais conseils empoisonnaient mon âme !
A leur juge ici-bas je les livre tous deux,
(Joignant les mains.)
Pour que le mien s'apaise et soit moins rigoureux.
(A François de Paule en s'agenouillant.)
Hâtez-vous de m'absoudre ; il m'attend... il m'appelle.
Priez pour le salut de mon âme immortelle :
Sauvez-la de l'enfer !... je me repens de tout.
Humble de cœur, j'ai pris la puissance en dégoût ;
Voyez... je n'en veux plus. Qu'est-ce que la couronne?
(En se relevant.)
Fausse grandeur... néant!... Priez... je veux, j'ordonne...
(Il chancelle et tombe mort au pied du lit.)
COITIER, qui met un genou en terre et lui pose la main sur le cœur.
Commine, c'en est fait.
COMMINE, quittant le fauteuil où il donnait des soins à sa fille, s'incline et dit au dauphin :
Sire, il n'est plus !
UN HÉRAUT, d'une voix solennelle.
« Le roi est mort, le roi est mort. »
TOUTE LA COUR, en se précipitant vers le dauphin.
« Vive le roi ! »
FRANÇOIS DE PAULE.
Mon fils,
Considérez sa fin, méditez ses avis,
Et n'oubliez jamais sous votre diadème
Qu'on est roi pour son peuple et non pas pour soi-même.

FIN DE LOUIS XI.

LES ENFANTS D'ÉDOUARD

TRAGÉDIE EN TROIS ACTES,

REPRÉSENTÉE SUR LE THEATRE-FRANÇAIS, LE 18 MAI 1833.

O thus, quoth Dighton, lay the gentle babes, —
Thus, thus, quoth Forrest, girdling one another
Within their alabaster innocent arms :
Their lips were four red roses on a stalk,
Which, in their summer beauty, kiss'd each other,
A book of prayers on their pilow lay;
Which once, quoth Forrest, almost chang'd my mind;
But, O, the devil — there the villain stopp'd;
When Dighton thus told on, — we smothered
The most replenished sweet work of nature,
That from the prime creation, e'er she fram'd. —

SHAKSPEARE.)

« C'est ainsi, me disait Dighton, qu'étaient cou-
« chés ces aimables enfants. » — « Ils se tenaient
« ainsi, disait Forrest, l'un l'autre entourés de
« leurs bras innocents et blancs comme l'albâtre ;
« leurs lèvres semblaient quatre roses vermeilles
« sur une seule tige, qui, dans tout l'éclat de leur
« beauté, se baisaient l'une l'autre. Un livre de
« prières était posé sur leur chevet : cette vue,
« dit Forrest, a, pendant un moment, presque
« changé mon âme ; mais, oh! le démon... » Le
scélérat s'est arrêté à ce mot, et Dighton a conti-
nué : « Nous avons étouffé le plus parfait, le plus
« charmant ouvrage que la nature ait jamais for-
« mé depuis la création ! »

L'EXTINCTION

DES DEUX FILS DU ROY ÉDOUARD D'ANGLETERRE.

Le roy Édouard d'Angleterre, quatrième de ce nom, recommenda avant son trespas ses deux fils Édouard et Georges à son frère Richard, duc de Glocestre, afin que Édouard, prince de Galles, son fils aisné, eagé de quatorze ans, succédast à la couronne, comme son vrai héritier. Son dit frère Richard, duc de Glocestre, proumit de faire son possible, et demoura régent, et print en sa tutelle les deux enfans ses nepveux. Ycelui, faindant vouloir debeller et envahir les François, assembla grande pécune et suffisante armée pour ce faire, et arriva à Londres la nuict Sainct-Jehan-Baptiste; et commença dès lors à monter en orgueil; si devint à demi tyran. La reine d'Angleterre, cognoissant la protervie de son courage, le tirra arrière et emmena ses enfans en une place forte nommée Vastremonstre (Westminster), afin que le dit de Glocestre ne leur fist quelque moleste. Néantmoins ceulx de Galles, les princes du sang et parenté du roy Édouard se mirent en peine de couronner le prince de Galles, et tirèrent vers Londres pour ce faire; et le dit duc de Glocestre l'une fois se faindoit être joyeux de ce couronnement, l'aultre fois tenoit terme tout au contraire; et y mit tant d'entraves que la chose suschey.

Il trouva façon par aulcunes accusations de soi despescher du seigneur d'Escales, nepveu des dits enfans, et Seigneur de la Rivière, ensemble de Thomas Vayant; puis fit bouter le dit prince son nepveu en la Tour de Londres. Et pour ce qu'il sembloit qu'il ne povoit faire chose de valeur s'il n'avoit le second fils son nepveu, eagé de douze ans, afin de anéantir la querelle, il le fit mander par l'arcevesque de Cantorbie, oncle des dits enfans, lequel dit à la mère, vevfe du roy Édouard, que son fils Georges vinst hastivement au couronnement de son frère; si verroit les honneurs qui se feroient illecq afin de tousjours apprendre. La reine, toute apprinse des deceptions de son beau frère, l'accordoit fort enuis; nonobstant elle se confioit au dit arcevesque.

Le second fils du roy Édouard, nommé Georges, comme dit est, fut renclu et bouté en la Tour de Londres, avecq son frère aisné; le duc Richard leur fit donner estat, qui fort diminua. L'aisné fils estoit simple et fort mélancolieux, cognoissant aulcunement la mauvaiseté de son oncle, et le second fils estoit fort joyeux et spirituel, appert et prompt aux danses et aux esbats; et disoit à son frère, portant l'ordre de la jarretière : « Mon frère, apprenez à danser. » Et son frère lui respondit : « Il vauldroit mieux que vous et moi apprinssions à mourir, car je cuide bien savoir que guaires de temps ne serons au monde. » Ils furent environ cinq sepmaines prisonniers; et par le capitaine de la Tour le duc Richard les fit occultement mourir et esteindre.

Aulcuns disent qu'il les fit bouter en une graude huge, et enclorre illec sans boire et sans manger. Aultres disent qu'ils furent estains entre deux quientes, couchants en une même chambre. Et quand vint à l'exécution, Édouard, l'aisné fils, dormoit, et le jeune veilloit, lequel s'apperçut du malice, car il commença à dire : « Ha ! mon frère, esveillez-vous, car l'on vous vient occir ! » Puis disoit aux appariteurs : « Pourquoi tuez-vous mon frère ? tuez-moi et le laissez vivre ! » Ainsi doncques l'un après l'autre furent exécutés et estaincts, et les corps rués en quelque lieu secret ; puis furent recueillis, et après la mort du roy Richard eurent royaux obsecques.

(Chronique de Molinet.)

* La plupart des historiens s'accordent à donner à ce prince le nom de Richard.

LES ENFANTS D'ÉDOUARD.

PERSONNAGES:

ÉDOUARD V, roi d'Angleterre.
RICHARD, duc d'York, son frère.
RICHARD, duc de Glocester, oncle des princes, régent du royaume.
LE DUC DE BUCKINGHAM.
SIR JAMES TYRREL.
LA REINE ÉLISABETH, veuve de lord Gray, puis d'Edouard IV, mère des deux princes.
LUCI, première femme de la reine.

EMMA,
FANNY, } femmes de la reine.
WILLIAM, serviteur de la reine.
LE CARDINAL BOURCHIER.
L'ARCHEVÊQUE D'YORK.
DIGHTON.
FORREST.
LORDS, SEIGNEURS DE LA COUR.
GARDES.

ACTE PREMIER.

(Un salon chez la reine Élisabeth. D'un côté, la reine occupée à broder ; de l'autre, quelques métiers de tapisserie abandonnés par ses femmes, qui entourent le jeune duc d'York.)

SCÈNE I.

ÉLISABETH, LE DUC D'YORK, LUCI, EMMA, FANNY.

ELISABETH, au duc d'York, sans lever les yeux.
Regarderai-je ?

LE DUC D'YORK, dont on achève la toilette.
Oh ! non.

ELISABETH.
Enfant !

LE DUC D'YORK.
Non pas encor.
(A Luci.)
Bonne mère, attendez. Donne le collier d'or.

LUCI.
Plus tard.

ACTE I, SCÈNE I.

LE DUC D'YORK, courant vers une table.

Tiens! Je le prends.

LUCI.

Reine, veuillez, de grâce,
Forcer le duc d'York à demeurer en place.
Il est comme un oiseau.

LE DUC D'YORK.

Qu'au piége on aurait pris :
Je ne fais pas un bond sans qu'on pousse des cris.
Allons, vieille Luci, viens, cours !

LUCI, à la reine.

Il me désole.

LE DUC D'YORK, courant autour de la table.

Rattrape en chancelant ton oiseau qui s'envole.

LUCI.

Essayer un habit pour le couronnement,
(S'élançant pour le saisir.)
C'est grave... On vous tient !

LE DUC D'YORK, s'échappant.

Bon !...

ELISABETH.

Très-grave assurément.

LUCI.

Lord Glocester, votre oncle, aujourd'hui vient vous prendre
Pour recevoir le roi.

ELISABETH.

Vous le ferez attendre :
(Le regardant de côté.)
Richard, je vais gronder. Cher trésor, qu'il est bien !

LUCI, au duc d'York.

Votre frère est un ange, et vous ne valez rien.

LE DUC D'YORK.

Voyez-vous l'hypocrite ! Il est roi d'Angleterre,
Et je ne le suis pas : voilà tout le mystère.

LUCI.

Dans le pays de Galle, où chacun l'admirait,
Le jour de son départ il a fait un beau trait.

LE DUC D'YORK, se rapprochant.

Lequel ?

LUCI.

On nous l'écrit.

LE DUC D'YORK.
Lequel? je veux l'apprendre.
L'éloge d'Édouard, j'aime tant à l'entendre!
LUCI, le saisissant.
On vous tient, déserteur!
LE DUC D'YORK.
C'est une trahison ;
Mais je me vengerai.
ELISABETH.
Demande-lui raison.
(A Luci.)
Abuser de l'amour qu'il montre pour son frère,
Ah! fi! c'est mal.
LUCI.
Amour que je ne comprends guère.
Ils sont si différents : l'un gai, bouillant, fougueux ;
L'autre, grave et sensible.
ELISABETH.
Aimables tous les deux.
LE DUC D'YORK, à Luci.
Si tu pouvais finir! Pour cette jarretière
Faut-il donc à genoux rester une heure entière?
LUCI.
Encor faut-il le temps. Je suis vieille, et mes doigts
N'ont plus l'agilité qu'ils avaient autrefois,
Mon cher petit Richard.
LE DUC D'YORK.
Petit! quelle injustice!
On est jusqu'à vingt ans petit pour sa nourrice.
LUCI
Un moment, et j'achève.
LE DUC D'YORK, avec impatience.
Est-ce fait?
LUCI.
Liberté!
Beau captif.
LE DUC D'YORK, se plaçant devant la reine.
Regardez.
ELISABETH.
Charmant, en vérité!

####### EMMA.
On n'est pas plus joli.
####### ELISABETH.
Venez, vous qu'on adore,
Qu'on vous baise cent fois, et puis cent fois encore !
Sous l'appareil du sacre et l'auguste bandeau,
Luci, crois-tu toujours qu'Édouard soit plus beau?
Vous charmerez tous deux ce peuple qui vous aime.
####### (A Luci.)
Levez vos grands yeux noirs ! C'est son père lui-même.
####### LUCI, appuyée sur le dos du fauteuil de la reine.
Il a de son regard.
####### ELISABETH.
Mais beaucoup ; mais, Luci,
C'est sa vivante image : il souriait ainsi.
Cette grâce, il l'avait, quand sa main souveraine
Releva lady Gray pour en faire une reine.
####### LE DUC D'YORK.
Lady Gray, c'était vous.
####### ELISABETH.
Qui, pauvre et sans appui,
Redemandais mes biens en pleurant devant lui.
Dieu ! comme je tremblais ! Luci se le rappelle.
####### (A Luci.)
Il fut bien généreux ; mais moi, j'étais bien belle,
N'est-ce pas?
####### LE DUC D'YORK.
Je le crois, belle comme à présent.
####### ELISABETH, qui l'embrasse.
Je vous punis, flatteur !
####### LUCI.
Sans doute ; en le baisant.
Voilà vos châtiments : caresses sur caresses ;
Et votre fils aîné n'a rien de vos tendresses.
####### LE DUC D'YORK, à la reine.
Je lui rendrai sa part en l'embrassant pour vous.
####### ELISABETH.
Savez-vous qu'à Radnor il souffrait loin de nous ?
####### LUCI.
Quoi ! toujours ?
####### ELISABETH.
Pauvre fleur, le chagrin l'a fanée.

Que de pleurs nous coûta cette triste journée,
Où le noble Edouard de ses bras défaillants,
De ses yeux affaiblis vous cherchait, mes enfants,
Rapprochait, unissait vos deux têtes charmantes
Sous les derniers baisers de ses lèvres mourantes !
Aimez-vous, a-t-il dit, et, regardant les cieux,
Pour ne plus les rouvrir, il a fermé les yeux.

    LE DUC D'YORK, d'une voix altérée.

Un beau soir, à Windsor, nous irons, ô ma mère,
Lui demandant tous trois la santé de mon frère,
Déposer sur le marbre, où souvent nous pleurons,
Deux couronnes de fleurs que nous enlacerons ;
Et puis vous lui direz : A ton désir fidèles,
Tes fils jusqu'au tombeau seront unis comme elles.
Le voulez-vous ?

    ELISABETH, essuyant les yeux du duc d'York.
  Demain.

    LE DUC D'YORK.
      Dès qu'il nous reverra,
Au bonheur, à la vie Edouard renaîtra.
De lui donner des soins qu'on me laisse le maître.
Mon remède est si bon !

    ELISABETH.
      Pourrait-on le connaître ?

    LUCI.

C'est le jeu.

    LE DUC D'YORK.
  Trouve mieux pour guérir ses douleurs.

    ELISABETH, à part.

Comme, chez les enfants, le rire est près des pleurs !

    LE DUC D'YORK.

Lord Rivers avec lui reviendra-t-il à Londre ?

    ELISABETH.

Sans doute.

    LUCI.
  Noble cœur, et dont je puis répondre !
Parent loyal et sûr, ami vrai, celui-là,
Votre oncle maternel.

    ELISABETH.
  Qu'entendez-vous par là ?

ACTE I, SCÈNE I.

LUCI.

Rien : je dis seulement que c'est leur second père,
Et qu'ils n'en ont pas d'autre.

LE DUC D'YORK.

Il est parfois sévère.
Mon oncle Glocester est bien plus indulgent,
Et je l'aime bien moins.

ELISABETH.

Parlez mieux du régent.
Quoi qu'en dise Luci, dont le discours me blesse,
Vous pouvez, chers enfants, compter sur sa tendresse.
Il a de votre père et le zèle et les soins ;
Il lui ressemble en tout.

LE DUC D'YORK.

Pas de figure au moins.

ELISABETH.

Richard, vous me fâchez.

LE DUC D'YORK.

Eh bien, je me ravise,
Et dirai, si l'on veut, que sa taille est bien prise.

ELISABETH.

Quand vous aurez son âge, ayez sa dignité ;
Vous serez bien, milord.

LE DUC D'YORK.

Oui, très-bien d'un côté ;
(Montrant son épaule.)
Mais de l'autre !

ELISABETH, sévèrement.

Richard !

LUCI.

Que milady pardonne.

ELISABETH, au duc d'York.

C'est un méchant esprit que celui qu'on vous donne.
Vous m'entendez, Luci !

LUCI.

Mais, madame...

ELISABETH.

En effet,
Le régent est coupable ; et de quoi ? qu'a-t-il fait?
Depuis qu'à sa tutelle on remit leur enfance,

A-t-il un seul instant trompé ma confiance ?

LUCI.

Non, jusqu'à présent ; mais...

ELISABETH.

Mais il vous est suspect.

C'est fâcheux ; cependant il a droit au respect,
Au vôtre, au sien surtout.

(Au duc d'York.)

Les vertus, le courage,
Valent mieux que la grâce et qu'un joli visage.
Il est mal et très-mal de prendre un ton moqueur !
Je ne vous aime plus : vous avez mauvais cœur.

LUCI.

Le voilà tout confus.

LE DUC D'YORK.

Pardon !

ELISABETH.

Je suis trop bonne.

LUCI.

Paix ! quelqu'un vient : c'est lui.

ELISABETH.

Le régent ?

LE DUC D'YORK.

En personne.

(Imitant la démarche de son oncle.)
Le reconnaissez-vous ?

ELISABETH, au duc d'York.

Je vois qu'il faut sévir.

(Bas à Luci.)

Vous m'y forcez ; c'est bien. Il l'imite à ravir.

FANNY.

Sortirons-nous ?

ELISABETH.

Pourquoi ? Reprenez votre ouvrage.

SCÈNE II.

LES PRÉCÉDENTS, GLOCESTER.

(Les femmes de la reine vont s'asseoir près des métiers à tapisserie. Le duc d'York est devant Luci, qui dévide un écheveau de soie sur ses bras)

ELISABETH, à Glocester.
Vous avez de mon fils reçu quelque message,
Milord, il vous écrit ? Pour moi, j'en fais l'aveu,
Ainsi que lord Rivers, il me néglige un peu.
Me laisser deux longs jours sans lettres, sans nouvelles,
C'est comprendre bien mal mes craintes maternelles.

GLOCESTER.
Oui, voilà les enfants : pour nous ils ne font rien,
Et les ingrats sont sûrs qu'on les recevra bien.

LE DUC D'YORK, d'un air boudeur, à Luci qui lui fait signe de se taire.
Les ingrats !

ELISABETH, à Glocester.
  Votre grâce en dit plus que moi-même.
Eh ! n'est-ce pas pour eux, pour eux seuls qu'on les aime ?
Pauvre ange ! qu'il m'oublie et qu'il ne souffre pas,
Il n'aura point de tort.

GLOCESTER.
  Il vient, et sur ses pas
Semant tous les chemins de fleurs, de verts feuillages,
Nos Anglais, m'écrit-on, l'environnent d'hommages.
C'est porté dans leurs bras qu'il arrive aujourd'hui ;
Sa marche est un triomphe, et jamais, avant lui,
Le noble sang d'York, jamais la rose blanche,
N'ont ému tant de cœurs d'une joie aussi franche.

ELISABETH.
Vous m'enchantez, milord.

GLOCESTER.
  Moi, son humble sujet,
Heureux de ces transports dont je chéris l'objet,
J'arrive, et des douleurs je trouve ici l'image :
Tant d'attraits sont voilés des ombres du veuvage.
Que ce front, pour un jour affranchi de son deuil,
Rayonne, heureuse mère, et d'ivresse et d'orgueil.

ELISABETH.

Hélas ! ne dois-je rien à qui m'a couronnée ?
Je suis heureuse mère et femme infortunée ;
Et cet autre Édouard qui va m'être rendu
Rappelle à mes regrets celui que j'ai perdu.

LE DUC D'YORK, à la plus jeune femme de la reine, qui joue avec lui.

Tu m'oses défier : eh bien, voilà mon gage !
(Il l'embrasse.)
Rends-le-moi si tu veux.

LUCI, le suivant.

Milord, soyez donc sage !
Ces fils de soie et d'or vont tomber de vos bras.
Bien : les voilà mêlés.

LE DUC D'YORK.

Tu les démêleras.

LUCI, lui montrant l'écheveau qu'elle a ramassé.

Des nœuds ?

LE DUC D'YORK.

En les coupant.

GLOCESTER, à la reine en souriant.

C'est un autre Alexandre.

ELISABETH.

Quand on ne le voit pas on est sûr de l'entendre.

GLOCESTER, au duc d'York.

A la bonne heure au moins, beau neveu ! les rubis,
L'or et les diamants brillent sur vos habits.

LE DUC D'YORK.

Je vous fais grâce encor du grand manteau d'hermine :
Au sacre je l'aurai.

GLOCESTER.

C'est vrai : plus j'examine,
Et plus je reconnais le vêtement pompeux
Qui doit à Westminster parer mes chers neveux.

LE DUC D'YORK.

Est-ce demain ?

GLOCESTER.

Bientôt.

LE DUC D'YORK.

Non, fixez la journée.

Bientôt, c'est quand on veut, c'est un mois, une année.

ACTE I, SCÈNE II.

GLOCESTER.

Un siècle.

LE DUC D'YORK.

En attendant, milord, on peut mourir.

ELISABETH, vivement.

Le ciel nous en préserve !

GLOCESTER, au duc d'York.

Attendre, c'est souffrir.

N'est-ce pas ?

LE DUC D'YORK.

Eh bien, quand ?

GLOCESTER.

De ses vœux l'enfant presse
Ce temps, dont l'âge mûr accuse la vitesse.

LE DUC D'YORK.

Enfin, quand donc ?

GLOCESTER.

Bientôt.

ELISABETH.

Milord, asseyons-nous.

LE DUC D'YORK.

Ma mère à son travail, et moi sur vos genoux.

ELISABETH.

Vous abusez, Richard !

GLOCESTER, au duc d'York, qui veut descendre.

Restez !

LE DUC D'YORK.

Oh ! non, j'abuse.

ELISABETH.

Ne faites pas le fier : on vous souffre.

GLOCESTER, à la reine.

Il m'amuse.

ELISABETH, à Glocester.

Le roi vous marque-t-il l'heure de son retour ?

GLOCESTER.

Mais nous devons ce soir l'embrasser à la Tour.

LE DUC D'YORK.

A la Tour ! et pourquoi ?

GLOCESTER.

Je m'en vais vous le dire :

Si mon neveu lisait tout ce qu'il devrait lire,
Instruit d'un vieil usage, il saurait que toujours
Les rois avant leur sacre y passent quelques jours.

LE DUC D'YORK.

Mais c'est une prison.

GLOCESTER.

Qui n'attriste personne,
Quand on en doit sortir pour ceindre une couronne.

LE DUC D'YORK.

Mon frère, en la quittant, va donc gouverner?

GLOCESTER.

Non.

ELISABETH.

Tant qu'on n'est pas majeur on n'est roi que de nom.

LE DUC D'YORK.

J'en voudrais le pouvoir, si j'en avais le titre.

GLOCESTER.

A treize ans, de l'État milord serait l'arbitre?

LE DUC D'YORK.

Oui, milord.

GLOCESTER.

Des enfants qui courent sur le port,
Nous ferions pour la guerre une armée à milord.

LE DUC D'YORK.

Il n'en est pas besoin : milord pourrait, j'espère,
Compter sur les soldats commandés par son père.

GLOCESTER.

Ils sont vieux pour milord.

LE DUC D'YORK.

Milord se ferait vieux.

GLOCESTER.

Et comment, s'il vous plaît?

LE DUC D'YORK.

En combattant comme eux.

GLOCESTER.

Voilà des sentiments dignes d'un diadème!

LE DUC D'YORK.

Mais celui qui le tient le défendra lui-même.

LUCI, à part.

Bien dit !

ACTE I, SCÈNE II.

ELISABETH.
Et de son front qui voudrait l'enlever ?
Lord Glocester est là pour le lui conserver.

GLOCESTER.
Que vous me jugez bien ! Au péril de ma vie,
Vous le prouver, ma sœur, est un sort que j'envie.

LE DUC D'YORK.
Votre beau cheval blanc, que souvent j'admirai,
Vous me l'avez promis ; donnez : je vous croirai.

ELISABETH.
Vous demandez toujours.

GLOCESTER, au duc d'York.
Il est à Votre Grâce ;
Mais saurez-vous au moins le conduire à ma place ?

LE DUC D'YORK.
Tout jeune que je suis, mieux qu'un autre à vingt ans.

GLOCESTER.
Mauvaise herbe est précoce et croît avec le temps :
Le proverbe dit vrai.

LE DUC D'YORK.
Voilà pourquoi, je gage,
A quelqu'un que je sais l'esprit vint avant l'âge.

ELISABETH, à Glocester.
Parlons du roi, milord.

GLOCESTER, au duc d'York.
A qui donc ?

LE DUC D'YORK.
A quelqu'un.

GLOCESTER.
Mais enfin ?...

ELISABETH.
Certain duc va se rendre importun ;
Et je le renverrai.

GLOCESTER.
Non pas : laissez-le dire.
Sa malice m'enchante et me fait beaucoup rire.

ELISABETH.
Vous le rendez, milord, trop libre en le gâtant.
(Bas.)
Il est un peu malin ; mais il vous aime tant !

GLOCESTER.

Et moi donc !... cher enfant : il faut que je l'embrasse.
Si jamais celui-là ment à sa noble race !...

ELISABETH.

Et son frère !

GLOCESTER.

Son frère est aussi mon espoir.
Qu'ils prospèrent tous deux, et que je puisse voir
Ces rejetons chéris d'une tige si belle,
Ces deux roses d'York fleurir sous ma tutelle !

ELISABETH.

Eh bien, protégez-les ; qu'ils vous soient toujours chers,
Eux, comme tous les miens : la main de lord Rivers
Sur le lit d'Édouard serra deux fois la vôtre.
En veillant sur mes fils, aimez-vous l'un et l'autre !

(Ici on entend quelque rumeur sous les fenêtres.)

UN CRIEUR PUBLIC, en dehors.

« Jugement et condamnation de lord Hastings, pair du
« royaume, atteint et convaincu du crime de haute trahi-
« son. »

LE DUC D'YORK.

Hastings !... grâce, mon oncle !

ELISABETH.

Il aimait cet enfant.

GLOCESTER.

Le lâche avait trahi celle qui le défend.
Forcé de le punir, j'eus peine à m'y résoudre ;
Mais je vous aimais trop, milady, pour l'absoudre.

LE CRIEUR PUBLIC.

« Arrestation de lord Rivers, conduit de Northampton à
« la forteresse de Pomfret, par ordre du duc de Glocester,
« régent du royaume. »

ELISABETH.

Qu'entends-je ?

LE DUC D'YORK.

Lord Rivers !

GLOCESTER, en riant.

Oh ! lui, c'est différent.

ELISABETH.

Qu'a-t-il fait ?

GLOCESTER, de même.

Rien.

ACTE I, SCÈNE III.

ELISABETH.
Encore ?...

GLOCESTER.
Il est votre parent ;
Voilà son crime.

ELISABETH.
Eh quoi ! vous faisait-il ombrage ?

GLOCESTER.
A moi ? lui ?... Sans témoins, j'en dirai davantage.
En l'embrassant bientôt vous me remercierez ;
Il le fera lui-même.

LE DUC D'YORK.
Ah ! vous nous rassurez.

ELISABETH.
(A son fils.) (A ses femmes)
Va jouer. Laissez-nous.

LE DUC D'YORK, à Glocester.
Tenez votre promesse,
Et vous rirez de moi si je manque d'adresse.

GLOCESTER.
Le petit écuyer pourra tomber de haut.

LE DUC D'YORK.
Petit ! et vous aussi, vous raillez ce défaut !
Allez, d'autres que moi pécheraient par la taille,
Si l'on mesurait l'homme au cheval de bataille.

GLOCESTER.
Vraiment !

LE DUC D'YORK.
Adieu, bel oncle !

GLOCESTER.
A revoir, bon neveu !
(A part.)
Quand ils ont tant d'esprit, les enfants vivent peu.

SCÈNE III.

ÉLISABETH, GLOCESTER.

ELISABETH.
Parlez : de lord Rivers avez-vous à vous plaindre ?
De quoi l'accuse-t-on ? pour lui que dois-je craindre ?

GLOCESTER.

Mais rien, croyez-moi donc.
(Se penchant sur le métier de la reine.)
Quel travail délicat !
Cet ouvrage de femme est d'un goût, d'un éclat !

ELISABETH.

Il est vrai ; je suis femme, et comprends vos paroles :
Je dois me renfermer dans ces travaux frivoles.

GLOCESTER.

Vous ai-je dit cela ?

ELISABETH.

Je me le dis pour vous.
Mon Dieu ! de ses secrets que l'Etat soit jaloux,
J'y consens : gardez-les ; restez-en seul le maître ;
Je les ai trop connus pour vouloir les connaître.
Mais je suis sœur, milord, je suis mère, et je crains.
Est-ce un tort ? que l'excuse en soit dans mes chagrins.
Le malheur rend timide ; à force de souffrance,
J'ai contre l'avenir perdu toute assurance.
Quittez ce ton léger que dément votre cœur,
Milord, et parlez-moi comme un frère à sa sœur.

GLOCESTER.

Eh bien, à votre gré gouvernez votre esclave,
Et parlons gravement de ce qui n'est pas grave.
Lord Rivers arrêté ! quel forfait est le sien ?
Que lui reproche-t-on ?... rien, absolument rien.
Mais à notre Édouard plus je le crois utile,
Moins je vois ses dangers avec un œil tranquille.

ELISABETH.

Quels dangers ?

GLOCESTER.

Vous savez que vos augustes nœuds
Ont, dans ses intérêts, dans son orgueil haineux,
Ulcéré jusqu'au cœur cette vieille noblesse,
Que rien ne satisfait et qui d'un rien se blesse.
Quand on vit vos parents des emplois revêtus,
On chercha leurs aïeux ; je comptais leurs vertus.
Rivers, qu'avaient poussé mes amis et les vôtres,
Vint sur les bancs des pairs s'asseoir parmi nous autres,
Dont les noms se perdaient dans la nuit du passé ;
Le mot de parvenu fut alors prononcé :

ACTE I, SCÈNE III.

Mot banal, et des cours injure favorite,
Lorsque auprès des grands noms s'élève un grand mérite.
Sa fortune croissant avec ses ennemis,
L'héritier du royaume à ses soins fut remis.
On murmura plus haut ; mais on craignit les armes
Que vous teniez du roi subjugué par vos charmes.

ELISABETH.

Milord !...

GLOCESTER.

Qui n'eût fléchi sous un tel ascendant?
J'y cède, comme lui, reine, en vous regardant.
Mais enfin ce dépit, que retenait la crainte,
Depuis votre veuvage éclate sans contrainte.
« Votre frère, dit-on, maître du jeune roi, »
C'est ce parti haineux qui parle et non pas moi,
« Gouverne son esprit ainsi que sa personne,
« Et mettrait volontiers les mains sur sa couronne. »

ELISABETH.

Qui ? lui, mon noble frère !...

GLOCESTER.

Eh non! mille fois non !
Ce sont vos deux enfants qu'on poursuit sous son nom ;
On voulait, prévenant le sacre qui s'apprête,
Pour aller jusqu'au roi, faire tomber sa tête.

ELISABETH.

Mais c'est affreux, milord !

GLOCESTER.

Sans doute, c'est affreux ;
Et de tous ces complots l'artisan ténébreux,
Quel est-il ? lord Hastings.

ELISABETH.

J'en frémis : à l'entendre,
Il avait pour mes fils un dévouement si tendre !
A qui donc se fier ?

GLOCESTER.

A moi, qui l'ai puni.
Gardez-vous cependant de croire tout fini ;
Leur parti n'est pas mort avec ce chef habile.
Il fallait à Rivers assurer un asile ;
Il fallait plus encor, que le bruit des verrous

Par un acte apparent satisfît leur courroux.
Voilà le double but où je voulais atteindre,
Et le complot détruit, tout calmé, pourquoi feindre ?
Rendant pleine justice à Rivers méconnu,
Je l'embrasse, et lui dis : Soyez le bienvenu.
De tout ce que j'ai fait tel est l'aveu sincère.
Eh bien, ai-je à ma sœur répondu comme un frère ?

ELISABETH.

Sous cet amas d'horreurs mon cœur reste abattu.
Peut-on se faire un jeu de noircir la vertu !

GLOCESTER.

Eh ! que diriez-vous donc, si dans leur folle haine
Ils osaient insulter jusqu'à leur souveraine ?

ELISABETH.

Moi ?

GLOCESTER.

Vous : de votre hymen la légitimité
Par de sourdes rumeurs est un point contesté;
Et, comme leur fureur ne peut être assouvie
Qu'en frappant mes neveux dans leurs droits ou leur vie,
Ils vont plus loin.

ELISABETH.

Comment ?

GLOCESTER.

Et cette indignité
Réussit en raison de son absurdité !
Plus une calomnie est difficile à croire,
Plus pour la retenir les sots ont de mémoire.

ELISABETH.

De grâce, expliquez-vous.

GLOCESTER.

Je comprends ces discours,
Quand une Jeanne Shore est du mépris des cours
Retombée à sa place, et meurt en criminelle,
Dans la fange, où déjà son nom traîne avant elle.
Fussent-ils, ses enfants, issus du sang des rois,
Le dernier des Anglais peut contester leurs droits.
Ils étaient nés flétris, ces fruits de l'adultère ;
Mais vos fils !...

ELISABETH.

Ose-t-on déshonorer leur mère ?

Répondez-moi, milord, l'ose-t-on ?

GLOCESTER.

Bruits menteurs,
Dont je voudrais connaître et punir les auteurs.

ELISABETH.

On l'ose !

GLOCESTER.

Ah ! milady, que du faîte où nous sommes
Le spectacle qu'on a vous dégoûte des hommes !

ELISABETH.

Mon frère, moi, mes fils, tout frapper à la fois !
Je reste de surprise immobile et sans voix.

GLOCESTER.

Enfin dans leur démence ils vont jusqu'à prétendre
Que, d'un remords secret ne pouvant vous défendre,
Tout entière à vos fils, vous les aimez assez
Pour vous sacrifier à leurs jours menacés ;
Et... puis-je d'un tel bruit me rendre l'interprète !
Signer l'aveu public des erreurs qu'on vous prête...

ELISABETH.

Le signer !

GLOCESTER.

Par tendresse : en préférant pour eux
Une vie assurée à des droits dangereux.

ELISABETH.

Le signer ! qu'à ce point la terreur m'avilisse !
Que de mon lâche cœur cette main soit complice !
Pour flétrir mes enfants, pour les déshériter,
Pour abdiquer ces droits qu'on leur vient disputer ;
Droits augustes, milord, certains, incontestables,
Et dont j'écraserai tous ces bruits misérables !
Le signer ! je suis faible, et cependant j'irais,
Reine et mère à la fois, dans mes yeux, sur mes traits
Portant le démenti d'une telle infamie,
Aborder le front haut cette ligue ennemie.
J'irais, je traînerais mes deux fils sur mes pas ;
Je prendrais d'Édouard l'héritier dans mes bras :
Oui, j'en aurais la force, et, courant leur répondre,
Au peuple rassemblé dans les places de Londre,
Je dirais, je crierais... Que sais-je ? Ah ! si les mots

Me manquent, au besoin, mes regards, mes sanglots
Répandront au dehors ma douleur maternelle ;
Si ma voix me trahit, mes pleurs crieront pour elle :
« Peuple, sauve ton roi, c'est Édouard, c'est lui ;
« Édouard orphelin qui te demande appui,
« Abandonné de tous, c'est en toi qu'il espère ;
« Adopte mes enfants qu'on prive de leur père. »
Mes enfants ! mes enfants !... Ah ! qu'ils viennent, vos lords ;
Qu'ils m'insultent en face ; ils me verront alors,
Entre mes deux enfants, faire tête à l'outrage.
La lionne qu'on blesse aurait moins de courage,
Moins de fureur que moi, si jamais je défends
Les jours, les droits sacrés, l'honneur de mes enfants.

GLOCESTER.

Vertu, que c'est bien là ton sublime langage !
Mais croyez qu'avant vous, si la lutte s'engage,
J'irai leur faire affront de leurs propres noirceurs,
Reine, et vous m'oubliez parmi vos défenseurs.

ELISABETH.

Vous, jamais ! Après Dieu, soyez ma providence.
De vos soins pour Rivers j'admire la prudence ;
Je vous en remercie. Ah ! qu'un plus noble effort
(A William qui rentre.)
Couronnant vos projets... Que nous veut-on ?

SCÈNE IV.

ÉLISABETH, GLOCESTER, WILLIAM.

WILLIAM.

      Milord,
Le duc de Buckingham est porteur d'un message ;
Peut-il voir Votre Grâce ?

GLOCESTER.

    Encor ! quel esclavage !
(Faisant un pas pour sortir.)
Pardon, je vais l'entendre.

ELISABETH, l'arrêtant.

    Ici, milord, ici.
(A William qui sort.) (A Glocester.)
Qu'il vienne. Excusez-moi de vous quitter ainsi :

Impuissante à cacher la douleur qui m'oppresse,
J'ai besoin d'y céder pour m'en rendre maîtresse.
Calme devant mon fils, qui doit tout ignorer,
Je voudrais, s'il se peut, l'embrasser sans pleurer.
Je vous attends, milord.

SCÈNE V.

GLOCESTER, *la regardant sortir.*

Sous le deuil que de charmes !
J'aime une reine en deuil : mon Dieu ! les belles larmes !
Qu'elles jaillissaient bien d'un cœur au désespoir !
On les ferait couler seulement pour les voir.

SCÈNE VI.

GLOCESTER, BUCKINGHAM.

BUCKINGHAM.

Salut au protecteur !

GLOCESTER.

C'est donc fait ?

BUCKINGHAM.

Et mon zèle
N'a pas permis qu'un autre apportât la nouvelle.
Au palais, d'où je viens, je n'ai pas attendu.
Vous étiez chez la reine, et je m'y suis rendu.

GLOCESTER.

Gloire à toi, Buckingham ! tu me combles de joie ;
Cousin, pour réussir, il suffit qu'on t'emploie.
On t'a bien accueilli ?

BUCKINGHAM.

Mieux que je ne pensais.
Tout ce qui n'est pas nous me dégoûte à l'excès.
Mon horreur pour le peuple est chose assez notoire ;
Et vous voyez d'ici mon illustre auditoire :
Le lord-maire d'abord, enflé d'un tel orgueil
Qu'à peine s'il tenait dans son large fauteuil ;
Des graves aldermans la majesté robuste,
Et ce que la Cité contient de plus auguste

En figures de banque, avec leur front plissé,
Où l'on voit que la veille un total a passé ;
Leur bouche, où vient errer, dans sa béatitude,
Ce sourire engageant dont ils ont l'habitude.
Aussi j'ai laissé là l'urbanité des cours.
Une odeur de comptoir parfumait mon discours.
Le sentiment banal qui boursouflait mes phrases
Jetait ces braves gens dans de telles extases,
Qu'en douleur de boutique on n'a jamais vu mieux
Que les gros pleurs bourgeois qui tombaient de leurs yeux.
Enfin, je me suis fait plus marchand, plus vulgaire
Que tous les aldermans, la Cité, le lord-maire,
Et j'ai tant descendu dans le cours des débats,
Qu'il fallait bien, milord, nous rencontrer en bas.
Tout le monde était peuple. Ils ont signé ce titre
Qui vous rend de l'État le souverain arbitre ;
Vous êtes protecteur du royaume et du roi.
Ils ont crié pour vous, ils ont crié pour moi ;
Je ne sais plus pour qui leur poitrine s'exerce ;
Mais je suis confondu des poumons du commerce.

GLOCESTER.

Ce pas peut mener loin.

BUCKINGHAM.

De ce que j'entrepris
Le comté d'Hereford devait être le prix.
Milord s'en souvient-il ?

GLOCESTER.

D'accord : si ma puissance
Est quelque jour égale à ma reconnaissance,
Je ferai plus pour toi. Que dit-on de Rivers ?

BUCKINGHAM.

Cet acte est le sujet de mille bruits divers :
Mais vous ne craignez pas, du moins, qu'on le délivre.

GLOCESTER, *lui montrant l'appartement de la reine.*

Sois prudent. Cette nuit il a cessé de vivre ?

BUCKINGHAM.

Ainsi le commandaient vos ordres absolus.

GLOCESTER.

Dors en paix, bon Rivers ; nous ne t'en voulons plus :

ACTE I, SCÈNE VI.

N'est-ce pas, Buckingham ?
BUCKINGHAM.
Pour lui j'étais sans haine.
Gentillâtre adoré sur son petit domaine,
Que ne se livrait-il au bonheur campagnard
D'essouffler ses limiers, de traquer un renard,
De trancher du seigneur dans sa fauconnerie,
Sans faire avec son nom tache sur la pairie ?
Je respecte sa sœur ; elle est mère du roi,
Et ce titre toujours sera sacré pour moi ;
Mais ces Gray, ces Rivers, son éternel cortége
De parents, de cousins, petits-cousins... que sais-je ?
Je ne suis pas forcé d'honorer tout cela.
La cour est une auberge où passent ces gens-là :
Fussent-ils de l'hermine affublés au passage,
Ils viennent, on s'en moque, ils partent, bon voyage !
L'infortune d'Hastings doit seule m'affliger ;
C'était, quoi qu'il eût fait, du sang à ménager,
Du sang comme le notre.
GLOCESTER.
Il avait des scrupules
Dont sa fin guérira quelques esprits crédules.
Le jour où quand je marche on me laisse en chemin,
Ce jour pour mon ami n'a pas de lendemain.
Quant à l'autre, en tout temps il fut mon adversaire.
L'ordre de l'arrêter devenant nécessaire,
Je l'ai rendu public, on l'a crié partout :
Le peuple doit savoir, cousin, que j'ose tout.
Mais sa mort, cachons-la ; lady Gray, que j'emmène,
Ferait en l'apprenant de la vertu romaine,
Voudrait garder ses fils, et, pour répondre d'eux,
Il est bon qu'à la Tour je les tienne tous deux.
Alors...
BUCKINGHAM.
Que ferez-vous ?
GLOCESTER.
Ami, l'homme propose...
Tu sais le vieil adage ?
BUCKINGHAM.
Enfin ?

GLOCESTER.
          Et Dieu dispose.
Mais dans ce long discours, où tu t'es surpassé,
Du bruit qui se répand tu n'as donc rien glissé ?

BUCKINGHAM.
Quel bruit ?

GLOCESTER.
          Sur les enfants, sur leurs droits, leur naissance.

BUCKINGHAM.
A quoi bon démentir un bruit sans consistance ?

GLOCESTER.
On le répète au moins, puisqu'elle a tout appris.

BUCKINGHAM.
La reine ?

GLOCESTER.
          Lady Gray. D'abord c'étaient des cris ;
Et puis, par un retour qui m'étonna moi-même,
Ce fut, pour s'excuser, un embarras extrême,
Oui, là, comme un remords, enfin je ne sais quoi
De quelqu'un qui se trouble et n'est pas sûr de soi.

BUCKINGHAM.
De sa confusion n'abusez pas contre elle :
La reine est des vertus le plus parfait modèle.

GLOCESTER.
Je puis avoir mal vu ; mais toi qui vois si bien,
Tu crois que le conseil ne t'a déguisé rien ?

BUCKINGHAM.
Ils portent, ces bourgeois, leur cœur sur leur visage.

GLOCESTER.
Ils m'ont fait protecteur ; s'ils voulaient davantage ?...

BUCKINGHAM.
Quoi donc ?

GLOCESTER.
M'avoir...

BUCKINGHAM.
          Parlez.

GLOCESTER.
          Tu dois m'entendre.

BUCKINGHAM.
                    Non.

ACTE I, SCÈNE VI.

GLOCESTER.

Toujours pour protecteur, mais sous un autre nom.

BUCKINGHAM.

Celui de roi ?

GLOCESTER.

Je crains qu'ils n'en aient la pensée.

BUCKINGHAM.

Ils ne l'ont pas.

GLOCESTER.

Alors j'aurai la main forcée.

BUCKINGHAM.

Erreur !

GLOCESTER.

Si le conseil abuse de ses droits,
Que faire, Buckingham ?

BUCKINGHAM.

Refuser.

GLOCESTER.

Ah ! tu crois ?

BUCKINGHAM.

Oui, refuser, milord.

GLOCESTER.

Parle plus bas.

BUCKINGHAM.

De grâce !
Quand vous accepteriez, comment vous faire place ?
Sur les fils d'Edouard un faux bruit débité
Ne saurait prévaloir contre la vérité.
Il faudra donc s'armer d'un bien triste courage,
Et frapper des deux mains pour s'ouvrir un passage.
J'accepte : ce seul mot renferme leur trépas ;
Et ce mot plein de sang, vous ne le direz pas.

GLOCESTER.

Tu fus moins scrupuleux dans plus d'une entreprise.

BUCKINGHAM.

J'en conviens, que m'importe à moi qui les méprise,
Si tous ces noms chétifs, si ces races d'un jour,
Qu'un rayon du pouvoir fait éclore à la cour,
Rentrent dans le néant, quand le soleil se couche,
Sous le bras qui les fauche ou le pied qui les touche ?
Se baisse qui voudra pour en prendre souci ;

Mais quant au sang royal il n'en est pas ainsi.
Ses droits sont les garants des droits de la noblesse ;
Les deux princes, c'est nous : qui les touche nous blesse.
Le peuple, sans raison, deviendra leur soutien.
Je sais que tout ceci ne le regarde en rien :
Pour avoir un avis il n'est baron ni comte,
Mais c'est un spectateur dont il faut tenir compte.
Acteur, il est terrible ; et que d'orgueils jaloux
Irriteront sa rage en le lâchant sur vous !
Il vous faudra braver, appuyé d'un vain titre,
Et l'Église et l'armée, et le casque et la mitre ;
Et, pour vous harceler sans être jamais las,
On peut s'en rapporter à l'esprit des prélats.
Vos plus proches cousins, si vous n'y prenez garde.
Pourront à l'échafaud vous servir d'avant-garde,
Quand les glaives bénits sont sortis du fourreau,
De droit, tous les vaincus reviennent au bourreau.
Étouffez les conseils du démon qui vous pousse ;
Édouard sera faible ; eh bien, roi sans secousse,
Prenez-lui son pouvoir et laissez-lui ses jours.
En régnant sous son nom, vous régnerez toujours.
Mais le trône tient mal et tremble par la base,
Quand il y faut monter sur deux corps qu'on écrase.
Le pied vous manquerait ; ces degrés palpitants,
Pour qu'on n'y glisse pas, saigneront trop longtemps.

GLOCESTER.

La morale, cousin, n'est guère à ton usage ;
Mais je dois convenir que ton conseil est sage.
Je t'en sais bien bon gré.

BUCKINGHAM.

Je pourrai donc, milord,
Prendre possession du comté d'Hereford ?

GLOCESTER.

L'heure avance, je crois ?

BUCKINGHAM.

Mais...

GLOCESTER.

Le devoir m'appelle ;
Je vais chercher la reine et son fils avec elle.

BUCKINGHAM.

Mais vous m'avez promis ?...

GLOCESTER.

Ah ! c'est m'importuner.
Je ne suis pas, mon cher, en humeur de donner.
Tout en réfléchissant sur ta rare sagesse,
Je prétends réfléchir aussi sur ma promesse.

SCÈNE VII.

BUCKINGHAM.

« Le jour où quand je marche on me laisse en chemin,
« Ce jour pour mon ami n'a pas de lendemain. »
Il l'a dit. Me punir d'avoir été sincère ?
Jamais ! moi, son parent !... Clarence était son frère.
Il me tuera. Pourquoi ? s'il est fort, je le suis.
Dans le parti du roi sait-on ce que je puis !
Courons à sa rencontre... Un éclat ! c'est ma perte ;
C'est avec le régent me mettre en guerre ouverte ;
Et les coups que je porte, il faut les lui cacher :
Car un bon repentir pourrait nous rapprocher.
Sans m'engager trop loin, avertissons la reine ;
Mais il est avec elle !... Écrivons... Lettre vaine !
Elle viendra trop tard. Mais, s'il les tient tous deux,
Ils tombent l'un sur l'autre et je tombe après eux...
Dieu ! sauvez d'Édouard la race encor vivante !
Oui, Dieu : quand nos cheveux se dressent d'épouvante,
Ce mot nous vient toujours. O bonheur ! il m'entend :
Le duc d'York !

SCÈNE VIII.

BUCKINGHAM, LE DUC D'YORK.

BUCKINGHAM, au duc d'York qui traverse la scène.

Milord !...

LE DUC D'YORK.

Je n'ai pas un instant.

BUCKINGHAM.

De grâce ! écoutez-moi.

LE DUC D'YORK.
La reine me demande ;
Et vous ne voulez pas, cher cousin, qu'elle attende.
BUCKINGHAM.
Prince, deux mots !
LE DUC D'YORK.
Pas un.
BUCKINGHAM.
Vous n'irez pas.
LE DUC D'YORK.
J'y cours.
BUCKINGHAM, se jetant au-devant de lui.
Arrêtez !
LE DUC D'YORK.
Avec moi vous qui jouez toujours,
Qu'avez-vous donc ?
BUCKINGHAM.
Silence, au nom de votre vie !
LE DUC D'YORK.
Vous riez.
BUCKINGHAM.
Par le ciel ! je n'en ai pas envie.
LE DUC D'YORK.
Moi, j'ai ri, j'ai chanté, j'ai sauté tout le jour.
Il arrive, Édouard ; l'embrasser à la Tour,
Quel plaisir !
BUCKINGHAM.
Gardez-vous d'y suivre votre mère !
LE DUC D'YORK.
Je n'irai pas, milord, au-devant de mon frère !
BUCKINGHAM
Non.
LE DUC D'YORK.
Je veux dans ses bras m'élancer le premier.
BUCKINGHAM.
C'est vous perdre.
LE DUC D'YORK.
Comment ?
BUCKINGHAM.
Il faut vous défier...
LE DUC D'YORK.
De qui ?

ACTE I, SCÈNE VIII.

BUCKINGHAM, à part.

Que dire ?

LE DUC D'YORK.

Eh bien ?

BUCKINGHAM.

Je voudrais voir la reine.

LE DUC D'YORK.

Venez donc.

BUCKINGHAM.

Sans témoin.

LE DUC D'YORK.

Vous aurez quelque peine :
Le régent est près d'elle.

BUCKINGHAM.

Il le faut.

LE DUC D'YORK.

Mais on part.

BUCKINGHAM.

Si je ne la vois pas, il meurt, votre Édouard.

LE DUC D'YORK.

Édouard !

BUCKINGHAM.

Pensez-y.

LE DUC D'YORK.

Mon frère !

BUCKINGHAM.

Le temps presse.

LE DUC D'YORK.

J'y rêve.

BUCKINGHAM.

Si du roi le sort vous intéresse,
N'allez pas à la Tour.

LE DUC D'YORK.

Non : je vous le promets.

BUCKINGHAM.

C'est sûr ?

LE DUC D'YORK.

Quand j'ai dit non, je ne cède jamais.

BUCKINGHAM.

Foi d'Anglais?

LE DUC D'YORK.

Foi de prince !

BUCKINGHAM.
On vient.
LE DUC D'YORK.
Laissez-moi faire.
BUCKINGHAM
Mais comment aux regards pourrai-je me soustraire?
LE DUC D'YORK.
Suivez-moi vite.
BUCKINGHAM.
Où donc ?
LE DUC D'YORK, soulevant une portière qui fait face à l'appartement de la reine.
Ici, milord, ici :
Hier, en m'y cachant, j'ai fait peur à Luci.
BUCKINGHAM.
Cher enfant, soyez ferme.
LE DUC D'YORK.
A peine je respire;
Mais je pense à mon frère, et son danger m'inspire.
(Il revient rapidement sur le devant de la scène, et reste dans l'attitude de la réflexion.)

SCÈNE IX.

LE DUC D'YORK, ÉLISABETH, GLOCESTER.

GLOCESTER, à un officier qui sort.
Je vous suis au conseil.
ELISABETH, montrant le duc d'York.
Le front dans ses deux mains,
Il semble méditer sur le sort des humains.
On le cherche ; il est là, rêveur et solitaire.
Richard ?...
LE DUC D'YORK, avec gravité.
Je réfléchis.
ELISABETH.
Vraiment?
GLOCESTER.
Pauvre Angleterre !
Pour elle un tel travail sera sans résultat :
On a troublé Sa Grâce.

ACTE I, SCÈNE IX.

ELISABETH.
Allons, homme d'État,
D'un rendez-vous qu'on prend pensez qu'on est esclave ;
Au lieu de réfléchir sur quelque rien...

LE DUC D'YORK.
Très-grave,
Sur cette question que je roule à part moi :
Est-il jamais permis de manquer à sa foi?

ELISABETH.
Est-ce une question? Suivez-nous, tête folle.

GLOCESTER.
L'honneur fait un devoir de tenir sa parole :
J'ai la vôtre ; partons.

LE DUC D'YORK.
Mais j'ai la vôtre aussi ;
Vous la tiendrez, milord, ou bien je reste ici.

GLOCESTER.
Comment?

LE DUC D'YORK.
Sur mon coursier je veux traverser Londre.
Vous niez mon adresse, et je vais vous confondre.
Est-il en bas?

GLOCESTER.
Plus tard vous aurez ce bonheur.

LE DUC D'YORK.
De vos bontés trop tôt peut-on se faire honneur?

GLOCESTER.
Demain.

LE DUC D'YORK.
Dès à présent.

GLOCESTER.
Ce soir, je vous l'atteste.

LE DUC D'YORK.
S'il arrive, je pars ; s'il ne vient pas, je reste.

ELISABETH.
Il s'assied !... Allons donc ! je vous le dis tout bas.
Mais je rougis pour vous ; mais vous n'y pensez pas ;
Vous viendrez, Richard.

LE DUC D'YORK.
Non.

GLOCESTER.
                    Résister à sa mère,
Ah! mon neveu, c'est mal.
            LE DUC D'YORK.
                    La vôtre vous est chère
Et je la vis deux fois vous quitter en pleurant :
C'était donc bien plus mal, car vous êtes plus grand.
            ELISABETH, d'une voix altérée.
Vous m'affligez, mon fils.
            LE DUC D'YORK, avec émotion en se levant.
                Moi!
            ELISABETH.
                    Beaucoup, je vous jure;
Mais beaucoup.
            LE DUC D'YORK, s'élançant vers elle.
            Ah! ma mère!
            ELISABETH, à Glocester.
                    Il vient, j'en étais sûre.
            LE DUC D'YORK, avec résolution.
Non!
            GLOCESTER, impatienté.
        Par force à la Tour il le faut emmener.
            LE DUC D'YORK.
Par force! osez-le donc : qui voudra m'y traîner?
Qui donnera cet ordre? est-ce vous ou la reine?
Moi, frère et fils du roi, commandez qu'on m'y traîne.
            GLOCESTER, qui s'avance vers lui.
Apprenez qu'à votre âge on ne fait pas la loi ;
Je vais vous le prouver.
            LE DUC D'YORK.
                    Porter la main sur moi!
(Tirant à demi son poignard.)
Prenez garde, milord !
            ELISABETH.
                Ah! c'est impardonnable!
Votre oncle!... Où vous cacher après un trait semblable?
Évitez les regards, n'allez pas avec nous;
Restez; nous recevrons votre frère sans vous;
Et je veux à la Tour l'embrasser la première,
Et vous n'y viendrez pas de la journée entière,

Ni demain, ni plus tard, ni pendant tout un mois :
J'en prends l'engagement. Vous verrez cette fois
Si l'on tient avec vous sa parole royale.
(A Glocester.)
Partons, milord.

GLOCESTER.

Non pas : quel éclat ! quel scandale !
Il sent trop son erreur pour y persévérer.
Au reste, j'ai moi-même un tort à réparer.
Je me rends à la Tour, où le conseil m'appelle;
Toutefois, ce présent qui fait notre querelle,
Je vais vous l'envoyer ; oui, j'y cours de ce pas;
Mais j'en suis sûr, milord, vous ne l'attendrez pas.

ELISABETH.

De cette fantaisie à la fin je me lasse ;
J'entends, je veux qu'il reste.

GLOCESTER.

Ah ! j'ai le droit de grâce,
J'en userai pour lui ; laissez-moi pardonner.
Sans ce droit-là, ma sœur, qui voudrait gouverner ?
(A Richard qui se détourne sans répondre.)
Nous quittons-nous amis ?
(Bas à la reine en souriant.)
Il est bien volontaire ;
Mais cet excès vaut mieux que le défaut contraire.
Vous nous l'amènerez.

ELISABETH.

Je sens que j'aurai tort.

GLOCESTER.

Bientôt.

ELISABETH.

Vous le voulez.

GLOCESTER, lui baisant la main.

A revoir donc !

LE DUC D'YORK, qui le suit des yeux.

Il sort.

SCÈNE X.

ELISABETH, LE DUC D'YORK, BUCKINGHAM.

ELISABETH, au duc d'York.

N'êtes-vous pas honteux...

LE DUC D'YORK, après s'être assuré que Glocester est parti.
　　　　　　　　Victoire! il se retire.
Le champ d'honneur me reste.
　　　　　　　　ELISABETH.
　　　　　　　　　Êtes-vous en délire?
　　　　LE DUC D'YORK, s'élançant dans ses bras.
Victoire!... Embrassez-moi : votre Édouard vivra.
　　　　　　　　ELISABETH.
Menaçait-on ses jours?
　　　　LE DUC D'YORK, courant chercher Buckingham.
　　　　　　　Milord vous l'apprendra.
Accourez, cher cousin. Ai-je du caractère?
Répondez.
　　　　　　　　BUCKINGHAM.
　　　　Noble enfant!
　　　　　　　　ELISABETH.
　　　　　　　Quel est donc ce mystère?
Le duc de Buckingham !
　　　　　　　　LE DUC D'YORK.
　　　　　　　　Qui vient vous découvrir
Qu'à la Tour... il l'a dit, mon frère allait périr...
Nous périssions tous deux; mais comment, je l'ignore.
Et moi... Pauvre Édouard !... M'en voulez-vous encore?...
Pardon !... pour le sauver, je n'avais qu'un moyen :
Il vit... Mais je me trouble et ne vous apprends rien.
Parlez, parlez, milord !
　　　　　　　　ELISABETH.
　　　　　　De grâce ! car je tremble.
　　　　　　　　BUCKINGHAM.
Si vos fils à la Tour passent une heure ensemble,
Ils sont perdus !
　　　　　　　　ELISABETH.
　　　　Pourquoi?
　　　　　　　　BUCKINGHAM.
　　　　　　　Ne m'interrogez pas :
Fuyez.
　　　　　　　　ELISABETH.
　　　　　Moi !
　　　　　　　　BUCKINGHAM.
　　　Loin d'ici précipitez vos pas,
Vous et le duc d'York.

ACTE I, SCÈNE X.

ELISABETH.
Chez moi que peut-il craindre ?
BUCKINGHAM.
A le livrer vous-même on pourrait vous contraindre.
ELISABETH.
A le livrer, milord ? qui le viendra chercher ?
Lui ! mon fils ! de mes bras qui pourra l'arracher ?
Qui donc ? mais, par pitié, qui donc ?
BUCKINGHAM.
La force ouverte,
Les complots, un parti qui conspire leur perte.
ELISABETH.
Glocester le connaît, ce parti dangereux.
Ce qu'il fit pour Rivers, il le fera pour eux.
BUCKINGHAM.
Pour Rivers !
ELISABETH.
Ah ! milord, vous pâlissez !
BUCKINGHAM.
Non, reine,
Non... ou plutôt je cède au zèle qui m'entraîne.
Je pâlis, mais pour vous, je pâlis du danger,
Que le régent...
ELISABETH.
Eh bien, il va les protéger.
LE DUC D'YORK.
Ma mère, il vous trahit.
ELISABETH.
Lui !
BUCKINGHAM, vivement.
Ce doute l'offense.
Croyez qu'il s'armera pour prendre leur défense ;
Il le doit.
ELISABETH.
Le veut-il ?
BUCKINGHAM.
Reine... c'est son devoir.
Mais fuyez, hâtez-vous, et je cours le revoir.
Gagnez de Westminster l'asile inviolable :
Jamais aucun parti, dans sa haine implacable,
Jamais, dans son orgueil, aucun pouvoir humain
Jusqu'au fond de ses murs n'osa porter la main.

ELISABETH.

Ils sont accoutumés à voir couler mes larmes.
   (Au duc d'York.
Loin de mon noble époux qu'avaient trahi ses armes,
Ton frère, à la lueur de leurs pâles flambeaux,
Poussa ses premiers cris au milieu des tombeaux.
Que les mânes des rois, témoins de sa naissance,
Après l'avoir sauvé, recueillent ton enfance !
Courons : pour te frapper sur mon sein maternel,
On n'insultera pas nos prêtres, l'Éternel,
Les ombres des héros que pleure l'Angleterre,
La majesté des cieux et celle de la terre.
Viens...
   (Se retournant tout à coup vers Buckingham, et fondant en larmes.)
      Mais mon Édouard, je l'abandonne, lui !
Qui le protégera ?

BUCKINGHAM.
      Comptez sur mon appui.
Que tout reste secret ; gardez qu'une imprudence
N'informe Glocester de cette confidence.
Si contre vos enfants il n'a rien médité
(Et de son dévouement vous seule avez douté),
En courant vous chercher, je reviens vous l'apprendre.
Mais, s'il vous a trahi, reine, il faut nous défendre,
Unir nos partisans, et de sa trahison,
Les armes à la main, lui demander raison.

LE DUC D'YORK.

Appelez-moi, milord ; faut-il marcher ? je l'ose.
Mon sang pour Édouard, et Dieu pour notre cause !

ELISABETH.

Toi, combattre ! qui, toi, que dans mes bras je tiens !
Si jeune, toi, mourir ! non, viens ; cher enfant, viens...
   (Elle fait un pas pour sortir, s'arrête, et s'adressant à Buckingham
          avec désespoir.)
Plaignez-moi, j'ai deux fils, deux fils que j'idolâtre ;
Je suis mère pour l'un, et pour l'autre marâtre.
Je sauve et livre un d'eux ; ils ont les mêmes droits.
Rester ! partir ! le puis-je ? et comment faire un choix ?
   (S'élançant vers Richard qu'elle entoure de ses bras.)
Ah ! que dis-je ? il est là : je le vois ; il l'emporte.

Je vous réponds de lui ; s'il meurt, je serai morte.
Pour le fouler aux pieds, ils marcheront sur moi ;
Mais le roi! devant Dieu, répondez-vous du roi?

BUCKINGHAM.

Sur l'honneur.

ELISABETH.

Devant Dieu !

BUCKINGHAM.

Je le jure à sa mère.

ELISABETH.

Vous défendrez mon fils !

LE DUC D'YORK, se jetant au cou de Buckingham.)

Vous me rendrez mon frère.

ACTE DEUXIÈME.

(Une salle de la Tour. Sur le devant une table couverte de papiers ; deux portes latérales, une porte au fond, une fenêtre qui donne sur la place.)

SCÈNE I.

GLOCESTER, *le coude appuyé sur la table.*

Quoi ! de nos courtisans je fais ce que je veux ;
Nos vieux lords, dont l'intrigue a blanchi les cheveux,
Nos légistes profonds, à mon gré je les joue,
Et c'est contre un enfant que ma prudence échoue !
Ils sont à Westminster !... mon pouvoir souverain
S'arrête intimidé devant ce mur d'airain.
Ont-ils par Buckingham pris de moi quelque ombrage?
Le traître !... Cependant il raisonnait en sage.
Pourvu qu'il reste enfant, ce roi faible et borné,
Je suis plus roi que lui, sans l'avoir détrôné.
Je lirai dans son cœur s'il doit mourir ou vivre ;
Mais réduit à frapper d'un seul je me délivre ;
Ils sont deux, et lui mort, vive Richard !... lequel?

(Se levant.)
Je suis Richard aussi. Sans respect pour l'autel,
Courons chercher ma proie au fond du sanctuaire;
Osons l'en arracher ; Dieu me laissera faire.
(Retombant assis.)
Mais ses prêtres !... Cédons à la nécessité.
Flattons en l'implorant leur sainte humilité.
Pour monter jusqu'au faîte il faut savoir descendre,
Et mendier bien bas ce qu'on n'ose pas prendre.
(Il se lève de nouveau.)
Quant à vous, Buckingham, mon bon, mon noble ami,
Vous avez reculé ! c'est trahir à demi.
Vous êtes grand railleur, milord ; mais je parie
Que vous ne rirez pas de ma plaisanterie.
(Appelant.)   (A un officier de la Tour.)
Quelqu'un ! Ce prisonnier délivré par mes soins,
(L'officier sort.)
Qu'il vienne. Sur son bras puis-je compter au moins ?
Je l'espère, et malheur au scrupuleux complice
Qui me donne un conseil quand je veux un service !
C'est sa faute après tout. Plus infirme d'esprit,
Plus bourgeois par le cœur que les sots dont il rit,
A frapper terre à terre aisément on l'amène ;
Mais il en reste là : pauvre nature humaine !
Pas un homme complet, pas un seul !... c'est pitié !
En vertu comme en vice ils font tout à moitié.
(Voyant entrer Tyrrel.)
Jugeons de celui-ci.

SCÈNE II.

GLOCESTER, TYRREL, UN OFFICIER DE LA TOUR.

GLOCESTER, examinant Tyrrel qui reste au fond.
Son ancienne opulence
A laissé sur son front un reste d'insolence,
Un air de cour... bon signe ! on sera son appui,
S'il est à la hauteur du mal qu'on dit de lui.
(Il s'assied.)

(A Tyrrel.)   (A l'officier.)
Approchez. Laissez-nous.

SCÈNE III.

GLOCESTER, TYRREL.

GLOCESTER.
C'est Tyrrel qu'on vous nomme ?
TYRREL.
Jame Tyrrel, milord.
GLOCESTER.
Vous êtes gentilhomme ?
TYRREL.
D'assez bonne maison, c'est là mon beau côté ;
Car des biens paternels mon nom seul m'est resté.
GLOCESTER.
Vous avez dévoré plus d'un riche héritage ?
TYRREL.
Quatre.
GLOCESTER.
Vous en auriez dissipé davantage.

TYRREL.
Je le présume aussi ; mais, pour m'en assurer,
Je n'ai plus par malheur de parents à pleurer.
GLOCESTER.
Vous auriez mis, dit-on, seigneur de haut lignage,
Pour cent livres sterling tous vos aïeux en gage.
TYRREL.
C'est une calomnie, et milord le sent bien,
Vu que sur des aïeux un juif ne prête rien.
GLOCESTER.
Voilà votre raison ?
TYRREL.
Elle est bonne.
GLOCESTER.
Vous êtes
Décrié pour vos mœurs, écrasé sous vos dettes,
Sans principes, sans frein...
TYRREL.
Ajoutez sans crédit,
Et, cela fait, milord, vous n'aurez pas tout dit.
GLOCESTER.
Joueur !

TYRREL.
Qui ne l'est pas?

GLOCESTER.
Joueur déraisonnable !

TYRREL.
Si j'avais ma raison, je serais plus coupable.

GLOCESTER.
Le vin, en vous l'ôtant, vous rendit querelleur...

TYRREL.
Il eut donc tous les torts ; je n'eus que du malheur.

GLOCESTER.
Furieux.

TYRREL.
C'est sa faute.

GLOCESTER.
Et meurtrier par suite.

TYRREL, froidement.
C'est pourtant là, milord, que mène l'inconduite.

GLOCESTER.
A Tyburn.

TYRREL.
Où j'attends qu'un bond précipité
Me lance dans l'espace et dans l'éternité.

GLOCESTER.
Le terme du voyage est fort triste.

TYRREL.
Sans doute ;
Mais je me suis du moins amusé sur la route.

GLOCESTER.
Je vois que les cachots ne vous ont point changé.

TYRREL.
Tant que je n'aurai rien je serai corrigé.

GLOCESTER.
Mais si l'on vous pardonne ?

TYRREL.
On perdra sa clémence.

GLOCESTER.
Et si l'on vous rend tout, Tyrrel ?

TYRREL.
Je recommence.

ACTE II, SCÈNE III.

A l'âge respectable où je suis parvenu,
Hors la vertu, milord, rien ne m'est inconnu.
Mais à mourir demain je me soumets d'avance,
S'il faut pour me sauver faire sa connaissance.
Moi, comme un apostat, renier mes beaux jours!
Jamais. Grands airs, grand train, duels, folles amours,
J'avais tous les défauts qu'un gentilhomme affiche,
Et des amis!... jugez : je fus quatre fois riche.
Nous étions beaux à voir autour d'un bol en feu,
Buvant sa flamme, en proie aux bourrasques du jeu,
Quand il faisait rouler, sous nos mains forcenées,
Le flux et le reflux des piles de guinées.
Quelles nuits! beau joueur, et plus heureux amant,
J'eus un fils, bien à moi : je ne sais pas comment ;
Mais je l'idolâtrais. Il était adorable,
Lorsqu'au milieu des dés, qui parcouraient la table,
Il trépignait sur l'or par ses pieds dispersé ;
Je le prêchais d'exemple ; il m'aurait surpassé,
Et déjà son enfance, en malice féconde,
Promettait le démon le plus charmant du monde...
Ce n'est qu'un ange, hélas! Dieu me l'a retiré.
Je l'ai pleuré, ce fils, ah! je l'ai bien pleuré.
J'étais mort à la joie, et j'ai voulu renaître.
Jetant trésors, contrats, regrets, par la fenêtre,
J'y jetai ma raison : il fallait oublier.
Du désordre opulent qui m'était familier,
Je descendis plus bas ; je bus jusqu'à la lie
De la taverne enfin la grossière folie,
Et d'excès en excès je tombai, je roulai
Jusqu'au fond de l'abîme, où, de plaisirs brûlé,
Mais trop pauvre d'argent pour mourir dans l'ivresse,
En m'éveillant à jeun, je connus ma détresse.
Vous parlez de Tyburn ; me voilà : je suis prêt.
N'ayant plus un schelling, je n'ai pas un regret.
Que le néant, le ciel, ou l'enfer me réclame,
Mon corps est arrivé : bon voyage à mon âme !

GLOCESTER.

Convenez-en, Tyrrel, vous seriez homme encor
A la vendre au démon, s'il vous offrait de l'or.

TYRREL.
Je ne marchande pas, quelque prix qu'il y mette ;
Mais il l'aura pour rien, je doute qu'il l'achète.
GLOCESTER.
Et s'il fait le marché ?
TYRREL.
C'est une dupe.
GLOCESTER.
Eh bien,
Veux-tu la vendre ?
TYRREL.
A qui ?
GLOCESTER.
Je l'achète.
TYRREL.
Combien ?
GLOCESTER.
Je te rends tout.
TYRREL.
Voyons !
GLOCESTER.
D'abord ton innocence.
TYRREL.
Après !
GLOCESTER.
Ta liberté.
TYRREL.
C'est mieux.
GLOCESTER.
Ton opulence.
TYRREL, vivement.
C'est assez.
GLOCESTER.
Pour Tyrrel ; mais stipulons pour moi.
TYRREL.
Que vous faut-il, milord ?
GLOCESTER.
Un plein pouvoir sur toi.
TYRREL.
Vous l'aurez.
GLOCESTER.
Aujourd'hui ?
TYRREL.
Sur l'heure.

ACTE II, SCÈNE III.

GLOCESTER.
Au premier signe, Comprends-moi.

TYRREL.
J'ai des yeux.

GLOCESTER.
Frappe qui je désigne.

TYRREL.
Mon bras n'est que trop sûr.

GLOCESTER.
Sans consulter le rang.

TYRREL.
Hors le prix convenu, tout m'est indifférent.

GLOCESTER.
Mon ami, si je veux.

TYRREL.
Et le mien, s'il vous gêne.

GLOCESTER.
A l'œuvre !

TYRREL.
Commandez, milord, je suis en veine.

GLOCESTER.
Du comte d'Hereford délivre-moi ce soir.

TYRREL.
Je ne le connais pas.

GLOCESTER.
Bientôt tu vas le voir.

TYRREL.
Où l'attendre ?

GLOCESTER.
A Whit-Hall

TYRREL.
Il est mort s'il y passe.

GLOCESTER.
Je l'y ferai passer.

TYRREL.
Bien.

GLOCESTER.
Un point m'embarrasse.

TYRREL.
Lequel ?

GLOCESTER.
Peut-on encor te connaître à la cour ?

TYRREL.
J'y parus à vingt ans et n'y restai qu'un jour.
GLOCESTER.
Pourquoi ?
TYRREL.
Je m'ennuyai, milord, de l'étiquette.
GLOCESTER.
Que sir Jame Tyrrel aujourd'hui s'y soumette.
TYRREL, avec importance.
Il le fera pour vous.
GLOCESTER.
C'est bien : levez les yeux ;
Sur votre front hautain portez tous vos aïeux.
Allons, mon gentilhomme, une superbe audace !
Un train de roi ! cet air qui dit : Faites-moi place !
Des vices de bon goût ! de splendides repas !
Vos salons, dès demain, ne désempliront pas ;
Et nul n'ira chercher, s'il s'amuse à vos fêtes,
Qui vous étiez, sir Jame, en voyant qui vous êtes.
Tout vous convient-il ?
TYRREL.
Tout.
GLOCESTER.
C'est donc fait.
TYRREL.
Je conclus.
GLOCESTER.
Moi, je paye ; à présent tu ne t'appartiens plus.
TYRREL.
Jamais on n'eut sur moi de droit si légitime :
Vous m'avez acheté plus que je ne m'estime.
GLOCESTER.
On vient ; sors.
(Tyrrel s'éloigne.)
Par saint George ! on ne l'a pas flatté :
Il me réconcilie avec l'humanité.

SCÈNE IV.

GLOCESTER, BUCKINGHAM.

GLOCESTER, à Buckingham qui entre.
De grâce, arrivez donc, cousin ; on vous désire.

BUCKINGHAM.

Très-noble protecteur, souffrez que je respire.
Je voulais des premiers saluer à la Tour
Le roi, qu'auprès de vous je croyais de retour ;
Mais je suis peu surpris qu'il traverse avec peine
L'océan plébéien dont chaque rue est pleine.
(Allant à la fenêtre, qu'il ouvre.)
Avant de m'accuser, milord, regardez-les :
Quelle foule ! on s'écrase ; et de Douvre à Calais
La mer, par un gros temps, a plus de courtoisie
Que ce peuple agité jusqu'à la frénésie.
Il ne veut que son roi. Froissé dans ses ébats,
Meurtri de ses transports, je me disais tout bas
Qu'on serait mal venu par force ou par adresse
A lui ravir l'objet d'une si folle ivresse.
Quand je vous parle ainsi je ne suis pas suspect :
Ils ont, parbleu ! pour moi montré peu de respect ;
Et mon cheval pourtant est de plus noble race
Que ce troupeau d'Anglais entassé sur la place.

GLOCESTER.

Parlait-on de la reine?

BUCKINGHAM.

Avec un dévouement !...

GLOCESTER.

Elle est à Westminster.

BUCKINGHAM.

Elle !

GLOCESTER.

Et son fils.

BUCKINGHAM.

Vraiment?

GLOCESTER.

C'est très-vrai.

BUCKINGHAM.

Dans quel but ?

GLOCESTER.

Si tu peux le comprendre,
Tu me feras plaisir, cousin de me l'apprendre.

BUCKINGHAM.

Peut-être un mot de vous a causé son effroi.

GLOCESTER.

Oui, j'aurai trop parlé : tout le mal vient de moi.
Il m'a fallu souvent descendre à l'imposture ;
Mais j'y suis maladroit : c'est contre ma nature.

BUCKINGHAM.

Quelle faute !

GLOCESTER.

J'ai peine à me la pardonner.
J'aurais dû par toi seul me laisser deviner ;
J'étais sûr de ta foi.

BUCKINGHAM.

Certes.

GLOCESTER, en souriant.

La reine est belle,
Et je vous crois, cher duc, assez bien avec elle.

BUCKINGHAM.

Moi !... sa grave beauté serait fort de mon goût ;
Ma gaieté, par malheur, ne lui va pas du tout.

GLOCESTER.

J'avais compté sur vous pour certaine entreprise !...

BUCKINGHAM.

Contre l'autel, milord ! qui s'y heurte s'y brise.
Je vous l'ai toujours dit, respectez le saint lieu :
La haine tient longtemps dans les hommes de Dieu.
Orgueil épiscopal, rancune monastique,
Remuer tout cela n'est jamais politique.

GLOCESTER.

Ta raison, Buckingham, quelquefois me confond.

BUCKINGHAM, en riant.

Pas plus que moi, milord.

GLOCESTER.

Ton esprit est profond.

BUCKINGHAM.

Les fous sont étonnants dans leurs moments lucides.

GLOCESTER.

De tous mes intérêts il faut que tu décides.

BUCKINGHAM, à part.

Me revient-il ?

GLOCESTER, avec bonhomie.

Pourtant tes conseils m'ont déplu,

Mon pauvre Buckingham; oui, je t'en ai voulu.
J'en conviens, j'étais fou, j'avais une pensée,
Une pensée horrible, et je l'ai repoussée :
Elle m'aurait perdu; l'abîme était voisin,
J'y tombais.

BUCKINGHAM.

Je le crois.

GLOCESTER.

Embrasse-moi, cousin ;
Tu m'a sauvé...

BUCKINGHAM.

Milord !

GLOCESTER.

D'une chute certaine.

BUCKINGHAM, à part.

Me suis-je trop pressé de parler à la reine?

GLOCESTER.

J'avais vu le lord-maire; il voulait tout oser.
Tu passeras chez lui.

BUCKINGHAM.

Qui, moi?

GLOCESTER.

Pour refuser.

BUCKINGHAM.

Quoi! positivement?

GLOCESTER.

Même avec cet air digne,
Ce dédain vertueux de l'honneur qui s'indigne.

BUCKINGHAM.

Je ne remettrai pas l'ambassade à demain.

GLOCESTER, à part.

Non ; mais l'ambassadeur peut rester en chemin.

(On entend au dehors les cris de : Vive le roi ! Vive Edouard !)

Quels cris !

BUCKINGHAM.

Le roi s'approche.

GLOCESTER.

Exploitons sa faiblesse ;
Gouvernons, à nous deux, sa précoce vieillesse.
Le flatteur qui nous perd est mieux venu souvent

Que l'ami qui nous sauve en nous désapprouvant ;
Mais, détrompé plus tard, c'est à l'ami qu'on pense,
Et tu sauras bientôt comment je récompense.
Ta main ? oublions tout.
BUCKINGHAM.
Et de grand cœur, milord.
GLOCESTER.
Cousin, c'est entre nous à la vie, à la mort.
BUCKINGHAM, à part.
J'en crois son intérêt qui dicte sa conduite.
GLOCESTER, à part.
Qu'il répare sa faute et qu'il la paye ensuite.
(A Buckingham.)
Viens au-devant du roi ; courons. Mais le voici.

SCÈNE V.

GLOCESTER, BUCKINGHAM, EDOUARD, LE CARDINAL BOURCHIER, L'ARCHEVÊQUE D'YORK, LA COUR.

GLOCESTER, à Edouard.
Ah ! pardon ! moi, milord, vous recevoir ici !
C'est au seuil de la Tour, c'est aux portes de Londre
Que parmi vos sujets je devais me confondre,
Et, le front découvert, vous offrir, à genoux,
Les vœux du plus zélé, du plus humble de tous.
EDOUARD, le relevant.
Mon oncle dans mes bras !... Que leur foule attendrie
Doit mêler de regrets à son idolâtrie !
Ah ! ce n'est pas à moi de connaître l'orgueil :
Je n'ai rien fait pour eux. Digne objet de leur deuil,
Que mon père au tombeau soit fier de son ouvrage,
C'est lui qui m'a laissé leurs cœurs en héritage.
Mais un autre oncle encor devrait m'ouvrir ses bras ?
GLOCESTER.
Lord Rivers.
EDOUARD.
Je le cherche, et je ne le vois pas.
Depuis que par vos soins tant d'éclat m'environne,
Qu'une garde d'honneur entoure ma personne,

Sans m'en donner avis, a quitté la cour,
Et près de vous, dit-on, m'a devancé d'un jour.

GLOCESTER.

J'ai moi-même à la reine expliqué son absence.

EDOUARD.

Ma mère !... Ah! pardonnez à mon impatience ;
Et Richard ! Où sont-ils ?

GLOCESTER.

Que mon noble neveu
D'un tort dont je gémis reçoive ici l'aveu.
Un parti s'agitait ; j'en informe la reine ;
Elle en prend quelque ombrage, et je la quitte à peine
Qu'aux murs de l'abbaye elle va s'enfermer.
C'est ma faute : pour vous trop prompt à m'alarmer,
Je n'ai pas ménagé sa terreur maternelle,
Et je suis, par tendresse, aussi coupable qu'elle.
Excusez-nous tous deux.

EDOUARD.

Ah ! courons la chercher.

GLOCESTER.

C'est donner de l'éclat à ce qu'il faut cacher.
De votre main royale un avis doit suffire.
Un mot qui la rassure, un seul !

EDOUARD, *courant s'asseoir près de la table.*

Je vais l'écrire.

GLOCESTER, *s'approchant des prélats.*

Mes vénérables lords, à vos soins j'ai recours :
Appuyez cet écrit de vos pieux discours ;
L'éloquence du cœur coule de votre bouche.
Je me joindrais à vous ; mais sur ce qui vous touche,
Dût mon respect profond paraître timoré,
Le seuil de Westminster pour mes pas est sacré.

EDOUARD.

Ah! bonjour, Buckingham !

BUCKINGHAM.

La santé de Sa Grâce
A souffert du voyage.

EDOUARD, *qui se remet à écrire.*

Un peu.

BUCKINGHAM.
> Ce bruit vous lasse ;
Mais cet excellent peuple est toujours furieux,
Et tuerait ses amis pour les accueillir mieux.

ÉDOUARD.
Je l'aime : ses transports passent mon espérance,
Et j'en parle à la reine avec reconnaissance.

GLOCESTER, remerciant les évêques.
En toute occasion disposez du pouvoir ;
> (A Tyrrel qui entre et s'incline devant lui.)

Je le mets à vos pieds. Enchanté de vous voir,
Bon sire Jame.

ÉDOUARD, à Glocester.
> Voici la lettre pour ma mère.

GLOCESTER, après l'avoir prise.
Permettez que j'honore un dévouement sincère,
Celui dont Buckingham a fait preuve pour vous.
Le comté d'Hereford lui fut promis par nous ;
Confirmez-en le don : cette faveur légère,
S'il la tient de vos mains, lui deviendra plus chère.

ÉDOUARD.
Vous me rendez heureux. C'était me réserver
Le plaisir le plus doux qu'un roi puisse éprouver.

BUCKINGHAM, à Édouard.
> (Serrant la main de Glocester.)

Votre Grâce me comble. Ah ! milord !...

GLOCESTER, à Buckingham.
> Je suis juste.

(Remettant la lettre aux évêques.)
En vous voyant chargés de ce message auguste,
Quel doute peut encor retenir notre sœur ?
Promettez, accordez ; satisfaites son cœur.
Je vous laisse de tout les suprêmes arbitres.

(A Buckingham)
Ah ! cher duc ! ou cher comte, on se perd dans vos titres,
De vous joindre aux prélats n'êtes-vous point jaloux ?

BUCKINGHAM.
Je m'en ferais honneur.

GLOCESTER.
> La reine croit en vous.

Parlez-lui; dissipez sa crainte imaginaire.
BUCKINGHAM.
J'y cours.
GLOCESTER.
Veuillez après passer chez le lord-maire,
(En échangeant un regard avec Tyrrel.)
Je le crois à Whit-Hall.
BUCKINGHAM.
Il m'y verra, milord.

GLOCESTER, en jetant un coup d'œil à Tyrrel.
Succès et bon retour au comte d'Hereford !
(Buckingham sort avec les évêques, Tyrrel les suit; la cour se retire.)

SCÈNE VI.

ÉDOUARD, GLOCESTER.

GLOCESTER, à part, en revenant sur le devant de la scène.
Sera-t-il, cet enfant, mon esclave ou mon maître ?
Pour le laisser régner, c'est ce qu'il faut connaître.
(Il s'appuie sur le fauteuil d'Edouard.)
Des hommages de cour milord est délivré ;
J'ai pris sur moi ce soin.
EDOUARD.
Et je vous en sais gré :
De ces émotions l'ivresse est accablante ;
J'ai peine à soulever ma paupière brûlante ;
Ma force est épuisée.
GLOCESTER.
Hélas ! que de dégoûts
Attachés à ce rang qui fait tant de jaloux !
Beau neveu, je vous plains.
EDOUARD.
Un regard de ma mère
Emportera bientôt ma douleur passagère.
Parlez-moi de Richard : m'a-t-il bien regretté ?
Du voyageur, milord, s'est-il inquiété ?
GLOCESTER.
Mais...
EDOUARD.
Oui, j'en crois mon cœur, le sien, sa douce image

Dont les traits m'ont souri pendant tout le voyage.
Il s'occupait de moi, qui, palpitant d'espoir,
Le cherchais, l'appelais, croyais déjà le voir
Se jeter à mon cou, dans sa joie enfantine,
Les bras unis aux miens, pleurer sur ma poitrine,
Qui l'entendais, milord, comme s'il était là,
Me dire en sanglotant : Édouard; te voilà !

GLOCESTER.

Je veux l'entretenir, cette amitié si sainte :
Je prendrai du pouvoir les travaux, la contrainte.
Pour moi, tous ses chagrins ; pour vous, la liberté,
L'amour, les jeux d'un frère et leur folle gaieté !

EDOUARD.

Son enjouement naïf au plaisir vous invite ;
Il rit de si bon cœur que bientôt on l'imite.

GLOCESTER.

Heureux auprès de lui vous n'aurez qu'à choisir
Entre les passe-temps qui charment son loisir.

EDOUARD.

Je les verrai peut-être avec un œil d'envie ;
Mais d'autres soins, milord, doivent remplir ma vie.

GLOCESTER.

Et quels soins ?

EDOUARD.

  Je suis roi.

GLOCESTER.

    Mon Dieu, vous le serez ;
Mais ne vous troublez point d'ennuis prématurés.
N'accablez point vos jours d'un poids qu'on vous allége ;
Vous n'aurez que trop tôt ce triste privilége.

EDOUARD.

Dussé-je avant le temps rejoindre mes aïeux,
Lord Rivers me l'a dit, il faut voir par mes yeux.
Si mon père abusé, si ce roi qu'on révère,
N'eût pas fermé les siens dans un jour de colère,
Clarence, qu'il aimait et qu'il a tant pleuré !...

GLOCESTER.

Clarence !

EDOUARD.

  Dans la Tour n'aurait pas expiré.

ACTE II, SCÈNE VI.

GLOCESTER, à part.

Il a trop de mémoire.

EDOUARD.

Ah! quelle différence!
Où j'arrive avec joie, il vint sans espérance.
C'est ici, dans ces murs... leur aspect m'a fait mal :
Ils ont vu si souvent couler le sang royal !

GLOCESTER.

Mais l'arrêt cette fois punissait un coupable.

EDOUARD.

L'arrêt qui tue un frère est toujours révocable.

GLOCESTER, à part.

Me soupçonnerait-il ?

EDOUARD.

Un frère !... ah ! ce doux nom
Sur les lèvres des rois fait venir le pardon ;
Édouard l'accorda.

GLOCESTER.

Trop tard.

EDOUARD.

Non ; mais un crime
Jusque sous son pardon vint frapper la victime.

GLOCESTER.

Chassez de votre esprit ce triste souvenir.

EDOUARD.

Ah ! quand je le voudrais, pourrais-je l'en bannir ?
J'entends sortir du cœur de mon malheureux père
Ce cri : « Mon frère est mort ! j'ai fait mourir mon frère ! »
Je jouais, j'étais là, riant sur ses genoux,
Quand d'horreur, à ce cri, vous avez pâli tous.
Puis avec des sanglots il reprit à voix basse :
« Eh quoi ! pas un de vous n'a demandé sa grâce !
« Qui l'a fait, qui de vous, à mes pieds se jetant,
« M'a rappelé ces jours où nous nous aimions tant,
« Nos durs travaux, ces nuits où, brisés par la guerre,
« Dans le même manteau nous couchions sur la terre,
« Où, l'écartant de lui pour en couvrir son roi,
« Sous la froide rosée il tremblait près de moi ?
« Et je l'ai condamné sans qu'une bouche amie
« S'ouvrît pour me crier : Il vous sauva la vie !

« Pauvre infortuné frère!... Ah! que jamais ton sang
« Ne retombe sur lui! dit-il en m'embrassant,
« Sur mes fils!... » Et sa voix s'éteignit dans les larmes.
Mais la bonté du ciel a trompé ses alarmes.
Aimés, bénis de tous, ses deux fils sont heureux ;
Il peut dormir en paix, car vous veillez sur eux.

GLOCESTER.

(A part.) (A Édouard.)
Je respire. Écartez ces images funèbres.

EDOUARD.

Oui, quand j'aurai puni.

GLOCESTER.

Qui donc?

EDOUARD.

Dans les ténèbres
L'assassin de Clarence en vain croit se cacher.

GLOCESTER.

Eh! que prétendez-vous ?

EDOUARD.

Mon bras l'ira chercher.

GLOCESTER.

Craignez, en l'essayant, d'éveiller bien des haines.

EDOUARD.

La justice des rois n'a point ces craintes vaines.

GLOCESTER.

Un enfant fera-t-il, à son avénement,
Ce qu'Édouard lui-même évita prudemment?

EDOUARD, se levant.

Le jour où, jeune encore, on revêt la puissance,
On grandit sous son poids ; pour secouer l'enfance,
Sur les degrés du trône il suffit d'un instant,
Et l'enfant couronné devient homme en montant.
Je suis plein d'avenir : Dieu dans ce corps débile
Avec un cœur de feu mit une âme virile.
Vous serez fier de moi, j'en ai le ferme espoir ;
Mais punir l'assassin est mon premier devoir.
Je vous le jure ici par les pleurs de mon père,
Plus il sera puissant, plus je serai sévère.
Rien ne peut, moi régnant, le soustraire au trépas ;
Rien, je le jure encor.

ACTE II, SCÈNE VII.

GLOCESTER, à part.
Tu ne régneras pas.

EDOUARD, qui est retombé sur son fauteuil.
Mais vous avez raison ; ce souvenir me tue.
Je cède à la fatigue, et ma tête abattue,
Malgré moi, je le sens, retombe sur ma main.

GLOCESTER, avec intérêt.
Qu'avais-je dit ?

EDOUARD.
Croyez que plus tard, que demain,
Quand le sommeil... Une heure ! oh ! seulement une heure !

GLOCESTER.
Pour goûter ce repos, venez.

EDOUARD.
Non ; je demeure.
La reine maintenant ne peut tarder, je crois :
Je l'attends. Oh ! parlez : j'écoute... je vous vois...
Mais comme dans un rêve... et cependant je veille.
Richard !... toujours joyeux... O mon frère !...

GLOCESTER.
Il sommeille.

SCÈNE VII.

GLOCESTER, ÉDOUARD (endormi).

GLOCESTER.
C'est lui ! c'est cet enfant qui parle de punir,
Quand ce moment, peut-être, est tout son avenir !...
Non : sans cette autre vie attachée à la sienne,
Je ne puis rien.

EDOUARD, rêvant.
Richard !

GLOCESTER.
Il l'appelle : ah ! qu'il vienne ;
Qu'il dorme à ses côtés, et je suis Richard trois ;
Je suis roi d'Angleterre en étouffant deux rois.
Nos lords, nos fiers prélats, pâlissant d'épouvante,
Voudront, le crime fait, baiser ma main sanglante ;
Et, si je leur partage un lambeau du pouvoir,
Pour ne rien refuser, n'oseront rien savoir.

(Marchant avec agitation.)
Qu'il vienne!... et s'il dit : Non... Mot fatal ! c'est la guerre.
Drapeau contre drapeau, nous jouerons l'Angleterre.
(Il s'élance à la fenêtre et se penche en dehors.)
A qui la chance alors ?... Mais qu'entends-je ? Aucun bruit.
Mon œil au pied des murs plonge en vain dans la nuit.
Quelle angoisse ! Attendons.
(Il revient sur le devant de la scène, et regarde Édouard.)
     La frêle créature !
Belle pourtant, bien belle... O marâtre nature !
En comblant tous les miens, tu fis de leur beauté
Un sarcasme vivant pour ma difformité.
Eh bien, marâtre, eh bien, j'ai détruit ton ouvrage.
Demande-les aux vers qui rongent leur visage ;
La mort, la pâle mort décomposa ces traits
Où d'un œil complaisant jadis tu t'admirais.
Qui doit survivre à tous ? Moi, l'œuvre de ta haine,
Moi, modèle achevé de la laideur humaine ;
Encor deux fronts charmants à couvrir d'un linceul,
Et tu ne pourras plus t'admirer qu'en moi seul.
 (Prêtant l'oreille.) (Il court de nouveau à la fenêtre.)
Écoutons : ce sont eux !... Cette rumeur lointaine,
Ce concours, ces flambeaux, tout le dit : c'est la reine.
C'est elle, je la vois. Qu'ils marchent lentement !
D'où vient qu'elle s'arrête ? est-ce un pressentiment ?
Non, non : elle reçoit les suppliques d'usage.
Encor une ! et toujours ! Faites-lui donc passage.
Avec mes yeux vers moi je voudrais l'attirer.
Ah ! l'excellente mère ! elle vient les livrer.
Elle avance, elle approche à ma voix qui l'appelle ;
La voilà sur le pont !... Son fils n'est pas près d'elle !
(Avec fureur.)
Elle vient sans son fils ! Tu mentais, tu mentais.
Faux espoir, sois maudit ; et vous, que je sentais
Vous dresser pour le meurtre en frissonnant de joie.
A bas ! ongles du tigre : on m'a ravi ma proie.

   LE DUC D'YORK, en dehors.
Édouard !
    GLOCESTER.
 Est-ce un rêve ?

LE DUC D'YORK, de même.
Édouard !
GLOCESTER.
Je l'entends.
Il la devançait donc ? Voilà de ces instants
Où l'émotion tue, où la joie assassine.
(Riant malgré lui.)
Folle, tu me trahis ; rentre dans ma poitrine :
Rentre, obéis, meurs là ! Je règne : ils sont à moi.

SCÈNE VIII.

GLOCESTER, ÉDOUARD, LE DUC D'YORK.

LE DUC D'YORK.
(S'élançant vers le roi.)
Mon frère ! où le trouver ?... Mon Édouard !
EDOUARD, en l'embrassant.
C'est toi,
Toi, Richard !
LE DUC D'YORK.
Le premier. Vois, je suis hors d'haleine ;
J'ai couru !... pour m'atteindre on eût perdu sa peine :
(A Glocester.)
Je venais t'embrasser. Mon oncle, c'est bien lui,
C'est lui ; je le revois. De retour aujourd'hui,
Tu ne t'en iras plus ? non, jamais ?
EDOUARD.
Je l'espère.
RICHARD, lui tendant les bras.
Jamais. Ah ! que je t'aime ! Encor, encor !
EDOUARD.
Mon frère !
(Ils s'embrassent de nouveau.)

SCÈNE IX.

GLOCESTER, ÉDOUARD, LE DUC D'YORK, ÉLISABETH,
LE CARDINAL BOURCHIER, L'ARCHEVÊQUE D'YORK, LA
COUR, *puis* TYRREL.

GLOCESTER, à la reine en lui montrant les princes.
Regardez, milady ; quels transports que les leurs !

Ce spectacle touchant m'attendrit jusqu'aux pleurs.

ÉDOUARD.

Ma mère, enfin, c'est vous !

ELISABETH.

Oui, mon fils, oui, ta mère ;
Celle qui te chérit, dont la douleur amère
De ce pauvre exilé rêvait, parlait toujours,
Qui souffrait de tes maux, qui consumait ses jours
A trembler pour les tiens, à pleurer, à se plaindre,
Qui pleure, mais de joie, et n'a plus rien à craindre.

LE DUC D'YORK.

C'est votre favori.

ELISABETH, souriant.

Jaloux !

LE DUC D'YORK.

Non pas jaloux ;
Bien heureux !

ELISABETH.

Ah ! tenez, tenez ; partagez-vous
Tous ces gages d'amour passant de l'un à l'autre,
Mes transports, mon bonheur qui s'accroît par le vôtre.
Je veux de mes baisers vous couvrir à la fois.
  (A Glocester.)
Tenez !... Pardon, milord ; il fut absent deux mois.

GLOCESTER.

On vous pardonne tout, hors la crainte insensée
Qui de fuir votre fils vous donna la pensée.

ELISABETH, à Edouard.

Te fuir !... Quoi ! je l'ai fait ! Ah ! j'en ai bien souffert.
Aussi, quand Buckingham à nos yeux s'est offert,
Quand j'ai lu cette lettre et si bonne et si tendre...

EDOUARD.

Ma lettre?

ELISABETH.

Elle est charmante... alors, sans rien entendre,
Je voulais devancer nos pontifes sacrés.
Que leur zèle pieux les a bien inspirés !
  (A Glocester.)
Que de remercîments je vous dois à vous-même,
  (Aux seigneurs de la cour.)
A vous, milords, au peuple ! Édouard, comme il t'aime !

Tous bénissaient ton nom ; leur supplique à la main,
Tous de leurs vœux pour toi m'assiégeaient en chemin.
(Montrant les placets qu'un des lords a placés sur la table.)
Vois ce que je t'apporte.

GLOCESTER.

Encor du bien à faire,
Du mal à réparer !

EDOUARD.

Voyons !

LE DUC D'YORK.

C'est mon affaire.

ELISABETH.

C'est celle du régent.

GLOCESTER.

Richard a plein pouvoir.

LE DUC D'YORK.

Bon ! le trésor public y passera ce soir.

GLOCESTER.

Faites beaucoup d'heureux, pourtant pas d'imprudences.

LE DUC D'YORK, distribuant les pétitions.

Pour vous, milord, pour vous, et pour Leurs Éminences !
Tout ce qui reste à moi !

ELISABETH, à Edouard.

Mes ennuis, mon chagrin,
Les as-tu partagés ?

LE DUC D'YORK, à Glocester.

Ah ! mon oncle, un marin,
Pauvre, manquant de tout...

GLOCESTER.

J'accorde cent guinées.

LE DUC D'YORK.

Deux cents.

GLOCESTER.

Mais prenez garde !

LE DUC D'YORK.

Oh ! je les ai données :
Il s'appelle Édouard.

GLOCESTER.

C'est un titre pour moi.

LE DUC D'YORK.

Vous m'approuvez aussi, vous, monseigneur et roi ?

25.

ÉDOUARD.

De grand cœur, milord duc.

ELISABETH, à Edouard qui lui baise les mains.

Mais laissez : qu'on vous voie ;
Que de vous regarder on ait au moins la joie.
Cher enfant, sur ce front que je trouve embelli
De la santé pourtant les couleurs ont pâli.

ÉDOUARD.

Ce n'est rien.

GLOCESTER.

De ses traits la grâce est plus touchante.

ELISABETH.

Trop pour sa mère.

LE DUC D'YORK, se levant, un papier à la main.

O ciel !

ELISABETH.

D'où vient votre épouvante ?

LE DUC D'YORK.

Au milieu des placets dans vos mains déposés,
Cet écrit...

ÉDOUARD.

Comme il tremble !

LE DUC D'YORK.

Ah ! ma mère, lisez.

GLOCESTER.

Donnez, donnez-le-moi, cet écrit si terrible.

LE DUC D'YORK.

(A Glocester.)   (A la reine.)
Non, vous ne l'aurez pas. Lisez.

ELISABETH, après avoir parcouru le papier.

Est-il possible ?
Rivers !...

ÉDOUARD, à la reine.

Vous frémissez !

ELISABETH, à Glocester.

Rivers ! quel est son sort ?

GLOCESTER.

Reine, je vous l'ai dit.

ELISABETH.

Il est mort ! il est mort !

ACTE II, SCÈNE IX.

EDOUARD.
Lui, grand Dieu !
ELISABETH.
Cette nuit.
GLOCESTER.
Mensonge invraisemblable !
De cet acte inhumain qui donc serait coupable ?
ELISABETH.
Vous me le demandez ?
GLOCESTER.
Sans doute.
ELISABETH.
C'est celui
Qui ne veut pas, milord, me laisser un appui.
Hastings qu'il a frappé, Rivers qu'il assassine,
N'ont point lassé son bras, armé pour ma ruine.
Un noble ami, comme eux, s'est déclaré pour nous ;
J'apprends que, par miracle échappant à ses coups,
Cet ami, Buckingham...
GLOCESTER.
Eh bien !
ELISABETH.
D'un nouveau crime
Faillit, en me quittant, devenir la victime.
EDOUARD.
Quel est son assassin ?
GLOCESTER.
Quel est-il ? répondez :
Encore un coup, son nom ?
ELISABETH.
Vous me le demandez !
GLOCESTER.
Je ne demande plus ce que je dois prescrire.
Parlez, je le veux.
ELISABETH.
C'est... je n'ose pas le dire :
Non, je ne l'ose pas.
GLOCESTER.
Qui vous retient ? Pourquoi
Ne pas couronner l'œuvre en disant que c'est moi ?
J'aurai sacrifié Rivers à ma vengeance,

Moi, dont il tient son rang, son titre, sa puissance,
Rivers, qui, sans penser qu'on l'immole en chemin,
Arrive, et dans ses bras va me presser demain !
Plus coupable, j'ai pris Buckingham pour victime,
Moi qui l'admis quinze ans dans mon commerce intime ;
Moi qui, ce soir encor, par mon cœur entraîné,
Ici, dans le lieu même où je suis soupçonné,
A Sa Grâce, à vous tous, l'offrais comme un modèle,
Et par les mains du roi récompensais son zèle.
De qui vient cet écrit où je suis désigné ?
ELISABETH.
Ah ! d'un ami sans doute.
GLOCESTER, se couvrant.
Il n'est donc pas signé ?
Mensonge et trahison ! Le régent du royaume,
Bravé, calomnié, n'est-il plus qu'un fantôme,
Qu'une ombre ? Mon pouvoir, immense, illimité,
Pour borne cependant n'a que ma volonté.
ELISABETH, avec terreur.
Il est trop vrai.
GLOCESTER, promenant ses regards sur l'assemblée.
Celui qui, dans le fond de l'âme,
Tiendrait pour vérité cette imposture infâme,
Sentirait mon courroux l'écraser de son poids,
Si des yeux seulement il me disait : J'y crois.
ELISABETH, à part.
Ils se taisent.
GLOCESTER.
Veut-on ramener la noblesse
Aux jours où, de l'État souveraine maîtresse,
Une femme régnait, qui nous opprimait tous,
Qui semait à plaisir la discorde entre nous,
Et faisant condamner le frère par le frère,
Sur Clarence...
ELISABETH, indignée.
Ah ! milord !
EDOUARD, s'élançant vers Glocester.
Vous insultez ma mère !
GLOCESTER.
La veuve de lord Gray ne nous gouverne pas.

ACTE II, SCÈNE IX.

EDOUARD, à Glocester.

La veuve d'Édouard ! la reine ! Chapeau bas !
(Joignant le geste à la parole.)
Chapeau bas devant elle !

ELISABETH.

Ah ! qu'as-tu fait ?

LE DUC D'YORK.

Courage !

Bien, mon frère, c'est bien !

ELISABETH.

(Au roi.)   (A Glocester.)
Édouard !... A son âge,
(Revenant au roi.)
On s'emporte aisément. O mon fils, contiens-toi.
(A Glocester.)
Pardon ! j'ai tous les torts : dans un moment d'effroi...
Une mère... Ah ! pardon !

GLOCESTER.

Voilà comme on me traite ;
Et l'on vient s'excuser lorsque l'insulte est faite.
Jugez de l'avenir qui s'annonce pour vous :
On prétend gouverner le fils comme l'époux.
Si je n'ai pu dompter ma trop juste colère,
De mon royal neveu la leçon fut sévère,
Et vous apprend, milords, que, muets sous l'affront,
Vous devez le subir sans relever le front.
Je saurai toutefois combattre une influence
Qui peut des nobles pairs alarmer la prudence ;
Je le veux, et la Tour est l'asile assuré
Où nous veillerons tous sur un dépôt sacré.

ELISABETH.

Nous séparez-vous ?

GLOCESTER.

Non : vous le verrez sans cesse ;
Et par raison, j'espère, autant que par tendresse,
Vous lui répéterez que je tiens d'Édouard
Un pouvoir dont son rang l'affranchira plus tard ;
Mais qu'aujourd'hui le roi, soumis à ma puissance,
Si je lui dois respect, me doit obéissance.

EDOUARD.

Je suis loin d'attenter à ces droits souverains

Que mon père en mourant déposa dans vos mains ;
Mais respectez sa veuve à l'égal de lui-même,
Ou je n'attendrai pas, portant son diadème,
Que son ombre me dise une seconde fois :
Mon fils, venger sa mère est le plus saint des droits.
Sortons : de ces débats prolonger le scandale
C'est abaisser par trop la majesté royale.
Venez, reine.

    GLOCESTER, aux seigneurs de la cour.
  Milords, je ne vous retiens pas.

(A Édouard, en prenant un flambeau.)
Votre premier sujet va précéder vos pas.

      EDOUARD.
Épargnez-vous ce soin.

    GLOCESTER, marchant devant lui.
    Un tel devoir m'honore.

   LE DUC D'YORK, à Édouard.
Tu viens d'agir en roi : je t'aime plus encore.

   ELISABETH, arrêtant Glocester.
Ah! par pitié, mon frère, un mot!

   GLOCESTER, donnant le flambeau à Tyrrel.
         Remplacez-nous,
Gouverneur de la Tour.

     (Toute la cour s'éloigne.)

SCÈNE X.

GLOCESTER, ÉLISABETH.

     GLOCESTER.
    Parlez, que voulez-vous?
J'écoute, milady.

     ELISABETH.
  Sans colère?

     GLOCESTER.
    J'écoute.

     ELISABETH.
Sur ce qui m'alarmait je n'ai plus aucun doute,
Aucun ; soyez-en sûr.

ACTE II, SCÈNE X.

GLOCESTER.
Doutez, ne doutez point,
Que m'importe ?
ELISABETH.
Avant peu si Rivers vous rejoint,
Comme vous l'affirmez...
GLOCESTER.
La reine, en sa présence,
Voudra bien par bonté croire à mon innocence.
Confiance admirable !
ELISABETH.
Ah ! j'y crois maintenant ;
Je connais mon erreur : j'y crois.
GLOCESTER.
En frissonnant.
ELISABETH.
Lui, condamné par vous ! il ne pouvait pas l'être ;
L'effroi me rendait folle ; il respire.
GLOCESTER.
Peut-être.
ELISABETH.
Aux jours de Buckingham on n'a pas attenté !
GLOCESTER.
Pourquoi pas ?
ELISABETH.
J'étais folle, oui, folle en vérité.
Me voilà de sang-froid ; voyez, je suis tranquille.
Mes enfants, grâce à vous, ont la Tour pour asile.
GLOCESTER.
Je leur veux tant de mal !
ELISABETH.
Ils seraient bien ingrats
S'ils pouvaient le penser.
GLOCESTER.
Pas du tout.
ELISABETH.
Dans vos bras,
Sous vos yeux il n'est rien que pour eux je redoute...
Pourtant dans cet écrit...
GLOCESTER.
Encor...

ELISABETH.

C'est qu'on ajoute...

Pardon !

GLOCESTER.

Quoi ?

ELISABETH.

Qu'à la Tour... Mais c'est faux, je le sais.

GLOCESTER.

Achevez : qu'à la Tour ?...

ELISABETH.

Leurs jours sont menacés.
Mais je ne le crois pas, non, je vous le proteste.

GLOCESTER.

Pourquoi donc? milady, c'est vrai comme le reste.

ELISABETH.

D'un soupçon outrageant pardon! cent fois pardon!
Ah! je vous le demande avec tout l'abandon,
L'amour, le désespoir d'une mère éperdue :
Que leur vie en danger soit par vous défendue.

GLOCESTER, avec douceur.

Calmez-vous donc; quel bras peut les atteindre ici?

ELISABETH.

O mon Dieu! de Rivers vous me parliez ainsi.

GLOCESTER, en souriant.

Sans doute.

ELISABETH.

C'est ainsi que je vous vis sourire.

GLOCESTER.

Eh bien ?

ELISABETH, avec explosion.

Rivers est mort!

GLOCESTER.

Vous osez le redire ?

ELISABETH.

Oui, contre l'évidence en vain je me défends :
Oui, mort; et vous voulez tuer mes deux enfants!

GLOCESTER.

Moi !

ELISABETH.

Vous, leur protecteur, leur père !... C'est horrible !
Et c'est vrai, cependant, c'est vrai, mais impossible.

Vous ne le pourrez pas : je serai là, debout,
Sur le seuil de leur porte, à leur chevet, partout,
Et le jour, et la nuit, sans sommeil, sans relâche,
L'œil ouvert, la main prête à repousser un lâche,
Un monstre...

GLOCESTER.

Milady !

ELISABETH, qui le regarde en face.

Je n'ai pas peur de vous.
Buckingham vit ; il s'arme, il soulève pour nous
Ses partisans, les miens, le peuple, Londre entière ;
Il viendra, nous viendrons, lui, tous, moi la première,
Les sauver, vous punir.

GLOCESTER

Mère imprudente, assez !
Savez-vous qui je suis et qui vous menacez ?

ELISABETH

Je ne menace pas ; j'implore, je conjure,
Par mes pleurs, par leur sang, au nom de la nature,
Au nom de leur danger... Il m'inspire ; écoutez :
Vous le disiez tantôt, leurs droits sont contestés.
Pourquoi donc les tuer, ces deux tendres victimes ?
S'ils sont de mes amours les fruits illégitimes,
Leurs droits n'existent plus ; ils vivent ; vous régnez.

GLOCESTER.

Qu'entends-je !

ELISABETH.

C'est en vain que vous vous indignez.
Crime ou non, j'y consens : leurs droits, je vous les donne.
En les déshéritant, ma honte vous couronne.
S'il faut, pour le sauver, que le fils d'Édouard
Soit... ah ! l'horrible mot ! un bâtard, un bâtard !
Eh bien, il le sera : je signe tout.

GLOCESTER.

Vous, reine !
Vous me feriez penser qu'on a dit vrai.

ELISABETH.

La haine
Le croira, le dira : que m'importe ? Ils vivront.
Pour prix du déshonneur imprimé sur mon front,

Pour prix du crime enfin dont je me rends coupable,
Car c'en est un, milord, affreux, abominable,
Rendez, rendez-les-moi, ces enfants adorés !
Rendez-moi mes deux fils ! Ah ! vous me les rendrez.
Pitié ! c'est à genoux, mains jointes, que leur mère
Vous demande pitié...

GLOCESTER.
C'en est trop.

ELISABETH.
Ah ! mon frère !
Mon roi !

GLOCESTER.
De vos affronts ce titre est le plus grand.
M'immoler vos deux fils en les déshonorant !

ELISABETH, s'attachant à ses vêtements.
Pitié !

GLOCESTER, qui la repousse.
Pour m'épargner l'horreur de vous entendre,
Je sors.

SCÈNE XI.

ÉLISABETH, se relevant.

C'est donc à toi, mon Dieu, de me les rendre !
Cherche-leur des vengeurs, tu leur en trouveras.
Où courir ?... je l'ignore : où tu me conduiras.
Mais le soin de leurs jours dans ces murs te regarde.
Que ton œil soit sur eux ; que ton bras me les garde ;
Tu m'en réponds, grand Dieu ! moi, prête à tout braver,
Je veux bien mourir, moi ; mais je veux les sauver.

ACTE TROISIÈME.

(Une chambre à la Tour; une fenêtre dont les rideaux sont fermés; une porte latérale, et une autre dans le fond, au-dessus de laquelle est une ouverture garnie de barreaux ; un lit où couchent les deux princes.)

SCÈNE I.

ÉDOUARD, *assis sur le lit;* LE DUC D'YORK, *sur un siége, près de lui, tenant un livre.*

LE DUC D'YORK
De m'écouter, milord, vous me ferez la grâce,
Ou je ne lirai plus.

EDOUARD.
La lecture me lasse.

LE DUC D'YORK.
Voyez sur ce fond d'or la Madeleine en pleurs ;
(Tournant la page.)
Du dragon de saint George admirez les couleurs.

EDOUARD.
Je l'ai tant vu, Richard !

LE DUC D'YORK.
Eh bien, mon cher malade
Veut-il que je lui chante une vieille ballade ?

EDOUARD.
Non.

LE DUC D'YORK.
Irai-je danser pour l'égayer un peu ?

EDOUARD.
Reste.

LE DUC D'YORK.
Veut-il jouer ?

EDOUARD.
Je n'ai pas cœur au jeu.

LE DUC D'YORK, se levant.

Je me dépite enfin.

EDOUARD.

Tu me laisses ?

LE DUC D'YORK.

Que faire ?
On vous propose tout, rien ne peut vous distraire.

EDOUARD.

C'est que je souffre.

LE DUC D'YORK, revenant.

Ami, conte-moi tes tourments.
Aussi, pourquoi nourrir ces noirs pressentiments ?
Quand, sans bruit, ce matin j'ai quitté notre couche,
Tu dormais, des sanglots s'échappaient de ta bouche.

EDOUARD.

Verrai-je donc toujours ces roses de Windsor !

LE DUC D'YORK.

Un rêve t'agitait; il te poursuit encor :
Dis-le-moi.

EDOUARD.

Tu rirais.

LE DUC D'YORK.

Pourquoi ? s'il est terrible,
Je promets d'avoir peur ; parle.

EDOUARD.

C'est impossible.
Il était si confus, si vague !

LE DUC D'YORK.

Je le veux.

EDOUARD.

Pour le couronnement on nous cherchait tous deux.
Je t'ai dit : « Viens, Richard, ma mère nous appelle. »
Et, te prenant la main, je voulais fuir près d'elle
Un tigre dont les yeux semblaient nous menacer.
Mes pieds marchaient, couraient sans pouvoir avancer,
Et toujours, mais en vain.

LE DUC D'YORK

Oh ! c'est vrai : dans un rêve
On s'élance, on veut fuir ; on ne peut pas. Achève.

ACTE III, SCÈNE I.

EDOUARD.

Tout à coup à Windsor je me crus transporté.
Le feuillage tremblait par les vents agité :
Leur souffle tiède et lourd annonçait un orage
Pour deux pâles boutons, qui, presque du même âge,
Sur un même rameau confondant leur parfum,
L'un à l'autre enlacés, semblaient n'en former qu'un.
Unis comme eux, Richard, nous admirions leurs charmes.
En voyant l'eau du ciel qui les couvrait de larmes,
Je les pris en pitié sans deviner pourquoi,
Et tu me dis alors : « Mon frère, un d'eux, c'est toi ;
L'autre, c'est moi. » Soudain le fer brille. O prodige !
Le sang par jets vermeils s'échappe de leur tige.
Comme si c'était moi qui le perdais, ce sang,
Mon cœur vint à faillir : ma main, en se baissant
Pour chercher dans la nuit leurs feuilles dispersées,
Toucha de deux enfants les dépouilles glacées.
Puis je ne sentis plus ; mais j'entendis des voix
Qui disaient : « Portez-les au tombeau de nos rois. »

LE DUC D'YORK.

J'en suis encore ému... Cette fois je me fâche ;
C'est ta faute, Édouard : tu sembles prendre à tâche
D'offrir à ton esprit mille objets attristants,
Et puis tu dis après : « Je souffre... » Il est bien temps !
Au lieu de te livrer à la mélancolie,
Lève-toi : viens, courons, faisons quelque folie.
Aussi gai qu'un beau jour, j'étends à mon réveil,
Comme les papillons, mes ailes au soleil,
Et me voilà parti, sautant, volant...

EDOUARD.

                              L'espace,
Il te manque, Richard.

LE DUC D'YORK.

                    D'accord, mais je m'en passe,
Ou, pour donner le change à ma captivité,
Je maudis mon cher oncle en toute liberté.
Suis mon exemple ; allons ! la colère soulage.

EDOUARD.

Devais-je m'emporter jusqu'à lui faire outrage ?
On le calomniait, il s'en est indigné.

A souffrir cet affront qui se fût résigné ?
Quand un roi sent ses torts, il faut qu'il les répare.
LE DUC D'YORK.
Ne t'en avise pas, ou, je te le déclare,
Je te fuis.
EDOUARD, en souriant.
Si tu peux.
LE DUC D'YORK.
Alors j'ai donc raison,
Puisque tu reconnais qu'il nous tient en prison.
EDOUARD.
Lui ?
LE DUC D'YORK.
Depuis trois grands jours.
EDOUARD.
Non, ta haine exagère.
LE DUC D'YORK.
Si nous n'étions captifs, nous aurions vu ma mère.
EDOUARD.
C'est trop vrai.
LE DUC D'YORK.
De la Tour le nouveau gouverneur...
EDOUARD.
Sir Tyrrel ?
LE DUC D'YORK.
J'en conviens, c'est un homme d'honneur.
Qui, se prenant pour moi d'une folle tendresse,
Se plaît à me conter les tours de sa jeunesse.
Eh bien, tout bon qu'il est, au fond c'est un geôlier.
EDOUARD.
Je te trouve avec lui beaucoup trop familier.
LE DUC D'YORK.
Sois digne, tu le dois. Mais moi, je le ménage ;
J'ai découvert son faible, et j'en prends avantage.
S'il nous vient du dehors quelques jeux ou des fruits,
Quelque livre attachant qui trompe nos ennuis,
C'est lui qui le veut bien.
EDOUARD.
Il fait plus : il nous laisse
Sur le balcon voisin sortir quand le jour baisse.

ACTE III, SCÈNE II.

LE DUC D'YORK.

Là, je rêve à mon tour, mais plus gaiement que toi.
Je fends l'azur du ciel qui s'ouvre devant moi ;
Libre, je rends visite à la terre, aux étoiles ;
Sur la Tamise en feu je suis ces blanches voiles,
Ces barques dont la lune enflamme les sillons,
Et je me laisse à bord glisser dans ses rayons.

EDOUARD.

Que ne pouvais-je hier voler avec la brise
Vers cette femme en deuil sur une pierre assise !
C'était ma mère.

LE DUC D'YORK.

Hélas !

EDOUARD.

Je la vis le premier.

LE DUC D'YORK.

Non, c'est moi.

EDOUARD.

C'est bien moi. Je n'osais pas crier.
Les bras tendus, l'œil fixe et l'oreille attentive,
J'écoutais les sanglots de cette ombre plaintive.
Que de fois dans les airs mon mouchoir a flotté !

LE DUC D'YORK.

Quel bonheur quand le sien vers nous s'est agité !
Mais tous nos signes vains et nos baisers sans nombre
Se sont perdus bientôt dans les vents et dans l'ombre.

EDOUARD.

Nous ne la verrons plus.

LE DUC D'YORK.

Conserve donc l'espoir.
Nous la verrons, te dis-je, aujourd'hui, dès ce soir.
Ami, c'est sans raison qu'aux terreurs tu te livres.
Chut ! j'entends sir Tyrrel.

SCÈNE II.

ÉDOUARD, LE DUC D'YORK, TYRREL.

TYRREL.

Milords, voici des livres.

(Il les dépose sur la table.)
L'archevêque d'York, en vous les adressant,
Vous offre ses respects.

ÉDOUARD.

Je suis reconnaissant.

LE DUC D'YORK.

Bon archevêque ! il pense à nos longues soirées ;
Aussi les deux captifs baisent ses mains sacrées.

TYRREL.

Vous captifs !

ÉDOUARD.

Je le crois.

TYRREL.

Peut-être pour un jour
Un vieil usage encor vous confine à la Tour ;
Triste noviciat d'une grandeur prochaine.
De l'ennui l'etiquette est cousine germaine ;
Mais vous croire captifs !

LE DUC D'YORK.

De notre liberté
Sir Tyrrel à vingt ans se fût-il contenté ?

TYRREL.

Moi, qui n'ai pas, milords, votre aimable innocence,
En fait de liberté j'aime un peu la licence ;
Mais j'ai tort : ainsi donc ne me consultez pas.

LE DUC D'YORK.

Moins on goûte ce bien, et plus il a d'appas.
Celui qui me rendrait ma liberté ravie
Serait récompensé par-delà son envie.

TYRREL.

Le régent ne veut pas prolonger vos regrets,
Et du couronnement il presse les apprêts.

ÉDOUARD.

C'est sûr ?

TYRREL.

Vous ne pouvez manquer à cette fête.

LE DUC D'YORK.

Ni vous non plus, sire Jame, et je vous tiendrai tête :
Nous porterons tous deux sa royale santé.

TYRREL.

Tant que milord voudra.

ACTE III, SCÈNE II.

LE DUC D'YORK.
Quelle docilité !
Et, comme on vous connaît certaine fantaisie,
On vous fera raison avec du malvoisie.

TYRREL.
C'est un ancien ami fêté dans mes beaux jours ;
Il m'a trahi, l'ingrat, mais je l'aime toujours.

EDOUARD.
Comment ?

TYRREL
Je ris, milord.

LE DUC D'YORK, en montrant Tyrrel.
Oh ! j'en sais sur son compte,
Bien qu'il m'en cache encor plus qu'il ne m'en raconte.

TYRREL.
(A Richard.)   (A part, avec attendrissement.)
C'est vrai. Comme il ressemble à mon pauvre Tomi !
Je crois le voir.

EDOUARD.
Sir Jame, êtes-vous notre ami ?

TYRREL.
N'en doutez point.

EDOUARD.
D'un fils accueillez la demande.

LE DUC D'YORK, prenant la main de Tyrrel et le caressant.
Il m'aime tant ! pour moi sa complaisance est grande,
Il ferait tout pour moi, n'est-ce pas ?

EDOUARD, lui prenant la main de l'autre côté.
Voulez-vous,
Que ma mère à la Tour passe une heure avec nous ?

TYRREL, embarrassé.
Jusqu'ici sans obstacle elle fût parvenue,
Si...

LE DUC D'YORK.
Pourquoi nous tromper ? je sais qu'elle est venue.

TYRREL.
Vous, milord !

LE DUC D'YORK.
C'est mon cœur qui me le révéla :
Ses battements tantôt m'ont dit qu'elle était là.

EDOUARD, à Tyrrel.
Promettez !

TYRREL.

Je ne puis.

LE DUC D'YORK, montrant à Tyrrel sa main pleine de guinées.

Eh bien, j'en cours la chance :
Toutes ces pièces d'or contre un mot d'espérance !
Promettez, si je gagne.

TYRREL.

Ah ! milord !...

LE DUC D'YORK.

Pair ou non ?

EDOUARD.

Richard !

LE DUC D'YORK.

Allons, Tyrrel.

TYRREL, enchanté.

Charmant petit démon !

Pair.

LE DUC D'YORK.

(Avec tristesse.)

Comptons. J'ai perdu.

TYRREL.

Sa douleur me fait peine.

(Ramassant les guinées qui sont sur la table.)

C'est mon bien, je le prends... mais vous verrez la reine,
Vous la verrez.

EDOUARD.

Vraiment ?

TYRREL.

Oui, j'en donne ma foi.

LE DUC D'YORK, l'embrassant.

Je t'ai dupé, Tyrrel ; je gagne plus que toi.

TYRREL.

(A part.) (Haut.)

Son baiser m'a fait mal. La soirée est si belle !
Sur le balcon, milords, sa fraîcheur vous appelle.
Voulez-vous en jouir ?

LE DUC D'YORK.

De grand cœur.

EDOUARD. à Tyrrel, qui est allé ouvrir la porte.

A revoir !

(Revenant.)

Sir Jame est trop loyal pour tromper notre espoir ?

TYRREL.

Milord, comptez sur moi.

LE DUC D'YORK.

J'y compte et je te quitte.

(Revenant.)

D'une dette d'honneur dans le jour on s'acquitte.

TYRREL.

A qui le dites-vous?

LE DUC D'YORK.

Adieu!

(Il sort en sautant.)

SCÈNE III.

TYRREL, *seul*.

L'aimable enfant!
Sans regretter son or, il s'en va triomphant.

(Après une pause.)

Il sera beau joueur... Même beauté! même âge!
J'ai cru sentir encor passer sur mon visage
Ces lèvres qui jadis... non, froides pour jamais !
Plus jamais de baisers des lèvres que j'aimais?
Mortes, mortes?... Pourquoi cette retraite austère ?
Le sacre dans deux jours va les rendre à leur mère;
Qu'ils l'embrassent plus tôt, le mal n'est pas si grand.
La reine est là, chez moi, priant tout bas, pleurant,
Toujours là, comme un marbre, immobile à sa place.
Nous autres vieux pécheurs, dont le cœur est de glace
Contre des pleurs de femme, un enfant nous émeut :
Ce petit vaurien-là fait de moi ce qu'il veut.
Ah! c'est qu'il lui ressemble!... On s'approche ; silence!
La lueur des flambeaux m'annonce sa présence :
C'est le régent. Sans doute, il vient leur déclarer
Qu'on a fixé le jour qui doit les délivrer.

SCÈNE IV.

GLOCESTER, TYRREL.

(Un officier de la Tour, qui précède le régent, pose un flambeau sur la table, et se retire.)

GLOCESTER.

Où sont-ils?

TYRREL, montrant la porte latérale.

Là, milord.

GLOCESTER.

Va fermer cette porte.

TYRREL.

Si c'est la liberté que Votre Grâce apporte,
Je vais les appeler.

GLOCESTER.

N'as-tu pas entendu?

(A Tyrrel, qui revient, après avoir obéi.)

Buckingham vit, Tyrrel.

TYRREL.

Il s'est bien défendu.

GLOCESTER.

Tu l'as mal attaqué.

TYRREL.

J'affirme le contraire;
Mais après tout, milord, coup nul : c'est à refaire.

GLOCESTER.

J'attendais mieux de toi.

TYRREL.

Si le temps m'eût permis
De prendre pour seconds deux de mes bons amis...

GLOCESTER.

Qui se nomment?

TYRREL.

Dighton et Forrest; je vous jure
Qu'en dépit du hasard la partie était sûre.

GLOCESTER.

Jusqu'à moi ces noms-là ne sont point parvenus.

TYRREL.

Leur grand défaut pourtant n'est pas d'être inconnus.

ACTE III, SCÈNE IV.

GLOCESTER.
Ces gens sont sous ta main ?

TYRREL.
Et dès lors sous la vôtre.

GLOCESTER.
Ils pourront avant peu me servir l'un et l'autre.

TYRREL.
Parlez, ils frapperont.

GLOCESTER.
Toi présent.

TYRREL.
Me voici.

GLOCESTER.
Sous mes yeux.

TYRREL.
Quand, milord ?

GLOCESTER.
Ce soir.

TYRREL.
Où donc ?

GLOCESTER, indiquant le lit du doigt.
Ici.

TYRREL, avec horreur.
Quoi ! le régent voudrait...

GLOCESTER.
C'est le roi d'Angleterre,
Qui te parle et qui veut.

TYRREL.
Le roi !

GLOCESTER.
Pourquoi le taire ?
Nos prélats et nos lords m'ont proclamé.

TYRREL.
Vous !

GLOCESTER.
Moi.

TYRREL.
Mais le peuple...

GLOCESTER.
Le peuple a dit : Vive le roi !
Que voulais-tu qu'il dît ?... Qu'importe la personne ?
Vive le roi, pour lui c'est vive la couronne.
Le sacre dès demain la mettra sur mon front.
Buckingham et les siens contre moi s'armeront ;

Ils veulent m'arracher mes captifs par la force,
Et, pour jeter au peuple une trompeuse amorce,
Répandent qu'Édouard m'apparaîtra demain,
Libre dans Westminster et le sceptre à la main.
Comme il suffit, Tyrrel, d'un roi dans un royaume,
Je veux, s'il m'apparaît, qu'il ne soit qu'un fantôme.

TYRREL.

Ah ! celui-là, milord, troublera mon sommeil.
Si vous les aviez vus, hier, à leur réveil,
Les yeux encor fermés, le plus jeune des frères
Tenant encore entre eux ce livre de prières !
Leurs bras nus se cherchaient l'un vers l'autre étendus ;
Sur ce lit leurs cheveux retombaient confondus ;
Leurs bouches, qui s'ouvraient comme pour se sourire,
Semblaient avoir en songe un mot tendre à se dire.
Si vous les aviez vus, vous-même épouvanté
Devant tant d'abandon, de grâce et de beauté,
Vous auriez dit, milord : Il faut trop de courage
Pour détruire du ciel le plus charmant ouvrage !

GLOCESTER.

Pourtant tu m'appartiens.

TYRREL.

Oui, je me suis donné ;
Oui, vendu pour de l'or, vendu comme un damné.
Je l'ai reçu, cet or, et, s'il fallait le rendre,
Il est déjà trop loin pour savoir où le prendre.
Désignez donc un homme et son sang vous est dû,
Un homme et j'obéis, car je me suis vendu ;
Mais deux enfants si beaux, deux faibles créatures,
M'appelant, murmurant mon nom dans leurs tortures,
Les étouffer !

GLOCESTER, le contenant.

Tyrrel !

TYRREL.

Pourquoi ? sous les verrous
Qu'ils vivent pour moi seul, et qu'ils soient morts pour tous.
Mort comme eux, je veux bien garder leur sépulture ;
Je m'y plonge ; ou plutôt qu'Édouard sous la bure,
Par les ciseaux d'un moine à l'autel couronné,
Ait pour royaume un cloître où je l'aurai traîné.

ACTE III, SCÈNE IV.

Je l'y traîne, et le laisse au fond de sa retraite ;
Car je suis, j'en conviens, mauvais anachorète.
Mais l'autre, je l'emmène en France, à l'étranger,
Loin, si loin, que sa vie est pour vous sans danger ;
Je lui donne les mœurs, les goûts que j'ai moi-même.
Mes vices, s'il le faut... Que voulez-vous? Je l'aime.
J'aime en lui le seul bien qui m'ait coûté des pleurs :
Mon Tomi, mon trésor de joie et de douleurs,
L'astre qui rayonnait sur mes nuits enivrantes,
L'enfant qui m'a baisé de ses lèvres mourantes.
Traitez-moi de rêveur, de fou, si vous voulez ;
Mais quand je vois ses yeux, ses longs cheveux bouclés,
Je me sens tressaillir jusqu'au fond des entrailles ;
Lorsque leurs cris aigus frapperaient ces murailles,
C'est de mon fils, milord, que j'entendrais les cris :
Je ne peux pas pour vous assassiner mon fils.

GLOCESTER.

(A part.)   (A Tyrrel.)
Je l'avais dit, pas un ! Allons, calme ta tête.
A ton projet, Tyrrel, il se peut qu'on s'arrête :
C'est accorder leur vie avec ma sûreté.
Nous y réfléchirons ; mais reprends ta gaieté.
Quelques joyeux amis, que le plaisir amène,
Viennent fêter ici ma royauté prochaine.

TYRREL.

Cette nuit ?

GLOCESTER.

    A demain les travaux importants !
Pour cette nuit encor revenons à vingt ans ;
Sois l'homme d'autrefois. Je veux que cette orgie
Surpasse en beau désordre, en brûlante énergie,
En joie, en mets exquis, comme en vins généreux,
Tous tes vieux souvenirs retrempés dans ses feux.

TYRREL.

Non, milord.

GLOCESTER.

    Refuser, qui ? toi ! C'est impossible.
Pourquoi ?

TYRREL.

    Non, par pitié ; mon ivresse est terrible.

GLOCESTER.

Aussi je compte bien que sir Jame aujourd'hui
Saura devant son roi rester maître de lui.
Craint-il de n'avoir pas une tête assez forte
Pour calculer les points que le dé nous apporte ?

TYRREL, vivement.

On jouera ?

GLOCESTER.

        Des trésors : tes yeux vont s'enflammer,
Lorsque sur le tapis tu verras s'abîmer,
S'engloutir en un coup plus d'or, plus de richesse,
Que n'en ont dévoré vingt nuits de ta jeunesse.

TYRREL, à part.

Oh ! le démon me tente.

GLOCESTER.

        Oui, trésor sur trésor,
Risqués par nous, perdus, gagnés, perdus encor,
Tandis que dans sa course un bol intarissable,
Dont les flots à plein bord circulent sur la table,
Dont la vapeur s'exhale en parfumant les airs,
Aux reflets des enjeux vient mêler ses éclairs.
Ils sont aux mains : l'or brille et le punch étincelle.
Veux-tu laisser languir la veine qui t'appelle ?
Veux-tu laisser mourir ta fortune en espoir ?
Le veux-tu ?... libre à toi !

TYRREL.

J'irai.

GLOCESTER, avec indifférence.

        Si le devoir,
Le scrupule est plus fort...

TYRREL.

J'irai.

GLOCESTER, de même.

        Suis ton envie.

TYRREL.

Je ne puis reculer sans mentir à ma vie.

GLOCESTER.

Sans te perdre d'honneur.

TYRREL.

        Longs jours à Richard trois,
Et bonheur à Tyrrel !

ACTE III, SCÈNE V.

EDOUARD, en dehors.
Sire Jame!
TYRREL.
C'est sa voix,
C'est Édouard.
GLOCESTER, froidement.
Eh bien, qu'as-tu donc?
TYRREL.
Rien.
GLOCESTER.
Qu'il vienne.
(A part, tandis que Tyrrel va ouvrir la porte.)
Quand j'achète ton bras, c'est pour qu'il m'appartienne,
Pitoyable rêveur!

SCÈNE V.

GLOCESTER, TYRREL, ÉDOUARD.

EDOUARD, à Tyrrel.
Entendez-vous ces cris?
A ces joyeux transports nous sommes-nous mépris?
Annoncent-ils le jour de notre délivrance?...
(Apercevant Glocester.)
Ah! milord, confirmez cette douce espérance.
Venez-vous nous chercher?
GLOCESTER, qui fait un pas pour sortir.
Pas encor.
EDOUARD.
Vous sortez?
GLOCESTER.
Réclamés par l'État, mes instants sont comptés;
Je les dois au travail.
EDOUARD.
Est-ce pour hâter l'heure
Où nous devons quitter cette triste demeure?
Que j'en serais touché!
GLOCESTER.
D'ailleurs, je dois penser
Que ma vue importune ici pourrait lasser.
EDOUARD.
Ah! vous me jugez mal, et j'ai l'âme assez haute
Pour savoir, au besoin, reconnaître une faute.

27.

Je n'ai pu maîtriser mon premier mouvement ;
Mais je le crois injuste, et mon cœur le dément.
Séparons-nous tous deux sans haine et sans colère.
(Avec tendresse.)
Un fils trouve toujours grâce devant son père :
Pardonnez-moi, milord.

GLOCESTER.
Ah ! croyez...

EDOUARD.
Votre main !
(En souriant après l'avoir baisée.)
Quand le sacre ?

GLOCESTER, le baisant sur le front.
Le roi sera sacré demain.

(A Tyrrel.)
Nous t'attendons.

SCÈNE VI.

ÉDOUARD, TYRREL.

EDOUARD.
Demain ! comprenez-vous ma joie ?
Demain.

TYRREL, à part.
Quoi qu'il arrive, il faut qu'il la revoie.
(A Édouard.)
Appelez votre frère.

EDOUARD.
Eh ! pourquoi ?

TYRREL.
J'ai promis ;
Je tiendrai mon serment.

EDOUARD.
Je n'ai que des amis,
Que du bonheur ce soir.

TYRREL.
Elle est chez moi...

EDOUARD.
La reine ?

TYRREL.
Cachée à tous les yeux ; je cours et je l'amène.

ACTE III, SCÈNE VII.

EDOUARD, *appelant son frère.*
Richard !... Pour mieux jouir de son étonnement,
Ne disons rien d'abord.

SCÈNE VII.

ÉDOUARD, LE DUC D'YORK.

LE DUC D'YORK.
    Je cherchais vainement :
Sur la pierre déserte elle n'est pas venue.
EDOUARD.
C'est triste.
LE DUC D'YORK.
   Sans effort je l'aurais reconnue.
L'astre que j'admirais jette un éclat si pur,
Si vif, qu'en la voyant j'aurais pu, j'en suis sûr,
Distinguer aujourd'hui ses pleurs ou son sourire...
EDOUARD.
Tu crois ?
LE DUC D'YORK.
  Que dans ses yeux les miens auraient pu lire.
EDOUARD.
Tu vas la voir bien mieux.
LE DUC D'YORK.
    Ici ?
EDOUARD.
      Dans un moment;
Et c'est demain le jour de mon couronnement.
Le régent me l'a dit.
LE DUC D'YORK.
   Salut, roi d'Angleterre !
A milord protecteur nous ferons bonne guerre.
EDOUARD.
Plus de vengeance, ami ! soyons tout à l'espoir.
LE DUC D'YORK.
La liberté demain !
EDOUARD.
  Et ma mère ce soir !
LE DUC D'YORK.
Ma mère entre nous deux ! Édouard, quelle ivresse !
La voici !...

SCÈNE VIII.

ÉDOUARD, LE DUC D'YORK, ÉLISABETH, TYRREL.

TYRREL.
Milady m'en a fait la promesse?
ELISABETH.
Dès que vous paraîtrez, je sortirai d'ici.
TYRREL, à part.
Ils sont tous trois heureux ; tâchons de l'être aussi.

SCÈNE IX.

ÉDOUARD, LE DUC D'YORK, ÉLISABETH.

(La reine tombe sur un siége, et se met à fondre en larmes sans parler.)

LE DUC D'YORK, à son frère.
Elle pleure, Édouard.
EDOUARD.
Sa douleur me déchire.
LE DUC D'YORK.
Ma mère, à vos enfants n'avez-vous rien à dire?
ELISABETH.
Malheureuse!
EDOUARD.
Ah ! parlez.
LE DUC D'YORK.
L'un d'eux n'est-il pas roi ?
ELISABETH, lui mettant la main sur la bouche.
Ce titre, c'est la mort : tais-toi ! Richard, tais-toi !
EDOUARD.
Qu'entends-je !
LE DUC D'YORK.
L'Angleterre a-t-elle un nouveau maître ?
ELISABETH.
Qu'on proclame aujourd'hui, qu'on vient de reconnaître;
(A Édouard.)
Et c'est sous le bandeau pour ton front préparé
Qu'à la face du ciel il doit être sacré.

ACTE III, SCÈNE IX.

EDOUARD.

Quel est-il donc ?

ELISABETH.

Celui qu'à son heure suprême
Votre père choisit comme un autre lui-même,
Qu'il pressa dans ses bras, qu'il entoura des miens,
En disant : Glocester, que mes fils soient les tiens !

EDOUARD.

Glocester !

LE DUC D'YORK.

Lui, régner !

EDOUARD.

Et du fond de sa tombe
Édouard ne peut plus rien pour sa race qui tombe ;
Rien pour ses deux enfants !

LE DUC D'YORK.

N'avons-nous plus d'amis ?

ELISABETH.

Parlons bas : un espoir nous est encor permis.
(Avec un peu d'égarement.)
L'archevêque d'York... ce protecteur nous reste.
Mais que peut un vieillard qui pour vos droits proteste ?
Il est vrai qu'à sa voix nos pontifes divins...
Sans doute ils l'oseront... mais leurs projets sont vains,
Si Buckingham... mais lui... Quel chaos dans ma tête !
Pour chercher ma pensée, il faut que je m'arrête.

LE DUC D'YORK, après une pause.

Achevez.

ELISABETH.

Je disais... quoi... Qu'ai-je dit, Richard ?
(Vivement.)
Qu'ils forceront la Tour.

LE DUC D'YORK.

Vous l'espérez !

ELISABETH.

Trop tard.
Me comprends-tu ? trop tard. Attendre, encore attendre !
Tout un jour, chez Tyrrel, languir sans rien apprendre !
Vous-mêmes, n'avez-vous aucun avis secret ?

EDOUARD.

Aucun.

ELISABETH.

Que font-ils donc ? quoi ! rien ! pas un billet !
Visitez avec soin tout ce qu'on vous adresse.
Grand Dieu ! si jusqu'à vous par force ou par adresse,
Au moment où je parle, ils s'ouvraient des chemins ;
Si... que dis-je ? à toute heure, à chaque instant, ses mains,
Ses deux mains pour frapper sur vous peuvent s'étendre !

(Les saisissant avec transport dans ses bras.)

Écoutez !

LE DUC D'YORK.

Qu'avez-vous ?

ELISABETH.

Hélas ! j'ai cru l'entendre ;
J'ai cru vous embrasser pour la dernière fois ;
Et j'en bénissais Dieu : nous serions morts tous trois.

EDOUARD.

Non pas vous !

ELISABETH.

Il faudra que je vous abandonne ;
Mon devoir m'y contraint. Votre danger m'ordonne
De revoir vos amis, d'attendrir, de pousser,
D'enflammer ces cœurs froids que la peur vient glacer.
Oui, je le dois. D'ailleurs, pour peu que je balance,
Tyrrel aura recours même à la violence.
Et que deviendrez-vous si j'ose l'irriter ?

(Prenant le duc d'York à part.)

Richard, que je te parle avant de te quitter !

(A voix basse.)

Tu ne veux pas, mon fils, que ton frère périsse ;
Dis-lui donc, toi qu'il aime, oh ! dis-lui qu'il fléchisse...

LE DUC D'YORK.

Quoi ! devant Glocester !

EDOUARD, qui a prêté l'oreille.

Moi, fléchir ! moi, céder !

ELISABETH.

Mais, malheureux enfant, s'il veut te poignarder,
Il le peut.

EDOUARD.

Je l'attends.

LE DUC D'YORK.

Qu'il ose l'entreprendre.

ACTE III, SCÈNE IX.

J'ai du cœur, de la force, et j'irai te défendre,
Te couvrir de mon corps...

EDOUARD.

Richard !

LE DUC D'YORK.

Mourir pour toi.

ELISABETH.

Mais vous mourrez tous deux !

LE DUC D'YORK.

Eh bien, tous deux.

ELISABETH, avec désespoir en tombant assise.

Et moi.

(Les deux princes s'élancent vers elle ; Edouard à ses genoux, et
Richard sur son sein.)

Moi, je resterai donc seule dans la nature,
Ignorant jusqu'au lieu de votre sépulture ;
Sans que même à voix basse on ose le nommer ;
Sans avoir, après vous, rien que je puisse aimer ;
Non, rien ; pas un tombeau, pas une froide pierre,
Où portant, chaque soir, mon deuil et ma prière,
Fidèle au rendez-vous, je dise : Les voilà !
Quand Dieu voudra de moi, je les rejoindrai là.

EDOUARD.

Mourir et vous quitter !... Hélas ! j'aimais la vie.
Avec quel dévouement je vous aurais servie !
Sans rougir, dans l'exil, j'aurais de mes sueurs
Gagné pour vous nourrir un pain mouillé de pleurs.
Mais fléchir Glocester par une ignominie,
Faire avec lui marché des droits que je renie,
Devenir son sujet, et le plus vil de tous,
    (En se relevant.)
Veuve et mère de rois, me le conseillez-vous ?

ELISABETH.

Jamais le sang d'York n'a pu demander grâce !
Restez, nobles enfants, dignes de votre race ;
Gardez cette vertu que je dois admirer ;
            (En entendant la porte s'ouvrir.)
Je pleure et j'en suis fière... On vient nous séparer ;
C'est Tyrrel !

SCÈNE X.

ÉDOUARD, LE DUC D'YORK, ÉLISABETH, TYRREL.

(Il sort d'une orgie ; le désordre se laisse apercevoir sur ses traits et dans sa démarche ; mais il sait se contraindre et conserver de la dignité.)

TYRREL, à part en entrant.
Envers moi ta rigueur est étrange,
Sort maudit ! sur quelqu'un il faut que je me venge.
Reine, vous ne pouvez demeurer plus longtemps ;
Retirez-vous.

ELISABETH.
Si tôt !

EDOUARD.
Encor quelques instants !

TYRREL, de même.
Pas un.

ELISABETH.
Quel changement ! ce langage m'étonne.
(Le montrant aux princes avec terreur.)
Ses traits sont égarés ! ses yeux... Ah ! je frissonne.

TYRREL.
Vous restez devant moi muette de stupeur ;
Qu'avez-vous ?

ELISABETH.
Vos regards...

TYRREL.
Eh bien ?

ELISABETH.
Ils me font peur.

TYRREL.
Pour qui ?

ELISABETH.
Pour eux, Tyrrel. Sans doute, c'est faiblesse ;
Mais pensez au trésor qu'en partant je vous laisse.

TYRREL, s'animant par degrés.
Quoi ! me soupçonnez-vous de quelque trahison ?

ELISABETH.
Vous !

TYRREL.
Pour veiller sur eux j'ai toute ma raison...

ACTE III, SCÈNE X.

ELISABETH.

Ne vous offensez pas.

TYRREL.

Tout mon sang-froid, j'espère.

LE DUC D'YORK, bas à la reine.

Parlez-lui de son fils.

ELISABETH.

Tyrrel, vous êtes père...

TYRREL.

Pourquoi renouveler ce souvenir affreux ?
Je n'en ai plus de fils, et vous en avez deux.

ELISABETH.

(Les poussant dans les bras de Tyrrel.)

Que j'aime, que j'adore... et que je vous confie.

TYRREL.

A moi !... Cette terreur, rien ne la justifie.
J'ai reçu votre foi, vous devez la tenir ;
Mais, s'il faut vous contraindre à vous en souvenir,
Qu'un autre à vos enfants prête son assistance ;
 (Avec violence.)
Pour moi, j'en fais serment...

ELISABETH, effrayée.

Je pars sans résistance.

TYRREL.

N'hésitez plus.

ELISABETH.

J'ignore où je dois les revoir.
Laissez-moi les bénir ; c'est mon dernier devoir.
(Étendant les mains sur la tête de ses fils, qui sont tombés à genoux
 devant elle.)
Les voilà prosternés sous mes mains, sous mes larmes !
Ils peuvent devant toi paraître sans alarmes,
Dieu ; quel mal ont-ils fait ? Ils iront, si tu veux,
Ces deux êtres si purs, si bons, si malheureux,
Du respect filial ces deux parfaits modèles,
Réunir dans ton sein leurs âmes fraternelles ;
Mais, pour qu'on les chérit, toi qui les as formés,
Ne me les ôte pas, ces anges bien-aimés.
 (Jetant un regard sur Tyrrel.)
Qu'un ami généreux protége leur enfance,
Qu'ils restent sur la terre, et que je les devance,

Quand ils prendront leur vol vers l'asile de paix,
Où la mère et les fils ne se quittent jamais.
(En les embrassant.)
Adieu !

ÉDOUARD.

C'en est donc fait !

ELISABETH.

(Bas à Édouard.)
Veille bien sur ton frère,
(Bas au duc d'York.) (A Tyrrel.)
Veille sur Édouard ! Ah ! redevenez père,
Tyrrel !

TYRREL.

Assez, assez.

ELISABETH, à ses enfants.

Je vous laisse avec Dieu.
(Serrant son fils aîné dans ses bras.)
Édouard !...

LE DUC D'YORK.

Et moi donc !

TYRREL.

Triste spectacle !

ELISABETH, après les avoir embrassés tous deux à plusieurs reprises.

Adieu !

SCÈNE XI.

ÉDOUARD, LE DUC D'YORK, TYRREL.

ÉDOUARD, tombant sur le lit.

Peut-être pour toujours.

TYRREL, à Édouard, tandis que Richard, comme frappé d'une idée, s'approche de la table où sont les livres.

Milord, la nuit s'avance ;
Demandez au sommeil l'oubli de la souffrance.
A votre âge il vient vite, et vous le combattez ;
Par des nuits sans repos vos maux sont irrités.

ÉDOUARD.

Je succombe, il est vrai, sous leur poids qui m'accable ;
Mais ils viennent du cœur.

TYRREL.

Je me croirais coupable,

ACTE III, SCÈNE XI.

Si je ne vous forçais à suivre mon conseil.
EDOUARD.
Que j'aurai de plaisir à revoir le soleil !
LE DUC D'YORK, qui, en levant le fermoir d'une Bible, en a fait tomber une lettre, et met le pied dessus.
Grand Dieu !
TYRREL, se tournant vers lui.
Vous m'entendez ; il est trop tard pour lire, Prince.
LE DUC D'YORK, le livre à la main.
Quel ton sévère ! on regarde, on admire,
On ne lit pas, Tyrrel.
TYRREL.
J'y veillerai de près ;
Car le régent le veut, et j'en ai l'ordre exprès.
EDOUARD.
Devez-vous à la Tour entretenir la reine ?
TYRREL, à Édouard.
Je le crois.
EDOUARD.
Son amour unit dans cette chaîne
Nos cheveux et les siens.
LE DUC D'YORK, à part.
Pourquoi le retenir ?
EDOUARD.
Portez-lui de ses fils ce tendre souvenir.
TYRREL.
Je le promets.
EDOUARD, s'apercevant des signes que lui fait son frère, à Tyrrel.
Allez.
TYRREL, à part.
C'est un supplice horrible !
LE DUC D'YORK.
Bonsoir, Tyrrel !
TYRREL, à Richard.
Milord, n'ouvrez pas cette Bible,
Ou les livres par moi vous seront refusés ;
Je reviendrai bientôt voir si vous reposez.

SCÈNE XII.

LE DUC D'YORK, ÉDOUARD.

LE DUC D'YORK.

Une lettre! une lettre!

EDOUARD.

O bonheur!

LE DUC D'YORK.

Viens l'entendre.

EDOUARD.

De qui?

LE DUC D'YORK, regardant la signature.

De Buckingham.

EDOUARD.

Que peut-il nous apprendre?

LE DUC D'YORK.

Tu vas le savoir.

EDOUARD.

Lis.

LE DUC D'YORK.

« Chers princes,
« Vous avez encore dans votre ville de Londres des cœurs
« dévoués à votre cause : l'archevêque d'York, qui doit
« vous faire passer ce billet; quelques anciens serviteurs de
« votre père, et moi, le plus zélé de tous. Le peuple est
« pour vous; j'ai des intelligences à la Tour, et j'espère
« vous délivrer à force ouverte. Ne quittez point vos vête-
« ments, pour être toujours prêts au premier signal. Profitez
« de l'avis que je vais vous donner; car de votre fidélité à
« le suivre dépendent peut être et votre vie et le succès de
« l'entreprise. Au moment... »

EDOUARD.

On vient.

(Richard cache la lettre dans son sein.)

SCÈNE XIII.

LE DUC D'YORK, ÉDOUARD, TYRREL.

TYRREL, à part.

Si je les vois,

ACTE III, SCÈNE XIII.

(Aux princes.)

Je ne pourrai jamais. Quoi! debout?... Cette fois
Je me lasse, milords.

EDOUARD.
Que voulez-vous donc faire?

TYRREL.
User d'une rigueur qui devient nécessaire.

EDOUARD.
Laissez-nous ce flambeau.

TYRREL.
Non.

EDOUARD.
Un seul moment!

TYRREL.
Non :
Qu'en avez-vous besoin pour dormir ?

LE DUC D'YORK, passant ses bras autour du cou de Tyrrel

Ah! sois bon,
Pense que c'est Tomi qui t'implore.

TYRREL, près de s'attendrir.

Il m'en coûte ;
Mais...

EDOUARD, impatienté.

Tyrrel, je le veux.

TYRREL.
Vous le voulez !

EDOUARD.
Sans doute.

TYRREL.
Le régent donne seul des ordres absolus.
(Emportant la lumière)
Je ne fus que trop faible et je ne le suis plus.

LE DUC D'YORK.
Méchant !

TYRREL, à part.
Sa volonté m'a rendu mon audace.

LE DUC D'YORK.
Ne me demande pas qu'au réveil je t'embrasse.

TYRREL.
Au réveil!... Ah ! sortons. Dormez, milords, dormez.

SCÈNE XIV.

ÉDOUARD, LE DUC D'YORK, *dans les ténèbres.*

ÉDOUARD.
Cœur sans pitié ! par lui nous n'étions pas aimés.

LE DUC D'YORK.
Je le déteste aussi.

ÉDOUARD.
D'une joie imprévue
Passer au désespoir !

LE DUC D'YORK.
Billet cruel ! Ma vue
S'y reporte dans l'ombre, et l'interroge en vain.

ÉDOUARD.
Quoi ! tenir son salut, le sentir dans sa main...

LE DUC D'YORK.
Et mourir !

ÉDOUARD.
Et penser qu'elle viendra peut-être,
En murmurant deux noms, s'asseoir sous la fenêtre !
Ils n'y répondront plus, ceux qui les ont portés ;
Ils ne la verront plus, même aux pâles clartés
De l'astre qui ce soir...

LE DUC D'YORK.
Attends ! le ciel m'inspire :
J'y songe !...
(Il court vers une des croisées, en tire les rideaux, qui laissent tout à coup pénétrer les rayons de la lune dans l'appartement.)

ÉDOUARD.
Que fais-tu ?

LE DUC D'YORK.
Dieu ! si je pouvais lire !

ÉDOUARD.
Eh bien !

LE DUC D'YORK.
Tout est confus.

ÉDOUARD.
Donne, donne.

LE DUC D'YORK.
Un instant !

ACTE III, SCÈNE XIV.

EDOUARD, prenant la lettre.

Mais je le pourrai, moi ; je le désire tant !
Richard, écoute :

« . . . dépendent peut-être et votre vie et le succès de
« l'entreprise.

LE DUC D'YORK.

Après.

EDOUARD.

« Au moment de l'attaque, montrez-vous aux fenêtres de la
« Tour ; tendez les bras vers le peuple pour exciter son en-
« thousiasme...

LE DUC D'YORK.

Bien !

EDOUARD.

« et pour qu'on n'ose rien tenter contre vous sous ses yeux
« pendant la lutte qui doit s'engager...

LE DUC D'YORK.

Mais le jour ? mais l'heure ?

EDOUARD.

Laisse-moi donc finir.

« nos mesures sont prises pour demain ou pour le jour sui-
« vant ; c'est encore incertain. Au reste, la veille, dans la
« soirée, vous entendrez sous vos fenêtres le vieil air natio-
« nal des Anglais, qui sera le signal de votre délivrance
« prochaine. Espérez, chers princes, et Dieu sauve le roi !

« BUCKINGHAM. »

LE DUC D'YORK, se jetant dans les bras d'Édouard.

Dieu ne veut pas qu'il meure :
Il te protégera.

EDOUARD.

Le signal convenu,
Qu'il tarde !

LE DUC D'YORK.

Jusqu'à nous aucun bruit n'est venu.

EDOUARD.

Hélas, non ! l'entreprise est peut-être ajournée.

LE DUC D'YORK, gaiement.

A la Tour, s'il le faut, encore une journée !
Nous la supporterons. Mais, plus calme à présent,
Goûte enfin les douceurs d'un sommeil bienfaisant.

ÉDOUARD.
(Après s'être étendu sur le lit.)
J'en ai besoin. Et toi ?

LE DUC D'YORK.
Tu veux donc que je vienne ?

ÉDOUARD.
Si je ne sens ta main reposer dans la mienne,
Je craindrai pour ta vie.

LE DUC D'YORK.
En vain j'attends.

ÉDOUARD, qui s'assoupit.
Eh bien ?

LE DUC D'YORK.
C'est retardé d'un jour ; non, rien... je n'entends rien ;
Mais, quand je devrais prendre une peine inutile,
(S'approchant du lit.)
Veillons jusqu'au matin. Me voici : sois tranquille.
Point de réponse ? Il a tant souffert aujourd'hui !
Doucement, doucement plaçons-nous près de lui ;
Un baiser sur son front ! mais sans qu'il se réveille.
Dors : je suis sûr de moi ; je prêterai l'oreille ;
J'aurai les yeux ouverts... Réunis tous les trois,
Chaque jour nouveaux jeux ! nous n'aurons que le choix.
(On aperçoit la lueur d'une torche à travers l'ouverture grillée de la porte du fond.)
Windsor nous reverra courant sur sa prairie :
Ma première caresse à toi, mère chérie !
(Dans ce moment l'air du *Gode save the King !* se fait entendre sous la fenêtre *.)

LE DUC D'YORK, qui s'est élancé de sa place pour écouter, revient en criant avec un transport de joie.
C'est le signal, mon frère, et nous sommes sauvés !
Sauvés, mon Édouard !

ÉDOUARD, se levant.
Ah ! ma mère !
(La porte s'ouvre tout à coup pendant qu'ils se tiennent embrassés.)

---

* L'air du *God save the King !* est de beaucoup postérieur à cette époque ; mais il est tellement de situation, qu'on nous pardonnera sans doute cet anachronisme musical.
(*Note de l'auteur.*)

SCÈNE XV.

ÉDOUARD, le duc d'YORK, GLOCESTER, TYRREL, DIGHTON, FORREST.

GLOCESTER, malgré les gestes suppliants de Tyrrel, faisant signe à Dighton et à Forrest

Achevez.

(Les deux assassins courent vers les enfants, qui se renversent sur le lit en poussant un cri horrible.)

FIN DES ENFANTS D'ÉDOUARD.

DON JUAN D'AUTRICHE

OU
LA VOCATION.

COMÉDIE EN CINQ ACTES, EN PROSE,

REPRÉSENTÉE SUR LE THEATRE-FRANÇAIS, LE 17 OCTOBRE 1835.

> Ce que Montesquieu a dit des histoires peut servir de préface à toutes les comédies historiques :
> « Les histoires sont des faits faux composés « sur des faits vrais, ou bien à l'occasion des « vrais. »

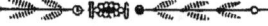

PERSONNAGES.

PHILIPPE II, roi d'Espagne.
DON JUAN.
DON QUEXADA, ancien conseiller intime de l'empereur Charles-Quint.
DON RUY GOMÈS.
DON FERDINAND DE VALDÈS, archevêque de Séville, inquisiteur général.
FRÈRE ARSÈNE, moine du couvent des hiéronymites de Saint-Just.
LE PRIEUR du couvent de Saint-Just.
FRÈRE PACOME, } moines.
FRÈRE TIMOTHÉE,
PEBLO, novice de quinze ans.
RAPHAEL,
DOMINGO, } domestiques de don Quexada.
GINÈS,
DONA FLORINDE DE SANDOVAL.
DOROTHÉE, duègne.
UN OFFICIER DU PALAIS.
COURTISANS.
INQUISITEURS.
OFFICIERS.
ALGUAZILS.
MOINES, GARDES.

ACTE PREMIER.

(Une bibliothèque chez don Quexada, dans les environs de Tolède.)

SCÈNE I.

DON QUEXADA, GINÈS *portant un flambeau,*
DOMINGO.

DON QUEXADA.

Éclaire-moi, Ginès ; que je les revoie à mon aise, après trois jours d'absence, ces chers livres, mes vieux camarades d'étude! (*Écartant le flambeau de Ginès.*) Eh! pas si près, mon honnête Asturien! prends donc garde : tu ferais volontiers un auto-da-fé de ma bibliothèque. Par saint Dominique! ces livres-là sont meilleurs chrétiens que moi et toi. (*A voix basse.*) N'est-ce pas grâce à leur pieuse intervention que j'ai fait un homme de Dieu du plus fougueux hidalgo des deux Castilles? (*A part.*) Pauvre don Juan!... ensevelir sous un froc de moine tant de qualités qui promettaient un jeune seigneur accompli! L'empereur mon maître l'a voulu, et notre nouveau roi Philippe II a juré de ne le reconnaître qu'à cette condition. (*Haut.*) Mais il me semble que j'entends du bruit chez lui. (*S'approchant d'une porte latérale.*) Don Juan, mon fils, vous ne dormez pas?

UNE VOIX DE L'INTÉRIEUR.

Mon père, je suis en oraison.

DON QUEXADA.

Douces paroles qui m'épanouissent le cœur! (*A don Juan.*) Ne vous dérangez pas, mon enfant; la joie que vous cause mon retour ne doit pas vous distraire de vos devoirs envers le Père commun de tous les hommes. (*A Ginès.*) Viens de ce côté, et parlons bas; toi, que je charge de le surveiller dès qu'il met le pied hors d'ici, dis-moi, Ginès, que s'est-il passé pendant mon voyage. Il est allé régulièrement faire ses dévotions dans l'église à l'heure ordinaire?

GINÈS.

A l'heure ordinaire.

DON QUEXADA.

Il y est resté longtemps?

GINÈS.

Longtemps.

DON QUEXADA.

En allant et en revenant tu n'as rien vu de suspect?

GINÈS.

Rien de suspect.

DON QUEXADA.

Tu n'as reçu pour lui aucune lettre?

GINÈS.

Aucune lettre.

ACTE I, SCÈNE I.

DOMINGO, à part.

Excepté celle-ci. (*En la glissant sous la porte de la chambre de don Juan.*) La voilà à son adresse.

DON QUEXADA, à Ginès

Je suis content de toi ; sers-moi toujours de même.

GINÈS.

Toujours de même.

DON QUEXADA.

C'est comme un écho. J'ai rencontré entre Oviedo et Pennaflor une mule de son pays qui avait plus de conversation que lui ; mais il est fidèle. A ton tour, Domingo, rends-moi compte de ta surveillance intérieure. Mon fils, qu'a-t-il fait le jour de mon départ ?

DOMINGO.

Il s'est levé assez triste. Son premier devoir a été d'accomplir, conjointement avec moi, ses exercices de piété ; ensuite on lui a servi son chocolat, que nous avons trouvé excellent.

DON QUEXADA.

Je vois que, si tu prends ta part de ses dévotions, tu te mets de moitié dans son déjeuner.

DOMINGO.

Il dit qu'il prie avec plus de ferveur quand je suis là, et qu'il mange de meilleur appétit.

DON QUEXADA, à part.

Celui-ci est plus délié que l'autre : il a servi trois ans chez un chanoine. (*A Domingo.*) Après ?

DOMINGO.

Je lui ai lu pour l'édifier le sermon du révérend père Sonnius ; mais malheureusement...

DON QUEXADA.

Il s'est endormi.

DOMINGO.

Au beau milieu du premier point.

DON QUEXADA.

Eh ! que ne lui rappelais-tu plutôt les grandes choses du dernier règne ?

DOMINGO.

J'ai craint que le nom de François Ier ne vînt à le rejeter dans toutes ses fantaisies militaires.

DON QUEXADA.

François Ier est donc toujours son héros ?... (*A part.*) C'est une singulière idée dans un fils de Charles-Quint. (*A Domingo.*) Ensuite ?

DOMINGO.

Il s'est couché, comme de coutume, à la nuit tombante ; il a reposé d'un sommeil aussi calme que sa conscience ; et j'ai su le lendemain qu'il n'avait eu que des rêves qui auraient fait honneur à un solitaire de la Thébaïde.

DON QUEXADA.

Tu me combles de joie. J'espère que le vieux Raphaël, qui dort déjà, me fera aussi demain un rapport favorable. Il y a six mois, Domingo, quand don Juan menaçait de se porter avec tant d'ardeur vers toute autre chose que son salut, qui nous eût dit que nous arriverions à cette conversion miraculeuse ? C'est un chef-d'œuvre d'éducation. Donne-moi les clefs.

DOMINGO.

Les voici toutes ; (*à part*) mais je garde la bonne

DON QUEXADA.

Maintenant il ne peut plus sortir sans ma permission.

DOMINGO, à part.

Mais il rentrera avec la nôtre.

DON QUEXADA, lui donnant de l'argent.

Domingo, voici pour tes pauvres et toi.

DOMINGO.

Pour moi et mes pauvres, si vous le permettez.

DON QUEXADA.

C'est de droit. Prends aussi, Ginès, et va te coucher.

GINÈS.

Je vas me coucher.

DON QUEXADA.

Si jamais celui-là parle d'abondance !...

SCÈNE II.

don QUEXADA.

Asseyons-nous, car je suis las. Il est bon de m'assurer que je n'ai perdu aucun de mes papiers en route. (*Il ouvre un portefeuille et en tire quelques lettres qu'il parcourt.*) Ah! le billet de Sa Majesté don Philippe, qui refuse de me recevoir à Madrid, et m'enjoint de repartir sur-le-champ pour Villa-Garcia de Campos où, grâce au ciel, me voici de retour. (*Il remet le papier et en prend un autre.*) « Derniers conseils d'Ignace de Loyola à son ami don « Quexada, ancien conseiller intime de l'empereur Charles- « Quint... »

C'est la lettre que ce saint homme m'écrivit quelques jours avant sa mort. Aurait-on jamais pensé, quand il commandait cette compagnie de miquelets au siége de Pampelune, qu'il serait un jour à la tête d'une compagnie... toute différente, et qui promet de devenir une armée, si elle continue à se recruter du même train qu'aujourd'hui? Oui, c'est bien cela : excellente lettre, je ne puis me lasser de la relire.

« Il nous est venu un scrupule, mon très-cher frère, tou-
« chant un fils naturel de l'empereur Charles-Quint, le jeune
« don Juan, né à Ratisbonne le 24 février 1545, qui vous a
« été confié dès l'âge le plus tendre, et qui passe pour vous
« appartenir. Dans le cas trop probable, me dites-vous, où
« mon élève ne serait pas reconnu par le roi Philippe II,
« son frère, malgré la promesse que celui-ci en a faite de-
« vant moi à l'empereur Charles-Quint, aujourd'hui moine
« au couvent de Saint-Just, dois-je ou non publier la vérité?
« Distinguons, je vous prie, distinguons... »

Lorsqu'il faisait sa sixième, à trente-cinq ans, au collége de Montaigu, c'était déjà un écolier remarquable pour les cas de conscience : il distinguait toujours.

« Si don Juan ne tenait à rien dans le monde, ou tenait à
« peu de chose, je vous dirais : Parlez, c'est sans inconvé-
« nient; mais il s'agit du secret de deux têtes couronnées,
« et l'on ne peut pas révéler les fautes des grands, sans
« qu'il y ait scandale pour les petits. Considérez, en outre,
« que vous courez vous-même un danger très-grave. J'au-
« rais donc un biais à vous proposer, afin d'accommoder
« vos devoirs avec votre intérêt : ce serait de constater la
« naissance de votre élève par un acte qu'il pourrait faire
« valoir un jour à ses risques et périls, mesure qui vous
« offrirait le double avantage d'être tranquille, de votre
« vivant, et courageux après votre mort. »

Je l'ai fait, cet acte ; il est ici.

« Autre scrupule relativement à la mère du jeune homme !
« Je vois que vous ne savez pas trop à qui faire honneur de
« cette naissance, et que vous flottez entre une royale prin-
« cesse de Hongrie, une très-noble marquise de Naples, et
« une boulangère toute charmante de Ratisbonne. Bien
« qu'il fût naturel, mon très-cher frère, de désigner la
« bourgeoise, par charité pour les deux nobles dames,
« j'approuve votre scrupule ; mais alors il vous resterait à
« prendre un biais non moins accommodant que le pre-
« mier : ce serait de laisser en blanc le nom de la mère. »

Il est étonnant pour ces biais qui arrangent tout. J'ai suivi son conseil, vu l'extrême difficulté de deviner juste entre tant de faiblesses impériales. Au fait, du côté maternel il y a confusion, il y a foule ; c'est ordinairement tout le contraire.

Post-scriptum :

« Je vous disais dans ma dernière lettre que je travaillais
« d'un grand courage à la conversion de toutes les femmes
« égarées des États romains ; vous apprendrez avec plaisir
« qu'elles me donnent infiniment de satisfaction. »

Homme charitable ! J'en suis bien aise. *(Remettant la lettre dans le portefeuille qu'il referme.)* Je crois que tout est tranquille dans la chambre de mon élève : il dort, et je vais en faire autant.

SCÈNE III.

DOMINGO, GINÈS, DON JUAN, *puis* RAPHAEL.

DOMINGO, à voix basse.

Venez, venez, seigneur don Juan, il est passé chez lui.

DON JUAN.

Par tous les démons de l'enfer ! puisqu'il est de retour, j'arrive trop tard.

GINÈS.

Trop tard.

DOMINGO.

Il jure comme un mécréant.

DON JUAN.

Comme un dévôt, mon pieux ami ; vous ne vous gênez guère, vous autres, sur les sept péchés capitaux.

DOMINGO.

Mais nous nous repentons ; si les dévôts ne péchaient pas, il y aurait une vertu de moins sur la terre.

DON JUAN.

Tais-toi, serpent. (*Courant à la porte de sa chambre.*) Raphaël, Raphaël, c'est moi.

RAPHAEL, ouvrant la porte.

Arrivez donc, Excellence ! sans une ruse de guerre la place était prise. Nous avons parlementé à travers la porte, et je ne me suis tiré d'affaire qu'en me donnant pour vous, et en disant que je priais. Mais, jour de Dieu ! la supercherie répugne à un vieux soldat.

DON JUAN.

Que ne ressembles-tu à Domingo ! c'est un métier qui ne lui coûte pas, et qui lui rapporte. (*Tirant sa bourse.*) Tiens, Ginés, prends pour ta discrétion ; et toi, Domingo, pour tes mensonges. Honnêtes fripons, vous vous faites payer de deux côtés vos bons et loyaux services.

DOMINGO.

Que voulez-vous, Excellence ? Dieu nous a donné deux mains, et nous nous en servons pour votre bien.

GINÈS.

Pour notre bien.

DON JUAN.

C'est la première fois qu'il ait changé quelque chose en répétant. Allons, sortez. (*Secouant sa bourse vide.*) Voilà cependant où s'en va tout l'argent que la charité de mon père me donne pour le rachat des captifs.

SCÈNE IV.

RAPHAEL, DON JUAN.

RAPHAEL.

Don Quexada peut se vanter d'être bien servi, et votre salut est en bonnes mains ; mais, mon cher enfant, car je ne puis m'empêcher de vous nommer ainsi, moi qui vous ai vu si jeune, vous m'aviez promis de rentrer plus tôt.

DON JUAN.

Eh ! comment trouver la force de me séparer d'elle ? Ce

qui m'étonne, moi, ce n'est pas de l'avoir quittée si tard, mais c'est d'avoir pu la quitter ; et si tu ne me comprends pas, vieux Raphaël, tant pis pour toi : c'est que tu n'as jamais aimé.

RAPHAEL.

Pardon, seigneur don Juan, j'ai aimé.

DON JUAN.

A ta façon.

RAPHAEL.

S'il y en a deux, c'était la bonne ; mais je ne me souviens pas que l'amour m'ait fait manquer un tour de garde, pas même après la bataille de Pavie, quand nous faisions rafle sur les Milanaises, et cependant, je vous jure qu'à notre départ les innocentes filles de ce pays-là ne pouvaient pas dire comme notre royal prisonnier : Tout est perdu, fors l'honneur !

DON JUAN.

Ah ! tu cites le mot d'un homme dont je raffole, moins encore pour ses qualités que pour ses défauts. Il aimait, celui-là !

RAPHAEL.

Et il se battait comme un lion, capo di Dio !

DON JUAN.

Tu te souviens de ton italien.

RAPHAEL.

Je sais jurer dans toutes les langues ; c'est une grande ressource à l'étranger.

DON JUAN.

Et tu ne t'en acquittes pas avec moins d'énergie dans ta langue maternelle : témoin le jour où le voile de doña Florinde vint à s'écarter pour la première fois à la promenade, et nous découvrit le plus adorable visage dont puisse s'enorgueillir une beauté d'Andalousie.

RAPHAEL.

Mort de ma vie ! je vous avais bien dit qu'elle en était. Ces Andalouses ont des yeux qui vous percent de part en part.

DON JUAN.

Les siens, Raphaël, ils vous pénètrent jusqu'au fond de l'âme ; ils vous enivrent ; ils vous rendraient fou d'amour et de volupté.

ACTE I, SCÈNE IV.

RAPHAEL.

Allez, allez! j'en disais autant à votre âge ; mais où vous mènera cette belle intrigue ?

DON JUAN.

Une intrigue ! tu oses nommer une intrigue l'amour le plus ardent, mais aussi le plus pur qui ait fait battre le cœur d'un Espagnol ! Quelle autre preuve veux-tu de cette passion que le rôle même où sa violence m'a fait descendre ? Crois-tu que l'hypocrisie répugne moins à la fierté d'un fils de bonne maison qu'à la franchise d'un vieux soldat? Cependant, pour tromper la vigilance de mon père, j'ai cédé aux mauvais conseils de ce Domingo.

RAPHAEL.

Parlez-moi d'un saint pour vous mener à mal !

DON JUAN.

J'ai acheté les scrupules de sa conscience et le dévouement imbécile de Ginès ; je me suis affublé des dehors d'une vocation que je n'ai pas ; j'ai caché sous tout cet attirail mystique dont j'ai horreur...

RAPHAEL.

Vos courses nocturnes, la guitare à la main.

DON JUAN.

Mes promenades solitaires sous sa jalousie.

RAPHAEL.

Vos éternelles stations au pied du grand pilier de l'église.

DON JUAN.

Où je lui présentais l'eau bénite. Mais conviens que jamais plus jolis doigts de femme n'ont ôté leurs gants pour toucher ceux....

RAPHAEL.

D'un cavalier plus parfait.

DON JUAN.

Plus amoureux, mon vieil ami, plus amoureux! Aussi tant de constance l'a touchée ; à son retour de Madrid, où dans mon désespoir j'ai failli la suivre, elle n'a pu refuser de m'admettre chez elle. Plus je l'ai vue et plus j'ai senti que je ne pouvais me passer de la voir. Ah! Raphaël, c'est qu'elle est unique dans le monde : soit qu'elle parle ou qu'elle se taise, elle a une manière de porter sa tête, de marcher, de s'asseoir, qui n'appartient qu'à elle seule.

RAPHAEL.

La femme qu'on aime fait-elle rien comme une autre ?

DON JUAN.

Non, la passion ne m'aveugle pas. Je te dis qu'il y a en elle quelque chose d'étrange, je ne sais quoi d'oriental qui s'empare de mon imagination, qui me maîtrise et m'enchaîne à ses pieds pour la vie. Raphaël, il faut qu'elle soit à moi.

RAPHAEL.

Qui s'y oppose ? A la bonne heure ; finissez une fois comme je commençais toujours.

DON JUAN, avec dignité.

Elle sera ma femme : vous nous faites injure à tous deux.

RAPHAEL, à part.

Il a souvent un regard qui m'impose.

DON JUAN.

Et, puisqu'elle y consent, demain je suis heureux.

RAPHAEL.

Demain ! mais considérez les obstacles...

DON JUAN.

J'aime les obstacles.

RAPHAEL.

Charmant, charmant ! comme moi à son âge !

DON JUAN.

D'ailleurs un mariage secret n'en offre aucun. Au pis aller, si mon père le découvre et me déshérite, j'ai mon épée dont tu m'as appris à me servir : c'est assez pour soutenir un nom qu'on ne peut pas m'ôter, et pour me créer une fortune que je n'aurai plus. Mon bras a déjà fait son devoir, cette nuit, sur je ne sais quelles gens que j'ai rencontrés autour de la maison de dona Florinde, et qui ressemblaient fort à d'honnêtes espions du saint office. Je les ai chargés victorieusement à coups de plat d'épée, et le champ d'honneur m'est resté.

RAPHAEL.

Malédiction ! prenez-y garde ; n'allez pas nous mettre le grand inquisiteur sur les bras.

DON JUAN.

Toi qui ne crains rien, as-tu peur de lui?

RAPHAEL.

J'aimerais mieux avoir affaire au diable.

DON JUAN.

Parce que tu n'y crois pas.

RAPHAEL.

Si fait, j'y crois ; mais le diable me brûle que les morts, et le grand inquisiteur brûle les vivants.

DON JUAN.

C'est une raison. Hé! que t'a fait cette lettre dont il ne restera que les lambeaux si tu continues à la froisser de la sorte?

RAPHAEL.

Je n'y songeais plus ; pauvre innocente, elle payait pour vos folies! C'est Domingo qui l'a glissée sous la porte. (*La lui présentant.*) En voilà une du moins qui arrivera à son adresse sans passer à la visite de don Raymond de Taxis, le grand maître des postes, et l'homme le plus curieux du royaume.

DON JUAN.

Il s'en vengera sur bien d'autres.

RAPHAEL, pendant que don Juan lit.

C'est une manière de confesseur nommé par le roi pour toute la monarchie. On peut dire de notre gracieux souverain que son peuple n'a pas de secrets pour lui.

DON JUAN, après avoir lu.

Une partie de chasse que don Ribéra me propose dans les plaisirs de Sa Majesté! J'ai bien autre chose en tête.

RAPHAEL.

D'ailleurs votre dernière campagne contre le gibier du roi a failli vous coûter cher. Vrai Dieu! il vaudrait mieux tuer dix hérétiques dans ses États qu'un lièvre sur ses domaines.

DON JUAN.

Eh! si l'on n'y courait risque de la vie, qui donc s'en donnerait la fatigue? C'est le danger qui me tente et non le gibier, dont je n'ai que faire. J'abattrais sans émotion un troupeau de daims sur mes terres, et le cœur me bat pour une perdrix tirée par contrebande.

RAPHAEL.

Toujours comme moi ; chasseur avec plaisir, braconnier avec volupté.

DON JUAN.

Ah ! le danger! le danger! voilà l'émotion qui me plaît. Dans un duel ou dans une bataille, sous quelque forme qu'il se présente, il est le bienvenu. Si j'étais né roi, j'étoufferais dans mes États, et je ne pourrais respirer à l'aise que dans ceux des autres.

RAPHAEL.

J'étais de même en mariage. Mais concevez la nature humaine : une humeur si belliqueuse dans le fils du seigneur le plus pacifique !...

DON JUAN.

Cela te surprend.

RAPHAEL.

Jusqu'à un certain point. Cependant il me vient toujours une idée qui me fait rire quand je vois un fils qui ne ressemble pas à son père.

DON JUAN.

Écoute donc : j'entends le bruit d'un carrosse.

RAPHAEL.

A cette heure ! eh! oui vraiment : on s'arrête ; on frappe à la porte.

DON JUAN.

Serait-ce don Ribéra ? quelle imprudence ! (*Courant à la fenêtre.*) Non ; je vois deux cavaliers que je ne connais pas.

RAPHAEL, qui l'a suivi.

Grands chapeaux rabattus, manteaux sombres, figures à l'avenant : c'est une grave visite pour don Quexada.

DON JUAN, faisant un pas vers sa chambre.

Prenons garde qu'on ne nous surprenne ici : viens donner à ma toilette et à mon air quelque chose qui sente la vocation.

RAPHAEL.

Nous aurons de la peine.

DON JUAN, s'arrêtant.

Mon pauvre père ! comme je le trompe ! et je l'aime pourtant. Ah! Raphaël, si mon père n'était que mon oncle !...

RAPHAEL.

Il pourrait se vanter d'avoir pour neveu le plus déterminé démon de toutes les Espagnes. Si celui-là entre dans un couvent...

ACTE I, SCÈNE VI.

DON JUAN.

Ce sera dans un couvent de femmes.

RAPHAEL.

Je vous y suivrai, sœur Juana.

DON JUAN.

Oui, frère Raphaël, pour m'absoudre de mes péchés ; et l'occupation ne te manquera pas. (*En rentrant dans sa chambre.*) A ma toilette ! A ma toilette !

RAPHAEL, courant après lui.

Le joli moine qu'il aurait fait !

SCÈNE V.

DON RUY GOMÈS, PHILIPPE II, DOMINGO.

PHILIPPE II.

Dites à votre maître que le comte de Santa-Fiore désire lui parler.

DOMINGO.

Don Quexada vient d'arriver d'un long voyage ; il repose, et je crains que Votre Excellence ne soit forcée d'attendre.

PHILIPPE II.

J'attendrai.

DOMINGO

Mais avec tout le respect que je dois à Votre Excellence...

PHILIPPE II.

Vous ne voyez pas que j'attends déjà.

DOMINGO, à part, en sortant.

Il paraît qu'il n'en a pas l'habitude.

SCÈNE VI.

DON RUY GOMÈS, PHILIPPE II.

PHILIPPE II, qui jette son manteau sur un siége et s'assied.

Quel ennui ! que les trois dernières lieues sont longues en voyage !

GOMÈS.

Comme tout ce qu'on voudrait voir finir. Mais nous voici chez l'ancien serviteur de votre auguste père. Ce qui me surprend, c'est qu'un tel monarque ait pu choisir un pareil conseiller.

PHILIPPE II.

Je n'en serais pas moins surpris que vous si les rois, quand ils choisissent un conseiller, prenaient l'engagement de suivre ses conseils.

GOMÈS.

Du secret, de la probité ! j'en conviens...

PHILIPPE II,

C'est bien quelque chose, don Gomès.

GOMÈS.

Mais point de caractère.

PHILIPPE II.

Les gens qui en ont beaucoup usent volontiers de ceux qui n'en ont pas.

GOMÈS.

Reculant au premier péril, embarrassé du moindre obstacle, trop convaincu qu'il est habile pour ne pas être souvent dupe : tant de réputation et si peu de mérite ! c'est gagner sans mettre au jeu.

PHILIPPE II.

Il ressemble à bien d'autres qu'on croit des hommes supérieurs tant que le génie les emploie : les abandonne-t-il, on est tout étonné de les trouver médiocres.

GOMÈS.

Votre Majesté fait d'avance l'histoire de ses ministres... Mais elle rêve profondément, sans doute, à ce jeune don Juan ?

PHILIPPE II, se levant.

Je ne puis tenir en place. Pourquoi l'ai-je vue ? ah ! pourquoi l'ai-je vue ? C'est toi qui m'as dit dans les jardins d'Aranjuez : Regardez-la, sire, qu'elle est belle !

GOMÈS.

Quoi ! cette image vous poursuit encore ?

PHILIPPE II.

Non, je n'y songe plus ; je n'y veux plus songer. Comme vous le disiez, c'est don Juan qui m'occupe.

GOMÈS.

Peut-être le sang vous parle, et votre cœur s'émeut au moment où vous allez décider de son sort.

ACTE I, SCÈNE VI.

PHILIPPE II.

Et de quel sentiment serais-je ému? L'ai-je assez connu pour l'aimer? puis-je lui reprocher quelque chose pour le haïr? où est le bien qu'il m'a fait? où sont ses torts envers moi?

GOMÈS

Il n'en a eu qu'un seul.

PHILIPPE II.

Lequel?

GOMÈS.

Celui de naître.

PHILIPPE II.

Par le salut de mon âme! je conviens que c'est vrai. Oui, cet homme a un tort irrémissible : le même sang coule dans nos veines. Je me plaisais à être unique; cependant j'ai promis, promis sur l'Évangile.

GOMÈS.

Rome peut tout délier sur la terre.

PHILIPPE II.

Oh! je m'humilie devant le pouvoir de Rome ; mais Rome ne fait rien pour rien.

GOMÈS.

Profonde vérité.

PHILIPPE II.

Je le verrai, ce don Juan; je lirai dans son âme. S'il est ce qu'il doit être, je le reconnais, et un célibat volontaire ensevelit dans les dignités ecclésiastiques sa naissance, ses prétentions et sa postérité. Mais si je surprends sur ses lèvres un soupir de regret pour les pompes et les plaisirs de ce monde, si l'esprit de révolte est en lui, je l'oublie, et, pour peu qu'il ait percé le mystère de sa naissance, je... Dieu m'inspirera.

GOMÈS.

Je comprends.

PHILIPPE II.

Que ne puis-je me délivrer de tous les souvenirs qui me tourmentent aussi facilement que du sien! Quoi! j'ai fait pour elle ce que je ne fis jamais pour aucune autre! La suivre deux fois sous un déguisement! me mêler à la foule pour m'attacher à ses pas dans les obscures allées du Prado! et tout cela par tes conseils! et tout cela en pure perte!

GOMÈS.

Pouvais-je croire, sire, que cette jeune fille, ou que cette

veuve, car j'ignore qui elle est, échapperait à mes recherches ?
PHILIPPE II.
Ses habits de deuil vous trompent : ce n'est point une veuve ; c'est une jeune fille dans toute la candeur de son âge, dans toute la fleur de l'innocence et de la beauté. Une veuve ! je serais jaloux du passé... Mais pourquoi donc me parlez-vous d'elle ?
GOMÈS.
C'est vous, sire, qui le premier...
PHILIPPE II.
N'avez-vous aucune affaire, aucune nouvelle qui puisse s'emparer de ma pensée ?
GOMÈS.
Une seule, elle concerne la foi.
PHILIPPE II.
La foi ! parlez, parlez.
GOMÈS.
On m'écrit que, dans une des vallées du Piémont, plusieurs de vos sujets sont soupçonnés d'hérésie. Voici ma réponse.
PHILIPPE II, lisant.
C'est trop long. Point de procès ; en matière de religion, on ne juge pas, on frappe. Trop long ! vous dis-je ; écrivez.
GOMÈS.
Dictez, sire.
PHILIPPE II.
Trois mots : « Tous au gibet. »
GOMÈS.
Votre Majesté épargne le travail à son secrétaire.
PHILIPPE II.
Un prêtre pour les assister à l'article de la mort, s'ils veulent se repentir ; s'ils veulent discuter, le bourreau.
GOMÈS.
On a bien raison de dire que Philippe II est le plus ferme appui de la foi catholique.
PHILIPPE II.
Le Ciel me devrait une récompense. Mais qui sait, Gomès, si tu ne seras pas pour moi l'instrument de sa miséricorde ? ne m'as-tu pas dit que mon supplice finirait ici ? n'as-tu

pas des renseignements sûrs ? ne crois-tu pas qu'elle habite Tolède ? est-ce vrai ou faux ?

GOMÈS.

Je le crois toujours, et cette nuit, quelques gens à moi ont dû faire des recherches pour découvrir sa demeure.

PHILIPPE II.

Puisses-tu réussir, Gomès, et ma reconnaissance sera sans bornes ; car je veux bien mettre devant toi toutes les plaies de mon cœur à découvert : elle m'obsède, cette femme ; c'est mon mauvais génie ; c'est un rêve qui me dévore, une sorte de possession. Je la retrouve entre celui qui me parle et moi, entre moi et le Dieu qui m'écoute. J'y songe !... aujourd'hui même, encore aujourd'hui, j'ai omis de le prier. Ah ! cet état ne peut durer ; il est intolérable ; il met en péril ma vie dans ce monde et mon éternité dans l'autre. Oui, je vais jusqu'à former des vœux contre moi-même...

GOMÈS.

Vous, sire !

PHILIPPE II.

Jusqu'à désirer qu'une vieillesse anticipée vienne tout à coup me glacer le cœur. Mes sens seraient éteints alors, et mes passions seraient mortes. Je me plongerais dans une idée unique, celle d'agrandir assez mes royaumes pour qu'il me devînt possible d'extirper de l'Europe jusqu'aux dernières racines du judaïsme et de l'hérésie. Alors, sourd à la voix des plaisirs et aux cris de la douleur, je n'entendrais que les ordres de l'Église. Je ferais passer par le fer et par les flammes tous ceux qui ne penseraient ni comme elle, ni comme moi, et, me réjouissant dans mes œuvres, j'aurais la conscience tranquille, l'Église me bénirait, et je mourrais en chrétien.

GOMÈS.

Plus tard, sire, dans bien des années, Dieu vous accordera cette grâce ; mais aujourd'hui...

PHILIPPE II.

C'est de toi que dépendent mon repos et mon bonheur ; fais que je la revoie, et demande tout, je te donnerai tout : trésors, pouvoir, grandeur. Je te dirai de te couvrir devant moi ; tu seras tutoyé par le duc d'Albe.

GOMÈS.

Qui a tant de plaisir à me dire vous!... Ou cette femme n'est plus de ce monde, sire, ou je la trouverai.

PHILIPPE II.

Cours, Gomès, j'entends don Quexada. Réussis et compte sur les promesses de ton maître. (*A part.*) Vanité humaine! il va tout mettre en œuvre, et cela, pour être tutoyé par un homme qu'il déteste.

SCÈNE VII.

PHILIPPE II, DON QUEXADA.

DON QUEXADA.

Son Excellence me pardonnera si j'ai tardé... Quoi! sire, c'est vous! (*Mettant un genou en terre.*) Votre Majesté a daigné...

PHILIPPE II.

Parlez-moi debout. Laissez là les respects; le roi n'en veut pas, et le comte de Santa-Fiore n'y a pas droit. Vous êtes venu à Madrid, et vous avez eu tort.

DON QUEXADA.

Mais, sire...

PHILIPPE II, avec impatience.

Encore!... je vous dis que vous avez eu tort : je me souviens de tout. Venir me rappeler une promesse, c'est supposer que j'ai pu l'oublier.

DON QUEXADA.

Loin de moi cette pensée! je prie Votre... Votre Excellence de trouver mon excuse dans la tendre affection que je porte à mon élève.

PHILIPPE II.

Aussi je pardonne. Je compte que vous avez gardé mon secret?

DON QUEXADA.

Avec une fidélité scrupuleuse.

PHILIPPE II.

Que vous avez ponctuellement exécuté mes ordres?

DON QUEXADA.

A la lettre ; et le ciel m'a fait la grâce de réussir par delà mes espérances. Je puis sans vanité vous donner don Juan pour le modèle de l'éducation chrétienne.

PHILIPPE II.

C'est beaucoup dire.

DON QUEXADA.

Vous trouverez en lui un pieux jeune homme aussi dégagé des vanités du siècle que peu touché de ses plaisirs. Il passe les jours et les nuits à méditer. Il consume la pension que vous lui faites en aumônes comme son temps en prières ; enfin, ce qui est pour moi un sujet continuel d'édification, il unit la ferveur d'un vieux cénobite à toute la timidité d'une jeune fille.

PHILIPPE II.

C'est donc le meilleur chrétien du royaume.

DON QUEXADA, s'inclinant.

Après le roi.

PHILIPPE II.

Et l'évêque de Cuença, je pense ?

DON QUEXADA, s'inclinant de nouveau.

Après le roi et le confesseur du roi. J'avouerai même que mon inquiétude est d'avoir passé mes instructions. Je crains que les honneurs de l'Église, qui ne peuvent lui manquer, n'effarouchent sa modestie, tant il a pris un goût vif pour l'obscurité du cloître.

PHILIPPE II.

Il n'y a point de mal à cela ; si ce que vous dites est exactement vrai, comme je le crois, je vais reconnaître et embrasser mon frère. Mais je veux en juger par moi-même.

DON QUEXADA.

Vous le pouvez dès à présent. Dans quelque moment qu'on le surprenne, on est sûr de le trouver occupé de ses devoirs religieux.

PHILIPPE II.

Il vaut donc mieux que moi ; car vous me rappelez que je ne me suis pas acquitté des miens. C'est un assez dur châtiment que de m'en accuser devant vous ; je le fais en toute humilité : mais trouvez-moi une salle retirée de cette maison où je puisse me recueillir devant Dieu, et réparer ma faute.

DON QUEXADA.

Permettez que je vous précède.

PHILIPPE II.

Non, restez. Préparez votre élève à recevoir le comte de Santa-Fiore, qui désormais a seul des droits sur lui. Pas un mot de plus! Quant à son goût pour le cloître, dès aujourd'hui je veux le satisfaire : vous pouvez le lui dire.

DON QUEXADA.

Puisque vous refusez mes humbles services. (*Appelant.*) Domingo!... (*A celui-ci qui entre.*) Conduisez Son Excellence au bout de la petite galerie, dans l'oratoire de don Juan. (*Au roi.*) Vous vous trouverez au milieu des objets de sa vénération habituelle. (*Il le reconduit en s'inclinant à plusieurs reprises.*)

PHILIPPE II.

Bien, bien, seigneur Quexada. C'est assez. (*Avec intention.*) C'est trop.

SCÈNE VIII.

DON QUEXADA, *puis* DON JUAN.

DON QUEXADA.

Voici donc le grand jour arrivé! Affranchi d'un secret royal dont je me suis toujours défié, je ferai désormais ma sieste sans mauvais rêves. Mon élève va monter à la place qui lui est due, et je vais rentrer dans la douce possession de moi-même. Je ne me sens pas d'aise, et les larmes m'en viennent aux yeux. (*Ouvrant la porte de la chambre de don Juan.*) Don Juan, mon cher don Juan, accourez!...

DON JUAN.

Mon père, je suis heureux de vous revoir.

DON QUEXADA.

Je le suis plus encore de vous presser dans mes bras, et de vous annoncer une nouvelle qui doit vous combler de joie..

DON JUAN.

Laquelle?

DON QUEXADA.

Le plus ardent de vos désirs va bientôt se réaliser; votre bonheur va commencer d'aujourd'hui.

ACTE I, SCÈNE VIII.

DON JUAN.

Je vous jure, mon père, qu'il est commencé depuis six mois.

DON QUEXADA.

Depuis le jour de votre conversion, c'est vrai ; mais enfin, vous allez recueillir le fruit de votre docilité et de votre excellente conduite. Recevez-en donc mon compliment, que je vous adresse du fond de l'âme : dans quelques heures vous entrez au monastère.

DON JUAN.

Au monastère ! dans quelques heures !... et cette résolution est irrévocable ?

DON QUEXADA.

Tellement irrévocable, qu'aucune considération de tendresse ne l'ébranlera, que nulle puissance humaine ne saurait la changer.

DON JUAN.

Alors je dois vous dire toute la vérité.

DON QUEXADA.

Dites-la : il ne peut être pour moi que très-agréable et très-édifiant de l'entendre.

DON JUAN.

Aussi bien je suis las de la contrainte que je m'impose, je me sens mal à l'aise sous un masque, et il est temps de secouer ces apparences menteuses qui me dégradent à mes yeux.

DON QUEXADA.

Que me parlez-vous de contrainte, de masque ?... qu'est-ce que tout cela veut dire ?

DON JUAN.

Que je vous trompais, mon père.

DON QUEXADA.

Vous !

DON JUAN.

Depuis six mois je vous trompais. Cette ferveur que vous admiriez, elle était feinte ; mes dehors de piété n'étaient qu'un jeu. J'aime la liberté avec toute l'énergie dont je hais l'esclavage du cloître ; je l'aime d'un amour immodéré, sans bornes. Le jour est moins doux pour moi que la liberté ; l'air que je respire est moins nécessaire à ma vie, et vous pouvez juger que si j'ai pu descendre jusqu'à tromper pour en jouir en secret, je ne reculerais pas devant tous les supplices pour la défendre à force ouverte.

DON QUEXADA.

Quoi! vous... mon vertueux élève!... je suis confondu, et les bras me tombent de saisissement.

DON JUAN.

Pardon, mon père, cent fois pardon! Ah! croyez que cette ruse coûtait plus encore à ma tendresse pour vous qu'à ma fierté, qui s'en indignait ; mais pourquoi me demander des vertus trop au-dessus de ma faiblesse? Il n'est rien d'aussi respectable à mes yeux qu'un prêtre digne de ce nom. L'Espagne en compte un grand nombre, je le sais ; je reconnais en eux une supériorité de nature, ou une force de volonté devant lesquelles je m'humilie. Moins je les comprends, plus je les honore ; mais plus aussi je sens en moi l'impuissance de les imiter, et le besoin de vous dire dans mon désespoir: J'en suis incapable, je ne le peux pas ; non, mon père, je ne le peux pas.

DON QUEXADA.

Modérez-vous, je vous en supplie, et ne tombez pas dans l'exagération. L'Église, en mère prudente, n'exige pas de tous les siens les mêmes sacrifices : il en est qu'elle prédestine aux honneurs et même à la gloire. Je n'en veux pour exemple que notre immortel cardinal Ximenès ; et quant aux innocents plaisirs du monde, je puis vous affirmer que j'ai connu à Rome beaucoup de ses collègues qui se les permettaient sans que la chose fît scandale, et qui vivaient absolument comme vous et moi.

DON JUAN.

Comme vous, mon père, c'est possible, mais comme moi! Sentez-vous bien toute la force de ce que vous me dites? Voulez-vous que je porte dans un cloître des désordres à peine tolérables dans votre maison? voulez-vous que je cache sous la robe d'un moine ce qui n'était que faiblesse en moi, et ce qui serait crime en lui.

DON QUEXADA.

Grand Dieu! don Juan, quelles intentions me supposez-vous?

DON JUAN.

Eh! que faudrait-il donc faire? me soumettre : combattre

sans cesse des passions que je n'étoufferais pas, m'efforcer de plier mon orgueil à une obéissance contre laquelle tout mon être se révolte? Le dernier degré de la honte ou de la misère, voilà ce que vous me proposez. Oh! non, non, vos entrailles de père vont s'émouvoir, et vous n'aurez pas la dureté de me réduire à cette alternative horrible d'être le plus infâme ou le plus malheureux de tous les hommes.

DON QUEXADA.

Je suis si stupéfait, que je n'ai pas une bonne raison à lui donner, moi qui voulais en faire une des colonnes de la foi chrétienne!

DON JUAN.

Eh! pourquoi le vouliez-vous? quel motif, que je ne puis m'expliquer, vous poussait à sacrifier votre seul fils, le seul héritier de votre nom et de vos titres? Me jugiez-vous indigne de les porter? Détrompez-vous: il y a de l'avenir en moi; il y a en moi de la gloire et du bonheur pour vos vieux jours. Vous serez fier de m'avoir donné la naissance; vous sentirez votre vieillesse rajeunir entre moi et une femme digne de mon amour et de votre tendresse...

DON QUEXADA.

Une femme!

DON JUAN.

Au milieu d'une famille nouvelle, de mes enfants, oui, de mes enfants, qui vous chériront à leur tour.

DON QUEXADA.

Une femme! des enfants! bonté du ciel! où avez-vous la tête?

DON JUAN.

Je tombe à vos pieds, je m'y traînerai, s'il le faut; je les baise, ces mains dont j'ai reçu tant de caresses, et qui m'ont béni tant de fois...

DON QUEXADA.

Il m'épouvante et m'attendrit tout ensemble.

DON JUAN.

Ne les retirez pas de moi, laissez-moi les couvrir de mes larmes. Ah! vous pleurez, mon père, vous pleurez... non, vous ne prononcerez pas mon arrêt de mort; vous ne pourrez pas vous résoudre à condamner votre fils unique.

DON QUEXADA, en pleurant.

Mais, mon fils, mon cher fils!... je ne suis pas votre père.

DON JUAN, qui se relève.

Vous n'êtes pas mon père !

DON QUEXADA.

Don Juan, vous êtes sorti d'une maison plus illustre que la mienne, et celui de qui vous tenez la vie...

DON JUAN.

Quel est-il? où puis-je le trouver? Parlez, ah! parlez donc.

DON QUEXADA.

Hélas! il n'est plus de ce monde. (*A part.*) Je puis le dire sans mensonge.

DON JUAN.

Je l'ai perdu !

DON QUEXADA

Mais il a transmis tous ses droits, son autorité tout entière au comte de Santa-Fiore, qui vient d'arriver chez moi, et que vous allez voir dans un moment. Lui seul peut vous découvrir le secret de votre naissance; c'est un seigneur bien puissant, bien respectable, et dont les ordres doivent être sacrés pour vous.

DON JUAN.

Vous n'êtes pas mon père ! (*Avec un transport de joie.*) Je suis donc libre !

DON QUEXADA.

Pas du tout. (*A part.*) Et le roi qui est là, qui peut nous surprendre à toute minute !

DON JUAN, parcourant la scène à grands pas.

Je suis maître de mes actions.

DON QUEXADA, qui le suit.

Mais encore moins ! je croyais le calmer, et le voilà parti comme un cheval échappé.

DON JUAN.

Désormais je puis faire, je puis dire tout ce qu'il me plaira.

DON QUEXADA.

Ne vous en avisez pas. Respectez le comte Santa-Fiore, il y va de votre avenir, de votre fortune...

DON JUAN.

Ma liberté avant tout !

DON QUEXADA.

De votre vie.

DON JUAN.

Avant tout ma liberté! Que je suis heureux! (*En embrassant don Quexada.*) Oh! Dieu! je vous aime encore davantage, depuis que je ne suis plus forcé de vous respecter.

DON QUEXADA.

Il extravague. Je vous en conjure, mon enfant, contenez-vous ; ne le heurtez pas quand il va venir ; gagnons du temps, par pitié, gagnons du temps!... (*Apercevant Philippe II.*) Mon Dieu! c'est lui : le beau chef-d'œuvre que j'ai fait là !

SCÈNE IX.

DON JUAN, DON QUEXADA, PHILIPPE II.

PHILIPPE II.

Voici votre élève, don Quexada?

DON QUEXADA.

Oui, seigneur comte, c'est la personne que... c'est ce jeune don Juan qui... (*A part.*) Je ne sais plus ce que je dis. (*Au roi.*) Votre Excellence me trouve encore tout ému : l'idée d'une séparation nous a tellement attendris l'un et l'autre...

PHILIPPE II.

Je le comprends. (*A part, en examinant don Juan.*) Comme il ressemble à mon père ! plus que moi : cette ressemblance me déplaît.

DON JUAN, à part en regardant le roi.

Il a une figure sévère qui ne me revient pas du tout.

PHILIPPE II, à don Quexada.

Veuillez nous laisser ensemble.

DON QUEXADA.

Votre Excellence ne sera pas surprise qu'au moment de me quitter il montre dans cet entretien de bien vifs regrets...

PHILIPPE II.

C'est naturel.

DON QUEXADA.

Si vous avez pour agréable que je reste, je pourrai vous expliquer...

PHILIPPE II.

J'aime mieux qu'il s'explique lui-même ; c'est par lui-même que je veux le connaître.

DON JUAN, à part.

Il sera au fait en deux mots.

DON QUEXADA.

Je me retire. (*Bas à don Juan.*) Je vous en conjure encore : pour Dieu ! ne lui résistez pas.

PHILIPPE II, d'un ton plus ferme.

Laissez-nous, je vous le demande en grâce.

DON QUEXADA.

Je m'empresse d'obéir. (*A part.*) Les voilà en face l'un de l'autre ; que le ciel nous protége : comment tout cela va-t-il finir ?

SCÈNE X.

DON JUAN, PHILIPPE II.

PHILIPPE II, à part.

Quoi qu'il fasse, pas un des replis de son cœur ne m'échappera. (*A don Juan, en s'asseyant.*) Approchez.

(*Don Juan va chercher un fauteuil et vient s'asseoir auprès de lui.*)

PHILIPPE II, après l'avoir regardé avec étonnement.

(*A part.*) Après tout, il ne me connaît pas. (*Haut.*) On m'a dit beaucoup de bien de vous, seigneur don Juan.

DON JUAN.

J'aimerais mieux, seigneur comte, qu'on vous eût dit un peu de mal ; je serais plus sûr de faire honneur à l'opinion que vous auriez de moi.

PHILIPPE II.

Voilà de l'humilité ; je vous en sais gré : c'est une des vertus que je désirais le plus vivement trouver en vous.

DON JUAN.

Vous êtes trop bon ; j'ai moins d'humilité que de franchise.

PHILIPPE II.

Cette qualité m'est aussi particulièrement agréable, et je vais la mettre à l'épreuve. Vous avez beaucoup médité, jeune homme ?

ACTE 1, SCÈNE X.

DON JUAN.

Moi !...

PHILIPPE II.

Beaucoup, je le sais. Les réflexions mûrissent la jeunesse ; dites-moi quel a été le résultat des vôtres, et quelle est la carrière où votre nature vous porte de préférence. Que j'aie la satisfaction de vous entendre développer les plans que vous avez conçus dans la solitude pour votre avenir, et jusqu'aux sentiments les plus intimes de votre belle âme. Ne vous trompez-vous pas sur votre vocation ? expliquez-vous sans aucun déguisement.

DON JUAN.

Je ne vous laisserai rien à désirer. Eh bien donc, mon gentilhomme, partons d'un principe : il n'y a que trois choses dans la vie : la guerre, les femmes et la chasse.

PHILIPPE II.

Comment ? répétez ; j'ai mal entendu, sans doute.

DON JUAN.

Ou les femmes, la chasse et la guerre ; dans l'ordre que vous voudrez, je n'y tiens pas, pourvu que tout s'y trouve.

PHILIPPE II.

Me répondez-vous sérieusement ?

DON JUAN.

Comme vous m'interrogez ; je ne puis pas dire plus.

PHILIPPE II.

Vous conviendrez que voilà de singulières dispositions pour entrer au couvent.

DON JUAN.

Aussi n'en ai-je pas la moindre envie ; et je mettrais plutôt le feu à tous les couvents de l'Espagne que de faire mes vœux dans un seul.

PHILIPPE II se levant avec vivacité.

Miséricorde ! quelle vocation !

DON JUAN, froidement, en frappant du revers de la main sur le fauteuil du roi.

Asseyez-vous, asseyez-vous donc. C'est la mienne : vocation vers la révolte contre tout ce qui peut gêner mon indépendance ou mes plaisirs ; vocation de corps et d'âme pour tout ce qui rend la vie douce ou glorieuse !

PHILIPPE II.

Alors don Quexada s'est joué de moi.

DON JUAN.

Non pas, l'excellent homme ! c'est moi qui me suis joué de lui, et je m'en accuse avec cette humilité que vous aimez, et cette franchise qui vous est particulièrement agréable.

PHILIPPE II, sévèrement.

Seigneur don Juan !... (*A part, en se rasseyant.*) Mais j'irai jusqu'au bout.

DON JUAN.

Je crois vous avoir donné tous les renseignements désirables sur mes principes J'ajouterai que vous voilà plus avant que moi dans mes affaires personnelles ; car vous savez qui je suis, et je ne le sais pas. Veuillez donc m'instruire, afin que je me connaisse aussi parfaitement que vous me connaissez vous-même.

PHILIPPE II.

Votre père, qui m'a revêtu de son autorité sur vous, a mis à la révélation de ce secret des conditions...

DON JUAN.

Que je devine, et que je vous dispense de m'expliquer ; mais mon père n'était pas un despote.

PHILIPPE II.

Qu'en savez-vous ?

DON JUAN.

Étrange manière de me le faire aimer !

PHILIPPE II.

Peut-être avait-il le droit de l'être.

DON JUAN.

Le roi ne l'a pas lui-même. Si mon père vivait encore, lui, dont on invoque l'autorité pour en abuser, il rougirait de la pousser jusqu'à la tyrannie.

PHILIPPE II.

On vous a dit qu'il ne vivait plus ?

DON JUAN.

Pour mon malheur ; mais, lui mort, je ne dois à qui que ce soit le sacrifice de mes penchants et de ma dignité.

PHILIPPE II.

Cependant, je vous dirai qu'il dépend de vous d'être quelque chose dans le monde, ou de rester un homme de rien.

DON JUAN.

Et je vous répondrai qu'on ne reste pas un homme de rien, quand on est un homme de cœur. La plus haute naissance ne vaut pas le prix dont il faudrait acheter la mienne. De quoi s'agit-il ? d'un héritage qu'on me refuse? je m'en passerai ; d'un nom qu'on veut me vendre trop cher ? avec mon sang je saurai m'en faire un à meilleur marché. Maintenant parlez, si bon vous semble. Ne le voulez-vous pas ? libre à vous ; mais brisons là (*en se levant*), et adieu, comte de Santa-Fiore; l'homme de rien n'a pas besoin de vous pour devenir quelque chose.

PHILIPPE II, en souriant.

Asseyez-vous à votre tour, et causons sans nous fâcher. Vous avez donc un penchant invincible pour les armes ?

DON JUAN.

Invincible : je suis Castillan ; c'est tout dire. Accusez-moi d'ambition, vous le pouvez ; je conviens que j'en ai. Riez de mon orgueil, je vous le permets ; car, malgré mon néant, il me semble que je suis plutôt né pour commander que pour obéir. Je ne m'en ferai pas moins soldat ; mais vous êtes puissant, et si, avec son autorité, mon père vous avait transmis un peu de sa tendresse pour moi, je ne serais pas soldat longtemps.

PHILIPPE II.

Il est vrai que je pourrais vous pousser dans cette carrière.

DON JUAN, avec effusion.

Faites-le donc, et j'en serai reconnaissant toute ma vie.

PHILIPPE II.

Je ne m'engage pas ; cependant je ne dis pas non.

DON JUAN.

C'est quelque chose. Votre sévérité met entre nous dix bonnes années ; mais, si je suis dans l'âge où on fait des folies, vous êtes encore dans celui où on les pardonne. (*Rapprochant son fauteuil de celui du roi.*) Et j'étais sûr que deux jeunes gens finiraient par s'entendre.

PHILIPPE II.

Mais ai-je reçu toutes vos confidences de jeune homme ? l'amour de la liberté est-il bien véritablement le seul amour qui vous éloigne du cloître? Je vous le demande en ami.

DON JUAN.

Avant de répondre à cette question très-amicale, j'en aurais deux qui ne le sont pas moins à vous adresser.

PHILIPPE II.

Lesquelles?

DON JUAN.

Avez-vous jamais aimé, comte de Santa-Fiore?

PHILIPPE II.

Mais... oui.

DON JUAN.

Aimez-vous encore?

PHILIPPE II.

Eh bien, je l'avoue, j'aime encore, et peut-être plus que je ne voudrais.

DON JUAN, se levant.

Vous aimez! voilà qui nous rapproche tout à fait; et moi aussi, j'aime la plus belle, la plus digne, la plus adorable femme qui soit au monde.

PHILIPPE II, se levant aussi.

Permettez-moi de réclamer pour ma maîtresse.

DON JUAN.

C'est juste, et je conviens d'avance que l'une n'est pas moins belle que l'autre; mais je reste convaincu que, si vous ne partagez pas tous mes sentiments pour la mienne, il vous sera du moins impossible de lui refuser votre admiration.

PHILIPPE II.

Encore faudrait-il que je la connusse!

DON JUAN.

C'est demander beaucoup; cependant écoutez: telle est ma confiance dans son empire sur ceux qui peuvent la voir et l'entendre, que je veux bien en venir avec vous aux conditions. Faisons un traité: si vous approuvez mon choix, vous donnerez votre consentement à un projet où j'attache mon bonheur, et vous me direz le secret que je veux savoir; jurez-le-moi, foi de Castillan!

PHILIPPE II.

Foi de Castillan!... si j'approuve votre choix; mais quand la verrai-je?

DON JUAN.

Aujourd'hui même, et chez elle, je n'y trouve aucun

ACTE 1, SCÈNE X.

inconvénient : car je suis majeur. Si j'obtiens votre agrément, j'en serai tout à la fois heureux et fier ; et, si je ne l'obtiens pas, je vous avoue que je prendrai, à mon grand regret, le parti de m'en passer. Mais ne vous fâchez point, vous ne pourrez pas lui résister.

PHILIPPE II.

Je le souhaite pour vous.

DON JUAN.

J'en suis sûr, et je veux lui annoncer votre visite. Après la messe, où nous allons tous deux, elle pour Dieu et moi pour elle, veuillez, si toutefois aucun autre rendez-vous ne s'y oppose, me rejoindre à sa demeure, cette jolie maison à l'entrée de Tolède, le cinquième balcon après l'église Saint-Sébastien.

PHILIPPE II.

Je vous promets de m'y rendre. (*A part.*) Mon père ne pourra pas dire que je n'ai pas fait tout en conscience.

DON JUAN.

A revoir donc chez dona Florinde ! je vous le répète, j'aurai votre consentement. J'en ai pour garants les charmes dont je connais le pouvoir et l'amitié qui commence entre nous. (*Lui prenant la main.*) Oui, comte, je vous le dis franchement, je vous aime déjà comme un frère.

PHILIPPE II.

Vous allez vite.

DON JUAN.

C'est dans ma nature : j'aime ou je hais de premier mouvement.

PHILIPPE II.

Moi, je ne fais l'un ou l'autre qu'avec de bonnes raisons.

DON JUAN.

C'est que vous êtes de la cour et que je n'en suis pas. (*A don Quexada qui entr'ouvre la porte timidement.*) Entrez donc ; n'êtes-vous pas toujours mon père ? entrez, il n'y a point d'indiscrétion.

SCÈNE XI.

DON JUAN, PHILIPPE II, DON QUEXADA.

DON QUEXADA, avec embarras.

Oserai-je demander à Votre Excellence si elle est satisfaite ?

PHILIPPE II.

Je vous fais mon compliment, seigneur Quexada.

DON JUAN.

Il y avait bien quelque chose à dire ; mais le comte est indulgent, et il a pris sur tout cela le parti qu'il fallait prendre.

DON QUEXADA.

Quoi ! véritablement ?

PHILIPPE II.

Du moins, je serai décidé dans le jour. Quelques affaires m'appellent, permettez-moi de vous quitter.

DON JUAN.

On les connaît, vos graves affaires, et on sait qu'elles n'admettent pas de retard.

PHILIPPE II, à Quexada.

J'espère vous retrouver à un rendez-vous que m'a donné votre élève.

DON QUEXADA.

Je n'aurai garde d'y manquer.

DON JUAN.

Chez une personne dont vous serez enchanté. En vous engageant à lui rendre visite, le comte n'a fait que prévenir mon invitation.

PHILIPPE II.

Je vous renouvelle mon compliment, don Quexada ; votre élève vous fait honneur.

DON QUEXADA.

Votre Excellence me comble.

PHILIPPE II.

A revoir, seigneur don Juan.

DON JUAN, qui lui serre la main en le reconduisant.

A revoir, très-cher comte.

DON QUEXADA, à part.

Il le traite comme son camarade.

SCÈNE XII.

DON JUAN, DON QUEXADA.

DON JUAN, se jetant dans les bras de Quexada.

Ah! que je vous embrasse! tout va le mieux du monde; mais adieu!...

DON QUEXADA.

Arrêtez : vous a-t-il dit qui vous êtes?

DON JUAN, revenant.

Pas encore : rendez-moi ce service-là, vous

DON QUEXADA.

Qu'est-ce que vous me demandez, mon enfant? j'ai donné ma parole. C'est impossible.

DON JUAN.

Faites la chose à moitié; dites-moi au moins le nom de ma mère.

DON QUEXADA.

Est-ce que je le pourrais? c'est bien une autre difficulté.

DON JUAN.

Comme vous voudrez. Le comte n'y met pas tant de mystère, et il doit tout me révéler chez elle.

DON QUEXADA.

Chez qui?

DON JUAN.

Chez votre belle-fille.

DON QUEXADA.

Comment?

DON JUAN.

Vous êtes de noce.

DON QUEXADA.

De noce, moi! et de quelle noce?

DON JUAN.

Parbleu!... mon excellent ami, ce n'est pas de la vôtre, mais de la mienne.

DON QUEXADA.

Vous vous mariez?

DON JUAN.

Et je compte qu'il sera l'un de mes témoins, vous, l'autre.

DON QUEXADA.

Que me proposez-vous là? vous me faites trop d'honneur

DON JUAN.

Pas plus qu'à lui.

DON QUEXADA.

Je n'en reviens pas ; et il donne son consentement?

DON JUAN.

Ou peu s'en faut. C'est un très-galant homme, et nous serons bientôt amis intimes. Mais adieu ! je cours vous attendre chez elle ; Raphaël vous donnera son adresse.

DON QUEXADA.

Quoi ! Raphaël, qui est dans ma maison depuis vingt ans, m'a trompé ?

DON JUAN.

Par tendresse pour moi.

DON QUEXADA.

Et Domingo aussi ?

DON JUAN.

Par intérêt.

DON QUEXADA.

Et Ginès ?

DON JUAN.

Par bêtise ; mais ne leur en veuillez pas, si vous m'aimez ; ils l'ont fait pour mon bonheur.

DON QUEXADA.

Voilà bien le comble de l'humiliation. Mes trois serviteurs ! n'est-il pas désespérant, pour un ancien conseiller intime, d'avoir lutté de ruse toute sa vie avec les plus adroits, pour finir par être la dupe de trois imbéciles !

DON JUAN.

Ah ! mon respectable maître, c'est qu'il n'y a rien de si dangereux qu'un duel avec un sot, pour un homme d'esprit : il oublie de se mettre en garde. Adieu ! adieu ! je vais prendre mon épée, et je cours chez dona Florinde.

DON QUEXADA.

Son épée !... un mariage ! Expliquez-moi donc... Je ne sais plus où j'en suis.

(Il suit don Juan.)

ACTE DEUXIÈME.

(Un salon richement décoré, chez dona Florinde.)

SCÈNE I.

DONA FLORINDE, *qui achève sa toilette de mariée devant une glace*, DOROTHÉE.

DOROTHÉE, *se reculant pour l'admirer.*
Oh! belle, mais belle!...
DONA FLORINDE.
Comme une personne heureuse.
DOROTHÉE.
Est-ce que le voile n'est pas trop haut?
DONA FLORINDE.
Non...
DOROTHÉE.
Et cette boucle noire qui s'échappe!...
DONA FLORINDE.
Laisse-la faire; un peu de désordre ne messied pas.
DOROTHÉE.
Tout vous irait, à vous. Que dira don Juan? il va tomber en extase, lui qui vous trouvait si charmante sous vos habits de deuil.
DONA FLORINDE.
J'étais bien triste pourtant : mon pauvre père m'avait laissée seule au monde.
DOROTHÉE.
Avec moi.
DONA FLORINDE.
Oui, avec toi qui m'as nourrie, toi, ma seconde mère, qui n'as cessé de veiller sur mon bonheur et de m'entretenir dans le respect des rites sacrés de notre foi, auxquels j'ai juré à mon père mourant de rester toujours fidèle.
DOROTHÉE.
Et bien vous en a pris! Le Dieu de Jacob vous récom-

pense; il vous donne un jeune mari d'une figure qui prévient dès l'abord, d'une humeur qui plaît, d'un nom qui va de pair avec les plus nobles ; et, pour comble de perfection, il n'a pas plus de religion que je ne lui en voulais.

DONA FLORINDE.

Pourquoi suis-je forcée de lui en faire un mérite ?

DOROTHÉE.

S'il n'avait que celui-là, je vous plaindrais ; mais il est aussi aimable qu'il est tendre, brave comme les Machabées ; et, depuis notre voyage à Madrid, je sens plus que jamais qu'il vous faut un protecteur.

DONA FLORINDE.

Ce voyage, c'est toi qui l'as voulu.

DOROTHÉE.

Sans doute, afin de rentrer, s'il était possible, dans les soixante mille doublons prêtés à l'empereur Charles-Quint par votre père, et pour lesquels il n'a jamais reçu qu'un beau remercîment.

DONA FLORINDE.

Que pouvions-nous espérer? n'a-t-il pas abdiqué, l'empereur ?

DOROTHÉE.

Sa couronne, je le veux bien, mais ses dettes !... Ne pourriez-vous pas lui écrire dans sa retraite ? Il aimait votre père, et, tout moine qu'il est, il serait peut-être reconnaissant.

DONA FLORINDE, en riant.

Est-ce qu'un moine s'occupe des choses de ce monde ?

DOROTHÉE, arrangeant la guirlande qui est sur la tête de Florinde.

Dieu ! les jolies fleurs ! leurs boutons sont aussi frais que ceux de nos citronniers d'Andalousie.

DONA FLORINDE.

Mais ils sont faux, Dorothée.

DOROTHÉE.

Tant mieux ! ils passeront moins vite.

DONA FLORINDE.

Faux comme mon nom, comme mon titre, comme les hommages que je rends à Dieu dans les temples des chrétiens.

DOROTHÉE.

Vous pouvez faire sans honte ce que le noble Ben-Jochaï,

votre père, a fait avant vous. Je dis noble, parce qu'il l'était de cœur ; mais Espagnol à l'église, sous le nom de Sandoval, juif chez lui sous le sien, il sut vivre en paix avec l'inquisition sans se mettre en guerre avec le Dieu d'Israël. Je maintiens qu'il fit bien d'abjurer ainsi ; il en fut quitte pour une restriction mentale.

DONA FLORINDE.

Tromper celui qu'on aime !

DOROTHÉE.

Encore cette idée !

DONA FLORINDE.

Toujours ! toujours ! près de lui, loin de lui, cette idée me poursuit comme un remords. Que de fois j'ai voulu tout avouer ! tes raisons m'ont arrêtée ; ou plutôt, je suis franche : oui, la peur de me voir dédaignée m'a fermé la bouche. Je ne pouvais pas lui dire mon secret avant d'être sûre de son amour, et je ne l'ose plus depuis que je sens toute la force du mien.

DOROTHÉE.

Qu'importe qu'il vous aime sous le nom de dona Florinde ou sous celui de Sara ?

DONA FLORINDE.

Sara !... ah ! ce nom gâte tout.

DOROTHÉE.

Est-ce que vous en rougissez ?

DONA FLORINDE.

Non assurément ; mais je ne veux pas qu'il en rougisse, lui.

DOROTHÉE.

Raison de plus pour le cacher.

DONA FLORINDE.

Je le lui dirai dès aujourd'hui.

DOROTHÉE.

Gardez-vous-en bien. Vous n'avez pas traversé comme moi la grande place de Tolède ; vous n'avez pas vu les apprêts de l'auto-da-fé qui aura lieu dans trois jours. Savez-vous que vous êtes perdue, savez-vous que vous êtes morte, ma chère Sara, oui, morte, pour peu qu'on nous soupçonne de judaïsme !

DONA FLORINDE.

Eh ! qui donc me dénoncerait ? Don Juan peut m'abandonner ; mais me trahir, tu ne le penses pas.

DOROTHÉE.

Non, sur mon âme !

DONA FLORINDE.

Il saura tout.

DOROTHÉE.

Que faites-vous ?

DONA FLORINDE.

J'écris à don Juan.

DOROTHÉE.

Pourquoi, puisque vous allez le voir ?

DONA FLORINDE.

Suis-je sûre d'avoir le courage de parler ?

DOROTHÉE.

Moi, je mets la dernière main à votre toilette.

DONA FLORINDE.

A quoi bon maintenant?

DOROTHÉE.

Pour qu'il ait moins de chagrin, quand il va lire votre billet, qu'il ne se sentira d'amour en vous regardant (*Allant vers la fenêtre.*) Mais hâtez-vous ; le voici ! le voici !

DONA FLORINDE, se levant.

Don Juan ?

DOROTHÉE.

Lui-même ; il court, il vole, il ne touche pas la terre ; il me fait signe de descendre ; sa figure est rayonnante de joie.

DONA FLORINDE.

Dorothée, est-ce que je l'achèverai, cette lettre ?

DOROTHÉE.

Eh !... non, non ; je vais lui ouvrir, et je vous l'amène.

SCÈNE III.

DONA FLORINDE.

Cependant, garder un secret qui doit peser éternellement sur mon bonheur !... Pour un moment de faiblesse, un supplice de tous les jours, de toute la vie ! Non, c'est impossible, et j'y suis décidée. Ah ! si dans l'excès de son amour... Cette pensée m'émeut au point que je respire à peine. (*Jetant les yeux sur sa glace, et souriant.*) Il me semble pourtant que tout n'est pas perdu. Combien je sais gré à Dorothée de m'avoir parée avec tant de soin ! S'il pouvait me trouver plus jolie que de coutume !... Je reprends courage, j'espère, ah ! j'espère.

SCÈNE III.
DONA FLORINDE, DON JUAN, DOROTHÉE.

DON JUAN.

Est-ce que j'arrive trop tard ?

DONA FLORINDE.

Toujours, don Juan.

DON JUAN.

Oui, si j'en crois mon impatience. Mais dites-vous cela pour moi ou pour vous ?

DONA FLORINDE.

Pour tous deux.

DON JUAN.

Qu'il m'est doux de l'entendre ! De grâce ! laissez, laissez, ne parlez plus : que je vous regarde.

DONA FLORINDE.

Eh bien ?

DOROTHÉE.

N'est-ce pas, seigneur don Juan, que je me suis surpassée ? C'est pourtant là mon ouvrage.

DON JUAN.

Dona Florinde y est bien pour sa part. Plus charmante que jamais ! je n'y tiens pas : il faut absolument que j'embrasse quelqu'un. (*Il veut embrasser Dorothée.*)

DOROTHÉE.

C'est trop d'honneur ; je ne reçois que ce qui est pour mon compte.

DON JUAN.

(Après un moment de silence, à Dorothée.)

Libre à toi !... Tu restes là ?

DOROTHÉE.

Notre querelle va recommencer. Allons, je m'assieds : j'aurai les yeux sur mon ouvrage et ma pensée à mille lieues d'ici. Ne dites pas que je vous gêne.

DON JUAN.

Vous voulez donc qu'elle demeure ?

DONA FLORINDE.

N'est-elle pas ma mère ?

DON JUAN.

Soit ; d'ailleurs je conviens qu'elle a fait merveille ; mais c'était facile.

DONA FLORINDE.

Et vous lui en avez laissé le temps.

DON JUAN.

Je vous remercie du reproche; cependant je ne le mérite pas. Il s'est passé chez don Quexada des choses qui tiennent du roman, bien qu'elles soient de l'histoire, et ces graves conférences m'ont occupé toute la matinée. Je n'ai pas même trouvé le moment de courir à l'église de Saint-Sébastien, où je voulais donner contre-ordre.

DOROTHÉE.

Contre-ordre?

DONA FLORINDE.

Que dites-vous?

DON JUAN.

Plus de mystère! plus de mariage secret! Du bonheur devant tout le monde, au beau milieu du chœur, au maître-autel, en grande pompe et cérémonie!

DONA FLORINDE.

Don Quexada ne refuse plus son consentement? il me sera permis de porter votre nom!

DON JUAN.

Mon nom, belle Florinde! voici l'embarras. Je n'ai d'autre ambition que de vous l'offrir; mais j'avouerai avec franchise qu'en vous le donnant je ne sais pas quel présent je vais vous faire.

DONA FLORINDE.

Comment?

DON JUAN.

Je ne suis pas le fils de don Quexada; et quel est mon père? je l'ignore.

DONA FLORINDE.

Se peut-il?

DON JUAN.

Il ne tient qu'à moi de me croire une Seigneurie illustrissime, une Excellence des plus qualifiées de la cour, de devenir une Éminence même, pour peu que je m'y prête; mais, ce qui est vrai, c'est qu'au moment où je vous parle je ne suis rien. Voyez jusqu'où va ma confiance dans votre tendresse. J'arrive aussi tranquille que si j'avais à vous faire hommage d'un royaume; cependant, je ne puis mettre à vos pieds qu'un jeune homme sans fortune, sans famille, et dont le seul titre à votre préférence est un amour qui fera le bonheur ou le malheur de sa vie.

DONA FLORINDE.

Et ce titre me suffit : c'est mon orgueil, à moi. Ah! don Juan, je n'ai jamais aimé en vous que vous-même, et je trouve un charme à sentir que vous n'en pourrez plus douter. Ne regrettez rien ; je serai votre famille à moi seule, et, quant à la fortune, j'en ai de reste pour nous deux ; mais que vous importe ?

DON JUAN.

Ah! je vous connaissais bien! je voudrais que le comte de Santa-Fiore fût là pour vous entendre.

DONA FLORINDE.

De qui parlez-vous ?

DON JUAN.

D'un très-noble personnage, très-grave surtout, pour lequel je professe un respect filial. Il est, dit-on, le représentant de mon père que j'ai perdu, et je lui abandonne sur moi une autorité pleine et entière.

DONA FLORINDE.

Vous ?

DON JUAN.

Pourvu qu'il en use comme je voudrai.

DOROTHÉE.

A la bonne heure.

DON JUAN.

Je l'attends.

DONA FLORINDE.

Ici ?

DON JUAN.

C'est l'un de mes témoins, et le plus important. Il est tout-puissant auprès du roi ; et le secret de ma naissance qu'il peut me révéler, son appui qui m'est promis, je vous devrai tout cela.

DONA FLORINDE.

A moi ?

DON JUAN.

Que vous en coûtera-t-il ? rien : il ne faut que lui plaire.

DONA FLORINDE.

Mais vous m'effrayez.

DOROTHÉE.

Un ami du roi !... bonté divine ! c'est un dévot.

DON JUAN.

Comme on l'est à la cour : d'une dévotion qui se laisse

faire. D'ailleurs, je vous dirai, entre nous, qu'il a une passion dans le cœur.

DONA FLORINDE.

Voilà qui me rassure.

DON JUAN.

Recevez-le bien, chère dona Florinde, et mon avenir est assuré ; soyez toute gracieuse avec lui, soyez vous-même, et je ne crains rien pour moi ; je n'ai peur que pour sa maîtresse.

DOROTHÉE.

Vous n'êtes guère jaloux, seigneur don Juan. Ce n'est pas mon pauvre Daniel qui m'aurait parlé ainsi d'un étranger, le jour de mon mariage.

DON JUAN.

Ton mari s'appelait Daniel !

DOROTHÉE.

Pourquoi pas? C'est un nom qui en vaut bien un autre.

DON JUAN.

Comment ! c'est un très-beau nom, c'est un nom de prophète.

DOROTHÉE.

Ne riez pas des prophètes : ils ont annoncé plus de vérités que bien des chrétiens n'en disent dans toute leur vie.

DON JUAN.

Elle serait juive, qu'elle ne parlerait pas autrement.

DONA FLORINDE.

Et si elle l'était, vous ne la regarderiez plus ?

DON JUAN.

Si elle l'était, je la ferais brûler vive.

DOROTHÉE, effrayée.

Que dites-vous là ?

DON JUAN, à Florinde.

Pour être un moment seul avec vous.

DOROTHÉE.

Je vous jure, seigneur don Juan, que voilà une plaisanterie qui n'est pas plus du goût de ma maîtresse que du mien.

DON JUAN, à Florinde.

Est-ce que vous vous intéressez aux juifs !

DONA FLORINDE.
Vous leur voulez donc bien du mal?
DON JUAN.
Pas le moins du monde. Grâce au Ciel! je n'ai jamais eu affaire à aucun d'eux; mais je ne me connais pas un ami qui n'envoie du meilleur de son cœur toute la postérité de Jacob au fond de la mer Rouge.
DONA FLORINDE.
Moi, qui crois juger sans prévention, je pense qu'il y a dans ce peuple qu'on persécute autant de vertus que dans ses persécuteurs ; et si comme un autre il a quelques défauts...
DON JUAN.
Il s'est bien corrigé de celui qui a ruiné l'enfant prodigue.
DOROTHÉE.
Continuez, vous êtes en beau chemin ; mais je vous dirai, à mon tour, que je connais telle fille de leur tribu, qui ne se borne pas, comme bien des grandes dames, à prier en faveur des affligés : elle va de ses propres mains porter secours à leurs misères ; elle met à profit, pour adoucir leurs maux, les secrets qu'elle a reçus de ses pères, et qui valent bien toute la science prétendue des trois médecins du primat d'Espagne.
DON JUAN.
Je ne te dis pas le contraire : les rabbins passent pour sorciers, et je sais de reste que les médecins ne le sont pas.
DOROTHÉE.
Elle est riche, cette jeune fille...
DONA FLORINDE.
Assez, assez, Dorothée.
DOROTHÉE.
Et le meilleur de son bien, elle le donne aux pauvres. (*Florinde supplie par des signes Dorothée de se taire.*)
DON JUAN.
Ce n'est peut-être qu'une restitution.
DONA FLORINDE.
Ah! vous êtes cruel, don Juan.
DON JUAN.
Nous pouvons nous dire cela entre chrétiens, sans fâcher

personne. J'ai peut-être mauvais goût; mais j'avoue que le peuple élu de Dieu n'est pas celui que j'aurais choisi à sa place. (*A dona Florinde qui s'est assise et qui écrit.*) Eh! de quoi vous occupez-vous?

DONA FLORINDE.

J'achève une lettre.

DON JUAN.

Elle est donc bien pressée?

DONA FLORINDE.

Plus importante encore : tant de bonheur en dépend !

DON JUAN.

Vous paraissez émue. Ce que j'ai dit sur les juifs vous aurait-il fait quelque peine?

DONA FLORINDE.

On les méprise sans les connaître; on les condamne avant de les entendre; ils souffrent enfin; et quand la force est d'un côté, le malheur de l'autre, c'est contre le faible que vous prenez parti, vous, don Juan! ah! je ne l'aurais pas cru.

DOROTHÉE.

Surtout au moment où l'acte de foi qu'on va célébrer doit faire couler tant de pleurs et de sang.

DON JUAN.

Ah! par l'honneur! je n'y songeais pas. De grâce, dona Florinde, ne me condamnez point sur une plaisanterie. Qu'un homme soit hérétique, juif, ou musulman, je puis le railler tant qu'il est heureux; mais dès qu'il souffre, si je ne pense pas comme lui, je souffre avec lui, et je ne suis plus pour le juger ni Castillan ni chrétien : je suis homme, je suis son frère pour le consoler, pour le défendre.

DOROTHÉE.

Je vous reconnais.

DONA FLORINDE, *en se levant.*

Et moi, je vous remercie, don Juan; j'avais besoin de vous entendre parler ainsi.

DON JUAN.

Mais avec quel sérieux vous me parlez vous-même! Parmi ces malheureux qu'on va sacrifier, auriez-vous un ami? Que puis-je pour le sauver? disposez de moi : mon bras, ma vie, tout vous appartient. Ai-je une goutte de sang qui ne soit à vous?

DONA FLORINDE.

Laisse-nous, Dorothée.

DOROTHÉE.

Voici le moment de l'épreuve, seigneur don Juan ; avant de vous décider, regardez-la bien.

DON JUAN.

Je n'ai pas besoin que tu m'en pries ; mais qu'a-t-elle donc? je m'y perds.

SCÈNE IV.

DONA FLORINDE, DON JUAN.

DON JUAN.

Parlez, dona Florinde ; parlez, je vous en conjure.

DONA FLORINDE.

Cette lettre que je viens d'écrire, elle est pour vous.

DON JUAN.

Pour moi ?

DONA FLORINDE.

Elle contient un secret que je ne me sens pas la force de vous dire. La voilà ; prenez.

DON JUAN.

Votre main tremble en me la présentant.

DONA FLORINDE.

C'est malgré moi. Mais, puisque je ne puis vous cacher mon émotion, je vais vous quitter. Ma présence ressemblerait à une prière, et j'en rougirais. Que l'idée de me causer une bien amère douleur ne fasse point violence à vos sentiments. Ce que je crains, je saurai le supporter. Ayez confiance dans mon courage. Vous êtes libre, don Juan, comprenez-le bien, tout à fait libre ; prononcez donc : je ne veux de vous ni grâce, ni pitié.

DON JUAN.

Quel langage ! ma décision est prise d'avance. (*Voulant ouvrir la lettre.*) Souffrez...

DONA FLORINDE.

Non, non : quand je ne serai plus là. Vous lirez... vous

verrez... Si votre réponse est favorable, apportez-la-moi promptement ; j'en aurai besoin. Si elle ne l'est pas, il vous serait pénible de me la faire. Quittez cette maison sans me revoir ; je reviendrai, vous n'y serez plus, et je saurai mon sort. Adieu, don Juan, peut-être pour bien longtemps.
DON JUAN.
Ne le croyez pas ; dans un moment je suis à vos pieds.
DONA FLORINDE.
A revoir donc bientôt... ou adieu pour jamais. Ne me suivez pas !... lisez.

SCÈNE V.

DON JUAN, *puis* DONA FLORINDE.
DON JUAN.

Que peut-elle me demander ? Plus j'y rêve, moins je comprends ce qui la force à m'écrire. Eh ! lisons-la, cette lettre ! Quelle rage a-t-on de vouloir deviner ce qu'on peut savoir ? (*Après avoir lu la lettre.*) Est-il possible ! mes yeux me trompent !... non, c'est trop vrai :

« Sara, fille du juif Ben-Jochaï... »

Eh bien, on a beau prévoir tous les événements, celui qui vous arrive est toujours le seul auquel on n'ait pas songé. J'avoue que mon orgueil d'hidalgo et de vieux chrétien est un peu étourdi du coup. Sara !... je ne m'attendais pas que j'aurais en mariage quelque chose de commun avec Abraham... et mon noble sang... Ai-je la certitude qu'il soit noble ? Quand je l'aurais, serait-ce un motif pour me montrer moins généreux qu'elle ? Tout à l'heure, j'étais à ses genoux, moi qui n'ai plus de nom, moi qui n'ai ni bien ni titre ; a-t-elle hésité ? Et je balancerais ! Non, de par tous les patriarches d'Israël ! Qu'en arrivera-t-il ? qu'elle priera Dieu à sa manière comme moi à la mienne. En sera-t-elle moins belle, moins digne de mon respect ? l'en aimerai-je moins ?... Par goût, j'aurais préféré que l'ancienneté de sa race ne remontât pas tout à fait si haut ; mais qui saura mon secret, hors moi seul ?... Allons ! mettons sous nos pieds le respect humain. Dans ma joie de lui faire un sacrifice, je respire plus à l'aise, je me sens presque digne d'elle, et je suis content de moi-même. Courons lui porter ma réponse...

ACTE II, SCÈNE V.

DONA FLORINDE, *qui est rentrée à la fin du monologue, et qui s'appuie, tremblante, sur le dos du fauteuil.*

Je n'ai pas pu l'attendre.

DON JUAN.

Vous étiez là ?

DONA FLORINDE.

Je ne voulais pas écouter... mais j'ai entendu.

DON JUAN.

Et vous pleurez !

DONA FLORINDE, *tombant assise.*

De reconnaissance. Réfléchissez encore : ne regretterez-vous jamais ce que vous me sacrifiez ? Si l'on vient à découvrir notre secret...

DON JUAN.

Eh bien, nous quitterons l'Espagne ; nous irons en Italie, en France ; que sais-je ? en Palestine : nous serons chez nous.

DONA FLORINDE.

Mais cette gloire que vous aimez tant ?

DON JUAN.

Il y a de la gloire partout.

DONA FLORINDE.

Et cette patrie, don Juan, qu'on ne retrouve nulle part ?

DON JUAN.

Ma patrie, c'est vous ! (*Se jetant à ses pieds.*) Ah ! Florinde ou Sara, qui que vous soyez, sous quelque nom que je vous adore, prenez possession de votre esclave. Je mets mon bonheur à vous appartenir ; je fais ma joie et mon orgueil de vous répéter : Florinde, à toi ! à toi, Sara, pour la vie !

DONA FLORINDE.

Il y a donc des émotions si douces, qu'on a peine à les supporter !

DON JUAN.

Ne vous offensez pas : laissez-moi la couvrir de mes premiers baisers, cette main que je suis fier d'obtenir.

DONA FLORINDE, *la lui présentant.*

Faites ; je vous l'abandonne. Moi, qui me serais senti tant de force contre la douleur, je n'en ai point contre une telle ivresse.

SCÈNE VI.

DON JUAN, DONA FLORINDE, DOROTHÉE.

DOROTHÉE.

Relevez-vous, seigneur don Juan! Le comte, votre ami, vient d'arriver ; il est dans la salle basse, et j'ai donné l'ordre de le laisser monter.

DONA FLORINDE, en montrant don Juan.

Il sait tout, Dorothée, et je suis heureuse.

DOROTHÉE.

Ah! cette fois, c'est moi qui l'embrasserais du meilleur de mon cœur.

DON JUAN.

Quand ton vieux Daniel devrait ressusciter de jalousie, j'en aurai le plaisir.

DOROTHÉE, regardant Florinde.

En attendant mieux : le désert avant la terre promise !

DON JUAN.

Oui, Rachel, Rebecca, Débora, ou comme tu voudras, j'embrasse dans ta personne toutes les matrones de Jérusalem.

DOROTHÉE.

Il l'a fait de si bonne grâce et si franchement, que je suis sûre qu'il m'a prise pour une autre.

DONA FLORINDE, en souriant.

Pour qui donc ?

DON JUAN.

Ah! si j'osais...

DOROTHÉE.

Un jour comme celui-ci et devant moi !... Allons, un peu de courage ! (*A don Juan, qui embrasse Florinde avec transport.*) Assez, assez ! prenez garde : j'entends le comte.

DONA FLORINDE.

Désormais rien ne peut plus nous séparer.

SCÈNE VII.

DON JUAN, DONA FLORINDE, DOROTHÉE, PHILIPPE II.

PHILIPPE II.

Pardon, seigneur don Juan : je suis sans doute indiscret par trop d'exactitude.

DON JUAN.

Pouvez-vous l'être ? vous êtes fait pour ajouter au bonheur quand il est quelque part, et pour l'apporter où il n'est pas ; venez jouir du mien. (*Le prenant par la main.*) Belle Florinde, permettez que je vous présente le comte de Santa-Fiore.

PHILIPPE II, à part.

Par le ciel ! c'est elle, c'est elle-même.

DONA FLORINDE, bas à Dorothée.

N'as-tu pas reconnu ce jeune seigneur ?

DOROTHÉE, de même à Florinde.

Je l'ai cru d'abord.

DON JUAN, à Philippe II.

Qu'avez-vous donc, cher comte ? est-ce que vous auriez déjà vu la senora ?

PHILIPPE II.

Il est vrai, à Madrid... au Prado...

DON JUAN.

Puisque vous l'aviez vue, j'ai droit à un double remercîment, car vous deviez désirer de la revoir.

PHILIPPE II.

Je crains même d'avoir poussé ce désir jusqu'à me rendre importun ; mais mon excuse est dans mon admiration pour tant de charmes, et, je l'avouerai, seigneur don Juan, dans une ressemblance singulière, étrange...

DON JUAN.

Avec une personne dont vous m'avez parlé ?

PHILIPPE II.

Avec elle.

DON JUAN.

Je lui en fais mon compliment, (*bas*) et à vous aussi.

DONA FLORINDE.

Soyez le bienvenu chez moi, comte de Santa-Fiore. Un

grand pouvoir et l'amitié du souverain sont des titres au respect de tous ; mais vous en avez qui me touchent davantage : l'estime profonde que le seigneur don Juan vous a vouée et l'intérêt qu'il vous inspire.

PHILIPPE II.

Croyez, senora, qu'il m'est doux de devoir à votre amour pour lui un accueil dont je suis reconnaissant. (*A part.*) La jalousie me ronge le cœur.

DON JUAN.

Oui, aimez-nous tous deux ; soyez mon frère et mon appui, en m'ouvrant une carrière où je ferai honneur à votre protection. Le roi doit avoir besoin d'un bon capitaine de plus, lui qui ne l'est pas.

PHILIPPE II, à part.

L'insolent !

DONA FLORINDE, bas à Dorothée.

Devant un ami du roi ! quelle imprudence !

PHILIPPE II, à don Juan.

Il me semble pourtant qu'il a fait ses preuves à Saint-Quentin.

DONA FLORINDE.

Et dans un jour de victoire.

DON JUAN.

Comme spectateur ; mais je vous jure que le spectacle ne l'amusait guère, si j'en crois certaine anecdote...

DONA FLORINDE.

Fausse sans doute, et qu'il est peut-être inutile de raconter.

PHILIPPE II.

Laquelle ?

DON JUAN.

On assure qu'au moment où les balles sifflaient à son oreille il disait à son directeur, aussi pâle que lui : « Je ne « comprends pas quel plaisir on peut trouver à entendre « cette musique-là. »

DONA FLORINDE

C'est peu vraisemblable ; un tel mot dans la bouche d'un roi de Castille !

PHILIPPE II.

Et le directeur l'aurait répété !

DON JUAN.

Il ne le lui avait pas dit sous le sceau de la confession :

mais je juge par l'air soucieux de Votre Excellence que vous ne seriez pas homme à demander au roi si l'aventure est vraie.

PHILIPPE II.

Non, car je pense qu'il ne ferait pas grâce de la vie à celui qui lui adresserait cette question. (*A part.*) C'est se perdre de gaieté de cœur.

DONA FLORINDE, à don Juan.

Vous reconnaissez du moins avec tout le monde qu'il a une volonté ferme, qu'il est infatigable, politique profond?

DON JUAN.

Sans doute, et je lui pardonnerais tout, hors cette sévérité religieuse qui couvre le royaume d'échafauds et de bûchers.

PHILIPPE II.

Toujours par suite de votre vocation?... Pour moi, je pense, comme lui et comme tous les prêtres de l'Espagne, qu'on ne peut trop détester, qu'on ne saurait punir avec trop de rigueur l'apostasie et le judaïsme, et je crois que madame est trop bonne Espagnole pour ne point partager mes sentiments.

DONA FLORINDE.

Que Votre Excellence m'excuse : une jeune fille n'a point d'avis dans de si hautes questions : mais, si j'osais en avoir un, je vous dirais que, fussent-ils coupables, quand des malheureux vont périr, le devoir des prêtres est de les bénir et celui des femmes de les plaindre.

PHILIPPE II, à part.

Un sérieux avertissement de l'inquisition pourra lui devenir utile...

DON JUAN, à Florinde.

Charmante !

PHILIPPE II, de même.

Et servir mes projets sur elle.

DON JUAN.

Vous conviendrez qu'on ne pouvait pas mieux répondre.

PHILIPPE II.

J'avoue qu'il est difficile de vous donner raison avec plus de grâce.

DON JUAN.

Je vous ai prédit que vous seriez forcé de lui rendre les

armes; résignez-vous à tenir votre parole. Pour que vous puissiez le faire en toute connaissance de cause, je vous laisse le champ libre. Oui, senora, je me vois obligé de vous quitter pour hâter le plus doux moment de ma vie; mille soins me réclament : il faut courir chez l'alcade, chez les gens de loi, à l'église, penser à tout...

DOROTHÉE.

Et payer partout.

DON JUAN.

(A Dorothée.) Tu dis vrai. (A Philippe II.) Vous m'excusez, mon cher comte. (A Florinde.) Je vous le laisse à moitié conquis, achevez votre victoire. (En sortant.) Dorothée, j'ai quelques ordres à te donner.

DOROTHÉE.

(A don Juan.) Je vous suis; (à Florinde) et je reviens vous apporter votre mantille pour la cérémonie.

SCÈNE VIII.

DONA FLORINDE, PHILIPPE II.

DONA FLORINDE, à part.

Un grand d'Espagne de ce caractère, en tête-à-tête avec une juive! que de colère et de dédain, s'il pouvait le soupçonner!

PHILIPPE II.

J'avais besoin de vous parler sans témoins, madame.

DONA FLORINDE.

Peut-être pour me révéler le secret que le seigneur don Juan brûle de savoir, et, dans votre bonté, vous vouliez me laisser le plaisir de lui tout apprendre.

PHILIPPE II.

Une pensée plus triste m'occupait. Oui, quand je vous contemple, je me sens ému de pitié pour don Juan, en songeant à tout ce qu'il a cru posséder et à tout ce qu'il va perdre.

DONA FLORINDE.

Comte, je ne vous comprends pas, mais vous m'effrayez.

PHILIPPE II.

Je vous le dis à regret, senora, ce mariage est impossible.

ACTE II, SCÈNE VIII.

DONA FLORINDE.

Qui donc voudrait y mettre obstacle ? vous ? Oh ! non, ce n'est pas vous, sur qui sa confiance se reposait avec tant d'abandon, qu'il a reçu comme un hôte bien-aimé, que tout à l'heure encore il nommait son frère.

PHILIPPE II.

Ne croyez pas que ce soit ma volonté qui vous sépare, madame ; c'est mon devoir ; c'est l'autorité que j'ai reçue d'un père.

DONA FLORINDE.

D'un père qui n'est plus et que vous refusez de faire connaître, et dont les droits, s'il vivait, ne pourraient enchaîner la liberté de don Juan.

PHILIPPE II.

Puisque l'autorité paternelle ne suffit pas, j'en ferai valoir une plus puissante, plus absolue, et sous laquelle tout Espagnol doit baisser la tête et fléchir le genou : celle du roi.

DONA FLORINDE.

Qu'entends-je ?

PHILIPPE II.

La vérité, madame ; c'est lui-même qui veut... lui qui est devant vous, et qui vous parle.

DONA FLORINDE, à part.

Grand Dieu ! le roi ici ! chez une... chez moi ! la terreur me rend muette.

PHILIPPE II.

Vous tremblez ; rassurez-vous. Oui, c'est le roi qui gémit de vous imposer un sacrifice nécessaire, qui pourrait vous ordonner d'y souscrire, et qui vous en prie.

DONA FLORINDE, qui veut mettre un genou en terre.

Ah ! sire, excusez ma hardiesse...

PHILIPPE II.

Que faites-vous ?... un Castillan pourrait-il le souffrir ? Cet hommage que je reçois du plus fier de mes sujets, ma courtoisie ne saurait l'accepter de la beauté qui supplie.

DONA FLORINDE.

Accueillez ma prière, sire. Don Juan a pu vous irriter par un mot indiscret ; mais, s'il l'a dit, il ne le pensait pas. Il vous respecte, il vous honore ; il mettrait sa gloire à mourir pour vous. Je vous en conjure, qu'il trouve grâce devant son maître. Ah! sire, soyez magnanime, et pardonnez!

PHILIPPE II.

Je ferai plus, madame, j'oublierai; mais à deux conditions : don Juan ne saura pas de vous qui je suis...

DONA FLORINDE.

Je le jure.

PHILIPPE II.

Et vous lui direz que de votre pleine et entière volonté vous renoncez à cette union.

DONA FLORINDE.

Jamais!..

PHILIPPE II.

Vous hésitez !

DONA FLORINDE.

Non, je n'hésite pas, jamais! Moi, m'y résoudre! mais ce serait me jouer à plaisir du désespoir de don Juan ; mais je le tromperais, mais je mentirais, sire, et le roi ne peut pas me commander ce que Dieu lui défend à lui-même.

PHILIPPE II.

Vous l'aimez donc avec une bien aveugle passion?

DONA FLORINDE.

De toute la puissance de mon âme, plus que je ne peux le dire, plus que je ne pouvais l'imaginer quand il était heureux.

PHILIPPE II.

Et vous voulez que je l'épargne ?

DONA FLORINDE.

C'est votre clémence qui le veut, c'est votre justice. Que lui reprochez-vous, sire? est-il coupable?

PHILIPPE II.

Il vous aime, il s'est fait aimer !... ah! croyez-moi, il a commis le plus grand, le plus impardonnable des crimes, le seul qui n'admette pas de grâce. Un cloître n'a point assez d'austérités pour l'en punir, les cachots n'ont point assez d'entraves : tout son sang versé goutte à goutte ne suffirait pas pour l'expier.

DONA FLORINDE.

Son sang!... juste ciel! que dites-vous?

PHILIPPE II.

Vous m'avez entendu, vous savez qui je suis et ce que je peux ; hésitez-vous encore?... Mais qui ose pénétrer ici?

DONA FLORINDE.

Sire, vous oubliez que vous êtes chez moi.

PHILIPPE II.

Il est vrai, senora; un roi se croit partout dans son palais.

SCÈNE IX.

PHILIPPE II, DONA FLORINDE, DON QUEXADA.

PHILIPPE II.

C'est vous, don Quexada! venez, vous arrivez à propos.

DON QUEXADA.

Je craignais d'être en retard; *(saluant dona Florinde)* mais, en voyant madame, je comprends que, si mon élève m'accuse de lenteur, le seigneur comte doit m'attendre sans impatience.

PHILIPPE II.

Vous savez déjà que vous êtes appelé ici pour un mariage?

DON QUEXADA.

Je l'ai su par don Juan, et je ne puis vous dire avec quelle satisfaction j'ai appris que Votre Excellence y donnait son consentement.

PHILIPPE II.

On vous a trompé.

DON QUEXADA, à part.

Je l'avais prévu.

PHILIPPE II.

Deux personnes s'opposent à cette union: dona Florinde...

DONA FLORINDE.

Ah! sire, par pitié!...

DON QUEXADA.

Votre Majesté s'est fait connaître?

PHILIPPE II.

Seulement de madame, qui ne me trahira pas. Je vous le répète, deux personnes, dona Florinde et moi.

DON QUEXADA.

Il suffirait d'une seule pour que la chose fût impossible.

PHILIPPE II.

Don Juan va rentrer, recevez-le; dites-lui que madame ne

veut pas le suivre à l'autel, et que sa résolution ferme, inébranlable, est de ne plus le revoir.

DONA FLORINDE.

Sire, don Juan ne le croira pas.

DON QUEXADA.

En effet, j'oserai représenter humblement à Votre Majesté que je crains...

PHILIPPE II.

Qu'il n'ajoute pas foi aux paroles de son second père, lui, ce modèle de l'éducation chrétienne! car ce sont là vos paroles.

DON QUEXADA.

Sa Majesté est trop bonne de se les rappeler.

PHILIPPE II.

Ou vous avez trahi la confiance qu'on a placée en vous, ou vous avez pris sur lui une autorité sans bornes.

DON QUEXADA.

J'y ai mis tous mes soins.

PHILIPPE II.

Il a pour vos ordres un respect filial?

DON QUEXADA.

Cela doit être.

PHILIPPE II.

Si cela n'était pas, vous auriez commis une bien grande faute, seigneur Quexada; et vous savez que, moi régnant, aucune faute n'est impunie. Voyez-le donc, parlez-lui, et qu'il sorte d'ici pour n'y revenir jamais. Voilà votre mission, remplissez-la; autrement, mettez ordre à vos affaires : il ne me reste plus qu'à vous plaindre!

DON QUEXADA, à part.

Que saint Jacques me soit en aide!

(Dorothée entre avec la mantille de dona Florinde.)

PHILIPPE II.

Madame, permettez-moi de vous offrir la main pour vous accompagner chez vous.

DONA FLORINDE.

Ah! sire, vous vous laisserez toucher par mes prières.

(Ils sortent, et Dorothée les suit.)

SCÈNE X.

DON QUEXADA, DON JUAN.

DON QUEXADA.

Une mission! une mission!... il raille, mais de façon à ne faire rire que lui. Et comment la remplir, cette mission? Traitez donc avec l'impatience en personne, la colère, l'amour déçu, le désespoir, tous les sentiments et toutes les passions qui font explosion à la fois!... Comme le disait l'empereur Charles-Quint, quand il voyait les affaires s'embrouiller : « La journée sera bonne! » Mais n'est-ce pas mon pauvre élève que j'entends? A mon secours tout l'arsenal des précautions oratoires! Ce qui me navre le cœur, c'est qu'il va venir à moi, les bras ouverts et la figure épanouie, comme au-devant d'une bonne nouvelle.

DON JUAN, du dehors.

Vite, vite! Dorothée, la mantille! nous descendons dans un moment.

DON QUEXADA, en la voyant entrer.

Qu'est-ce que je disais? Il y a dans ses traits un air de confiance, une hilarité de jour de noce, qui mettent toute ma politique en déroute.

SCÈNE III.

DON JUAN, DON QUEXADA.

DON JUAN, à don Quexada.

Vive l'exactitude! eh bien! vous l'avez vue? vous lui avez parlé? Venez remplir votre rôle de père : tout est prêt.

DON QUEXADA.

Mon cher don Juan, j'aurais deux mots à vous dire.

DON JUAN.

Parlez, j'écouterai en marchant.

DON QUEXADA.

Non pas, s'il vous plaît. Allons de ce côté, et veuillez m'écouter sans bouger de place.

DON JUAN.

Si je le peux ; mais hâtez-vous.

DON QUEXADA.

Soyez calme ; votre impétuosité me déconcerte au point que je ne sais plus comment aborder la question.

DON JUAN.

Eh! pour être plus court, commencez par la fin.

DON QUEXADA.

La fin! la fin! elle ne m'embarrasse pas moins que le commencement. C'est même la fin que je crains le plus.

DON JUAN.

Parlez, au nom du ciel!

DON QUEXADA.

Tenez, mon ami, rendez-moi le service de me donner le bras pour me conduire chez moi, où je m'expliquerai plus à mon aise.

DON JUAN.

Chez vous? quand tout ce que je puis faire est de me clouer à cette place pour vous entendre. Au fait! pour Dieu, au fait !

DON QUEXADA.

Eh bien, dona Florinde... refuse de vous accorder sa main, et vous interdit pour toujours sa maison : voilà le fait.

DON JUAN.

Qu'est-ce que vous me dites? elle que je quitte à l'instant! On vous trompe. Cela ne peut être ; encore un coup cela n'est pas.

DON QUEXADA.

Je vous l'affirme.

DON JUAN.

Je ne pourrais pas le croire quand je l'entendrais de sa bouche ; et c'est d'elle que je vais apprendre mon sort.

DON QUEXADA.

Arrêtez : sur mon honneur de gentilhomme, je vous jure que rien n'est plus vrai.

DON JUAN.

Sur votre honneur! mais, si c'était possible, j'aurais donc introduit ici un ennemi qui eût fait un bien indigne usage de ses droits prétendus...

DON QUEXADA, à part.

Voilà ce que je craignais : c'est la fin qui commence.

DON JUAN.
Un imposteur, qui se serait joué de sa parole et de ma crédulité...
DON QUEXADA.
Ne le supposez pas.
DON JUAN.
Et à qui je demanderais un compte sévère de sa conduite.
DON QUEXADA.
Ne répétez pas ce que vous venez de dire.
DON JUAN.
Je le lui dirais en face, quand j'aurais affaire au plus grand nom de la monarchie, à la meilleure épée de toutes les Espagnes. Oui, dussé-je lui mettre la main sur l'épaule en pleine cour, dans l'Alcazar de Tolède, j'aurai une explication avec lui.
DON QUEXADA.
Par tous les saints du paradis, vous êtes fou !
DON JUAN.
Mais avant d'en venir là, c'est avec dona Florinde que je veux en avoir une.
DON QUEXADA.
Vous n'irez pas.
DON JUAN.
Rien ne pourra m'en empêcher.
DON QUEXADA.
Vous n'irez pas, c'est vous perdre.
DON JUAN, avec fureur.
Il est chez elle !
DON QUEXADA.
Mon cher don Juan ! mon fils !
DON JUAN.
Il est chez elle ! Malédiction sur lui ! Vous êtes venu pour être témoin d'un mariage ; vous serez témoin d'un duel.
DON QUEXADA.
Entre vous deux ?
DON JUAN.
Et dans l'embarras où je me trouve, vous ne refuserez pas d'être mon second ?
DON QUEXADA, hors de lui.
Ah ! c'est trop fort. Votre second, et contre lui ! à mon

âge, avec mes habitudes toutes pacifiques... C'est aussi par trop abuser de la tendresse que je vous porte, et je perds patience à la fin.

DON JUAN.

Je vous laisse y rêver ; mais puisqu'il est encore ici pour son malheur, rien ne peut le soustraire à ma vengeance.

DON QUEXADA.

Je n'ai plus qu'un parti à prendre, celui de m'en aller sans audience de congé.

(Il se dispose à sortir.)

SCÈNE XII.

DON JUAN, DON QUEXADA, PHILIPPE II.

PHILIPPE II, en entrant.

Restez, don Quexada.

DON JUAN.

J'allais vous chercher, seigneur comte.

PHILIPPE II.

Je venais au-devant de vous, seigneur don Juan.

DON JUAN.

J'ai une demande à vous faire et une réparation à exiger de vous.

PHILIPPE II.

Je verrai si je dois répondre à l'une et si je veux accorder l'autre.

DON JUAN.

J'ai reçu votre parole : l'avez-vous oublié ?

PHILIPPE II.

J'y ai mis une condition : ne vous en souvenez-vous plus ?

DON JUAN.

C'était d'approuver mon choix.

PHILIPPE II.

Si je ne l'approuve pas ?

DON JUAN.

Vous avez le droit de me refuser votre consentement.

PHILIPPE II.

Je le pense.

ACTE II, SCÈNE XII.

DON JUAN.

Comme j'ai celui de m'en passer.

PHILIPPE II.

J'en doute.

DON JUAN.

Tout grand seigneur que vous êtes, vous en aurez bientôt la certitude. Mais j'ai un doute aussi.

PHILIPPE II.

Lequel ?

DON JUAN.

Ce que don Quexada vient de me dire est-il vrai ?

DON QUEXADA, à part.

Ah ! me voici mêlé dans l'affaire !

PHILIPPE II.

Que vous a-t-il dit ?

DON QUEXADA, vivement.

Rien que je ne puisse répéter devant Votre Excellence.

DON JUAN.

Que dona Florinde refuse de s'unir à moi et de me revoir jamais.

PHILIPPE II.

C'est, en effet, sa résolution.

DON JUAN

Vous m'avez donc trahi ; et cette trahison ne peut se laver qu'avec du sang : le vôtre ou le mien !

DON QUEXADA.

Ah ! mon Dieu !

PHILIPPE II.

Voilà une proposition qui m'étonne dans la bouche d'un homme d'Église.

DON JUAN.

Et une réponse évasive qui ne me surprend pas moins dans celle d'un homme d'épée.

PHILIPPE II.

C'est que vous n'avez pas songé qu'il y a peut-être quelque distance entre nous.

DON JUAN.

Que pouvez-vous alléguer pour le prouver? Votre âge? nous sommes jeunes tous deux ; votre supériorité dans les armes? je la nie; votre noblesse? vous êtes garant de la mienne; et, qui que je sois, je crois que mon père valait bien le vôtre.

PHILIPPE II.

C'est encore plus vrai que vous ne le croyez.

DON JUAN.

Quel serait donc votre motif pour refuser?

PHILIPPE II.

Qui vous dit que je n'accepte pas?

DON QUEXADA, qui se jette entre eux.

Votre Excellence voudrait...

PHILIPPE II.

Silence !

DON QUEXADA.

Quoi ! don Juan, vous osez...

DON JUAN.

Laissez-nous. (*Au roi.*) Alors, dans quelques instants, derrière le couvent des Dominicains !

PHILIPPE II.

Mais c'est un lieu consacré, seigneur don Juan.

DON JUAN.

Raison de plus : un de nous deux sera tout porté pour dormir en terre sainte.

DON QUEXADA, à part.

Il est possédé d'un démon qui lui souffle ses réponses.

DON JUAN.

En quittant dona Florinde, qui va me revoir, quoi que vous en disiez, je suis à vous !

PHILIPPE II.

Encore un mot, don Juan, un seul que je vous engage à méditer; car cette fois je parle sérieusement. Je ne vous empêche pas d'entrer chez dona Florinde, qui vous répétera tout ce que vous venez d'apprendre ; mais, dans l'intérêt de votre vie, renoncez volontairement à cette entrevue, je vous le conseille; car, si vous passez le seuil de cette porte, il n'y a plus de pardon pour vous.

DON JUAN, au roi.

De la pitié !

PHILIPPE II.

Jeune homme, vous en avez besoin : méritez-la.

ACTE II, SCÈNE XIII.

DON JUAN.

Noble comte, je vais demander à dona Florinde si vous méritez la mienne.

SCÈNE XIII.

PHILIPPE II, DON QUEXADA.

PHILIPPE II.

Eh bien, seigneur Quexada?

DON QUEXADA, tremblant.

Sire...

PHILIPPE II.

Le voilà donc, ce parfait chrétien, ce dévot par excellence!

DON QUEXADA.

J'avoue que du côté de la dévotion...

PHILIPPE II.

Timide comme une jeune fille!..

DON QUEXADA.

Je conviens que sous le rapport de la timidité...

PHILIPPE II.

Que direz-vous donc pour sa justification et pour la vôtre?

DON QUEXADA.

Je dirai... je dirai... que je ne puis rien dire; que je suis au désespoir de ma vie; que vous me voyez anéanti de surprise et de confusion.

PHILIPPE II.

Et je ne le punirais pas!

DON QUEXADA.

Quoi! Votre Majesté veut descendre à le châtier de sa main?

PHILIPPE II.

Êtes-vous en démence?

DON QUEXADA.

Sire, croyez que s'il avait su qu'il parlait à son roi...

PHILIPPE II.

S'il l'avait su, vivrait-il encore?

DON QUEXADA.

Votre frère!

PHILIPPE II.

Ce sujet rebelle, cet insolent bâtard, lui, mon frère ! il ne l'est pas, il ne le sera jamais. Lui-même vient de refuser son pardon, et vous n'avez plus qu'un moyen d'obtenir le vôtre.

DON QUEXADA, à part.

Que va-t-il m'ordonner ?

PHILIPPE II.

Je n'ai que vous ici qui connaissiez ce secret ; je ne puis, je ne veux employer que vous pour l'ensevelir dans un éternel oubli. (*S'approchant d'une table.*) Vous allez vous saisir de don Juan.

DON QUEXADA.

Je ne hasarderai qu'une seule observation, c'est qu'il lui sera infiniment plus aisé de s'emparer de moi, qu'à moi de me saisir de lui.

PHILIPPE II.

Des gens qui ont mes ordres vont arriver, ou sont déjà ici pour vous porter secours.

DON QUEXADA, pendant que le roi s'assied pour écrire.

Que veut-il écrire ?

PHILIPPE II, écrivant.

« Mon révérend père, recevez dans votre pieuse maison le « jeune homme qui vous sera présenté par don Quexada : « que, soumis à toute la sévérité de la règle, il y soit ren- « fermé pour sa vie.

« Moi, le roi. »

DON QUEXADA.

Pour sa vie !

PHILIPPE II.

Vous conduirez don Juan au monastère le plus voisin et de l'ordre le plus sévère : celui des frères de la Passion ; vous remettrez au supérieur ces trois lignes de ma main, et vous viendrez me rendre compte de ce que vous aurez fait.

DON QUEXADA.

Ah ! sire, grâce pour un malheureux !

PHILIPPE II.

Si vous n'obéissez pas, ceux que je charge de vous accompagner ont ordre de vous ramener devant moi ; et, que vous ayez pour demeure un cercueil ou les quatre murs d'un cachot, vous ne verrez pas le soleil.

DON QUEXADA.

J'obéirai.

PHILIPPE II, *ouvrant la porte du fond.*

Entrez, messieurs, et faites tout ce que le seigneur Quexada va vous commander en mon nom. (*A Quexada.*) Promptitude et discrétion, ou vous n'êtes plus de ce monde! m'entendez-vous?

DON QUEXADA.

Parfaitement.

PHILIPPE II.

J'avais à cœur d'être compris. Adieu!

SCÈNE XIV.

DON QUEXADA, *sur le devant de la scène;* L'OFFICIER, LES ALGUAZILS, *dans le fond.*

DON QUEXADA.

Pour sa vie! dans un cloître pour sa vie! Infortuné jeune homme, en dépit de toutes ses extravagances, je n'ai jamais si fortement senti combien je l'aime. Il est aussi mon fils à moi, et c'est moi qu'on charge d'accomplir cet ordre barbare!... (*Il relit le billet en marchant avec agitation.*) Mais cet ordre ne désigne pas le monastère. Ah! quelle idée... Don Juan n'a dans le monde qu'un protecteur naturel qui puisse le sauver, nous sauver tous deux... Ce serait bien hardi. (*S'arrêtant tout à coup.*) Ai-je quelque chose à risquer maintenant? Le mouvement est donné, et j'aurai beau me cramponner à tout, il faut que je roule jusqu'à ce qu'il plaise à Dieu de m'arrêter. J'ai connu ces positions-là, et l'empereur, mon maître, aussi; mais il se rattrapait toujours et me remettait sur mes pieds par contre-coup. Fasse le ciel qu'il en soit encore de même! (*Avec résolution.*) Il y a de ces peurs héroïques qui vous donnent du courage; je suis décidé. (*A l'officier et aux alguazils.*) Allons! messieurs, suivez-moi; main-forte pour exécuter les volontés du roi d'Espagne! (*Il se dirige vers l'appartement de dona Florinde.*)

ACTE TROISIÈME.

Un parloir dans l'appartement du frère Arsène, au monastère de Saint-Just. Une fenêtre ouverte. Sous la fenêtre une natte de paille. Il fait nuit.

SCÈNE I.

PEBLO, *penché sur le balcon.*

L'échelle ira jusqu'à terre ; maintenant, remontez, ma mignonne. (*Il la retire vers lui.*) Vienne une belle nuit, noire comme la robe d'un dominicain, et vous me rendrez le bon office de me tirer d'ici ; trente échelons, et me voilà en bas ; deux tours de clef, et je suis hors du couvent.

FRÈRE ARSÈNE, *de sa cellule.*

Peblo !

PEBLO.

C'est sa voix : zest ! l'échelle sous ma natte, le novice blotti dessus ; et puis criez, père Arsène !

FRÈRE ARSÈNE.

Peblo, répondrez-vous ?

PEBLO.

Je dors trop bien pour entendre.

SCÈNE II.

FRÈRE ARSÈNE, *une lampe à la main,* PEBLO, *qui feint de dormir.*

FRÈRE ARSÈNE.

Peblo !... (*Il s'approche du novice.*) Ah ! le bienheureux, quel sommeil ! A une époque de ma vie tout m'a été possible, excepté de dormir ainsi... Allons un peu, de pitié ! (*Se traînant de meuble en meuble jusqu'à une table où il pose sa lampe.*) Du moins il n'espionnera ni mes actions ni mes paroles. (*En s'asseyant sur le devant de la scène.*) Que puis-je craindre de cet enfant? s'il me voit tant que le jour dure, il ne me connaît pas, et aucun des moines n'oserait enfreindre ma défense en lui révélant qui je suis ou plutôt qui j'étais.

PEBLO, se soulevant sur sa natte.

Il parle, mais si bas...

FRÈRE ARSÈNE.

Toujours souffrir, sans avoir à qui se plaindre! Je n'y tiens plus. (*Se levant et allant tirer Peblo par le bras.*) Debout, novice! secouez votre engourdissement et ouvrez les yeux.

PEBLO, qui étend les bras en bâillant.

J'aurai beau les ouvrir, père Arsène, je ne verrai pas le jour, car vous me faites lever avant lui.

FRÈRE ARSÈNE.

La paresse, Peblo, est un grand péché.

PEBLO.

Celui qui l'a inventé ce péché-là était sans doute un saint homme à qui sa goutte ne permettait pas de fermer l'œil.

FRÈRE ARSÈNE.

Ou qui connaissait le prix du temps. Mais vous, quand vous ne le perdez pas, vous l'employez mal.

PEBLO, retournant vers le balcon d'un air mutin.

J'aime mieux l'employer à dormir qu'à réveiller les autres.

FRÈRE ARSÈNE.

Où allez-vous?... remuant sans cesse!

PEBLO.

Laissez-moi me recoucher, je ne remuerai plus.

FRÈRE ARSÈNE.

Répondant toujours, même avant d'entendre!

PEBLO, à part.

Est-ce injuste? quelquefois je ne réponds pas quand j'ai entendu.

FRÈRE ARSÈNE.

Curieux à l'excès!

PEBLO.

Comme s'il n'y avait que moi de curieux dans la maison.

FRÈRE ARSÈNE.

Qu'est-ce à dire, petit moinillon révolté que vous êtes?

34.

PEBLO, à part.

Oh ! moinillon !... il croit qu'il me fait bien de la peine.

FRÈRE ARSÈNE.

Encore un coup, de qui parlez-vous ? est-ce de moi ?

PEBLO.

Dieu m'en garde, père Arsène ! c'est du prieur qui vient toujours m'adresser en douceur un tas de méchantes questions sur vous.

FRÈRE ARSÈNE, à part.

Ce prieur, il rend dévotement compte de toutes mes actions ; s'il est la créature de Dieu, il est encore plus celle du roi. (*A Peblo.*) Parle à cœur ouvert, mon enfant ; que te demande-t-il ?

PEBLO, à part.

Il n'est pas curieux, lui !

FRÈRE ARSÈNE.

Eh bien ?

PEBLO.

Ce que vous faites, père Arsène, ce que vous dites et ce que vous écrivez.

FRÈRE ARSÈNE.

Il ne peut guère en demander davantage ; et tu lui réponds ?

PEBLO.

Que vous faites des horloges ; que vous dites : Quelle heure est-il ? et que vous écrivez votre confession.

FRÈRE ARSÈNE.

C'est bien, très-bien même ; je suis content de toi : je te croyais un peu médisant...

PEBLO.

Moi, père Arsène !

FRÈRE ARSÈNE.

Et si tu l'étais, bien que tu profites des peines que je me donne pour ton éducation, il faudrait nous séparer, parce que le frère prieur pourrait prendre tes paroles au pied de la lettre. C'est un saint homme, Peblo, un bien saint homme ; mais d'une dévotion vétilleuse, qui s'effarouche de tout, se cabre pour rien, fait une montagne d'un grain de sable, et d'une misère sans conséquence un bel et bon péché mortel.

PEBLO, à part.

Il se gêne pour médire de son supérieur.

FRÈRE ARSENE.

J'aime presque mieux la franchise brutale du frère gardien.

PEBLO.

De père Pacôme, mon oncle?

FRÈRE ARSENE, à part.

Son oncle!... pauvre orphelin! les moines n'ont jamais que des neveux.

PEBLO.

Vous avez tort, car le prieur s'est bien radouci depuis la mort du dernier abbé. J'entends les frères se conter entre eux que, malgré ses soixante-treize ans sonnés, il grille sous son air froid d'être nommé à la place vacante. Comme le chapitre se rassemble aujourd'hui pour l'élection, il ne dit plus de mal de personne, afin de gagner des voix ; au lieu que mon oncle Pacôme, son bon ami, dit du mal de tout le monde, afin d'ôter des voix aux autres.

FRÈRE ARSENE.

Du mal de tout le monde?... Et de moi aussi, n'est ce pas?

PEBLO.

Comme d'habitude. En sa qualité d'ancien marin, vous savez qu'il crie toujours : La discipline, la discipline!... et il prétend, bien à tort, mais il le prétend...

FRÈRE ARSENE.

Quoi donc?

PEBLO.

Que vous mettez les jeunes moines en rébellion contre les vieux.

FRÈRE ARSENE.

Moi qui ne cherche qu'à rapprocher les partis!

PEBLO.

Mais c'est comme un fait exprès ; vous ne les avez pas plutôt accordés, qu'ils ne peuvent plus s'entendre.

FRÈRE ARSENE.

C'est que la fièvre de l'élection tourne ici toutes les têtes.

PEBLO.

Jusqu'à celle du frère Timothée.

FRÈRE ARSENE.

Un homme si modeste!

PEBLO.

Un prédicateur tout en Dieu, dont la figure ressemble à

un sermon sur la charité, et dont les paroles sont plus douces que les bonbons des sœurs de la Providence qui l'ont choisi pour directeur.

FRÈRE ARSÈNE, à part.

Et avec raison.

PEBLO.

Eh bien, il s'est glissé à pas de loup et en pérorant tout bas à la tête d'une bonne vingtaine de suffrages parmi les jeunes moines ; le frère gardien, mon oncle, en commande à peu près autant parmi les vieux, qu'il mène haut la main comme son ancien équipage ; et tous deux ils travaillent à se souffler des voix : ils tirent chacun de leur côté tous les électeurs qui sont entre deux âges, et ils s'agacent, et ils se molestent, et ils se détestent : c'est une bénédiction.

FRÈRE ARSÈNE.

Sais-tu pour qui votera le frère Timothée ?

PEBLO.

Peut-être bien pour le père procureur qui a des chances, parce qu'il donne à dîner au vieux Jéronimo et à ce gros réjoui de cellérier : ce qui lui fait deux voix.

FRÈRE ARSÈNE.

Il est vrai que ce sont les deux estomacs les plus reconnaissants de la communauté.

PEBLO.

Mais je connais quelqu'un pour qui le frère Timothée voterait de préférence.

FRÈRE ARSÈNE.

Qui donc ?

PEBLO.

Vous.

FRÈRE ARSÈNE.

Est-ce que j'ai des prétentions ?

PEBLO.

Hier il m'a pris sur ses genoux, et, en me donnant des cédrats confits, il m'a dit (*toussant deux ou trois fois et imitant le ton de frère Timothée*) : « Notre vénérable père
« Arsène, cette lumière de la communauté, que tu as le bon-
« heur de voir tous les jours, il jouit d'un grand crédit auprès
« du roi ; rappelle-moi souvent à son souvenir ; qu'il ait la
« bonté infinie de m'appuyer un peu, et j'aurai l'insigne
« honneur de prêcher ce carême devant la cour. »

ACTE III, SCÈNE II.

FRÈRE ARSÈNE.

Comme si Dieu était là plutôt qu'ailleurs ! (*A Peblo.*) En réclamant ma protection, il ne t'a rien dit de Charles-Quint ?

PEBLO.

Charles-Quint !... je ne le connais pas.

FRÈRE ARSÈNE.

(*En souriant.*) O gloire humaine ! (*Tombant assis.*) Haïe ! il n'y a de réel que la douleur.

PEBLO.

Ah ! vous voulez dire cet empereur que personne ne voyait, qui est mort ici tout récemment, et dont on fera les funérailles dans trois jours.

FRÈRE ARSÈNE.

Oui, dans trois jours ; (*à part*) ils ont au moins rempli mes intentions en accréditant ce bruit qui m'épargnera bien des importunités.

PEBLO.

Lorsqu'il en parle, de votre empereur, il se signerait presque ; il s'incline bien plus bas pour dire : « Jésus, mon Sauveur ! » et plus bas encore quand il dit : « Feu Sa Majesté l'empereur et roi !... »

FRÈRE ARSÈNE.

Assez, assez ! ton babil m'amusait d'abord, mais à la longue...

PEBLO.

On se lasse de tout. C'est justement là l'effet que le couvent a produit sur moi.

FRÈRE ARSÈNE.

Qu'est-ce que vous dites, Peblo ? Allez dans ma cellule ; allez donner un coup d'œil à mes horloges : je crois que le numéro quatre est en retard.

PEBLO.

J'y vais, père Arsène ; mais j'aurai beau pousser les aiguilles, le temps n'en ira pas plus vite.

FRÈRE ARSÈNE.

Si je me lève pour courir après vous !..

PEBLO, qui sort en sautant.

Il m'attraperait avec sa goutte !

SCÈNE III.

Frère ARSÈNE.

Il a raison, le malicieux petit vaurien : une vie inactive est fastidieuse comme un livre qu'on a trop lu. Et n'être réveillé de son néant que par les piqûres de ces insectes du cloître! de ce frere Pacôme!... Ah! quand vous voyez un vieillard impitoyable pour la jeunesse, soyez sûr qu'il a été trop indulgent pour lui-même. Peblo s'est plaint dernièrement à sa mère des duretés de son oncle : elle est venue me voir dans l'ermitage voisin, se jeter à mes pieds ; elle m'a tout avoué, en me priant d'adoucir l'oncle en faveur du pauvre enfant. Je lui parlerai, je le dois. Frère Pacôme, il y a seize ans!... Que dis-je? est-il le seul qui étouffe le cri de la nature par respect humain ? et moi, moi !... (*En se levant.*) Quel supplice que de n'avoir rien à faire! le remords a trop de prise sur vous. Heureusement voici le jour! Mes yeux s'étaient fatigués à cette pâle lueur de la lampe, et ils vont se rafraîchir en changeant de lumière. (*S'approchant de la fenêtre, après avoir éteint sa lampe.*) Tranquille vallée de Saint-Just, elle sort des vapeurs... Il me semble qu'elle a vieilli comme moi. Que je la trouvais belle, lorsque, la traversant dans toute la pompe de ma gloire, je pris la résolution d'y mourir ! Eh bien, depuis deux jours, n'y suis-je pas mort de mon vivant?... C'est une idée que je veux exécuter en grand, avant que la nature la prenne avec moi tout à fait au sérieux : mes funérailles me feront passer une journée, une de ces journées dont les douze heures si vides, si longues, si lentes, ne commencent jamais assez tôt et finissent toujours trop tard. (*Revenant sur le devant de la scène.*) Enfin la cloche sonne le premier office : je vais donc me récréer en chantant au lutrin les louanges de Dieu... Ah ! jadis! jadis! moi qui me sentais à l'étroit dans des États si vastes, que le soleil ne s'y couchait jamais, je portais le sort des empires dans mes yeux, je poussais d'un geste une moitié de l'Europe contre l'autre ; d'un mot je la remuais dans ses entrailles, et maintenant c'est un des événements de ma vie que de chanter au lutrin.

SCÈNE IV.

Frère ARSÈNE, PEBLO.

PEBLO.

Mon père, je vous avertis qu'on va venir vous chercher pour les matines.

FRÈRE ARSÈNE.

Toujours les mêmes versets, psalmodiés du même ton ! n'importe, j'ai du plaisir à m'entendre, et toi, Peblo !

PEBLO.

Si j'en ai, père Arsène ! comme tout le monde. (*A part.*) Il chante faux !...

FRÈRE ARSÈNE.

Je crois que voici les religieux qui viennent me prendre.

PEBLO.

Oh ! faites donc quelque chose pour le frère Timothée ; il prêche si bien ! les sermons qu'il débite sont les seuls que j'ai entendus d'un bout à l'autre sans...

FRÈRE ARSÈNE.

Sans dormir. (*Sévèrement.*) Vous dormez donc au sermon, Peblo ?

PEBLO.

Dame ! père Arsène, vous me réveillez la nuit, il faut bien que je me rattrape le jour ; vous-même, dimanche dernier, si je ne vous avais pas tiré par votre robe...

FRÈRE ARSÈNE.

Je ne sais pas ce que vous voulez dire.

PEBLO.

Et à trois reprises encore, au point que le morceau a failli me rester dans la main...

FRÈRE ARSÈNE.

Taisez-vous, raisonneur !

PEBLO, à part.

Raisonneur ! il commet tous les péchés qu'il me reproche.

SCÈNE V.

FRÈRE ARSÈNE, PEBLO, FRÈRE PACOME, FRÈRE TIMOTHÉE.

FRÈRE PACOME, d'un ton brusque.

Dieu vous garde, mon révérend !

FRÈRE ARSENE.

Je fais le même vœu pour vous, frère Pâcôme.

FRÈRE TIMOTHÉE, d'une voix douce.

Le ciel exauce-t-il les ferventes prières que je ne cesse de lui adresser pour la plus précieuse santé du couvent ?

FRÈRE ARSENE.

Toujours bienveillant, frère Timothée ! Hélas ! ma goutte me laisse peu de temps.

FRÈRE PACOME.

Il faut vivre avec son ennemi, comme nous le disions sur les galères du roi quand la mer était mauvaise ; mais j'ai une bonne nouvelle à vous annoncer : il nous est arrivé, vers minuit, un jeune homme qu'on a reçu dans la maison sur un ordre du roi. Vous avez exprimé au prieur le désir d'avoir un novice de plus ; si celui-là vous convient, on va le conduire chez vous.

FRÈRE ARSENE.

Bien volontiers, et le plus tôt possible.

FRÈRE PACOME.

Par Notre-Dame des Mariniers ! je m'y attendais. Vous aimez le changement, frère Arsène ; soit dit sans reproche.

FRÈRE ARSENE.

Et vous vous plaisez à me le faire remarquer, frère Pacôme ; soit dit sans aigreur. Peblo, je te dispense de l'office. Tu resteras ici pour recevoir le nouveau venu.

PEBLO.

J'obéirai. (*A part.*) Pas de matines, et une figure nouvelle ; la journée commence bien.

FRÈRE PACOME, avec dureté.

Bon précepteur qu'il aura là !

FRÈRE ARSENE.

Nous allons accomplir au chœur une œuvre importante,

mes frères : celle d'implorer Dieu pour qu'il dicte aujourd'hui notre choix. En songeant au devoir sacré qui nous appelle, j'espère que vous sentirez le besoin d'être d'accord.

FRÈRE TIMOTHÉE.

Est-ce que nous étions brouillés?

FRÈRE ARSÈNE, à Timothée.

J'aime à voir que vous lui avez pardonné sa critique un peu sévère de votre dernière homélie.

FRÈRE TIMOTHÉE, avec douceur.

La charité me l'ordonnait. (*A part.*) Mais je m'en souviendrai.

FRÈRE ARSÈNE, à Pacôme.

Et vous, sa repartie un peu vive contre ses anciens.

FRÈRE PACOME, brusquement.

Je n'ai pas de rancune. (*A part.*) Mais si j'en perds la mémoire!...

FRÈRE ARSENE.

Maintenant que tout est oublié, nous voici justement dans les pieuses dispositions où nous devions être, pour faire descendre les grâces du ciel sur l'élection.

PEBLO, à part.

Ils sont rapatriés pour matines ; notre saint patron y mettra du sien, si cela dure jusqu'à vêpres.

FRÈRE ARSENE, à Pacôme.

Ayez quelque pitié d'un malade, mon très-cher gardien, et abrégez-moi la route, en me faisant passer par la porte du petit escalier.

FRÈRE PACOME.

Ce serait de grand cœur ; mais, de par tous les saints! je ne sais pas ce qu'est devenu mon passe-partout.

PEBLO, à part.

Je le sais bien, moi.

FRÈRE ARSENE.

Il ne me reste donc qu'à me résigner. (*Prenant le bras de Timothée.*) Mon bon Timothée, votre appui!

FRÈRE TIMOTHÉE, bas.

Oserai-je vous dire : A charge de revanche!

FRÈRE PACOME, en tâtant ses poches.

Il faudra bien pourtant que je le retrouve.

(Frère Arsène sort appuyé sur le bras de Timothée; frère Pacôme les suit.)

SCÈNE VI.

PEBLO.

Cherche! cherche!... le jour où tu m'en as donné un si bon coup sur les doigts, après avoir prêché contre la colère, il a passé de ta poche dans la mienne; et le voilà, et il ouvre toutes les portes, et celle du jardin aussi. Bonne petite clef que j'aime, que je baise, si tu protéges ma fuite, sais-tu ce que je ferai de toi? J'irai te suspendre en toute dévotion au pied de la bonne Vierge de mon village. Eh! vite, rentre au bercail. Je vois mon nouveau camarade; Dieu! qu'il a l'air triste!

SCÈNE VII.

PEBLO, DON JUAN, UN MOINE, *qui dépose sur un siége une robe de novice, et sort.*

DON JUAN, sans voir Peblo.

Me désarmer! m'arracher de ses genoux, malgré ses cris, malgré ses larmes! et je ne puis tirer vengeance de cette trahison! Pour jamais séparé d'elle!

PEBLO.

Doux Sauveur! il parle d'une femme; écoutons.

DON JUAN.

Pour jamais enseveli dans cette retraite! Il me semble que l'air me manque. Ces murs m'étouffent. En voulant me convertir de force, ils me rendraient impie, et les malédictions viennent d'elles-mêmes sur mes lèvres. (*Tombant assis.*) Je suis bien malheureux!

PEBLO.

Il me fait pitié. (*A don Juan.*) Mon frère!

DON JUAN, se retournant.

Qui êtes-vous?

ACTE III, SCÈNE VII.

PEBLO.

Le petit Peblo, votre camarade.

DON JUAN.

Que me voulez-vous ?

PEBLO.

Vous rendre service.

DON JUAN.

Dites-moi donc quel est ce couvent ?

PEBLO.

Celui de Saint-Just.

DON JUAN, se levant.

De Saint-Just! où Charles-Quint s'est retiré ?

PEBLO.

Ils parlent tous de Charles-Quint.

DON JUAN.

Lui, du moins, prendra ma défense. Ne puis-je le voir ?

PEBLO.

Il y a trois jours qu'il est mort.

DON JUAN, retombant assis.

Et mon espoir avec lui !

PEBLO, mystérieusement.

Ne vous désolez pas : je vous protége.

DON JUAN.

Vous, mon enfant !

PEBLO.

Soyez bien docile aux ordres du frère Arsène, dont vous allez devenir le novice.

DON JUAN.

Moi novice ! damnation ! mort ! enfer !

PEBLO.

Comme il jure !

DON JUAN.

Jamais ! pas plus que je ne veux être moine.

PEBLO.

Parlez donc bas ! au couvent on ne dit pas tout ce qu'on pense, et on ne crie pas tout ce qu'on dit.

DON JUAN, saisissant la robe de novice.

Plutôt fouler cet habit sous mes pieds !

PEBLO, l'arrêtant.

Gardez-vous en bien ! on enrage, si l'on veut, sous sa robe ; mais on ne la déchire pas : cela se verrait. (*A part.*) C'est toute une éducation à faire.

DON JUAN.
Enfin, que voulez-vous me dire?
PEBLO.
Que j'ai le moyen de vous tirer d'ici, mais il faut vous contraindre.
DON JUAN.
Le pourrai-je?
PEBLO.
Et si cette nuit est sombre...
DON JUAN.
Eh bien?
PEBLO.
Avec cette clef...
DON JUAN.
Après?
PEBLO.
Par cette fenêtre...
DON JUAN.
On saute, et on est libre?
PEBLO.
Non; on tombe et on se casse le cou; mais...
DON JUAN.
Achevez!
PEBLO.
Silence! voici frère Arsène.
DON JUAN.
Je ne saurai rien.
PEBLO, chantant.
Comme un ange il était beau,
No, no.
Comme un ange il était beau.
Noël nouveau!

SCÈNE VIII.

DON JUAN, PEBLO, FRÈRE ARSÈNE.

FRÈRE ARSÈNE.
Allez, Peblo, chanter vos noëls chez moi.
PEBLO.
Dans votre jardin plutôt, en arrosant vos fleurs.
FRÈRE ARSÈNE.
Si vous voulez.

PEBLO, à part.

Je dirai deux mots à ses oranges. (*Haut.*) Adieu, père Arsène ! (*A don Juan, le doigt sur la bouche.*) A revoir, mon frère !

FRÈRE ARSÈNE.

Sortez.

PEBLO, à part, en sortant.

Pourvu qu'il n'aille pas laisser échapper la vérité, lui, qui n'a pas encore les habitudes de la maison.

SCÈNE IX.

FRÈRE ARSÈNE, DON JUAN.

FRÈRE ARSÈNE.

Approchez, mon jeune ami

DON JUAN, à part.

Ce moine, je le déteste d'avance.

FRÈRE ARSÈNE, à part.

Il y a je ne sais quoi en lui qui me remue le cœur.

DON JUAN.

Eh bien, mon révérend? (*A part.*) Je trouve dans ses traits une bienveillance à laquelle je ne m'attendais pas.

FRÈRE ARSÈNE.

Vous avez donc l'intention de faire vos vœux dans cette maison ?

DON JUAN.

Je ne sais pas feindre : j'y suis contre ma volonté.

FRÈRE ARSÈNE.

Comment ?

DON JUAN.

On s'est emparé de moi par la force; c'est par la force qu'on m'a conduit ici.

FRÈRE ARSÈNE.

Vous n'aviez donc pas de protecteur ?

DON JUAN.

J'en avais un; il m'a traité vingt ans comme son fils. J'ai pu commettre des fautes, je n'y cherche pas d'excuses; mais devait-il, pour m'en infliger la peine, devenir le complice de cette infamie, lui, don Quexada !

FRÈRE ARSÈNE.

Don Quexada! qu'avez-vous dit? c'est à don Quexada que vous avez été confié dès l'enfance?

DON JUAN.

Il est vrai.

FRÈRE ARSENE.

Vous vous nommez don Juan?

DON JUAN.

Sans doute.

FRÈRE ARSENE, à part.

C'est lui! mon fils!... (*Haut.*) Est-il possible? vous, don Juan, malheureux, malheureux près de moi! vous, prisonnier dans ce cloître!

DON JUAN.

Et pour la vie. Mais qu'avez-vous?

FRÈRE ARSENE.

Rien, non, rien. L'intérêt... la pitié... (*A part.*) Ah! restons maître de l'émotion qui m'agite.

DON JUAN.

Vous saviez mon nom!

FRÈRE ARSENE.

Ne vient-on pas de me l'apprendre? (*A part.*) Qu'il est bien! que j'en suis fier! est-ce que je n'oserai pas l'embrasser?

DON JUAN.

Vous connaissez don Quexada?

FRÈRE ARSENE.

Je l'ai vu autrefois. Il commandait ceux qui vous ont amené?

DON JUAN.

Lorsqu'ils ont porté la main sur moi, il était là, ce protecteur de ma jeunesse! Il s'est fait le geôlier de son élève. Vous comprenez que je ne voulais plus le regarder ni lui parler. Quand nous sommes arrivés à la première grille, il m'a dit tout bas : « Remerciez-moi de vous avoir conduit « dans ce couvent, car j'avais l'ordre de vous enfermer dans « un autre. » Vous conviendrez que je dois lui savoir gré de sa protection!

FRÈRE ARSENE, à part.

Je reconnais là mon vieux conseiller. (*A don Juan.*) Mais

pourquoi vous priver de votre liberté ? de quel droit ? qui l'a commandé ?

DON JUAN.

Le roi.

FRÈRE ARSENE, à part.

Son frère ! ce serait horrible. (*Haut.*) Le roi, dites-vous ?

DON JUAN.

Cet ordre lui a été surpris par un lâche, qui a mieux aimé se déshonorer en m'emprisonnant, que s'exposer à me voir face à face, l'épée à la main.

FRÈRE ARSENE.

Mais votre père ?...

DON JUAN.

C'est avec son nom qu'on me persécute ; c'est sous sa volonté qu'on m'écrase ; enfin c'est lui, dit-on, lui qui m'a condamné à vivre, ou plutôt à mourir dans cette prison.

FRÈRE ARSENE, vivement.

Cela n'est pas !... je veux dire que cela ne peut être. Qu'il eût désiré, par des raisons dont il était le seul juge, vous voir embrasser une profession paisible et sacrée, je le comprends ; mais qu'il ait voulu qu'on en vînt contre vous à cette tyrannie, à cette violence ! un père !... ah ! je le répète, c'est impossible.

DON JUAN.

A-t-il jamais été un père pour moi !

FRÈRE ARSENE.

Êtes-vous sûr qu'il lui fût permis de l'être ?

DON JUAN.

Mon malheur m'a fait réfléchir ; j'ai ouvert les yeux : on affirme qu'il n'est plus ; mais peut-être vit-il encore ? peut-être c'est un grand seigneur de cette cour si pieuse, où, pour avoir failli dans sa jeunesse, on devient dénaturé sur ses vieux jours. Qui sait s'il ne poursuit pas en moi un souvenir qui le gêne, un témoin qui l'accuse, et si je ne suis pas le fruit de quelque faiblesse humaine, dont il a plus de honte que de remords ?

FRÈRE ARSENE, à part.

Ah ! Dieu m'en punit cruellement.

DON JUAN.

Les voilà, ces grands de la terre ! Pour effacer jusqu'à la trace d'une erreur, ils livrent leur sang, oui, leur propre sang, ils l'abandonnent à des mains étrangères ; ils jettent un malheureux à la merci du hasard. Veille sur lui qui voudra !... Au besoin ils l'enferment vivant dans un tombeau, afin qu'il expie par ses austérités une naissance dont ils sont coupables ; et, se reposant de leur salut sur la pénitence d'autrui, ils vivent en paix avec eux-mêmes, ils jouissent d'une réputation sans tache. Ainsi va le monde : ils ont commis un crime pour cacher une faute, et on les honore !

FRÈRE ARSÈNE.

Ah ! c'est trop ! jeune homme, craignez d'être injuste.

DON JUAN.

Je le suis, vous avez raison. La douleur m'égare et me rend injuste envers mon père ; mais croyez que j'exposerais cent fois ce que je tiens de lui pour venger son honneur mis en doute, ou sa mémoire outragée. Ah ! s'il a cessé de vivre, je le pleure, et s'il existe, je lui pardonne.

FRÈRE ARSÈNE.

Bien !... bien !... voilà un mot de l'âme qui me prouve que vous êtes digne d'un meilleur sort.

DON JUAN.

J'ai donc trouvé un ami où je ne croyais rencontrer que des persécuteurs. Ah ! pourquoi Charles-Quint a-t-il expiré trop tôt ? Grâce à vous, je lui aurais parlé, peut-être.

FRÈRE ARSÈNE.

Que vouliez-vous lui dire ?

DON JUAN.

Vous le demandez ! J'aurais embrassé ses genoux ; je lui aurais dit : J'ai du cœur, j'aime la gloire, et on veut étouffer mon avenir dans un cloître. Je n'ai que vingt ans, et on viole toutes les lois divines pour m'imposer une captivité sans fin ; je suis votre sujet, et on m'opprime, au mépris de toutes les lois humaines. Vous avez été trop grand pour ne pas être bon et juste, et vous devez vous jeter entre l'oppresseur et moi... Est-ce que je ne l'aurais pas attendri ?

FRÈRE ARSÈNE, avec effusion.

Jusqu'aux larmes, dón Juan, jusqu'aux larmes !

DON JUAN.

Et il m'aurait rendu au monde, n'est-ce pas ? à tout ce

qu'on m'a ravi, à ce bonheur dont le souvenir me dévore loin d'elle ?

FRÈRE ARSÈNE.

Loin d'elle !... que dites-vous ?

DON JUAN.

J'ai une amie... pardonnez-moi de vous ouvrir mon cœur, une bien noble amie, que j'adore...

FRÈRE ARSÈNE, à part.

Puis-je lui en faire un crime ?

DON JUAN.

Et c'est au moment où nous allions nous unir, qu'on nous a séparés pour toujours.

FRÈRE ARSÈNE.

Ne me soupçonnez pas d'une indiscrète curiosité ; mais vous m'intéressez vivement : je veux vous être utile, et, pour vous servir, j'ai besoin de tout savoir. Quelle est-elle, cette personne que vous aimez ? quel est son nom ?

DON JUAN.

Florinde de Sandoval.

FRÈRE ARSÈNE.

Sandoval ? ce n'est pas une famille d'anciens chrétiens.

DON JUAN.

Qu'importe ?

FRÈRE ARSÈNE.

Beaucoup aux yeux du monde ; mais, comme vous le dites, aux yeux de Dieu, que la foi soit ancienne ou récente, qu'importe, pourvu qu'elle soit pure ?

DON JUAN.

Quoi ! vous êtes moine et vous parlez ainsi !

FRÈRE ARSÈNE.

Vous êtes jeune, et vous croyez déjà qu'il n'y a ni indulgence, ni raison sous l'habit que je porte.

DON JUAN.

Ah ! loin de moi cette idée !

FRÈRE ARSÈNE.

Ce Sandoval, il m'a rendu un service qu'il ne m'était pas permis d'oublier ; et sa fille, je me souviens que je l'ai vue enfant.

DON JUAN.

Elle devait être bien jolie?

FRÈRE ARSENE.

Oui, charmante! charmante! (*S'éloignant de don Juan pour cacher son émotion.*) Que de tendresse dans son regard! c'était celui de sa mère... O mes beaux jours! où êtes-vous?

DON JUAN, revenant vers lui.

Vous parlez de ma mère! l'auriez-vous connue?

FRÈRE ARSENE.

Moi!

DON JUAN.

Vous l'avez connue, ah! nommez-la; faites que je la voie!

FRÈRE ARSENE

Pourquoi supposez-vous que j'aie pu la connaître?

DON JUAN.

Décidément je n'aurai jamais de réponse à cette question-là.

FRÈRE ARSENE.

Cependant votre malheur me touche plus que je ne puis le dire, et c'est un devoir pour moi... un devoir religieux de m'opposer à une violence que Dieu condamne. Vous sortirez d'ici.

DON JUAN.

Est-il possible? de grâce, aujourd'hui même!

FRÈRE ARSENE.

Je l'espère; mais cette alliance que vous projetez, je ne puis pas vous répondre qu'elle s'accomplisse jamais.

DON JUAN.

Que je sois libre seulement, que je sois libre!

FRÈRE ARSENE.

Vous le serez. J'ai quelque crédit dans le monastère; je veux l'employer pour vous en ouvrir les portes.

DON JUAN, lui baisant les mains avec transport.

Mon père!

FRÈRE ARSENE, à part avec attendrissement.

Son père!... (*Penché sur don Juan qui est à ses genoux et qu'il tient embrassé.*) Jeune homme, je me sentais attiré vers vous: c'eût été le charme de ma solitude que de vous y voir sans cesse, le soulagement de mes maux que de m'en plaindre à vous. O mon fils! mon fils! qu'il m'eût été doux

de vieillir entre vos bras, et de rendre ma vie à Dieu sur ce cœur qui m'aurait aimé!
DON JUAN.
Ah! je vous en supplie, pas d'arrière-pensée!
FRÈRE ARSENE.
Ne craignez rien : je saurai sacrifier mon bonheur au vôtre.
DON JUAN.
Et toute une vie de reconnaissance et de respect ne suffira pas pour payer ce service. Je reviendrai vous voir, je reviendrai avec elle...
FRÈRE ARSENE, en souriant.
Vous oubliez, don Juan, que les femmes ne pénètrent pas dans cette maison.
DON JUAN.
Pardon! (*A part.*) Et une juive! j'avais là une belle idée.
FRÈRE ARSENE, à part.
Il n'est pas le fils d'une reine, mais je l'aime mieux que son frère.

SCÈNE X.
FRÈRE ARSÈNE, DON JUAN, LE PRIEUR, PEBLO.
LE PRIEUR, tenant Peblo par l'oreille.
Mon révérend, je viens vous dénoncer un coupable que son oncle a surpris grimpant sur l'oranger de votre parterre, et pillant vos plus beaux fruits.
FRÈRE ARSENE.
Comment! Peblo!...
PEBLO.
Pardon, frère Arsène!
LE PRIEUR.
Point de pardon : ce n'est pas là une petite faute, c'est un crime prémédité, consommé, dont on a saisi les preuves sur lui.
FRÈRE ARSENE, à Peblo.
Quoi! ces fruits que je m'étais réservés!
PEBLO.
Je ne suis pas le premier, mon père, qui se soit laissé tenter par le fruit défendu.
LE PRIEUR.
Vous ne serez pas non plus le premier qu'on ait sévèrement puni d'avoir cédé à la tentation.

PEBLO, à part.

S'il pouvait aussi me chasser du paradis !

FRÈRE ARSÈNE.

Peblo, je penserai à vous plus tard. Vous, don Juan, conduisez cet enfant dans ma cellule, et faites-lui sentir tout ce que sa conduite a de répréhensible.

DON JUAN.

Vous pouvez y compter, mon père.

LE PRIEUR, à don Juan.

Et pensez à mettre votre robe de novice; c'est la règle.

DON JUAN.

Qui ? moi !...

FRÈRE ARSÈNE.

C'est la règle.

(Don Juan, qui emporte avec humeur la robe de novice, emmène Peblo et sort).

SCÈNE XI.

FRÈRE ARSÈNE, LE PRIEUR, *puis* DON QUEXADA.

LE PRIEUR.

Don Quexada vient de se présenter pour faire ses adieux à ce jeune don Juan. La nouvelle de votre mort l'a frappé d'une douleur si vive, que j'en ai eu pitié. Je lui ai dit, sans toutefois le tirer d'erreur, qu'il trouverait son élève dans cet appartement; mais, pour peu qu'il vous répugne de l'admettre en votre présence, l'entrevue aura lieu au grand parloir.

FRÈRE ARSÈNE.

Non pas, vraiment. Je le reverrai avec joie; mais, mon père, j'ai une grâce à vous demander.

LE PRIEUR.

Vous me rendez confus; Votre Révérence ne sait-elle pas que je lui suis dévoué? Qu'attendez-vous de moi?

FRÈRE ARSÈNE.

Bien peu de chose; et je suis sûr qu'au moment où vous allez obtenir au chapitre un triomphe auquel je me fais une joie de concourir, vous serez plus disposé encore à m'être agréable. Ce jeune homme qu'on vient d'amener ici n'a point de vocation pour la vie religieuse; ordonnez que les

ACTE III, SCÈNE XI.

portes lui soient ouvertes. Vous voyez que c'est peu de chose.

LE PRIEUR.

Comment! peu de chose! mais l'ordre de Sa Majesté s'y oppose formellement.

FRÈRE ARSÈNE.

Elle est dans l'erreur.

LE PRIEUR.

Dans l'erreur!... Sa Majesté? Croyez-vous que cela soit possible?

FRÈRE ARSÈNE.

Eh! mon père, qui sait mieux que moi qu'un roi peut faillir?

LE PRIEUR.

Voilà une humilité que j'admire; cependant je me rends coupable envers le roi si je désobéis.

FRÈRE ARSÈNE.

Mais vous l'êtes devant Dieu en obéissant.

LE PRIEUR.

Devant Dieu, c'est une question, mon frère; et envers le roi, c'est certain.

FRÈRE ARSÈNE.

Ainsi, ma prière n'est pas accueillie?... Eh bien, ce que je demandais, je l'exige.

LE PRIEUR.

J'aurai donc le regret bien amer de vous refuser.

FRÈRE ARSÈNE.

Mais...

LE PRIEUR.

Mais... je suis le maître.

FRÈRE ARSÈNE, avec fierté.

Le maître! le maître!... (*Avec résignation*). Il est vrai, vous êtes le maître, j'ai fait serment d'obéissance, et jamais je ne donnerai ici l'exemple de la révolte.

DON QUEXADA, qui entre et reconnaît frère Arsène.

Grand Dieu! que vois-je?

LE PRIEUR.

Votre Révérence me permet de me retirer?

FRÈRE ARSÈNE.

Vous êtes le maître.

SCÈNE XII.

frère ARSÈNE, don QUEXADA.

DON QUEXADA.

C'est bien vous, sire! mes yeux ne me trompent pas; vous vivez! (*Voulant se jeter aux genoux de frère Arsène qui l'en empêche*). Pardonnez à l'émotion dont j'ai le cœur bouleversé en baisant une fois encore la main de mon royal maître. J'ai cru voir son fantôme sortir du tombeau.

FRÈRE ARSENE.

Et ce n'est que trop vrai, je ne suis plus qu'un fantôme de majesté. N'avez-vous pas entendu ce prieur qui sort d'ici? ne m'a-t-il pas dit : Je suis le maître! Il refuse de délivrer mon fils, mon fils, qui, sans me connaître, me chérit déjà! Le beau jeune prince, don Quexada! que de fierté! quel feu dans ses yeux! des passions impétueuses, n'est-ce pas? et une tête!... une tête plus vive que la mienne!

DON QUEXADA.

A qui le dites-vous, sire? il m'a précipité dans des embarras qui m'ont rendu malheureux...

FRÈRE ARSENE.

Comme une poule d'Espagne qui aurait couvé l'œuf d'un aigle.

DON QUEXADA.

Tant que l'aiglon s'est tenu dans sa coquille, rien de mieux ; mais du moment qu'il l'a brisée...

FRÈRE ARSENE.

Il s'est senti de son origine : il a voulu de l'air et du soleil. Par le Dieu vivant! il en aura en dépit, de tous les obstacles ; oui, la lumière pour ses yeux, et pour ses ailes la liberté! (*Allant ouvrir la porte de sa cellule.*) Venez, venez, mon jeune ami !

SCÈNE XIII.

frère ARSÈNE, don QUEXADA, don JUAN, PEBLO.

DON JUAN, qui porte une robe ouverte sur ses habits.

Eh bien, mon père, vos instances?...

FRÈRE ARSENE.

Ont échoué, don Juan, complétement échoué.

DON JUAN.
J'étais sûr que cette robe me porterait malheur.
FRÈRE ARSENE.
Point de découragement! Don Quexada, que vous devez remercier de vous avoir conduit ici, quoi que vous en puissiez dire, m'aidera par ses avis à vous tirer d'embarras.
DON JUAN
Qu'il m'en tire, et j'oublie tout.
FRÈRE ARSENE.
Va t'assurer, Peblo, que personne ne nous écoute.
PEBLO.
J'y cours, et je reviens... (*à part*) pour entendre.

SCÈNE XIV.
FRÈRE ARSÈNE, DON QUEXADA, DON JUAN.
FRÈRE ARSENE.
Nous, tenons conseil.
DON JUAN.
Je vous dirai en confidence, frère Arsène, que votre petit novice pourra nous être utile.
FRÈRE ARSENE.
Il aura voix délibérative. Prenez un siège et mettez-vous là, don Juan; à ma gauche, seigneur Quexada : la séance est ouverte. (*A Quexada.*) Ne sentez vous pas un peu de honte à vous voir présidé par un moine, vous, qui avez eu pour président...
DON QUEXADA.
Le plus grand homme de son siècle.
DON JUAN.
Après François Ier.
FRÈRE ARSENE, à Quexada.
Que dit-il donc? il me paraît que vous lui avez donné des idées justes.
DON QUEXADA, embarrassé
N'y prenez pas garde ! (*A part.*) Cette éducation-là me compromettra partout.
FRÈRE ARSENE.
Allons, jeune homme, Charles-Quint était un autre politique que le roi dont vous parlez.

DON JUAN.

J'aime mieux le grand guerrier que le grand politique.

FRÈRE ARSÈNE, s'animant par degrés.

Un fou couronné !

DON JUAN.

Un chevalier sur le trône !

DON QUEXADA.

Don Juan !... (*A part.*) Il est endiablé de son François Ier.

FRÈRE ARSÈNE.

Vous devez me céder là-dessus, en bonne conscience.

DON JUAN.

En bonne conscience, non, mon révérend.

FRÈRE ARSÈNE, se levant.

Je le veux.

DON QUEXADA, se levant aussi.

Frère Arsène vous dit qu'il le veut; qu'avez-vous à répondre ?

DON JUAN, qui se lève à son tour.

Un mot fort simple : je ne le veux pas.

DON QUEXADA.

C'est comme un fait exprès; adieu la délibération !

FRÈRE ARSÈNE, à part.

Il a du sang d'empereur dans les veines.

DON QUEXADA.

Si jamais il abandonne une idée !...

DON JUAN.

Et pourquoi l'abandonnerais-je, à moins qu'il ne me soit prouvé que j'ai tort : persuadez, ne commandez pas ; mais entre gens qui discutent, quand *je veux* est un argument, *je ne veux pas* devient une raison.

FRÈRE ARSÈNE, bas à Quexada.

Je n'ai que ce que je mérite, avec mon argument royal. (*Haut.*) Reprenons nos places. (*A don Juan.*) N'en parlons plus, jeune homme : je comprends qu'à vingt ans on préfère François Ier, et qu'on aime mieux Charles-Quint à quarante.

SCÈNE XV.

FRÈRE ARSÈNE, DON QUEXADA, DON JUAN, PEBLO.

PEBLO.

Personne, mon révérend, personne !

DON JUAN.

Assieds-toi dans ce grand fauteuil ; tu es du conseil.

PEBLO.

Moi ? quel honneur !

FRÈRE ARSÈNE.

Pense à t'en rendre digne par ta discrétion.

PEBLO.

Je ne dis jamais que ce qu'on ne me dit pas. (*A part.*) Dieu ! se tient-il droit, frère Arsène ! a-t-il l'œil vif ! c'est à ne pas le reconnaître.

FRÈRE ARSÈNE.

Comme doyen du conseil, parlez, don Quexada.

DON QUEXADA.

Je le ferai en peu de mots, car le temps presse. Les gens du roi qui nous ont accompagnés jusqu'au couvent sont repartis dans la nuit pour rendre compte de leur mission : à chaque instant les ordres les plus sévères peuvent arriver de Tolède. Votre Révérence doit avoir conservé au moins un ami dans le monde ou à la cour ; qu'elle écrive en notre faveur, et de la façon la plus pressante, et à quelqu'un d'influent, et sur l'heure. Voilà mon sentiment ; j'ai dit.

FRÈRE ARSÈNE.

Moi, pauvre moine ! homme oublié !... d'ailleurs je l'avouerai, je trouve une jouissance d'orgueil à délivrer don Juan par la seule force de ma volonté, de mon intelligence ; j'y mets ma gloire : je veux me prouver que je n'ai pas vieilli.

DON QUEXADA, à part.

Toujours le même : se créant des difficultés pour avoir le plaisir de les vaincre !

FRÈRE ARSÈNE.

L'avis est rejeté, n'est-ce pas, don Juan ?

DON JUAN.

Rejeté; pourvu que je sorte d'ici, peu m'importe comment.

PEBLO, avec importance.

Rejeté, rejeté ! (*A part*.) Il n'était pas heureux, l'avis du doyen.

DON JUAN.

Quant à moi, je prends conseil de cette épée, que je vois suspendue à la muraille, et qui me prouve que vous avez été soldat.

FRÈRE ARSÈNE.

J'ai fait un peu de tout; mais cette épée est celle d'un autre, qui fut captif comme vous.

DON JUAN.

Et qu'on a voulu faire moine? Donnez-la-moi, et tenez pour certain que je serai libre avant une heure, quand je devrais livrer bataille à tous les frères de toutes les congrégations d'Espagne.

PEBLO, se levant précipitamment.

Dieu ! quel carnage de capuchons !

FRÈRE ARSÈNE.

Voilà justement un moyen à la François 1er.

DON JUAN.

Ah! mon révérend, vous voulez recommencer la querelle.

FRÈRE ARSÈNE.

Non pas ; mais, tout chevaleresque qu'il est, votre expédient, qui serait de mise dans une citadelle, ne convient pas dans un monastère; cependant, que faire ? je ne trouve rien... Allons donc ! seigneur Quexada, vous qui avez été le conseiller d'un empereur, vous devez avoir des idées.

DON QUEXADA.

Des idées, des idées, frère Arsène !... il ne m'en vient jamais que quand je n'en cherche pas, et dans ce moment-ci j'en cherche.

DON JUAN.

Eh bien, j'en ai une, c'est que Peblo peut nous tirer d'affaire.

FRÈRE ARSÈNE, à don Juan.

Comment ?

DON JUAN.

Je lui ai promis le secret.

PEBLO.

Ah! mon frère, c'est mal.

FRÈRE ARSENE.

Parlez, Peblo, je vous l'ordonne.

PEBLO.

Vous me gronderez.

FRÈRE ARSENE.

Eh non!

PEBLO.

Me le jurez-vous?

FRÈRE ARSENE.

Je ne te le jure pas, mais je te le promets.

PEBLO.

Et mon expédient une fois connu, j'en pourrai profiter pour mon compte?

FRÈRE ARSENE.

Tu veux me quitter?

PEBLO.

Non pas vous, frère Arsène, mais la maison : on respire ici un air renfermé qui ne me convient pas.

FRÈRE ARSENE.

Voyez-vous, le fripon d'enfant! il sait qu'on a besoin de lui.

DON QUEXADA, bas au frère Arsène.

Traitez toujours, sauf à ratifier si bon vous semble.

FRÈRE ARSENE, de même à Quexada.

Comme dans notre bon temps. (*A Peblo.*) Voyons, parle.

PEBLO.

J'ai deux moyens : (*montrant la clef*) en voici un.

FRÈRE ARSENE.

Dieu me pardonne! c'est le passe-partout du frère gardien; est-il bien possible?...

PEBLO.

Souvenez-vous de votre promesse.

DON JUAN.

De grâce, mon père!...

PEBLO, courant à la natte qu'il soulève.

Et voici le second.

FRÈRE ARSENE.

Une échelle de cordes!

PEBLO.

Avec celui-ci on descend par cette fenêtre; avec l'autre

on sort par la petite porte qui donne sur la campagne ; avec tous deux on est libre.

FRÈRE ARSÈNE.

Mais, pour avoir eu cette idée-là, il mériterait de passer quinze jours au pain et à l'eau.

DON QUEXADA.

Si nous ne profitons pas de l'idée !

FRÈRE ARSÈNE.

Au fait, je ne vois rien de mieux. Ce ne sera pas la première fois qu'un novice aura eu plus d'esprit à lui seul que toutes les vieilles têtes d'un chapitre.

PEBLO.

Les moines sont au réfectoire, dont les fenêtres ne donnent pas sur ce jardin ; quand ils dînent, ils ne s'occupent pas d'autre chose : profitons du moment.

FRÈRE ARSÈNE.

Va pour le moyen de Peblo !

DON JUAN, qui soulève Peblo en l'embrassant.

Gloire à toi ! tu es un petit démon adorable.

FRÈRE ARSÈNE, à Quexada.

Dès que vous serez hors d'ici, conduisez don Juan chez le vieux duc de Médina ; parlez-lui de moi : il se souviendra de son ancien ami, et, renfermés dans son palais, attendez que je vous écrive. A l'œuvre ! don Juan, à l'œuvre !

DON JUAN, courant suspendre l'échelle au balcon.

Je ne me ferai pas prier.

DON QUEXADA, au frère Arsène.

Vous voulez donc qu'à mon âge je descende par cette fenêtre ?

FRÈRE ARSÈNE.

Je tiendrai l'échelle.

DON QUEXADA.

Votre Révérence daignerait...

FRÈRE ARSÈNE.

J'en ai fait descendre bien d'autres, et de plus haut.

PEBLO.

Si je m'étais douté qu'il eût cette habitude-là !...

FRÈRE ARSÈNE, à Peblo.

Cours entr'ouvrir la porte, et veille au dehors.

DON JUAN, du balcon.

Tout est prêt ; allons ! don Quexada, hâtons-nous.

DON QUEXADA, baisant la main du frère Arsène.

Adieu, mon révérend !

DON JUAN.

A revoir, frère Arsène !

FRÈRE ARSÈNE.

Vous partez sans m'embrasser ?

DON JUAN.

Je serais bien ingrat.

FRÈRE ARSÈNE, avec émotion.

Le reverrai-je ?

DON JUAN.

Et ma robe dont j'oubliais de me débarrasser.

PEBLO, accourant.

Alerte ! alerte ! voici le prieur.

DON QUEXADA.

Tout est perdu.

FRÈRE ARSÈNE.

Mais cette échelle, qui reste suspendue à la fenêtre, il va la voir.

PEBLO, à Quexada.

Fermez un des deux battants.

DON QUEXADA.

C'est une idée toute simple, je ne l'aurais pas eue. J'ai l'esprit frappé.

SCÈNE XVI.

FRÈRE ARSÈNE, DON QUEXADA, DON JUAN, PEBLO, LE PRIEUR.

LE PRIEUR, à don Juan.

Novice, suivez-moi.

FRÈRE ARSÈNE.

Où donc, mon père ?

LE PRIEUR.

En lieu de sûreté, et au secret : tel est l'ordre que je reçois de la cour. L'alguazil mayor, qui vient de me l'apporter à toute bride, laisse reposer les chevaux de son escorte pendant deux heures, et repart, avec don Juan, pour le couvent des frères de la Passion.

DON JUAN.

Avec moi?

FRÈRE ARSENE, le calmant.

Patience! patience!

LE PRIEUR.

Quant à vous, don Quexada, une troupe de cavaliers, qui n'oserait pénétrer dans cette sainte maison, vous attend à la grande porte. Ils ont laissé échapper quelques mots sur la tour de Ségovie.

DON QUEXADA.

Sur la tour?...

FRÈRE ARSENE.

De Ségovie.

DON QUEXADA.

J'avais entendu.

FRÈRE ARSENE.

Eh bien, seigneur Quexada, la journée sera bonne.

DON QUEXADA.

Elle l'est déjà. (*A part.*) Hier, entre deux frères; aujourd'hui, entre un père et son fils; ah! maudit secret!

FRÈRE ARSENE.

Mais vous restez ici.

DON QUEXADA.

Je n'ai plus la moindre envie de sortir.

LE PRIEUR, à don Juan.

Jeune homme, obéissez.

DON JUAN.

Quoi! mon révérend, vous souffririez...

FRÈRE ARSENE.

Il faut souffrir ce qu'on ne peut empêcher. Obéissez, don Juan. (*Bas, en lui serrant la main.*) Mais ne désespérez de rien.

DON JUAN, de même au frère Arsène.

Je n'ai plus d'espoir qu'en vous.

PEBLO, tandis que don Juan sort.

Il n'est jamais le bienvenu, ce prieur; mais il ne pouvait pas plus mal arriver.

SCÈNE XVII.

frère ARSÈNE, don QUEXADA, PEBLO.

FRÈRE ARSENE, à Quexada.
Qu'avez-vous, mon vieil ami ? vous avez l'air découragé.
DON QUEXADA.
On le serait à moins.
FRÈRE ARSÈNE.
Un obstacle vous abat; moi, il m'excite, il me réveille, il met en jeu tous les ressorts de mon intelligence.
PEBLO, à part.
Comme il s'agite ! comme il marche ! Ce matin il se traînait à peine; maintenant il sauterait presque.
FRÈRE ARSENE.
Je lutterai, je l'emporterai... (*A Quexada.*) Ranimez-vous donc; vous n'êtes plus l'homme d'autrefois.
DON QUEXADA.
Si fait ! frère Arsène, si fait ! mais j'ai là devant moi cette tour de Ségovie qui m'apparaît comme un spectre : elle paralyse mes facultés.
FRÈRE ARSENE.
De la peur ! eh ! qui rêve sa défaite est vaincu d'avance. (*Bas.*) N'avons-nous pas perdu la bataille de Pavie pendant trois heures? et pourtant... (*Haut avec impatience.*) Mais je n'ai que deux heures à moi.
PEBLO.
Il ne pense pas plus à sa goutte !...
FRÈRE ARSENE.
Quoi ! cette tête jadis si féconde en expédients .. (*il s'assied*) cette tête vieillie ne peut donc plus rien enfanter ?
PEBLO, occupé à retirer l'échelle de la fenêtre.
Les moines descendent au jardin pour se rendre à l'élection dans la grande salle du chapitre. Vous n'y allez pas, frère Arsène?
FRÈRE ARSENE.
Laisse-moi en repos avec ton élection !... (*A part, en se levant.*) J'y pense, ce prieur, il est le maître : mais si je le devenais à mon tour !... (*Haut.*) Don Quexada, vous rap-

pelez-vous une élection qui a fait bien du bruit dans le monde ?

DON QUEXADA.

Je ne l'oublierai de ma vie. Dieu! que j'ai écrit de lettres dans ce temps-là, sans compter les post-scriptum !

FRÈRE ARSÈNE.

C'est justement ce que vous allez faire encore. A cette table ! à cette table !

PEBLO, *regardant toujours*.

Ils se forment en groupes; ils en ont au moins pour un quart d'heure à intriguer sur le seuil de la porte avant d'entrer.

FRERE ARSENE, *prenant sur la table des plumes et du papier*
Tu crois ?

PEBLO.

Mon oncle crie, frère Timothée prêche, et le prieur, radieux comme un soleil, donne sa bénédiction à tout le monde.

FRÈRE ARSÈNE.

Vite ! ici, mon enfant, et de ta plus belle écriture.

PEBLO, *un genou en terre, prêt à écrire sur un missel*.

Je vais m'appliquer.

FRÈRE ARSÈNE.

Et moi... (*cherchant une place, et se mettant sur son prie-Dieu*) moi, là ; attention ! je dicte : à toi, Peblo, pour le père Timothée : « Mon éloquent ami ; » à vous, Quexada, pour le père procureur : « Mon révérend frère. » (*Écrivant à son tour.*) « Mon très-cher gardien... »

PEBLO.

C'est écrit. (*A part.*) Si je sais où il veut en venir !...

FRÈRE ARSÈNE, à Peblo.

« J'approuve la sainte ambition que vous avez de prêcher
« devant la cour ; mais comment me résigner volontairement
« à perdre le fruit de vos homélies édifiantes ? » (*A don Quexada.*) « Vous m'avez souvent offert votre voix et celle
« de vos amis ; si je croyais faire tort à notre bon prieur en
« les acceptant, je les refuserais encore ; mais...»

DON QUEXADA.

Un peu trop vite ! frère Arsène, un peu trop vite !

ACTE III, SCÈNE XVII.

FRÈRE ARSENE, à part.

Pauvre homme ! il est usé.

PEBLO.

« Homélies édifiantes. »

FRÈRE ARSÈNE, à Peblo, en continuant lui-même sa lettre commencée.

« Si le chapitre me confère aujourd'hui, grâce à vous et
« aux vôtres, un titre qui me permette de faire avec quel-
« que dignité une excursion à la cour, heureux de vous y
« suivre, je vous y promets mon appui. »

PEBLO, en écrivant.

Est-ce qu'il voudrait devenir abbé, par hasard?

DON QUEXADA.

« Je refuserais encore ; mais,.. »

FRÈRE ARSENE.

« Mais quelques suffrages au premier tour de scrutin me
« causeraient une bien sensible joie, sans nuire à la nomi-
« nation du plus digne. Votre frère et ami. » Y es-tu,
Peblo ?

PEBLO.

J'attends.

DON QUEXADA.

Le voilà dans son élément : trois lettres à la fois !

FRÈRE ARSENE.

« Priver le roi, frère Timothée, d'un talent comme le
« vôtre, c'est pécher ; mais passer tout un carême sans vous
« entendre, ce serait faire doublement pénitence. »

PEBLO.

Cette phrase-là doit lui aller au cœur.

FRÈRE ARSENE.

Écris, écris. (*Lisant sur le devant de la scène la lettre qu'il vient d'achever.*)

« Mon très-cher gardien, franchise entière avec vous, qui
« êtes la franchise même ! je veux être abbé. Votre voix et
« toutes celles que vous avez enrôlées sous vos ordres, je
« vous les demande au nom du bel enfant qui vous remettra
« ce billet. Vous connaissez son père et je le connais aussi :
« conduisez donc ma galère à bon port, ou, de par Dieu !
« je coule la vôtre. Simple moine, je parlerai ; abbé, je jure
« de me taire. Sur ce, mon très-cher gardien, vogue ma ga-

« lère, et Dieu sauve l'honneur de votre pavillon ! » (*Courant à Peblo.*) Donne, que je signe, et plie la lettre.

PEBLO.

Oh! vous aurez toutes ces voix-là ; mais, si vous faites passer à votre bord mon oncle et son équipage, ce sera un vrai triomphe.

FRÈRE ARSENE, gaiement.

Auquel tu auras plus de part que tu ne penses, mon gentil Peblo.

PEBLO.

Ah! par exemple!...

FRÈRE ARSENE.

Car tu dois être mon messager auprès de lui.

PEBLO.

Gardez-vous bien de me choisir, père Arsène : il ne peut pas souffrir les enfants.

FRÈRE ARSENE.

N'importe ; va lui porter cette lettre,

PEBLO.

Il l'aura.

FRÈRE ARSENE.

Glisse la tienne dans la main du frère Timothée.

PEBLO.

Je le ferai.

FRÈRE ARSENE.

Informe-toi du lieu où est enfermé don Juan.

PEBLO, montrant sa clef.

Je ferai mieux.

FRÈRE ARSENE.

Va, cours !... mais ne saute donc pas : ton rôle est grave.

PEBLO, d'un air dévot, en croisant ses bras sur sa poitrine.

L'esprit de Dieu vous éclaire, père Arsène.

FRÈRE ARSENE, à part.

J'en fais un hypocrite, sans y prendre garde ; il faudra pourtant m'accuser de tout cela.

SCÈNE XVIII.

FRÈRE ARSÈNE, DON QUEXADA.

DON QUEXADA.

Voici ma lettre. (*Après que frère Arsène l'a signée.*) Faut-il la plier?

FRÈRE ARSENE

Pas encore. Post-scriptum...

DON QUEXADA.

Ah!...

FRÈRE ARSENE.

« Le cardinal secrétaire d'État met à ma disposition la
« place vacante au sacré collége ; j'ai entendu venter le mé-
« rite et les vertus de votre parent, l'évêque de Ségorbe ;
« venez me trouver après l'élection. »

DON QUEXADA.

C'est un de vos post-scriptum d'autrefois.

FRÈRE ARSENE.

Tu me reconnais !

DON QUEXADA.

J'écris l'adresse.

FRÈRE ARSENE.

Inutile! faites-vous indiquer le frère procureur, et remet-
tez-lui votre dépêche en personne.

DON QUEXADA, avec inquiétude.

Moi, sire !

FRÈRE ARSENE.

Vous savez bien qu'il n'y a pas d'alguazils dans la maison.

DON QUEXADA.

Il est vrai que j'y pensais : vous m'avez toujours deviné ;
'obéis.

SCÈNE XIX.

FRÈRE ARSÈNE.

Courage, mon vieux conseiller! alerte, mon joli page!
voilà donc les courriers en campagne pour une crosse d'abbé,
comme jadis pour un sceptre d'empereur! Chose bizarre : le
choix de quelques moines dans le chapitre d'un petit couvent
d'Estramadure ne m'aura pas moins agité, je crois, que celui
de mes électeurs couronnés à la grande diète de Francfort ;
mais rendre la liberté à mon fils, la lui rendre par la seule
puissance de ma volonté, ce serait ma dernière et ma plus
charmante victoire. (*S'approchant de la fenêtre.*) Ce Pebio,
il arrivera trop tard... Non, je le vois ; il arrête frère Timothée par la manche. Oh! celui-ci est à moi. (*Revenant sur
le devant de la scène.*) Je n'en puis pas dire autant de notre
incorruptible procureur. Bon! y a-t-il sous un capuchon une

tête à l'épreuve d'un chapeau? Mais frère Pacôme, cet obstiné frère Pacôme cédera-t-il? eh! oui; par peur, tout vieux marin qu'il est; le ridicule est l'épouvantail des gens du monde, et le scandale celui des hommes d'église. Je doute cependant : mon cœur bat, mon sang bouillonne; je puis donc connaître encore l'espérance et la crainte : doux supplice ! il y a si longtemps que je n'ai rien désiré ! Ah ! je me sens revivre !

SCÈNE XX.

FRÈRE ARSÈNE, PEBLO, *hors d'haleine.*

FRÈRE ARSENE.
Eh bien ! tu as vu le frère Timothée?

PEBLO.
Il a lu du coin de l'œil ce que je lui ai remis de votre part; ensuite il m'a donné un léger coup de ses deux doigts sur la joue, comme cela, et il m'a dit de son ton le plus doux : « Je suis tout à lui, à lui de cœur, mon joli séraphin. »

FRÈRE ARSENE.
Et ton oncle ?

PEBLO.
Il avait à peine jeté les yeux sur votre lettre, que son visage est devenu rouge comme une fraise de Valence : il m'a regardé de travers; ce qui ne m'a pas surpris, parce qu'il ne me regarde jamais autrement; d'ailleurs je me tenais à distance, et j'étais tranquille sur le compte de son passe-partout.

FRÈRE ARSENE.
Après ?

PEBLO.
Rien à espérer de ce côté-là : il a mis la lettre en pièces, et s'est écrié de sa grosse voix : « Voilà ma réponse, petit agent de corruption. » Puis, en prononçant un affreux mot que je n'oserais pas répéter, il est parti comme un furieux pour écrire son vote.

FRÈRE ARSENE, à part.
Résistera-t-il ?... et tout le succès est là. (*A Peblo.*) Mais don Juan?

ACTE III, SCÈNE XXI.

PEBLO.

J'ai découvert sa prison au bruit qu'il faisait pour en sortir. Cric, crac! la porte s'ouvre, et nous courons tous deux; il est maintenant ici près, dans ma cellule qui donne sur le corridor; mais il n'a plus de robe; déchirée, père Arsène; en lambeaux!... que voulez-vous? il n'aime pas les robes.

FRÈRE ARSÈNE.

Eh! qu'il vienne donc ce cher prisonnier!

PEBLO, appelant au fond.

Don Juan! don Juan!

FRÈRE ARSÈNE.

J'ai pourtant mis tout en usage, menaces et promesses : c'est l'artillerie d'une journée d'élection.

SCÈNE XXI.

FRÈRE ARSÈNE, PEBLO, DON JUAN.

DON JUAN.

Quoi! mon père, est-ce que Peblo m'a dit vrai? Quand je me reposais sur vous du soin de ma délivrance, la nomination d'un abbé vous occupait?

FRÈRE ARSÈNE.

Vous m'accusez, don Juan : voilà comme on nous juge! Peblo, va me chercher cette épée.

PEBLO, qui saute sur un fauteuil pour la prendre.

Dieu! qu'elle est lourde!

DON JUAN, la tirant du fourreau.

Pour ta main, enfant, mais pour la mienne!

FRÈRE ARSÈNE.

Je pense, en effet, mon fils, que votre bras ne lui ferait pas faute dans le besoin, et qu'il ne la ramènerait pas en arrière à l'heure du danger.

DON JUAN.

Non, fussé-je seul contre mille.

FRÈRE ARSÈNE, prenant l'épée.

Cette arme est plus précieuse que vous ne pensez : elle est un don de cet empereur qui vint mourir ici sous une robe que sans doute il eût déchirée comme vous à votre âge.

DON JUAN.

De Charles-Quint! vous étiez donc son ami? il est mort entre vos bras?

FRÈRE ARSENE.

Il l'avait prise, par droit de victoire, à ce François Ier que vous aimez mieux que lui.

DON JUAN.

Et vous pourriez vous en dessaisir!...

FRÈRE ARSENE.

De quel usage est-elle pour un moine?

DON JUAN.

Et en ma faveur!

FRÈRE ARSENE.

Mais à des conditions que devant Dieu vous allez me jurer d'accomplir. (*Lui présentant l'épée nue pour recevoir son serment.*) A moins d'y être forcé par une défense légitime, vous ne vous servirez pas de cette épée pour votre propre cause : il lui faut des œuvres de grand capitaine, et non des duels de jeune homme ; elle ne sortira du fourreau que par l'ordre de votre souverain; elle tombera de vos mains à son premier signe, et elle ne sera jamais teinte que du sang des ennemis du roi et du royaume ; le jurez-vous?

DON JUAN.

Devant Dieu, sur mon honneur de gentilhomme, je le jure.

FRÈRE ARSENE.

Prenez-la donc : j'ai le pressentiment qu'elle gagnera des batailles !

DON JUAN, l'épée à la main.

Je ne ferai pas mentir votre prédiction.

SCÈNE XXII.

FRÈRE ARSÈNE, PEBLO, DON JUAN, DON QUEXADA.
puis LE PRIEUR.

DON QUEXADA.

Une majorité victorieuse ! une élection triomphale !

FRÈRE ARSENE.

Bonne nouvelle, qui ne pouvait pas m'arriver par un messager plus agréable ! (*Bas.*) Puisque j'ai pu l'emporter ici, savez-vous, don Quexada, que je réussirais peut-être dans un conclave ?

DON QUEXADA, à part.

Cette idée-là devait lui venir. (*Haut.*) Le prieur, qui me suit pour vous adresser son compliment, a une figure plus longue!... plus longue qu'elle n'était large avant le scrutin quand elle s'épanouissait d'espérance.

PEBLO.

Il m'a pris mes oranges, je lui ai volé ses voix.

FRÈRE ARSENE, à Quexada.

Retenez mes dernières instructions; veillez sur don Juan, ne le quittez point d'une minute; soyez comme une ombre attachée à ses pas ; c'est un service que je réclame de votre ancienne amitié.

DON QUEXADA.

Et vous ne pouvez douter de mon dévouement.

LE PRIEUR, qui entre

Ah ! mon révérend, que je sois le premier à vous féliciter sur votre nomination : jamais événement ne m'a pénétré d'une joie plus vive.

FRÈRE ARSENE.

Je vous rends grâce, frère prieur ; je sais combien vos félicitations sont sincères, et je veux dès à présent mettre votre zèle à l'épreuve ; conduisez le seigneur Quexada et don Juan...

LE PRIEUR, surpris.

Ce jeune homme ici !

FRÈRE ARSENE.

Conduisez-les vous-même hors des murs du couvent.

LE PRIEUR.

Moi-même ! que dites-vous là ? mais les ordres du roi...

FRÈRE ARSENE, avec sévérité.

Je suis le maître.

LE PRIEUR, s'inclinant profondément.

Vous avez raison, vous avez raison : nous devons obéissance à notre abbé. (*A part.*) Ma responsabilité est à couvert.

DON JUAN, serrant la main du frère Arsène.

J'étais bien injuste.

PEBLO.

Chacun à son tour. Dieu! est-il malin, frère Arsène!

LE PRIEUR.

Seigneur don Juan, je suis prêt à vous conduire.

DON QUEXADA, vivement.

Que ce ne soit pas par la grande porte, s'il vous plaît.

FRÈRE ARSENE.

Je comprends (*Au prieur.*) Par la porte de la chapelle. (*A Quexada.*) C'est le chemin le plus long, mais le plus sûr. (*Au prieur.*) Mettez à la disposition de ces deux gentilshommes les meilleurs chevaux de nos écuries.

PEBLO.

Le cheval du frère quêteur, c'est celui qui va le plus vite et qui porte le plus.

FRÈRE ARSENE, tendant les bras à don Juan.

Encore une fois!...

PEBLO.

Qui ne sera pas la dernière.

FRÈRE ARSENE, à don Juan.

Faites-moi de loin un signe d'adieu quand vous allez passer sous mon balcon.

DON QUEXADA.

Je vous quitte, frère Arsène; (*bas*) mais je vous ai revu dans votre gloire.

LE PRIEUR, à part.

Voici toute la communauté! Du moins ils ne jouiront pas de ma défaite. (*Haut.*) Veuillez me suivre.

(Il sort avec don Juan et don Quexada, pendant que les moines entrent par le fond.)

SCÈNE XXIII.

FRÈRE ARSÈNE, PEBLO, FRÈRE PACOME, FRÈRE TIMO-THÉE, MOINES, *qui restent au fond du théâtre et dans le corridor.*

FRÈRE PACOME.

A l'unanimité, révérendissime abbé, à l'unanimité! hors une voix pour le prieur.

PEBLO, bas à frère Arsène.

C'était peut-être la sienne.

ACTE III, SCÈNE XXIII.

FRÈRE ARSÈNE, à part.

Mais c'est un petit diable enfroqué que ce lutin d'enfant-là !

FRÈRE TIMOTHÉE.

Jamais l'esprit d'union qui nous anime ne s'est manifesté par une justice plus éclatante.

FRÈRE ARSÈNE.

Mes frères, je ne puis vous exprimer combien cette preuve de votre estime me touche profondément; il m'est si doux de me dire, en la recevant, que je n'ai point fait un pas hors de chez moi pour l'obtenir ! (*A part, les yeux tournés vers la fenêtre.*) Don Juan n'est pas libre encore.

PEBLO.

Je suis témoin que père Arsène est resté dans sa cellule ; (*à part*) mais j'ai couru pour lui !...

FRÈRE TIMOTHÉE.

C'est vraiment une élection miraculeuse.

FRÈRE PACOME.

Il ne nous reste plus qu'à descendre au chœur pour chanter le *Te Deum* en l'honneur du nouvel abbé.

FRÈRE TIMOTHÉE.

Et pour rendre grâce au ciel de nous avoir si bien inspirés.

FRÈRE ARSÈNE, regardant toujours vers la fenêtre, à part.

Ah ! le voilà. (*Haut.*) Pardon, mes frères : je suis à vous. (*S'approchant du balcon.*) Le beau cavalier !... Adieu, adieu ! il vole, il se perd dans un tourbillon de poussière. Va, bon et brave jeune homme, de loin comme de près, je veillerai sur ta fortune.

FRÈRE PACOME.

Nous vous devançons.

FRÈRE ARSÈNE.

Un moment, je vous supplie ! cet honneur inespéré que vous venez de me rendre ne sortira jamais de mon souvenir ; mais je suis revenu des gloires de la terre, je sens mon insuffisance pour des fonctions qui m'accableraient, et que je dois plus à votre bienveillante amitié qu'à mon propre mérite ; permettez-moi de les résigner dans vos mains : j'abdique.

FRÈRE PACOME, à part.

Il faut qu'il ait la rage de l'abdication !

FRÈRE ARSÈNE.

Que le chapitre rentre en séance, j'y prendrai place; et c'est après cette élection nouvelle que nous irons avec plus de justice entonner le *Te Deum* en l'honneur du plus digne. (*Bas à Timothée.*) Je vous promets de parler. (*Bas à Pacôme.*) Je vous jure de ne rien dire. (*A tous.*) Je vous rejoins, mes frères.

SCÈNE XXIV.

FRÈRE ARSÈNE, PEBLO.

FRÈRE ARSENE.

J'en suis sorti à mon honneur!

PEBLO, les mains jointes.

Frère Arsène, vous ne vous souviendrez ni de ma clef ni de mon échelle?

FRÈRE ARSENE.

Pas avant demain soir.

PEBLO, à part.

S'il me retrouve demain matin!...

FRÈRE ARSENE, tombant dans un fauteuil.

Je n'en peux plus; mais voilà le premier jour que j'aie passé ici sans regarder l'heure.

ACTE QUATRIÈME.

(Chez dona Florinde. Même salon qu'au second acte. Une table où brûlent deux bougies.)

SCÈNE I.

DONA FLORINDE, *assise et la tête appuyée sur sa main,*
DOROTHÉE, *qui la regarde en entrant.*

DOROTHÉE.

Sa vue me navre le cœur; si ces inquisiteurs étaient des hommes, ils auraient pitié d'elle; mais les démons!...

ACTE IV, SCÈNE I.

DONA FLORINDE.

Don Juan l'ignore ; c'est une douleur de moins pour lui. (*A Dorothée.*) Eh bien ! ma lettre !

DOROTHÉE.

Elle est partie par ce joyeux muletier qui rit toujours. Que la gaieté d'autrui est mal venue quand on est triste ! Il siffle, il chante et il galope en toute hâte sur la route de Saint-Just.

DONA FLORINDE.

Parviendra-t-elle ?

DOROTHÉE.

Vous en doutez ?

DONA FLORINDE.

Sais-je le nom qu'il a pris, quand il s'est retiré dans ce cloître ?

DOROTHÉE.

Mais celui qu'il a porté est sur l'adresse : qui ne connaît pas Charles-Quint ?

DONA FLORINDE.

J'ai cédé à tes instances ; tu crois que, par un reste de bienveillance pour le père, il s'intéressera au sort de la fille orpheline et menacée.

DOROTHÉE.

Pourquoi pas? il acquitte par une démarche qui ne lui coûte rien un service reçu argent comptant ; décharger sa conscience, sans rendre sa bourse plus légère, c'est une bonne œuvre à bon marché.

DONA FLORINDE.

Il entre toujours de l'argent dans tes raisons, Dorothée.

DOROTHÉE.

Je ne connais que cet argument-là qui ait le privilége de convaincre quelqu'un sans le fâcher.

DONA FLORINDE.

Je te laisse donc ton espérance.

DOROTHÉE.

Si je ne l'avais plus, quelle serait ma consolation ? comment désarmer ce tribunal terrible devant lequel vous êtes citée?

DONA FLORINDE

Calme-toi; tu sais que j'ai un protecteur, qui veut bien me conduire aux pieds de mes juges, m'encourager par ses conseils, m'assister de son crédit.

DOROTHÉE.

Ce personnage mystérieux, qui s'est présenté ici de la part du roi et du comte de Santa-Fiore, en ne se nommant qu'à vous seule ?

DONA FLORINDE.

Quand tu es descendue, il n'était pas venu encore ?

DOROTHÉE.

On doit l'introduire dès qu'il arrivera, mais je n'ai pas même entendu le bruit d'un carrosse : la rue est déserte ; une pluie d'orage commence à tomber par grosses gouttes. Se croirait-on à Tolède ? pas une guitare pour égayer cette triste nuit ! pas une haleine de vent qui la rafraîchisse.

DONA FLORINDE.

C'est vrai ; on ne respire plus : ouvre la jalousie.

DOROTHÉE.

Sur la rue ?

DONA FLORINDE.

Non, celle qui donne sur ce jardin qu'il aimait tant.

DOROTHÉE.

L'odeur des jasmins monte jusqu'ici.

DONA FLORINDE.

N'as-tu pas éprouvé quelquefois, Dorothée, combien un son vague, une bouffée d'air réveille fortement cetaines impressions de plaisir ou de peine et fait revivre un souvenir jusqu'à la réalité ?

DOROTHÉE.

Je devine à qui vous pensez.

DONA FLORINDE.

Le grand mérite ! je ne pense jamais qu'à lui. Nous nous sommes assis tant de fois parmi ces touffes de fleurs ! une pluie d'orage ne nous faisait pas peur alors ; nous ne la sentions pas. Que de longues promenades, qui nous semblaient si courtes ! Il n'y avait pour nous que belles nuits, que parfums, que bonheur ! C'étaient de douces soirées qui ne reviendront plus.

DOROTHÉE.

Pourquoi ? ce seigneur en qui vous avez confiance ne vous a-t-il pas dit que le soupçon élevé contre vous tombait de soi-même ; qu'en vous rendant à la première citation du tribunal vous disposiez vos juges en votre faveur ; enfin n'a-t-il pas promis de vous ramener dans mes bras ?

DONA FLORINDE.

Et il tiendra parole, Dorothée ; certainement il le fera... mais... il faut tout prévoir ; garde bien ce papier, ce sont mes volontés.

DOROTHÉE.

Vous voulez dire les dernières.

DONA FLORINDE.

C'est, au contraire, ce que je ne voulais pas dire de peur de t'affliger : si... je ne revenais plus...

DOROTHÉE.

Vous !

DONA FLORINDE.

Ce n'est qu'un doute ; tu trouverais là de quoi vivre, non pas heureuse, mais riche.

DOROTHÉE.

Je n'aurais plus besoin de rien.

DONA FLORINDE.

Quant à don Juan, s'il est rendu au monde, je veux être pour quelque chose dans son bonheur que je devais partager ; je veux que mes biens soient à lui pour qu'il en dispose à son gré, sans se croire engagé même de souvenir envers l'amie qu'il n'aura plus.

DOROTHÉE.

Bon et noble cœur ! vous serez heureuse : une voix secrète me dit que vous le reverrez. Le brave jeune homme, s'il doit avoir jamais une autre épouse que vous, c'est l'Église, et vous ne pourrez pas l'accuser d'infidélité ; assurément l'inclination n'y sera pour rien.

DONA FLORINDE.

Tais-toi, tais-toi : on vient ; c'est celui que j'attends ; j'aurai du courage.

DOROTHÉE.

Vos mains sont froides, pauvre chère fille ; vous tremblez.

DONA FLORINDE.

Non, non, je t'assure.

DOROTHÉE.

Ah ! toutes mes terreurs me reprennent.

SCÈNE II.

DONA FLORINDE, DOROTHÉE, DON RUY GOMÈS.

GOMÈS.

J'arrive à l'heure convenue, señora.

DONA FLORINDE.

Je la croyais passée : on est donc presque aussi impatiente quand on craint que quand on espère ?

GOMÈS.

Soyez sans crainte; le protecteur puissant que je vous ai nommé ne vous abandonnera pas.

DOROTHÉE.

Est-ce qu'il ne me sera pas permis de l'accompagner?

GOMÈS.

Vous savez que les ordres de l'inquisition sont formels.

DOROTHÉE.

Mais vous me la ramènerez, mon bon seigneur ; c'est tout ce que j'aime sur la terre : vous avez promis de me la ramener.

GOMÈS.

Je vous le promets encore, et ce sera bientôt.

DONA FLORINDE.

Dorothée, donne ma mantille et mon masque.

DOROTHÉE, *qui va les prendre sur un siége.*

Et n'avoir pas la consolation de la suivre!

GOMÈS, *à part.*

L'orgueil d'une telle conquête ne pourrait rien sur elle, mais la terreur!...

DONA FLORINDE.

Je ne te dis pas adieu, Dorothée.

DOROTHÉE.

Oh! non : c'est un mot qu'il ne faut dire qu'à ceux qu'on ne doit pas revoir : *(la reconduisant jusqu'à la porte et lui baisant les mains)* il vient malgré moi sur mes lèvres... je ne le prononcerai pas ; ma fille ! ma fille bien-aimée!...

(Gomès donne la main à Florinde; ils sortent).

SCÈNE III.

DOROTHÉE, puis DON JUAN.

DOROTHÉE.

Maintenant, je puis me désespérer tout à mon aise; je puis les maudire, eux, et leurs lois de sang, et leur tribunal de bourreaux, et lui le premier, puisqu'il ne m'entend plus; qu'avons-nous fait pour qu'on nous traite ainsi? Ah! si le pouvoir passe une fois du côté de la vraie croyance, c'est-à-dire du nôtre, nous serons humains et charitables; mais ces chrétiens qui nous oppriment, si je les tenais tous, je voudrais les anéantir d'un seul coup, les déchirer par morceaux; je voudrais les faire brûler à petit feu jusqu'au dernier...

DON JUAN, qui vient d'entrer par la fenêtre.

Un seul excepté, j'espère!

DOROTHÉE, poussant un cri.

C'est vous, seigneur don Juan; quelle peur vous m'avez faite! vous, ici!... et par quelle route encore!

DON JUAN.

La seule où j'étais sûr de ne rencontrer personne, la brèche du jardin et l'escalade.

DOROTHÉE.

Dieu tout-puissant! c'est du ciel que vous êtes tombé.

DON JUAN.

Exactement, j'en arrive; ou du moins j'y allais tout droit, mais j'ai rebroussé chemin. Partage donc mon bonheur; elle m'est rendue.

SCÈNE IV.

DOROTHÉE, DON JUAN, DON QUEXADA.

DON QUEXADA, à don Juan, de la fenêtre.

Du moins, venez à mon aide!

DON JUAN, courant à lui.

J'oubliais... Ah! pardon! l'arrière-garde est en retard.

DOROTHÉE.

Comment lui annoncer une nouvelle qui va changer sa joie en désespoir?

DON JUAN, à Quexada.

Ne craignez point : le treillage est bon.

DON QUEXADA.

Sortir, entrer par les fenêtres! on dirait que les portes ne doivent plus s'ouvrir pour nous.

DON JUAN, l'aidant à franchir le balcon.

Ce ne sont pas celles qui s'ouvrent que je crains le plus.

DON QUEXADA.

Ni moi; où sommes-nous ici?

DON JUAN, à Dorothée.

Que fait dona Florinde? elle s'est retirée dans son appartement?

DOROTHÉE, à part.

Je redoute jusqu'aux extravagances de sa douleur.

DON QUEXADA.

Nous sommes chez dona Florinde?

DON JUAN, à Dorothée.

Cours la prévenir de notre arrivée.

DOROTHÉE.

J'y vais, seigneur don Juan. (*A part*). Mon Dieu! que faire? Obéissons, ne fût-ce que pour lui laisser le temps de revenir.

SCÈNE V.

DON JUAN, DON QUEXADA.

DON JUAN.

Concevez-vous ma joie? je vais la revoir.

DON QUEXADA.

Et c'est pour m'entraîner chez elle à mon insu que vous avez refusé de me suivre au palais de Médina. Ah! pourquoi ai-je promis, solennellement promis de ne pas vous quitter d'un moment? Chez dona Florinde!

DON JUAN.

Pouvais-je vous conduire autre part?

DON QUEXADA.

Non, vous ne le pouviez pas; depuis hier matin, il y a en vous je ne sais quoi de malencontreux qui se communique à moi, pour nous faire agir et parler tous deux, comme d'inspiration, au rebours de la prudence et du bon sens ; et vous êtes dans l'ivresse encore !

DON JUAN.

Que voulez-vous ? je n'ai que d'heureux pressentiments.

DON QUEXADA.

Alors il va nous arriver quelque malheur.

DON JUAN, qui s'approche de la porte par où Dorothée est sortie.

Mais que fait-elle ?

DON QUEXADA, qui le suit.

Vous avez beau ne pas m'écouter : il faut m'entendre. Revenir dans une maison où il vous a plu d'introduire le comte de Santa-Fiore, qui est peut-être observée, cernée par des gens à lui, où vous pouvez le rencontrer en personne...

DON JUAN.

Que j'aie cette bonne fortune, et ma joie est au comble.

DON QUEXADA.

Dieu vous en préserve !... et moi aussi ! Mais le plus acharné de vos ennemis ne pourrait pas faire un vœu qui vous fût plus fatal. Savez-vous, jeune homme, quel avenir vous jetez au hasard ? Savez-vous qui vous êtes ? Si vous le saviez, vous auriez un peu plus de respect pour vous-même.

DON JUAN, qui revient précipitamment.

Du respect pour moi ! je ne m'en serais jamais avisé ? Je suis donc quelque chose de bien important dans le monde.

DON QUEXADA.

Vous êtes...

DON JUAN.

Enfin, je vais me connaître !

DON QUEXADA.

Vous êtes... un fou ; c'est tout ce que je puis vous dire.

DON JUAN.

Ne me demandez donc pas de me conduire comme un sage. Mais allons, asseyez-vous et rassurez-vous, mon digne ami ; vous ne seriez pas plus en peine quand le saint-office se mêlerait de mes affaires et des vôtres.

DON QUEXADA.

C'est la seule infortune qui nous manque ; n'en parlez pas, ou vous la ferez venir.

DON JUAN.

Dorothée! je meurs d'impatience; Dorothée!... quoi! tu es seule?...

SCÈNE VI.

DON JUAN, DON QUEXADA, DOROTHÉE.

DOROTHÉE.

Ah! seigneur don Juan!...

DON JUAN.

Que vois-je? tu détournes le visage; tu pleures. Il s'est passé quelque horrible aventure que tu veux me cacher!

DOROTHÉE.

Je le voulais, et je ne le peux pas.

DON JUAN.

Explique-toi; je suis au supplice. Dona Florinde!...

DOROTHÉE.

N'est plus ici.

DON JUAN.

Achève.

DOROTHÉE.

On l'interroge.

DON JUAN.

Où donc? qui donc? Achève par pitié.

DOROTHÉE.

L'inquisition.

DON JUAN.

L'inquisition! une juive! elle est perdue.

DON QUEXADA, courant à lui.

Qu'est-ce que vous venez de dire?

DON JUAN, avec désespoir, à Quexada.

Perdue sans ressource!

DON QUEXADA.

Ce n'est pas là ce que je vous demande. Vous avez parlé d'une juive?

DON JUAN.

Moi!

DON QUEXADA.

Dona Florinde est une juive?

DON JUAN.

Puisque je l'ai dit, c'est vrai.

ACTE IV, SCÈNE VI.

DON QUEXADA.

Soupçonnée d'apostasie après abjuration... Là! je l'avais juré; mais il n'y a plus de sûreté pour nous chez elle.

DON JUAN.

Allons!

DON QUEXADA.

L'inquisition ne se borne pas à brûler les juifs, elle brûle aussi leurs adhérents; m'entendez-vous? leurs adhérents.

DON JUAN.

Eh! oui, je vous entends? leurs adhérents. Qu'est-ce que vous voulez que j'y fasse? et que m'importe?

DOROTHÉE.

Eh bien, nous périrons tous ensemble.

DON JUAN.

Tous ensemble.

DON QUEXADA, furieux, à Dorothée.

Parlez pour vous, la duègne. Si cette partie de plaisir-là vous tente, donnez-vous-en la joie; mais je ne veux pas en être. Je veux sortir d'ici...

DOROTHÉE.

Sortez.

DON JUAN.

Qui vous retient?

DON QUEXADA.

Et de l'Espagne. (*A don Juan.*) Mais vous me suivrez; nous ne pouvons aller ni trop vite, ni trop loin. A la veille d'un auto-da-fé, et avec l'ennemi que nous avons sur les bras, une telle liaison suffit pour nous mener droit au bûcher. Partons, venez, mon cher don Juan, venez...

DON JUAN, le prenant par le bras pour l'entraîner.

A l'inquisition? je le veux bien.

DON QUEXADA.

Pour Dieu! lâchez-moi. Quand il parle ainsi, il me semble que j'ai les pieds sur des charbons ardents.

DOROTHÉE.

De grâce, seigneur don Juan, pas d'imprudence! Un des personnages importants du saint office protége dona Florinde, l'accompagne, et doit la ramener chez elle.

DON JUAN.

Cette nuit même?

DOROTHÉE.

Et bientôt, il me l'a promis.

DON JUAN.

Que ne le disais-tu ?

DON QUEXADA.

Je ne veux pas qu'il me trouve dans cette maison. Encore un coup, suivez-moi.

DON JUAN.

Quand je devrais abjurer pour partager son sort, je reste.

DON QUEXADA.

Tenez, don Juan, vous êtes un ingrat ; vous me désespérez. Tout ce qu'il était humainement possible de faire pour tenir ma promesse, je l'ai fait ; vous avez ri des conseils du vieillard, et il a mieux aimé redevenir jeune homme pour extravaguer avec vous que d'avoir raison en vous abandonnant à votre mauvaise tête ; mais tout a son terme. La rage de l'auto-da-fé vous tourne l'esprit, et je me perdrais maintenant sans vous être bon à rien. Adieu donc !... mon élève, mon cher enfant, c'est avec un serrement de cœur que je vous le dis ; c'est en pleurant que je vous embrasse ; mais adieu ; car enfin la paternité la plus dévouée ne peut pas aller jusqu'à vous faire brûler vif pour un fils... qui n'est pas le vôtre.

DON JUAN.

Écoutez : votre parole donnée, votre tendresse pour moi, vous pouvez tout concilier avec votre sûreté.

DON QUEXADA.

Comment? dites-le en deux mots.

DON JUAN.

Dès que dona Florinde sera seule, je me montre, et je fuis avec elle avant d'attendre une seconde citation du tribunal.

DOROTHÉE.

Ah ! sauvez-la !

DON JUAN.

Sortez : procurez-vous des chevaux, et revenez nous prendre ; alors à vous le commandement.

DON QUEXADA.

Comptez sur la plus belle retraite !... mais écoutez-moi à votre tour, je viendrai sous la fenêtre vous faire un signal.

DON JUAN.

Oui.

ACTE IV, SCÈNE VII.

DON QUEXADA.

Trois coups dans la main.

DON JUAN.

Bien.

DON QUEXADA.

Si je puis rentrer dans cette maison sans danger, vous me répondrez ; autrement...

DON JUAN.

Je ne vous répondrai pas.

DON QUEXADA.

Vous me le promettez ?

DON JUAN.

C'est convenu.

DON QUEXADA, à Dorothée.

Maintenant conduisez-moi, et avec prudence.

DOROTHÉE.

Personne sur le seuil. Ne craignez rien.

DON QUEXADA, qui sort avec Dorothée.

Les juifs et leurs adhérents ! miséricorde !...

DON JUAN.

Il n'a que ses adhérents dans la tête.

SCÈNE VII.

DON JUAN.

Oh ! quand une peur, qui tient du délire, vous crie aux oreilles, le moyen d'assembler deux idées !... (*Il s'assied.*) Réfléchissons, maintenant que je suis seul : à quoi me résoudre ?.. à l'attendre ? et si elle ne revenait pas ! j'irais la chercher jusqu'au fond de cette caverne du saint-office... mais je mourrais mille fois avant de m'en ouvrir l'entrée ! N'est-ce pas le comble du malheur que de n'avoir pas même la ressource de faire une folie ? (*Se levant.*) Attendre est impossible, agir ne l'est pas moins ; quel supplice que de ne pouvoir prendre un parti ! Le plus mauvais de tous vaut mieux que l'indécision, et je donnerais dix années de ma vie pour m'épargner une heure de cette insupportable angoisse ; (*retombant assis*) j'y succombe. Ah ! Florinde, Florinde ! vous ai-je perdue pour toujours ?

SCÈNE VIII.

don JUAN, DOROTHÉE.

DOROTHÉE, accourant.

La voilà, seigneur don Juan ! je l'ai revue : la voilà.

DON JUAN.

Je cours au-devant d'elle.

DOROTHÉE.

Mais elle n'est pas seule ; celui dont je vous ai parlé la ramène ; voulez-vous la perdre ?

DON JUAN.

Plutôt cent fois me perdre moi-même !

DOROTHÉE.

Gardez-vous donc de vous montrer, et laissez-vous conduire.

DON JUAN.

Où tu voudras.

DOROTHÉE, ouvrant une porte latérale.

Dans le lieu le plus retiré de la maison, chez moi, et pour n'en sortir qu'à propos.

DON JUAN.

Elle est de retour ; je suis ici pour la défendre : ah ! je respire, et je t'obéis. (*Il sort avec Dorothée.*)

SCÈNE IX.

dona FLORINDE, don RUY GOMÈS.

DONA FLORINDE.

Grâces vous soient rendues, don Gomès ! vous avez tenu votre parole ; mais pardonnez... (*Tombant sur un siége.*) Mes genoux tremblent sous moi.

GOMÈS.

Cet interrogatoire vous a laissé une impression pénible.

DONA FLORINDE

Douloureuse, accablante comme un rêve qu'on ne peut chasser. Cette vaste salle tendue de noir, ces torches qui n'éclairent que pour rendre l'obscurité plus affreuse, ces juges voilés, dont les yeux seuls sont visibles et se fixent sur vous avec une immobilité qui glace même la pensée... Quel spectacle ! la justice des hommes ne peut-elle donc nous apparaître que sous ces dehors terribles ?

GOMÈS.

Oui, señora, quand c'est Dieu qu'elle venge ; mais j'espère que vos juges s'adouciront en votre faveur.

DONA FLORINDE.

Vous n'en avez pas la certitude ?

GOMÈS.

Je voudrais l'avoir.

DONA FLORINDE.

Ils ont donc résolu de me rappeler en leur présence ?

GOMÈS.

Je l'ignore, mais c'est possible.

DONA FLORINDE.

De me soumettre à cette épreuve de douleur, dont les instruments épars autour de moi m'ôtaient presque l'usage de ma raison ?

GOMÈS.

Je répugne à le croire, mais...

DONA FLORINDE, se levant.

C'est encore possible ! Ah ! vous ne le permettrez pas ; vous prendrez pitié de moi ; le courage de mourir, je l'aurais : je suis si malheureuse ! Mais devant de telles souffrances je ne me sens plus que la faiblesse d'une femme ; elles me font peur. Comment me les épargner ? je me soumets d'avance à tout ce qu'on exigera de moi ; tout ce qu'on voudra que je dise, je le dirai ; pour mourir plus vite, pour ne mourir qu'une fois, oh ! je le dirai.

GOMÈS, à part.

La voilà donc où je désirais l'amener. (*A dona Florinde.*) Une seule personne peut intervenir entre vous et vos juges ; une seule, je vous le répète ; c'est le roi.

DONA FLORINDE.

Le fera-t-il ?

GOMÈS.

En pouvez-vous douter, quand il daigne venir vous l'assurer lui-même ?

DONA FLORINDE.

Qu'il vienne donc !

GOMÈS.

Comme je vous l'ai dit, madame, je croyais le trouver ici. Dans quelques instants il sera près de vous ; ne lui montrez aucun ressentiment : songez que l'inquisition intimide jusqu'aux rois, qu'une démarche auprès de ce tribunal est hasardeuse, même pour lui, et qu'elle mérite quelque reconnaissance.

DONA FLORINDE.

Hélas! que peut-il attendre de la mienne ?

GOMÈS.

Je vous quitte, señora, et c'est encore pour m'occuper de vous ; je veux revoir vos juges, combattre des préventions qui, je l'avoue, me font frémir malgré moi.

DONA FLORINDE.

Courez : je vous en remercie, et du fond de l'âme.

GOMÈS.

Pourrai-je les détruire ?... (*La regardant.*) Quoi! tant de beauté ! ce serait horrible.

DONA FLORINDE.

Ah! je tremble, je tremble.

GOMÈS.

Ayez donc autant de pitié pour vous que j'en ai moi-même. Don Philippe ne peut tarder : vous allez le voir; votre sort est dans vos mains. Restez, restez, señora.

DONA FLORINDE, retombant assise.

Du moins, mes bénédictions vous accompagnent.

GOMÈS, à part, en sortant.

Que le roi promette maintenant, et l'amant va tout obtenir.

SCÈNE X.

DONA **FLORINDE.**

Je n'ai plus qu'une espérance ; mais que va-t-il m'ordonner ? de renoncer à don Juan ; ne sommes-nous pas séparés? de ne plus l'aimer ; est-ce en mon pouvoir? Oh! que la terreur a d'empire sur nous ! c'est son ennemi que j'appelle de tous mes vœux, son ennemi mortel, le roi !... Il faut que je sois bien malheureuse ou bien faible, puisque je peux souhaiter de le revoir ; je le souhaite pourtant : j'en ai honte,

ACTE IV, SCÈNE XI.

mais je ne saurais me vaincre. Mon Dieu, faites qu'il vienne !

SCÈNE XI.

DONA FLORINDE, DOROTHÉE.

DOROTHÉE, *s'élançant vers dona Florinde.*
Ah ! c'est vous, vous que je presse dans mes bras !

DONA FLORINDE.
Dorothée, ma mère !...

DOROTHÉE.
Vous frissonnez.

DONA FLORINDE.
N'ajoute pas à mon émotion par la tienne : je veux me calmer : j'attends quelqu'un.

DOROTHÉE.
Moi, je vous annonce une personne que vous n'attendiez plus.

DONA FLORINDE.
Que veux-tu dire ?

DOROTHÉE.
C'est lui.

DONA FLORINDE.
Don Juan ?

DOROTHÉE.
Lui qui vient d'arriver.

DONA FLORINDE.
Don Juan est libre : ô ciel ! je te rends grâce !

DOROTHÉE.
Retiré dans ma chambre, il m'envoie m'assurer que vous êtes seul : un mot de vous, et il est à vos pieds ; irai-je le chercher ?

DONA FLORINDE.
Mais sans doute, mais à l'instant ; mais va donc si tu m'aimes ! (*La retenant par le bras.*) N'as-tu pas entendu ?...

DOROTHÉE.
Non, rien, rien, je vous jure.

DONA FLORINDE.
Arrête ! la joie m'ôtait le sens : que don Juan parte, qu'il fuie !

DOROTHÉE.
Avec vous, cette nuit ; sans vous, jamais !

DONA FLORINDE.

Et comment fuir? il va le rencontrer.

DOROTHÉE.

Qui donc?

DONA FLORINE.

Je te l'ai dit : le comte, le comte, qui ne peut tarder ; qui sera près de moi dans un moment; qui monte peut-être pendant que je te parle. Dieu! s'ils se retrouvaient en face l'un de l'autre!...

DOROTHÉE.

Eh bien! don Juan le tuerait.

DONA FLORINDE.

Le tuer! que dis-tu? mais tu ignores... ce serait le plus épouvantable des crimes ; et j'ai pu souhaiter sa présence !... Écoute, Dorothée : don Juan est chez toi ; il faut l'y retenir.

DOROTHÉE.

S'il consent à se laisser faire.

DONA FLORINDE.

Sans lui parler du comte.

DOROTHÉE.

Je m'en garderai bien ; mais voudra-t-il attendre?

DONA FLORINDE

Dis-lui que je l'en prie; dis-lui que je le veux, qu'il y va de ses jours ; non, des miens, il t'écoutera.

DOROTHÉE.

Je l'espère; cependant n'y a-t-il pour vous aucun danger à demeurer seule?

DONA FLORINDE.

Aucun : je tremblais tout à l'heure, mais je redeviens moi-même; je ne pense plus qu'à lui, je ne crains plus que pour lui ; je m'exposerais à tout pour le sauver. L'amour, ah! l'amour, c'est le courage des femmes.

DOROTHÉE.

Mais don Juan ne consultera que son épée, s'il découvre que vous refusez de le recevoir pour entretenir son ennemi.

DONA FLORINDE.

Toute une galerie entre ce salon et ta chambre, il ne pourra nous entendre.

DOROTHÉE.

Ah! si vous aviez pu lui parler!

DONA FLORINDE.

Oui, tu as raison, je le peux encore; viens, je t'accompagne, je te devance; du moins je l'aurai revu!... (*S'arrêtant tout à coup.*) Cette fois je ne me trompe pas.

DOROTHÉE.

On monte les degrés; on vient.

DONA FLORINDE.

C'est le comte; il est trop tard. Dorothée, sauve-nous tous deux. Va, cours, et je referme cette porte sur toi! (*Donnant un tour de clef.*) Je ne puis mettre assez d'obstacle entre don Juan et lui. (*Revenant sur le devant de la scène.*) Ah! que mon cœur et mes yeux ne me trahissent pas!

SCÈNE XII.

DONA FLORINDE, PHILIPPE II.

PHILIPPE II, à part au fond.

L'effroi, qui va me la livrer, l'embellit encore. Ou cette nuit, ou jamais!

DONA FLORINDE, à part.

Comment abréger cet entretien?

PHILIPPE II.

Me pardonnez-vous, madame, de troubler votre rêverie?

DONA FLORINDE.

Ah! sire, elle était si triste que... que je dois vous en remercier.

PHILIPPE II.

Cette fois, ma présence ne vous est donc pas importune?

DONA FLORINDE.

Peut-elle l'être... quand vous venez me défendre? Je révère... Je bénis votre justice.

PHILIPPE II.

J'accepterais l'éloge, si un intérêt plus tendre que le besoin d'être juste ne me ramenait auprès de vous.

DONA FLORINDE.

La pitié, sire.

PHILIPPE II.

Oui, une pitié pleine de sollicitude et d'alarmes, le dévouement d'un ami, que vous connaissiez mal quand vous avez pu le croire insensible.

DONA FLORINDE.

Ce mot me rend l'espoir : transmis de la part de Votre Majesté, il eût suffi pour calmer mes craintes...et vous aurait épargné une démarche... dont je suis confuse.

PHILIPPE II.

Mais, en me privant d'un plaisir dont j'étais jaloux, celui de vous rassurer moi-même ; ne me l'enviez pas.

DONA FLORINDE, à part.

Il va rester.

PHILIPPE II.

Ces instants que je vous consacre, je trouve si doux de les dérober à mes travaux !

DONA FLORINDE.

Et à votre repos peut-être. Je sais combien ils sont précieux ; ne craignez pas que j'en abuse.

PHILIPPE II, avançant un fauteuil pour dona Florinde.

Vous-même ne craignez pas trop d'en abuser.

DONA FLORINDE, qui s'assied.

Il le faut !

PHILIPPE II, à part.

Ne l'ai-je point trop tôt rassurée ? (*A dona Florinde.*) On a dû vous dire, madame, que la volonté souveraine peut se briser contre un arrêt de l'inquisition. Ce tribunal représente Dieu même, et devant Dieu que sont les rois de la terre? Cependant j'ai résolu, quel qu'en fût le péril, de me jeter entre vos juges et vous ; mais, pour prix d'un tel service, que dois-je attendre ? votre haine peut-être !

DONA FLORINDE, en se levant.

Moi, de la haine, quand vous me sauvez !.. Ah! sire, ce serait de l'ingratitude, et...

PHILIPPE II.

Et vous en êtes incapable, belle Florinde, je le crois. (*L'invitant du geste à se rasseoir.*) Ah! de grâce !...

DONA FLORINDE, à part en s'asseyant, tandis que le roi va prendre un siége.

Quel supplice!

PHILIPPE II, appuyé sur sa chaise.

Vous ne serez point ingrate ; mais vous resterez indifférente. (*En s'asseyant.*) Le sort d'un roi est de n'obtenir que le respect, quand il n'inspire pas l'aversion ou l'envie; et pourtant accessible à toutes les affections qu'on lui refuse, brûlé sans espoir de toutes les passions qui consument, qu'un roi sent douloureusement le besoin d'être aimé !

DONA FLORINDE.

Vous l'êtes, sire, d'un peuple entier qui vous respecte, qui vous admire, qui voit en vous la source de tous les biens.

PHILIPPE II.

Oui, je le suis par intérêt ; je le suis de cet amour qui s'adresse, non pas à moi, mais à mon pouvoir, non pas à l'homme, mais au souverain. Que me font ces hommages, ces acclamations dont on me fatigue ? avec quelle joie je les donnerais pour le bonheur de sentir la main d'un ami presser la mienne ; pour un soupir de l'amante que je me suis créée par la pensée, que je vois dans mes rêves, qui poursuit le monarque au milieu de ses travaux, et le chrétien jusque dans la ferveur de ses prières !

DONA FLORINDE.

Cette amante, sire, Dieu et la France vous la donnent : une jeune fiancée vient à vous, célèbre par ses vertus et ses grâces, proclamée belle entre toutes les princesses.

PHILIPPE II.

Mais non entre toutes les femmes. Reste-t-il une place pour elle dans ce cœur possédé d'une autre image ? Ne le croyez pas, Florinde ; ce mariage politique n'est que le veuvage avec plus de contrainte et d'entraves. (*En rapprochant son siége de celui de Florinde.*) Oh ! qu'une épouse de ma préférence secrète, de mon amour, choisie pour elle-même, et adorée dans l'ombre, serait plus reine que cette reine qui n'aura qu'un vain titre ! Mon sceptre, je le mettrais à ses pieds ; ce droit de grâce, le plus beau de mes droits, c'est elle qui l'exercerait en mon nom ; mes trésors ne feraient que passer de ses mains dans celles des malheureux ; et ce pouvoir immense de consoler l'infortune, cette royauté enveloppée de mystère, mais plus absolue que la mienne, une seule femme la mérite, une seule dans le monde, et cette femme, Florinde, c'est vous... (*Il tombe à ses genoux.*)

DONA FLORINDE, se levant.

Moi, juste ciel ! qui ? moi !

PHILIPPE II.

Vous, à qui je l'offre à genoux, à qui je demande, en

tremblant, un peu de cette pitié que je ne vous ai pas refusée pour vous-même.

DONA FLORINDE.

Mais que vous vouliez me vendre au prix de l'honneur... Oh! non, vous n'avez pas eu cette pensée ; je m'abuse et je vous fais injure. Pardon, sire, ah! pardon de mon erreur!

PHILIPPE II.

Ne feignez pas de vous méprendre ; n'en appelez pas à des vertus dont Dieu m'affranchit en me les rendant impossibles. (*Se levant.*) Je l'ai résolu : crime ou non, de votre volonté ou seulement de la mienne, Florinde, vous serez à moi.

DONA FLORINDE.

Et je me suis livrée!... et je suis seule!

PHILIPPE II.

Oui, seule ; et rien ne vous trahira ; mais rien ne peut vous sauver.

DONA FLORINDE.

Que mon désespoir et mes cris...

PHILIPPE II.

Vos cris ne seront pas entendus.

DONA FLORINDE.

Vous vous trompez, sire, on viendra : je vous jure qu'on viendra.

PHILIPPE II.

Et qui donc?

DONA FLORINDE.

Personne, oh! non, personne. Il est vrai ; je suis sans appui, sans défense ; ou plutôt, je n'ai qu'un refuge, et c'est vous, vous à qui je confie cet honneur que vous veniez me ravir, vous, sire, qui serez mon défenseur contre vous-même. (*S'avançant vers lui avec exaltation*). Don Philippe, l'action que vous voulez commettre est horrible (*tombant à genoux*), et j'en demande justice au roi d'Espagne.

PHILIPPE II, la regardant avec transport.

Ravissante de terreur et de fierté! Florinde, c'est le seul vœu de toi que je n'accomplirai pas : le roi d'Espagne sera ton maître aujourd'hui, et don Philippe ton esclave toute sa vie.

DONA FLORINDE, qui repousse le roi en se relevant

Écoutez-moi donc, homme cruel, chrétien sans pitié ; je ne dirai qu'un mot, puisque j'y suis réduite...

PHILIPPE II.

Il ne changera pas ton sort.

DONA FLORINDE.

Qu'un mot qui va me perdre, mais qui vous fera reculer d'horreur.

PHILIPPE II, s'élançant vers elle.

C'est trop me résister.

DONA FLORINDE, en fuyant.

Pitié! sire; grâce!... ou je dirai tout... je suis...

PHILIPPE II, qui la saisit dans ses bras.

Eh! que m'importe?

DONA FLORINDE.

Je suis une juive!

PHILIPPE II, reculant d'horreur.

Toi! qu'entends-je! (*Après un long silence.*) Ah! malheureuse fille, puisses-tu, pour ton salut dans ce monde et dans l'autre, avoir poussé la vertu jusqu'au mensonge!

DONA FLORINDE.

Mon mensonge fut de descendre par nécessité à feindre une croyance qui n'était que sur mes lèvres; voilà mon crime, et j'en serai punie; mais, si vous faites un pas vers moi, je répéterai au pied du tribunal, je proclamerai devant mes juges, qu'un Espagnol a été assez lâche pour vouloir triompher de l'innocence par la force; qu'un chevalier a fait outrage à une femme; que le plus saint roi de la chrétienté, que toi, don Philippe, toi le roi catholique, tu t'es souillé d'une passion infâme pour une juive. (*Avec calme.*) Eh bien! vous vous arrêtez maintenant; c'est moi qui suis tranquille, et c'est vous qui tremblez.

PHILIPPE II.

Pour tes jours. Sais-tu que si, à mon éternelle confusion, tes paroles avaient frappé une autre oreille que la mienne, sais-tu qu'il n'y aurait plus d'espoir pour toi dans cette vie?

DONA FLORINDE.

Mais j'en sortirais pure.

PHILIPPE II.

Que je ne pourrais te soustraire ni à la torture, ni aux flammes du bûcher.

DONA FLORINDE.

Mais j'irais martyre à ce Dieu qui est le mien comme le

vôtre, et qui jugera mes juges ; mais je mourrais digne encore de celui qui m'a tant aimée.

PHILIPPE II.

Oh ! pourquoi as-tu rappelé ce souvenir ? il étouffe en moi toute compassion : c'est ta sentence, Florinde, ta sentence de mort. (*Entendant frapper à coups redoublés à la porte de la galerie voisine.*) Quel est ce bruit ?

DONA FLORINDE, au comble de la terreur.

Quoi ?... je n'ai rien entendu... je ne sais... Dorothée, peut-être.

DON JUAN, en dehors.

Ouvrez cette porte, ou je la briserai.

PHILIPPE II.

Un homme ici !

DONA FLORINDE, qui s'élance vers la porte, et veut arrêter le roi.

Je vous en conjure... Ah ! par tout ce que vous avez de sacré dans le monde....

PHILIPPE II, l'écartant pour ouvrir la porte.

Un témoin de ma honte ! je saurai qui c'est.

(Don Juan entre précipitamment et s'arrête à la vue de Philippe II, qui recule épouvanté.)

SCÈNE XIII.

DON JUAN, PHILIPPE II, DONA FLORINDE.

PHILIPPE II.

Don Juan !

DON JUAN.

Le comte !

PHILIPPE II.

Vous m'avez entendu ?

DON JUAN.

Trop tard ; je vous aurais déjà puni.

DONA FLORINDE, qui se précipite entre eux.

Vous n'en avez ni le droit ni le pouvoir, don Juan ; vous ne connaissez pas celui que vous outragez.

DON JUAN.

Je le connais par ses actes, et il m'en fera raison.

PHILIPPE II.

Je vous jugerai sur les vôtres, et vous m'en répondrez.

ACTE IV, SCÈNE XIII.

DONA FLORINDE, à don Juan.

Vous lui devez respect. Ah! respect au plus noble sang de la Castille !

DON JUAN.

Je ne le tiens ni pour noble ni pour Castillan; car il craint un homme et il menace une femme.

PHILIPPE II.

Je plains le sort de la femme ; quant à l'homme, je le vois d'assez haut pour mépriser ses injures.

DON JUAN.

Faute d'oser descendre jusqu'à vous en venger.

PHILIPPE II.

S'il vous reste une lueur de raison, don Juan, pas un mot de plus, et sortez.

DON JUAN.

Si vous avez encore une goutte de sang dans le cœur, sortez avec moi ou défendez-vous.

DONA FLORINDE.

Ici, sous mes yeux !... vous ne l'oserez pas !... (*S'attachant à lui.*) Vous ne le pourrez pas !...

PHILIPPE II.

Pour la dernière fois, obéissez.

DON JUAN.

Pour la dernière fois aussi, défends-toi. La pointe de ton épée à ma poitrine, ou le plat de la mienne sur ton visage !... En garde !

DONA FLORINDE, en poussant un cri.

C'est le roi !

DON JUAN, qui laisse tomber son épée.

Le roi ?

DONA FLORINDE, un genou en terre.

Ah ! sire, grâce ! non pas pour moi, je suis condamnée ; mais pour lui, dont le seul crime fut de m'aimer sans savoir qui j'étais, et de me défendre sans vous connaître !

PHILIPPE II, à Florinde.

Vous m'avez trahi.

DONA FLORINDE.

En voulant sauver vos jours.

PHILIPPE II.

Ou plutôt les siens. Qui vous dit que je n'avais pas les

moyens de me protéger moi-même contre un fou que je dédaignais trop pour me nommer ? (*Appelant au fond.*) A moi, Gomès !

SCÈNE XIV.

LES PRÉCÉDENTS, DON RUY COMÈS, UN OFFICIER, QUELQUES GARDES DU ROI.

PHILIPPE II, à Gomès.

Ce jeune homme en démence, aux prisons de l'Alcazar ! (*Montrant la chambre de dona Florinde.*) Cette femme, ici Je déciderai de leur sort.

DONA FLORINDE.

Pourquoi, don Juan, ne m'avez-vous pas laissée mourir seule ?
(Après lui avoir jeté un dernier regard, elle entre dans son appartement, où un officier l'accompagne.)

DON JUAN.

Et je n'ai pu venger ni son honneur ni le mien ? oh ! mon serment, mon serment !...

PHILIPPE II, aux gardes.

Retirez-vous.

SCÈNE XV.

PHILIPPE II, DON RUY GOMÈS.

PHILIPPE II.

Ma rage si longtemps comprimée peut donc enfin se donner carrière !... Eh bien ! Gomès, c'est par toi que je l'ai connue, c'est toi qui m'as ramené dans ce lieu où tout n'est qu'idolâtrie et profanation. Quand je t'ordonnai d'éveiller sur cette femme les soupçons du saint-office pour l'effrayer, c'était un instinct religieux qui m'y poussait à mon insu. Une juive !... elle m'a dit : Je suis une juive ! et elle a mieux aimé mourir pour l'avoir dit que se donner à moi en me le cachant.

GOMÈS.

Ne peut-elle pas vous avoir trompé, sire, afin d'échapper à vos poursuites ?

PHILIPPE II.

Je l'ai pensé ; je voudrais le croire encore ; où plutôt je voudrais ne rien savoir. Que dis-je ? ce vœu même est un

ACTE V, SCÈNE XV.

sacrilége; mais je l'aime, depuis qu'il y a un abîme entre nous deux, je l'aime de tout le désespoir que je sens de ne pouvoir la posséder. Pour comble de honte, il m'a insulté devant elle.

GOMÈS.

Mais du moins ce crime justifie d'avance un arrêt que vous ne pouviez pas prononcer sans motif.

PHILIPPE II.

Il a levé sur moi cette épée!... Que vois-je? regarde, Gomès : je ne me trompe pas ; mes ordres sont arrivés trop tard pour l'empêcher de parler à Charles-Quint.

GOMÈS.

Et c'est don Quexada qui a tout conduit.

PHILIPPE II.

Le traître! s'il retombe dans mes mains!... Qu'on le cherche, qu'on l'arrête ; que son châtiment soit terrible!

GOMÈS.

Peut-être don Juan ignore-t-il encore le secret de sa naissance?

PHILIPPE II.

Il sait tout. Mon père ne lui a-t-il pas donné cette épée qu'il m'a toujours refusée? Il l'en croit donc plus digne que moi ; il l'aime plus que moi ; elle aussi le préfère ! (*Entendant frapper trois coups dans la main.*) Écoutez.

GOMÈS.

C'est un signal.

PHILIPPE II.

Qui nous livre un complice. Cours à lui, Gomès. (*Gomès sort.*) Et malheur à tous ceux qui m'ont offensé !

ACTE CINQUIÈME.

(Le cabinet du roi dans l'Alcazar de Tolède; une porte latérale; une grande porte au fond, donnant sur une galerie ; un crucifix suspendu sur un fond noir.)

SCÈNE I.

PHILIPPE II, *assis près d'une table,* DON RUY GOMÈS, *qui travaille à côté du roi.*

PHILIPPE II, écrivant.

« ... Que le plus heureux jour de notre règne sera « celui où vous recevant dans notre bonne ville de Ma- « drid... » De Madrid !... Une lettre de bienvenue, une lettre d'amour, quand je ne me sens rien dans le cœur pour cette Élisabeth de France ! Non, par le ciel ! de ma propre main, c'est impossible. Avez-vous là ces projets d'édits contre les Mauresques ?

GOMÈS.

Les voici.

PHILIPPE II.

Et contre les juifs ; surtout contre eux. *(Parcourant des papiers.)* J'ajouterai à mes rigueurs ; je les en écraserai ; dussé-je faire un désert de l'Espagne, ils disparaîtront en laissant leurs trésors pour enrichir nos églises, et leur sang pour raviver la foi qui s'éteint. Je le veux, et par piété !

GOMÈS.

Qui en douterait, sire ?

PHILIPPE II.

Ne croyez pas que ce soit par vengeance : ne supposez pas que je pense à elle !

GOMÈS.

J'en suis bien loin.

PHILIPPE II.

Cependant, si, comme tu le dis, elle n'appartenait point à cette abominable tribu... Don Quexada doit le savoir, il la connaît sans doute.

GOMÈS.

J'ai donné l'ordre de le conduire devant Votre Majesté.

ACTE V, SCÈNE I.

PHILIPPE II.

Si au moins par une conversion sincère, si, du fond de l'âme, elle abjurait ses erreurs...

GOMÈS.

Il en est une, sire, qui l'empêchera d'abjurer toutes les autres : son amour.

PHILIPPE II.

Oh ! vous voulez me pousser à tuer ce jeune homme.

GOMÈS.

Moi, sire !

PHILIPPE II.

Et vous avez raison ; et vous êtes mon ami en le voulant. Je n'y suis que trop porté ; mais il y a en moi je ne sais quel mouvement de nature qui se révolte pour lui, je ne sais quel respect humain qui m'arrête. Si mon père lui a tout dit, c'est qu'il le prend sous sa protection.

GOMÈS.

Rien ne le prouve.

PHILIPPE II.

Son digne précepteur éclaircira mes doutes sur ce point. Qui m'a trompé peut vouloir me tromper encore ; mais, cette fois, je saurai lui faire une nécessité de la franchise. Le grand inquisiteur est-il arrivé ?

GOMÈS.

Il attend, avec son cortége et tous les grands d'Espagne, que Votre Majesté veuille bien le recevoir.

PHILIPPE II.

Et vous avez commandé qu'il ne fût introduit que quand don Quexada sera présent ? J'ai mes raisons pour qu'il en soit ainsi.

GOMÈS.

Vous avez toujours regardé la peur comme un des meilleurs moyens d'action sur les hommes.

PHILIPPE II.

Comme le meilleur : les titres s'avilissent quand on les prodigue ; l'argent s'épuise ; la peur ne s'use pas et ne coûte rien.

GOMÈS.

Voici don Quexada.

PHILIPPE II.

Écrivez à la jeune reine, en mon nom, ce qu'il vous plaira ; je signerai sans lire.

SCÈNE II.

PHILIPPE II, don RUY GOMÈS, don QUEXADA, *amené par un officier qui se retire aussitôt.*

PHILIPPE II.

Je n'ai plus de colère. Je suis de sang-froid pour être juste. Sans doute, vous n'espérez pas votre grâce ?

DON QUEXADA.

Je ne la mérite pas, sire ; mais Votre Majesté est si magnanime, que je l'espère.

PHILIPPE II.

Vous aurez affaire au roi ou aux inquisiteurs : la seule faveur que je veuille vous accorder, c'est de choisir entre eux et moi.

DON QUEXADA.

Sire, il y a dans tous les pays chrétiens un vieux proverbe qui dit : Il vaut mieux avoir affaire à Dieu qu'à ses saints ; et je le crois plus vrai en Espagne que partout ailleurs.

PHILIPPE II.

Mais je ne vous laisserai la liberté du choix qu'autant que je serai satisfait de vos réponses à mes questions. Tout dépendra de votre sincérité.

DON QUEXADA.

Elle sera entière ; car, si la vérité peut me nuire, je sens que le mensonge me perdrait.

UN OFFICIER DU PALAIS, annonçant.

Son Éminence l'inquisiteur apostolique général, don Ferdinand de Valdès !

DON QUEXADA.

Je voudrais être à mille lieues d'ici !

SCÈNE III.

PHILIPPE II, don RUY GOMÈS, don QUEXADA, don FERDINAND DE VALDÈS, grands d'Espagne, inquisiteurs, courtisans.

DON FERDINAND DE VALDÈS.

Sire, l'inquisition apostolique de Castille vient, solennellement et bannières déployées, renouveler à Votre Majesté l'invitation d'assister à l'acte de foi qui sera célébré dans la grande place de Tolède, pour le châtiment des crimes de quelques-uns, et la rémission des péchés de tous.

PHILIPPE II.

Je vous en remercie, vénérable don Ferdinand de Valdès ; le supplice des coupables ne peut que m'être agréable, comme il l'est à Dieu ; et, si l'on accusait mon propre fils d'hérésie ou de judaïsme, je serais le premier à vous le livrer pour l'exemple.

DON QUEXADA, à part.

Son fils ! hésitera-t-il à livrer son frère !

DON FERDINAND DE VALDÈS.

Je viens en même temps déposer dans les mains de Votre Majesté la liste des condamnés.

DON QUEXADA, à part.

Pour mon compte, je remercie Dieu qu'elle soit close.

PHILIPPE II.

Sont-ils nombreux ?

DON FERDINAND DE VALDÈS.

Hélas ! sire, il n'est pas donné à tous d'avoir le même bonheur que l'éminentissime Torquémada, mon prédécesseur, qui, en onze ans d'exercice, fit le procès à cent mille personnes, dont six mille furent brûlées vives.

PHILIPPE II, qui se découvre ainsi que toute sa cour.

Que sa mémoire soit bénie !

DON QUEXADA, s'inclinant.

Bénie ! (*A part.*) C'est à faire dresser les cheveux sur la tête.

PHILIPPE II, parcourant la liste.

Des juifs ! toujours des juifs !

DON FERDINAD DE VALDÈS.

Nous n'avons été que justes.

PHILIPPE II.

Et loin de les plaindre, mon père, je les recommande spécialement à votre justice, ainsi que tout Espagnol, si grand qu'il soit, que le moindre contact avec eux aurait souillé de leurs erreurs.

DON QUEXADA, à part.

Oui, les adhérents !... voilà qui nous concerne, don Juan et moi.

DON FERDINAND DE VALDÈS.

L'inquisition, sire, a partout les yeux pour voir et des bras pour sévir.

PHILIPPE II, en regardant don Quexada.

Puis-je ajouter quelques noms à cette liste?

DON QUEXADA.

Plus de doute : il veut ajouter le mien.

DON FERDINAND DE VALDÈS.

Que Votre Majesté désigne en marge ceux qu'elle accuse ; bien que le tribunal soit épuisé de fatigue, il passera toute la nuit à les juger, et ils seront traités demain selon leurs mérites.

PHILIPPE II.

Je vous rends grâce, don Valdès, ainsi qu'à vos vénérables collègues. Le saint-office peut se reposer sous ma protection, comme je compte sur son zèle.

DON FERDINAND DE VALDÈS.

En vous quittant, sire, nous n'emportons qu'un regret, c'est que la jeune reine ne soit pas arrivée assez tôt pour jouir d'un spectacle qui eût signalé avec tant de solennité sa bienvenue en Castille.

PHILIPPE II.

Votre Éminence ne doit rien regretter : le nombre des coupables est si grand, et l'inquisition si vigilante, que vous aurez bientôt une autre occasion de lui procurer ce pieux plaisir. Messieurs, accompagnez Son Éminence jusqu'au seuil du palais. Ne tardez pas à revenir, don Gomès.

SCÈNE IV.

PHILIPPE II, DON QUEXADA.

PHILIPPE II, assis, tenant à la main la liste des condamnés.

Vous m'avez entendu : cette liste n'est pas tellement remplie qu'on n'y puisse encore trouver place. Je la dépose sur cette table ; mais à la première parole douteuse qui sortira de vos lèvres, j'y mets un nom de plus. Répondez maintenant. Vous connaissez dona Florinde?

DON QUEXADA.

Comme Votre Majesté la connaît.

ACTE V, SCÈNE IV.

PHILIPPE II.

Pas davantage?

DON QUEXADA.

Peut-être moins.

PHILIPPE II.

Que voulez-vous dire?

DON QUEXADA.

Ce que je dis, sire; rien de plus.

PHILIPPE II.

Depuis quand la connaissez-vous?

DON QUEXADA.

Depuis le jour où Votre Majesté m'a donné rendez-vous chez elle.

PHILIPPE II, qui étend la main vers la liste.

Don Quexada!

DON QUEXADA.

Ah! sire, arrêtez; vous me condamnez pour avoir été sincère, que ferez-vous si je ne le suis pas?

PHILIPPE II.

Au mépris de mes ordres, vous avez conduit don Juan dans le couvent de Saint-Just; pouvez-vous le nier?

DON QUEXADA.

Je ne le puis.

PHILIPPE II.

Pour qu'il y vît mon père?

DON QUEXADA.

Et le sien.

PHILIPPE II, portant la main sur la liste.

Don Quexada!

DON QUEXADA.

J'en appelle à vous, sire, est-ce vrai?

PHILIPPE II.

Et il l'a vu? et il sait tout?

DON QUEXADA.

Non, sire.

PHILIPPE II.

Non? faites bien attention que vous avez dit non.

DON QUEXADA.

Je répète que Charles-Quint n'a pas cessé d'être, pour lui, frère Arsène.

PHILIPPE II, montrant l'épée qui est sur la table.

Mais cette épée fait foi du contraire, et frère Arsène, en la lui donnant, a prouvé du moins qu'il ne persistait pas dans les résolutions arrêtées entre nous sur ce jeune homme.

40,

DON QUEXADA.

Je conviens que ce serait un étrange présent, s'il destinait encore don Juan à l'église ; mais j'affirme que l'empereur, mon maître...

PHILIPPE II.

Qui fut votre maître.

DON QUEXADA.

Que l'empereur Charles-Quint ne l'a pas reconnu pour son fils.

PHILIPPE II.

Vous en êtes sur ?

DON QUEXADA.

Aussi sûr que je le suis peu de vivre demain.

PHILIPPE II, avec violence en saisissant la liste

Don Quexada !...

DON QUEXADA.

Sire, le seul bruit de ce papier dans vos mains suffirait pour troubler une meilleure tête que la mienne. Cette torture vaut l'autre ; mais ce que j'affirme est la vérité.

PHILIPPE II, se levant.

Il s'intéresse donc moins à ce fils que je ne le pensais ?

DON QUEXADA, vivement.

Ce n'est pas ce que j'ai voulu dire.

PHILIPPE II.

Et cet intérêt, fût-il de la tendresse, il tomberait de soi-même devant un crime de lèse-majesté, crime que don Juan a commis, et pour lequel il doit périr.

DON QUEXADA, s'animant malgré lui.

Non, vous ne prononcerez pas cet arrêt ; votre auguste père ne le souffrirait pas.

PHILIPPE II.

Y a-t-il deux rois dans le royaume ? Celui qui règne est-il le sujet de celui qui ne règne plus ? Charles-Quint est mort pour l'Espagne, mort pour le monde ; vous en aurez la preuve : car ce jeune homme périra, en dépit de toutes les volontés ou de toutes les faiblesses d'un moine de Saint-Just.

DON QUEXADA, s'oubliant tout à fait.

Eh bien ! non ; je n'aurai pas entendu parler ainsi de mon royal maître ; on n'aura pas condamné son fils en ma pré-

ACTE V, SCÈNE IV.

sence, sans que moi, leur vieux serviteur, j'aie au moins protesté pour tous deux.

PHILIPPE II.

Est-ce bien vous qui parlez?

DON QUEXADA, tombant à ses pieds.

Je ne vous le dirai qu'à genoux, mais je vous le dirai : au nom de la prudence, au nom de la nature et de votre gloire, ne brisez pas la grande âme de Charles-Quint; ne vous heurtez pas contre celui dont la renommée est encore dans toutes les bouches, dont les bienfaits vivent dans tous les cœurs. Ne fût-il plus qu'une ombre, il sortirait du tombeau pour défendre contre vous son sang et le vôtre.

PHILIPPE II, *s'élançant vers la table, où il prend une plume et la liste.*

Ah! c'en est trop.

DON QUEXADA.

Écrivez, sire, écrivez; tuez le vieillard : il ne vous est plus bon à rien ; mais épargnez le jeune homme, qui a une existence entière à vous sacrifier, un cœur de vingt ans à dévouer au service de son roi et de son pays; qu'il vive, lui, ou, s'il doit mourir, que ce soit pour vous, et non par vous. C'est votre frère! (*Se traînant à genoux jusqu'au fauteuil du roi.*) Oui, c'est votre frère!... Ah! sire, un roi a si peu d'amis fidèles! peut-il volontairement se priver du dévouement d'un frère?

PHILIPPE II.

Relevez-vous, vieillard; vous êtes encore tout pâle de votre courage. (*Après une pause.*) Je ne m'engage à rien envers don Juan; mais, si je lui laisse la vie, et j'en doute, ce sera pour qu'elle s'éteigne dans les austérités. Je vous permets de l'en instruire. Je sais que vous aurez peu de pouvoir sur son esprit; n'importe, essayez de le convaincre. Allez le trouver, et qu'il vous accompagne ici. (*A don Gomès, qui est entré à la fin de la scène.*) Amenez devant moi dona Florinde.

GOMÈS.

Quoi! sire...

PHILIPPE II.

Amenez-la, et en même temps donnez des ordres pour que don Quexada puisse voir votre prisonnier. Allez.

DON QUEXADA, à part.

Encore une ambassade, probablement la dernière de toutes !

SCÈNE V.

PHILIPPE II.

Un prince de mon nom, de mon sang, un autre moi-même à ma cour ou dans mes armées ! Jamais. J'ai assez d'un fils, c'est trop d'un frère. Il faut qu'il meure ou qu'il obéisse. (*Marchant avec agitation.*) Et quand il se soumettrait, ne retrouverais-je pas toujours, sous sa robe sacrée, l'insolent devant lequel j'ai reculé ? Ne verrais-je pas, jusque dans sa crosse d'évêque, l'épée nue qu'il a levée sur moi ? Point de grâce ! qu'il obéisse ou non, il faut qu'il meure. (*S'arrêtant.*) Mais mon père !... Je me révolte en vain contre un ascendant que je ne saurais secouer ; il me domine : sa royauté, toute morte qu'elle est, impose à la mienne. Je le traite de fantôme ; mais, s'il m'apparaissait tout à coup, aurais-je la force de lui dire : « J'ai tué votre fils !... » Il me semble que ces mots meurent déjà sur mes lèvres, comme s'il était-là, comme si son regard d'aigle me faisait rentrer dans la poudre. L'Europe encore pleine de sa gloire, il lui suffirait d'un cri pour la remplir de ma honte. (*Après un moment de silence.*) Tuer son fils !... tuer son fils !... Je ne puis ; (*tombant assis*) je n'ose pas. Mais il obéira ; et comment l'y décider ? Une seule personne en aura le pouvoir, et s'il résiste, si la tentation devient trop forte, c'est que Dieu voudra que j'y cède, et j'y céderai... Les voici.

SCÈNE V.

PHILIPPE II, DON QUEXADA *et* DON JUAN, *qui entrent par le fond ; puis* DONA FLORINDE *et* DON RUY GOMÈS *par la porte latérale.*

DON QUEXADA, bas à don Juan.

Ce n'est pas le courage que je vous recommande.

DON JUAN.

Ah ! Florinde !

ACTE V, SCÈNE VII.

DONA FLORINDE.

Don Juan !...

PHILIPPE II, à Gomès et à Quexada.

Sortez tous deux.

SCÈNE VII.

LES PRÉCÉDENTS, *excepté* DON QUEXADA *et* DON RUY GOMÈS.

PHILIPPE II, à part.

Ce moment va décider de leur sort ; je ne me sens plus de pitié.

DONA FLORINDE, à don Juan.

Vous revoir ! c'est un bonheur que je n'espérais pas.

PHILIPPE II.

Mais qui sera court. (*A don Juan.*) On vous a transmis ma résolution ?

DON JUAN.

Oui, sire.

PHILIPPE II.

Quelle est la vôtre ?

DON JUAN.

Le comte de Santa-Fiore la connaît trop bien pour que le roi l'ignore.

PHILIPPE II.

Vous y persistez ?

DON JUAN.

Prononcer des lèvres ces vœux démentis par mon cœur, ce serait l'acte d'un lâche. Je mourrai, sire ; mieux vaut pour l'Espagne un brave gentilhomme de moins qu'un mauvais prêtre de plus.

PHILIPPE II.

Que le sang de cette jeune fille retombe donc sur toi, car son arrêt vient de sortir de ta bouche.

DON JUAN.

Que dites-vous ?

PHILIPPE II.

Que si tu résistes, elle va périr, et qu'elle vivra si tu consens.

DON JUAN.
Quoi ! sire...
PHILIPPE II.
Oui, cette mort qui détruirait tant de beauté dans sa fleur, ces tourments dont la seule idée te fait pâlir pour elle, je les lui épargnerai. Oui, elle pourra fuir, s'exiler sous le ciel de ses pères ; elle pourra même traîner ses misérables jours dans un coin de l'Espagne, où ma justice l'oubliera ; don Juan, je vous en donne ma parole royale ; mais soumettez-vous.
DONA FLORINDE.
On vous demande plus que votre sang, plus que votre vie : l'abandon de votre liberté. Laissez-moi subir mon sort ; il ne faut qu'un peu de courage pour mourir, il vous en faudra tant pour vivre esclave !
DON JUAN.
Esclave ! sous une robe de moine, esclave jusqu'au tombeau !... Eh bien ! je trouverai dans mon amour le seul courage dont je me croyais incapable. Ma liberté, Florinde, c'est après vous ce que j'ai de plus cher au monde ; mais, en la perdant, je vous sauve... Ah ! ce qui m'eût flétri m'honore, et la honte serait d'hésiter. (*A Philippe II avec dignité.*) Sire, vous me faites une violence dont vous aurez à répondre un jour ; mais vous avez le pouvoir, et vous en abusez : disposez de moi.
DONA FLORINDE.
Non, don Juan !...
PHILIPPE II, *l'entraînant vers le crucifix*.
Viens donc devant ce Dieu qui t'écoute et qui te jugera, viens t'engager par un serment que tu dois bientôt renouveler à l'autel.
DONA FLORINDE.
Non, oh ! non : c'est un sacrifice que je n'accepte pas.
PHILIPPE II.
Mais le ciel et moi, nous l'acceptons.
DON JUAN.
Rien pour vous, sire, rien pour le ciel ; tout pour elle seule ! (*Étendant la main vers le crucifix.*) Oui, dussé-je payer sa vie du malheur de la mienne et de mon éternelle condamnation...

PHILIPPE II, aux grands du royaume qui entrent, la tête découverte, par la porte du fond.

Que me veut-on ? Vous ici, messieurs, ma cour tout entière ! qui a donné l'ordre d'ouvrir ? au péril de sa tête, qui l'a osé ?...

SCÈNE VIII.

PHILIPPE II, DON JUAN, DONA FLORINDE, FRÈRE ARSÈNE, DON QUEXADA, DON RUY GOMÈS, DON FERDINAND DE VALDÈS, PEBLO, INQUISITEURS, COURTISANS.

FRÈRE ARSENE.

Moi, don Philippe.

PHILIPPE II.

Grand Dieu ! (*Se découvrant.*) Vous, sire ?

DON JUAN.

Qu'entends-je ?

DONA FLORINDE.

Ma prière l'a touché !

FRÈRE ARSENE.

Moi, qu'un devoir impérieux force à sortir d'une retraite que je croyais ne jamais quitter. Le père de cette jeune fille me rendit un service qui sauva le royaume, et qui fut oublié ; elle, au moins, n'aura pas réclamé en vain mon appui. Je viens la demander à ses juges, qui ne me la refuseront pas ; à vous, qui devez être de moitié dans ma reconnaissance.

PHILIPPE II.

Si notre clémence avait prévenu la vôtre.

FRÈRE ARSENE.

Ma mission n'est pas remplie. (*Montrant don Juan.*) Nous nous sommes trompés tous deux sur la vocation de ce jeune homme ; mais il n'est jamais trop tard pour reconnaître une erreur et pour la réparer. Don Juan, un genou en terre devant le roi d'Espagne ! En présence de tout ce qu'il y a de grand et de sacré dans l'État, lui promettez-vous obéissance, fidélité, dévouement jusqu'à la mort ?

DON JUAN.

Jusqu'à la mort.

FRÈRE ARSENE.

Don Philippe, promettez-vous à ce jeune homme protection et amitié?

PHILIPPE II.

Il a eu de grands torts envers moi.

FRÈRE ARSENE.

Lesquels? parlez.

PHILIPPE II.

Non, sire; je ne les rappellerai pas; car il faut que j'oublie pour que je pardonne.

FRÈRE ARSENE.

Et vous oublierez?

PHILIPPE II.

Par condescendance pour vous.

FRÈRE ARSÈNE, à don Juan.

Fils de Charles-Quint, don Juan d'Autriche, mon fils, relevez-vous et embrassez votre frère!

DONA FLORINDE, avec douleur.

Fils de Charles-Quint!...

DON JUAN.

Moi! se peut-il? (*Passant des bras du roi dans ceux de frère Arsène.*) Moi, le fils du plus grand homme que le siècle ait produit!

FRÈRE ARSENE, souriant.

Après François Ier.

DON JUAN.

Ah! sire...

FRÈRE ARSENE, à don Juan.

J'ai encore à satisfaire une fantaisie de vieillard : tenez, prince, je vous recommande cet enfant que vous connaissez, et à qui je rends sa liberté de peur qu'il ne la reprenne ; faites de lui un page.

PEBLO.

Ah! je vous en prie, monseigneur; père Arsène croit que j'ai la vocation.

DON JUAN.
Et je le crois aussi.
FRÈRE ARSENE.
Eh bien, don Quexada, ai-je eu tort de me dire en m'éveillant ce matin : La journée sera bonne ?
DON QUEXADA.
Sire, elle finit mieux qu'elle n'a commencé. (*A part.*) S'il m'arrive de me mettre en tiers dans une confidence royale !...
PHILIPPE II, à frère Arsène.
Votre Majesté ne me tiendra pas rigueur ; elle m'accordera au moins un jour.
FRÈRE ARSENE, bas au roi.
Don Philippe, c'est chose embarrassante pour une cour que de faire bon visage au passé sans se compromettre avec le présent ; entre la reconnaissance et l'intérêt, le plus habile serait quelque peu en peine de sa personne : n'en essayons ni l'un ni l'autre. (*Haut.*) Je vous quitte, mon fils : la majesté qui n'est plus doit céder la place à celle qui règne.
PHILIPPE II.
Je n'ose insister.
DON QUEXADA, à part.
De peur que l'ombre n'éclipse le soleil.
FRÈRE ARSENE.
Partons, dona Florinde.
DON JUAN.
Quoi ! sire, quoi ! mon père !.....
DONA FLORINDE.
Prince, nous ne nous reverrons plus en ce monde ; mais nous resterons unis dans mes prières au Dieu de tous ; je lui demanderai pour moi la résignation qui donne la force de souffrir sans se plaindre, et pour vous la gloire qui fait qu'on oublie.
DON JUAN.
Vous oublier ! ah ! jamais, jamais !
FRÈRE ARSENE, à Philippe II.
Adieu, sire ! (*A don Juan.*) Au revoir, prince ! (*A Peblo,*

qu'il amène sur le devant de la scène.) Reste, Peblo ; te voilà de la cour : es-tu content ?

PEBLO.

Je le crois bien, père Arsène ! c'est un si beau lieu, où tout le monde sourit, ou l'on s'embrasse, et où l'on s'aime...

FRÈRE ARSÈNE, lui donnant un petit coup sur la joue.

Comme au couvent.

FIN DE DON JUAN D'AUTRICHE.

TABLE.

Note de la première édition de Marino Faliero................. 5
MARINO FALIERO....... 7
Préface de Louis XI.............................. 101
LOUIS XI.. 103
Préface des Enfants d'Edouard......................... 233
LES ENFANTS D'EDOUARD.. 236
DON JUAN D'AUTRICHE............................ 335

Corbeil. — Typ. et stéréotyp. de CRÉTÉ.

Catalogue de la BIBLIOTHÈQUE CHARPENTIER.

LITTÉRATURE FRANÇAISE.

XVᵉ et XVIIIᵉ siècles.

		vol.
... ROI LOUIS XI.	100 Nouvelles nouv.	2
RABELAIS.	Œuvres.	1
MALHERBE.	Édit. Andr. Chénier.	1
SATIRE MÉNIPPÉE.	Édition Ch. Labitte.	1
J. RACINE.	Théâtre complet.	1
MOLIÈRE.	Œuvres complètes.	3
CORNEILLE (P. et T.)	Œuvres.	2
BOILEAU.	Œuvres poétiques.	1
PASCAL.	Pensées, nouv. édit.	1
	Lettres provinciales.	1
LA FONTAINE.	Fables.	1
LA BRUYÈRE.	Caractères.	1
BOSSUET.	(V. Biblioth. chrét.)	
LESAGE.	Gil Blas.	1
PRÉVOST (L'ABBÉ).	Manon Lescaut.	1
MARIVAUX.	Marianne.	1
VOLTAIRE.	Siècle de Louis XIV.	1
J.-J. ROUSSEAU.	Émile.	1
	Nouvelle Héloïse.	1
	Confessions.	1
ANDRÉ CHÉNIER.	Poésies complètes.	1
M. J. CHÉNIER.	Œuvres.	1

XIXᵉ siècle.

AIMÉ MARTIN.	Éducation des mères	2
	Lettres à Sophie.	1
BALZAC (H. DE).	Physiol. du mariage	1
	Scènes, vie privée.	2
	— de province.	2
	— parisienne.	2
	Lambert, Seraphita.	1
	Eugénie Grandet.	1
	Histoire des Treize.	1
	Peau de chagrin.	1
	César Birotteau.	1
	Médecin de campag.	1
	Lys dans la vallée.	1
	Rech. de l'Absolu.	1
	Le père Goriot.	1
BARANTE (DE).	Tabl. de la littérat.	1
BLAZE (HENRI).	Poésies.	1
BRILLAT-SAVARIN.	Physiol. du Goût.	1
CAPEFIGUE.	Hugues Capet.	2
	Philippe-Auguste.	2
—	Philippe d'Orléans.	2
—	Hist. de la Restaur.	4
BENJAM.-CONSTANT.	Adolphe.	1
CASIM. DELAVIGNE.	Messéniennes.	1
	Théâtre.	3
CHARRIÈRE (Mme).	Caliste.	1
DELÉCLUZE.	Romans, contes, etc.	1
DESPLACES (A.).	Les Poètes vivants.	1
FERRY.	Voyage au Mexique.	1
GAUTIER (THÉOPH.)	Poésies complètes.	1
	Voyage en Espagne.	2
	Nouvelles.	1
	Mademlle Maupin.	1
GIRARDIN (Mme DE).	Poésies complètes.	1
	Lettres parisiennes.	1
GUIZOT.	Essais sur l'histoire.	1
LOUSSAYE (A.).	Portr. du XVIIIᵉ siècle	
	Le 2ᵉ vol. se vend sép.	
HUGO (VICTOR).	N.-Dame de Paris.	2
	Han d'Islande.	1
—	Le Dernier Jour.	1
—	Bug Jargal.	1
—	Odes et ballades.	1
—	Orientales.	1
—	Feuill. d'automn.	1
—	Chants du crépus.	1
—	Voix intérieures.	1
—	Rayons et Ombr.	1
—	Théâtre complet.	3
—	Cromwell.	1
—	Littérature et phil.	1
—	Le Rhin.	1
JURIEN.	Guerres maritimes.	2
KRUDNER (Mme DE).	Valerie.	1
LAVALLÉE (THÉOP.).	Hist. des Français.	4
	Géographie.	1
MAISTRE (JOSEPH).	Du Pape.	1
MAISTRE (XAVIER).	Œuvres complètes.	1
MARMIER (X.)	Souven. de voyage.	1
	Nouv. Souvenirs.	1

MAGU.	Poésies.	1
MÉRIMÉE (P.)	Chroniq. Charles IX.	1
	Colomba, etc., etc.	1
	Clara Gazul.	1
MILLEVOYE.	Poésies.	1
MUSSET (ALFRED).	Poésies complètes.	1
—	Comédies et prov.	1
—	Contes d'un Enfant.	1
—	Nouvelles.	1
MUSSET (PAUL).	Origin. du XVIIᵉ s.	1
	Femmes de la Rég.	1
	Mémoires de Gozzi.	1
PLANCHE (GUSTAV.)	Portraits et critiques	2
REBOUL (JEAN).	Poésies nouvelles.	1
RÉMUSAT (Mme).	Éduc. des femmes.	1
S.-MARC-GIRARDIN.	Cours de littérature.	1
	Le 2ᵉ vol. se vend sép.	
	Essais de littérature.	1
SAINTE-BEUVE.	Tabl. de la poésie.	1
	Volupté.	1
	Poésies complètes.	1
SAINTINE.	Picciola.	1
SAND (GEORGE).	Consuelo.	2
	Comtesse Rudolsta.	2
SANDEAU (JULES).	Madeleine, n. édit.	1
	Mlle de la Seiglière.	1
SENANCOURT.	Obermann.	1
SOUZA (Mme DE).	Rom. choisis.	1
STAEL (Mme DE).	Corinne.	1
	Delphine.	1
	De l'Allemagne.	2
	Révolution français.	1
	Mémoires.	1
	De la littérature.	1
TOPFFER.	Nouvell. génevoises.	1
VALMORE (Mme).	Poésies.	1
VIGNY (ALFRED).	Cinq-Mars.	1
	Stello.	1
	Servit. et Grandeur.	1
	Théâtre.	1
	Poésies.	1
VITET.	Études sur les beaux-arts.	2

Philosophie et Sciences.

DESCARTES.	Œuvres, éd. Simon.	1
MALEBRANCHE.	Œuvres, éd. Simon.	1
LEIBNITZ.	Œuv., éd. Jacques.	1
BACON.	Œuv., édit. Riaux.	2
BOSSUET.	Œuv., phil. (V. Bibl. chrétienne.)	2
FÉNELON.	Œuv. Philosop. id.	1
BUFFIER.	Œuv., éd. Bouillier.	1
EULER.	Lettres à une princ.	1
ARNAULD.	Œuv., édit. Simon.	1
CLARKE.	Œuv., éd. Jacques.	1
SPINOZA.	Œuv., trad. Saisset.	1
LE PÈRE ANDRÉ.	Œuv., édit. Cousin.	1
VICTOR COUSIN.	Philos. cartésienne.	1
ÉMILE SAISSET.	Philos. et Religion.	1
DUG. STEWART.	Élem. de Philosoph.	1
HIPPOCRATE.	Œuv. t. d'Arthenberg	
CABANIS.	Physique et moral.	2
BICHAT.	Vie et Mort.	1
ZIMMERMANN.	De la Solitude.	1
ROUSSEL.	Syst. de la Femme.	1
F. LIEBIG.	Lettres s. la Chimie.	1
F. KLÉE.	Le Déluge.	1
MAHOMET.	Le Koran.	1
CONFUCIUS.	Les 4 liv. de la Chine.	1

Bibliothèque latine-française.

TACITE.	Œuvres compl., trad. Louandre.	2
(Sous presse)	Plaute, Horace, César, Virgile, Térence, Suétone, etc.	

Bibliothèque grecque-française.

ARISTOPHANE.	Comédies, t. Artaud.	2
ARISTOTE.	Politique, etc., etc.	1
DÉMOSTHÈNES.	Chefs-d'œuvre.	1
D. ORDRE DE SICILE.	Biblioth. historique.	
DIOGÈNE DE LAERTE	Vies des Philosoph.	2
ESCHYLE.	Théâtre, t. Pierron.	1
EURIPIDE.	Théâtre, tr. Artaud.	2

HÉRODOTE.	Histoire, t. Larcher.	
HOMÈRE.	Iliade, tr. Dacier.	
	Odyssée, tr. Dacier.	
MARC-AURÈLE.	Œuv., tr. Pierron.	
MORALISTES GRECS.	Socrate, Épictète.	
ORATEURS GRECS.	Choix de Harangues.	
PLATON.	La République.	
	Les Lois.	
	Dialogues biograph.	
	Dialogues métaphy.	
PLUTARQUE.	Grands Hommes, tr. Pierron.	
	Traités de morale.	
POLYBE.	Histoire, tr. Bouch.	
SOPHOCLE.	Théâtre, tr. Artaud.	
THUCYDIDE.	Histoire, tr. nouv.	
XÉNOPHON.	Œuvres complètes.	

Bibliothèque anglo-française.

WALTER-SCOTT.	Œuvres, trad. Wailly.	
	(t. vol. se vend sépar.)	
	Waverley.	
	Guy Mannering.	
	L'Antiquaire.	
	Rob Roy.	
	Les Puritains.	1
	Le Nain noir.	1
	La Prison d'Édimb.	1
	Fiancée de Lam.	1
	L'Offic. de fortune	1
	Ivanhoé.	1
	Le Monastère.	1
	L'Abbé.	1
	Kenilworth.	1
	Quentin Durward.	1
LINGARD.	Hist. d'Angleterre.	8
ROBERTSON.	Hist. de Ch.-Quint.	2
MILTON.	Paradis perdu.	1
STERNE.	Voyage sentim.	1
	Tristram Shandy.	2
ROBERT BURNS.	Poésies, tr. Wailly.	1
GOLDSMITH.	Vicaire de Wakefield	1
FIELDING.	Tom Jones, t. Wailly.	2
MISS INCHBALD.	Simple Histoire.	1
MISS BURNEY.	Evelina, tr. Wailly.	1

Biblioth. allemande-française.

GOETHE.	Théâtre, t. Marmier.	1
	Faust, tr. H. Blaze.	1
	Wilhelm Meister, t.n.	2
	Werther, t. P. Leroux	1
	Affinités, t. Carlowitz.	1
	Poésies, tr. H. Blaze.	1
	Mémoires, nouv. tr.	1
SCHILLER.	Théâtre, t. Marmier.	1
	Guerre de 30 ans.	1
	Poésies, t. Marmier.	1
KLOPSTOCK.	La Messiade, tr. n.	1
HOFFMANN.	Contes, tr. Marmier.	1
POÈTES DU NORD.	Chants populaires.	1
CONTEURS ALLEM.	Nouvelles allemand.	1

Biblioth. ital., espag., port. franç.

LE DANTE.	Divine Comédie, etc.	1
LE TASSE.	Jérusalem délivrée.	1
MANZONI.	Théât. et Poés., t. n.	
	Les Fiancés.	
SILVIO PELLICO.	Mes Prisons, tr. Latr.	1
ALFIERI.	Mémoires.	
MACHIAVEL.	Hist. de Florence.	1
ROMANCERO.	Espagnol, t. Hinard.	1
CERVANTES.	Don Quichotte, id.	1
CALDERON	Théâtre, tr. Hinard.	3
LOPE DE VEGA.	Théâtre, id.	1
CAMOËNS.	Les Lusiades, tr. n.	1

Bibliothèque chrétienne.

SAINT-AUGUSTIN.	Confessions, t. St-V.	1
BOSSUET.	Hist. des Variations.	3
	Discours sur l'Hist.	1
	Élévations (Mystèr.)	1
	Méditations (Évang.)	1
	Œuvres philosoph.	
FÉNELON.	Œuvres philosoph.	
JÉSUS-CHRIST.	Morale de J.-Christ.	
TERTULLIEN.	Œuvres trad. en fr.	

Près de 300 vol. — Prix de chaque volume : 3 fr. 50 c.

www.ingramcontent.com/pod-product-compliance
Lightning Source LLC
Chambersburg PA
CBHW050241230426
43664CB00012B/1778